한국캐나다학회 캐나다학 총서 3

캐나다 문학사
덤불 정원의 앞과 뒤에서

캐나다 문학사
덤불정원의 앞과 뒤에서

강석진·노희진 지음
이승열·서덕렬 감수

한국캐나다학회 캐나다학 총서

3

한국문화사

머리말

『캐나다 문학 옥스퍼드 핸드북』(*The Oxford Handbook of Canadian Literature*, 2016)의 서문은 매슈 아놀드(Matthew Arnold)가 1887년에 쓴 「그랜트 장군」(General Grant)이라는 에세이의 일부로 시작한다. 영국 빅토리아조 시인이자 문화비평가인 아놀드는 이 에세이에서 낙담 어린 어조로 "우리도 캐나다 문학과 같은 전조를 보이면 되겠는가?"(Are we to have a premier of Canadian Literature, too?)라고 질문한다. 19세기 말 아놀드에게 있어서 캐나다 문학은 미국 문학과 마찬가지로 식민주의의 곁가지에 불과했고, 내용은 진부하고 형식은 일탈적인 품위 없는 글쓰기에 불과했다. 캐나다 문학이 독자적인 학문으로 확고하게 정립되고 노벨문학수상자가 배출된 오늘날 아놀드의 평가는 캐나다인들에게는 가볍게 지나칠 수 없는 역사적 무게로 다가온다. 일제 식민지 경험이 있는 우리에게 있어서 캐나다 문학사를 살펴보는 작업 또한 단순히 한 나라의 문예사조를 이해하는 것을 넘어서는 또 다른 의미와 역사적 무게감이 있다.

본 저서는 캐나다 문학을 조명하면서 캐나다인들의 삶을 이해하고 이들의 예술적 업적을 고찰하는 것을 목적으로 한다. 캐나다 문학은 프랑스의 영향력과 영국의 식민지에서 벗어나 독자적인 목소리를 내면서 캐나다인들의 길을 추구하는 힘난한 과정 속에서 이들의 번민과 애환을 담고 있다. 아울러 국경이 맞닿아 있는 미국과 상당 부분 문화적 유산을 공유하고 있지만 동시에 미국과 다른 비전을 제시하고 미국과 차별되는 목소리를 담아내려는 절박감이 묻어나 있다. 캐나다 문학은 짧은 역사에도 불구하고 수많은 나라의 언어로 번역되어 함께 읽고 전 세계적으로 공감하는 지위를 누리고 있지만, 동시에 캐나다인들이 지닌 역사와 풍토의 독자적인 산물이기도 하다. 캐나다의 독특한 생활환경, 영국, 프랑스, 미국과의 갈등과 협조 속에서 구축된 문화, 그리고 독자적인 국가로 자리매김하면서 스스로의 정체성을 찾으려는 고뇌의 흔적이 이들의 작품 속에 엿보인다.

이 책의 부제목에 등장하는 『덤불 정원』(*The Bush Garden*)은 캐나다의 저명한 문예비평가인 노스럽 프라이(Northrop Frye)의 1971년 저서의 제목에서 따온 것이다. 『덤불 정원』은 캐나다인의 상상력과 그들의 문학이 지닌 자질에 대한 책이다. 노스럽 프라이가 지적한 바와 같이 문학은 신화(mythology)의 "핵심이자 가장 중요한 연장(延長)"(central and most important extension)이다. 신화는 상상력의 세계에서 문학과 같은 뿌리를 두고 있고, 문학에 구도를 제공해 준다. 캐나다적 상상력은 캐나다인들의 환경에 대한 집단적인 반응이다. 프라이는 "개리슨 멘탈리티"(The garrison mentality)라는 용어로 캐나다 문학에 반복적으로 등장하는 주제에 대해 규정한 바 있으며, 그의 이론은 정교화되어 마가렛 애트우드(Margaret Atwood)의 『생존』(*Survival*)이라는 단행본 연구서로 발전된다. 본 저서는 캐나다가 배출한 저명한 두 명의 문학평론가의 캐나다 문학에 대한 이해를 토대로 캐나다의 문학을 전체적으로 조망하고자 한다. 캐나다 문학사와 작가에 대해 많은 서적들을 참조하였지만, 이 중 캐나다 문학 연구에 가장 권위 있는 저서인 『캐나다 문학 옥스퍼드 컴퍼니언』 (The Oxford Companion to Canadian Literature), 『캐나다 문학 케임브리지 컴퍼니언』(The Cambridge Companion to Canadian Literature), 『루트리지 간추린 캐나다 문학사』(The Routledge Concise History of Canadian Literature), 『케임브리지 캐나다 문학사』(The Cambridge History of Canadian Literature), 『캐나다 문학 옥스퍼드 핸드북』(The Oxford Handbook of Canadian Literature), 옥스퍼드 출판부의 『캐나다 문학선집 I, II』(An Anthology of Canadian Literature I, II), 옥스퍼드 출판부의 『캐나다 원주민 문학선집』(An Anthology of Canadian Native Literature)의 연구 성과를 기반으로 이 책이 완성되었음을 밝혀 둔다.

캐나다 문학이라고 일컬을 수 있는 정전에서 특히 영국이나 프랑스계 주민들의 삶을 그려낸 수많은 작품들 외에도 인디언(Indian)이라고 불리었던 원주민들의 언어 및 소수 민족들을 포함하는 캐나다 문학이 전체적으로 조망될 필요가 있다. 본 저서는 표준화된 영어 사용자들에 의해 주도된 문화적 재현 양식에 한정 짓지 않으려는 시도의 일환으로 캐나다 원주민들의 문학에 대한 연구를 포함한다. 열리고 함께 공존하는 세계를 지향하는 캐나다적인 가치를 생각해 볼 때 캐나다 문학사는 시대적 요청에 따라 다시 쓰여지고 재검토될 것이라 생각된다. 역사학자 카(E. H. Carr)는 역사는 과거와 현재 사이의 끊임없는 대화라는 유명한 말을 남겼다. 캐나다 문학사 또한 하나의 역사라는 점을 고려할 때 카의 역사 인식은 캐나다 문학사 연구에도 시사하는 점이 크다. 문학사 또한 칼과 풀로 자르고 붙여서 만들어지는 실증주의적 결정체도 아니고, 그렇다고 해석의 연쇄 고리 속으로 빠져 들어가는 무정형의 찰흙 덩어리도 아니다. 우리는 끝없는 해석의 고리를 지양하면서 우리의 지평 속에서 캐나다인들의 문학을 재조명해 볼 필요가 있다.

캐나다 문학을 역사적 연대기로 구분할 때 그 구분은 영국, 프랑스, 미국 문학사의 구분과 비교해 볼 때 불안정하고 유동적이다. 셸리 휴런(Shelley Hulan)은 캐나다 문학은 1867년 캐나다라는 국가의 탄생, 1918년 1차 세계 대전 종전, 1967년 캐나다 연합 100주년이라는 이벤트를 전후로 구분되는 경향이 강하다면서 1989년에 맥길 퀸즈 대학에서 출간한 니우(W.H. New)의 『캐나다 문학의 역사』(*A History of Canadian Literature*)를 그 근거로 제시한 바 있다. 니우의 캐나다 문학사는 1867년, 1922년, 1959년, 1985년을 경계로 신화기록자(Mythmarker), 기록자(Reporters), 이야기꾼(Tale-tellers), 화자(Narrators), 코드 기입자(Encoders), 재구축자(Reconstructors)라는 표지 아래 구분되어 있다. 휴런의 구분으로 현대(The Modern Period)로 구분되어 있는 연대기가 니우의 저서에는 리얼리즘의 소제목으로 들어가 있는 것만 보더라도 캐나다의 문학은 다른 서양 문학과 비교해 볼 때 일관적인 사조의 구분을 허용하지 않는다는 점을 알 수 있다. 본 저서는 이와 같은 점을 염두에 두고 니우의 구분을 참조하되 획일적이고 연대기적인 문학사적 서술 방식을 지양하고 중층적인 관점으로 캐나다 문학을 탐색하도록 하겠다. 이러한 점에서 이 책은 깔끔한 지형을 보여주는 지도를 제공하기보다는 몇 개의 서로 다른 안경을 통해 캐나다 문학의 지형을 살펴보는 것이라 할 수 있다. 또한 캐나다 문학에 생소한 독자들을 위하여 장르에 따라 주요 작가들의 작품 세계를 소개하는 방식으로 캐나다 문학을 살펴보겠다. 이는 본 저서가 캐나다 작가론의 역할을 겸할 수 있도록 구상한 것이다. 실제로 루시 모드 몽고메리

(L. M. Montgomery), 마가렛 애트우드(Margaret Atwood), 앨리스 먼로 (Alice Munro) 등의 캐나다 주요 작가들은 이 책만으로도 어느 정도 그들의 작품세계에 대해 이해를 할 수 있도록 상당한 지면을 할애하였다.

캐나다의 제15대 총리 피에르 트뤼도(Pierre Trudeau, 1919-2000)는 1971년에 캐나다가 영국과 프랑스 정착민 중심의 문화적 정체성이 아니라 더 많은 인종과 계층이 공존하는 문화적 다양성을 지원하기 위해 모든 힘을 다하겠다고 공식적으로 선언하였다. 또한 1988년에는 캐나다 국회가 문화적 다양성을 기초로 사회 통합을 구현하고자 다문화 법령(Multi-culturalism Act)을 통과시켰다. 이와 같이 문화적 다양성(official multi-culturalism)이 공표되고 제도화되는 문화적 지형 아래에서 문학사 또한 하나의 획일적인 틀이 아니라 다양성이 공존하는 틀로 재구성될 필요가 있다고 생각된다. 캐나다 문학은 생존을 위한 치열한 몸부림에서 시작하여 단순한 생존이 아닌 차별화된 가치와 정체성을 확립하고, 지역적 특색과 역사적 특수성에 기반을 두고 있으면서도 전세계적으로 함께 공감하고 공유하는 사상을 확립하고 그 고뇌와 노력의 과정을 예술적으로 승화시키려는 캐나다인들의 열정적이고도 끊임없는 노력의 산물이다.

이 저서의 마지막 부분에는 프랑스계 캐나다 문학을 개관하였다. 프랑스어로 쓰여진 캐나다 문학 연구는 또 다른 한 권의 저서가 필요할 분량의 가치가 있다. 그러나 영어로 쓰여진 캐나다 문학사에 대한 저서가 없는 현실에서 이와 같은 저서를 기다리는 것보다는 간략하게나마 다루는 것이 좋겠다는 생각에서 이 책의 말미에 프랑스계 캐나다 문학에 대한 내용을 실었다. 캐나다의 생태주의 문학에 대한 고찰은 부록으로 실었는데, 이는 타자와 함께 공생하는 가치를 구현하려는 캐나다인들의 노력에 대한 연구의 일환이다. 이 책에서는 캐나다의 영국계와 프랑스계, 백인과 원주민, 남성과 여성, 호모섹슈얼과 히트로섹슈얼, 리얼리즘과 모더니즘 등 일련의 서로 다른 가치 체계가 역사적으로 서로 공존하는데 실패하였거나 공존하는 모습을 담았으나, 인간과 자연의 관계에 관한 내용을 언급하지 못하였다. 생태주의는 21세기 글로벌 가치를 표상하는 핵심 어휘이고 캐나다 문화의 특색이기도 하여 추가적인 지면이 필요하였다. 이 책의 일부분은 강석진, "캐나다의 국가적 아이콘 『빨강머리 앤』의 미국화," 『영어영문학』 54권 4호, "『빨강머리 앤』의 신화," 『캐나다학연구』 23집 1호, "캐나다를 캐나다답게 만드는 상상력," 『캐나다학연구』 24집 1호, "캐나다의 야생동물 이야기," 『영미문학교육』 23집 3호에 실려 있음을 밝혀 둔다. 제한된 페이지 안에 캐나다 문학을 전체적으로 조망하는 과정에서 일부 작가들이 다루어지지 않았다. 또한 영미 문학사나 프랑스 문학사와 달리 캐나다 문학사는 원서 외에는 참고할 저서가 거의 없어서 작품의 번역이나 해석에 오류가 있을 수 있음을 밝히며 미리 독자들에게 양해를 구한다. 이 책이 출간되기까지 격려해주신 한국캐나다학회 회장 이승열 교수님과 한국캐나다학회 부회장 서덕렬 교수님께 감사의 말씀을 드린다. 또한 저술과 출판 과정에서 물심 양면으로 지원해주신 마이클 대나허(Michael Danagher) 주한캐나다대사님과 패트릭 헤베르(Patrick Hébert) 참사관님, 고미진(Jean Ko) 공보관님께도 감사의 말씀을 드린다. 또 표지 디자인과 본문 편집을 맡아주신 한국문화사 편집개발팀의 김주리 씨께도 감사의 말씀을 전한다.

추천사

캐나다학의 활성화를 위하여

이승열(한국캐나다학회 회장)

국가마다 그 지역의 토양에 맞는 문화를 구축하고, 이를 다른 문명 세계로 전파하고 공유함으로써 인류 문명은 지금까지 진화해왔다. 건축, 회화, 음악과 더불어 문학은 핵심적인 문화적 산물이며, 캐나다 문학은 그 태동은 늦지만 양적으로나 그 질적인 면에서 이미 세계 문화의 주요 일원으로 위상을 갖추었다.

본 저서에 소개되고 있는 빨강머리 앤이나 시튼 동물기와 같은 작품들은 우리들에게 친숙한 캐나다 작품이며, 캐나다의 문화와 역사의 흔적을 고스란히 간직한 캐나다인들에게는 소중한 문화유산이다. 그러나 놀랍게도 대부분의 사람들이 이 작품들이 영국 문학이나 미국 문학의 일부로 잘못 알고 있는 것이 우리의 현실이다.

이와 같은 잘못된 지식의 배경으로 우리의 관심과 판단이 지나치게 미국이나 영국 중심의 시각에 치우쳐 있는 것이 아닌가 하는 우려를 평소에 가졌다. 이와 같은 현상은 일반 대중뿐 아니라 학문을 연구하는 전문가들에게서도 발견된다. 지금까지 국내에서 영문학사와 미문학사에 관한 저서는 많이 출간되어 왔지만, 캐나다 문학사에 대한 집필은 이루어지지 않았다. 건전한 문화생태계를 유지하기 위해서는 다양성의 확보가 핵심이며, 학문 연구에서도 예외는 아니다. 이와 같은 의미에서 강석진 교수와 노희진 박사의 헌신적인 노력 덕분에 『캐나다 문학사』가 늦게나마 출간된 점은 참으로 다행스럽다고 할 수 있다. 이 저서를 통해 많은 독자들과 학자들이 캐나다의 문학과 문화에 관심을 갖고 보다 깊이 있는 연구를 하는 계기가 되었으면 한다.

우리는 서로 다른 나라의 다양한 문화와 역사를 이해하는데 더 많은 노력을 들여야 할 필요가 있다. 이 저서의 곳곳에 기술되어 있듯이 캐나다는 자신만의 독자적인 목소리를 내면서 동시에 전 세계에 기여할 정신적 토양을 닦고 창의적인 문화를 구축하는데 힘써왔다. 그들의 고민과 그 결과물을 공유하고, 이를 비판 수용하고 우리를 발전시키는 계기로 삼는 것은 우리의 몫이다. 캐나다에 대한 가벼운 책들은 꾸준히 출판되고 있지만, 캐나다인들의 역사나 문화, 문학을 심도 있게 다룬 전문서는 서점에서 찾아보기 힘들다. 이 저서가 일반 대중들에게 캐나다의 문학을 이해하는데 도움이 될 것이며, 캐나다 문학을 전체적으로 조망하고 캐나다 문학을 연구하는 학자들에게 훌륭한 길잡이가 될 것을 믿어 의심치 않는다.

『캐나다 문학사』는 삼십여 년의 역사를 지닌 한국캐나다학회가 시리즈로 출간하고 있는 캐나다학 총서의 기획물이다. 캐나다의 역사와 캐나다 이민연구에 이어 이번에 출간된 『캐나다 문학사』를 통해 독자들이 캐나다를 보다 잘 이해하고 캐나다와의 협력과 상호 연구를 위한 촉진제가 되기를 바래본다. 앞으로 더 많은 학자들과 일반인들이 캐나다에 관심을 갖고 더 많은 교류를 나누고 서로 배움과 사랑을 나누는 장이 만들어지기를 소망한다.

추천사

캐나다 문학사 발간에 즈음하여

강규한(한국영어영문학회 회장)

뜻깊은 『캐나다 문학사』의 발간을 마주하며 그 의미를 함께 나누고 싶습니다. 이번 『캐나다 문학사』의 발간은 한편으로는 다양한 탐색과 성취가 아직 진행 중인 국내 캐나다 지역학 연구의 본격적인 활성화에도 기여하겠지만, 이와 동시에 영국과 미국 중심으로 진행되어 온 영어영문학 연구에도 커다란 시사점을 던져줄 것으로 기대됩니다.

캐나다학의 기획물로 출간된 것에서도 알 수 있듯이, 이 저서는 캐나다를 입체적으로 이해하는 데 매우 유용한 그루터기가 될 것입니다. 물론, 문학은 실제 일어난 일을 그대로 다루는 역사와는 달리 상상력을 통한 가상적인 세계를 창조합니다. 개별 작품이 담고 있는 내용은 다르겠지만 문학은 인간의 꿈을 담아내고 있는 예술적 형상체입니다. 그 꿈은 과거에 대한 회상일 수 있고 미래에 대한 갈망일 수도 있습니다. 또한 그 꿈은 악몽일 수도 있고 장밋빛 염원일 수도 있습니다. 따라서 캐나다 문학에는 캐나다인들의 정신세계가 다른 어떤 영역에서보다 더욱 생생하고 절실하게 독특한 형식을 통해 형상화되어 있습니다. 캐나다학은 역사, 정치, 경제, 지리, 외교 등 다양한 영역으로 구성된 복합적인 학문이지만, 이러한 제영역과 차별되는 문학이라는 렌즈를 통해 캐나다인들의 상상력과 그

상상력을 구현하는 새로운 형식의 출현에 초점을 맞출 때, 살아 숨쉬는 캐나다가 역동적으로 이해될 수 있는 또 다른 길이 열릴 것으로 믿으며, 이 저서야말로 이러한 여정의 든든한 안내서가 되어 줄 것으로 확신합니다. 캐나다 문학사는 영어영문학의 관점에서도 함축적인 의미를 내포합니다. 캐나다 문학은 캐나다학의 텍스트뿐 아니라 영어로 된 영어영문학 텍스트이기도 합니다. 캐나다학으로서 읽는 캐나다 문학사는 캐나다인들의 정신과 그들의 역사를 그들의 입장에서 공감대를 갖고 이해하는 독법을 필요로 합니다. 즉 캐나다인들을 이해하기 위해서는 상상력을 가지고 그들이 어떤 삶을 살아왔고 이를 문예적 기록물로 남겼는지에 대한 공감적인 접근이 필요합니다. 반면, 영어영문학으로서 읽는 캐나다 문학사는 캐나다인들의 삶의 기록과 상상력의 산물을 미국 작가나 영국 작가를 포함한 다른 전통과 맥락을 지닌 작가나 문학이론가, 비평가들의 관점에 견주어 재해독하는 독서를 요구합니다.

영국 문학이나 미국 문학의 영국학과 미국학과의 차이보다 영문학 텍스트로서의 캐나다 문학과 캐나다학 텍스트로서의 지역학 사이에 훨씬 더 커다란 간극이 있는 것으로 연구되고 있습니다. 이는 아무래도 캐나다가 오래 영미 문학의 변방에 위치해 왔고, 어떤 점에서 아직도 그러하다고 말해야 하는 점과 관련이 큰 것 같습니다. 영문학적 접근으로서는 적절해 보이는 견해가 캐나다학 연구에서는 쉽게 받아들이기 어려울 수 있고, 그 역도 성립할 수 있다는 점이야말로 캐나다 문학사의 포괄적인 이해를 위해 요구되는 핵심 사안 중의 하나일 수 있습니다.

일반적으로 예상되는 것 이상으로 캐나다인들이 미국으로부터 받은 압력과 갈등은 컸고 이 압력은 현재까지도 이어지고 있습니다. 캐나다 문인들이 국경을 인접한 미국인들의 강력한 경제적 문화적 압력으로부터 벗어나 자신의 목소리를 내기 위해 지속적인 노력을 경주해오고 있다는 점을 고려한다면, 캐나다학으로서의 텍스트와 영문학으로서의 텍스트 사이의 균열은 오히려 캐나다 문학을 연구하고 읽는 독자들이 캐나다 문학 텍스트를 보다 더 깊이 있게 이해하기 위한 디딤돌이 되어 줄 것으로 믿습니다.

캐나다 문학에 내재된 이러한 간극은 영문학을 더욱 역동적으로 만드는 또 다른 지원지가 될 수 있다고 생각합니다. 영문학이 다양한 도전과 균열을 자체의 메커니즘으로 수용하며 리얼리티를 확장해 왔다면, 캐나다 문학을 통해 또 다른 차원으로 더욱 더 풍부하고 의미 있게 나아갈 수 있을 것으로 믿습니다.

이러한 점에서 이번 『캐나다 문학사』의 발간은 그 의의가 매우 크다고 하지 않을 수 없습니다. 이 귀한 저서가 본격적인 활성화를 기다리고 있는 캐나다학 연구의 든든한 토대가 될 뿐 아니라, 지금까지 아무래도 영국과 미국 중심으로 진행되어 온 우리나라의 영문학 연구에 새로운 지평을 제시하는 뜻깊은 이정표가 될 수 있을 것으로 확신해 마지않습니다.

목차

머리말 ··· 5
추천사—캐나다학의 활성화를 위하여(이승열, 한국캐나다학회 회장) ········ 11
추천사—캐나다 문학사 발간에 즈음하여(강규한, 한국영어영문학회 회장) ··· 13

1. 원주민들의 문학 ··· 21

원주민 문학의 기원 24 / 캐나다 원주민 문학 연구 25 / 원주민 문학의 특징 27 / 역사 속의 캐나다 원주민 문학 29 / 폴라인 존슨 이후의 원주민 문학의 전개 33 / 인디언 기숙학교와 치유, 화해 37 / 다양성과 음악의 혼재 41 / 의식과 역사의 재구성 44 / 자신의 길을 추구하는 글쓰기 48 / 원주민 연극의 극적 효과 51 / 스토리텔링의 힘 53 / 개방성과 공동체주의 55 / 캐나다의 원주민 자서전 57 / 원주민 여성의 글과 환대 61 / 이누이트 문학 64 / 캐나다 인디언 문학의 글로벌화 69 / 네 번째 세계 71 / 다변화되는 독자층과 원주민 문학 73

2. 캐나다 연방 이전의 문학 ································· 77

이주와 풍자 문학 전통의 효시 81 / 북서부 캐나다 저널, 여행기 85 / 영국의 문예 전통과 캐나다 작가들 87 / 정착과 본격적인 캐나다 문학의 효시 90 / 초기 이주민들 여성의 저널 레터즈 91 / 본격적인 문예작가들의 기록들 93 / 영연방 전후의 역사와 소설 98

3. 캐나다 문학의 정체성 탐구: 1867년 이후 ·········· 103

캐나다 작가들의 캐논화 논의 106 / 영연방 시인들 110 / 범세계적인 국민주의 111 / 빅토리안 자연주의자와 사실주의 동물 이야기 121 / 캐나다 단편 소설의 성장 128 / 출판 시장의 형성과 대중 소설 130

4. 전후 캐나다 문학과 모더니즘 소설의 태동 ·········· 141

캐나다의 전쟁 문학 145 / 리얼리즘과 모더니즘 소설 150 / 캐나다의 모더니즘 153 / 가면을 쓴 모더니즘과 리얼리즘에 대한 도전 154 / 로만틱 모더니즘 소설 156 / 코스모폴리탄 모더니즘 159 / 지역주의와 모더니즘 신화 163 / 다이아포라 모더니즘 소설 166

5. 모더니즘 시 ·········· 169

빅토리아조의 유산과 캐나다 모더니즘 172 / 캐나다 모더니즘의 태동 174 / 맥길 포트나이트리 리뷰와 캐나다 모더니즘의 형성 178 / 모더니즘시의 새로운 문예적 전통 181

6. 캐나다의 논픽션 작가들과 드라마 ·········· 191

캐나다의 논픽션 작품들 194 / 캐나다의 드라마의 형성 198 / 국민주의와 자연주의 연극 201 / 대안극장의 형성 206 / 다큐멘터리 연극의 정착 209 / 자연주의 연극 211 / 탈자연주의 실험적 연극 219 / 학제간 테크노 퓨전 극장의 출현 223

7. 아방가르드: 1960년 이후의 캐나다 시 ·········· 225

티쉬와 새로운 아방가르드 시의 모색 228 / 정전화된 모더니즘 작가와의 경계 230 / 콘크리트 모우임즈와 사운드 포우임즈 235 / 폴리 스타일리즘 237 / 1980, 90년대 캐나다의 시 243

8. 캐나다의 문학과 성 문제 ········· 247

여성의 글쓰기 250 / 이중적 식민화된 여성의 위치: 캐나다 여성작가 마가렛 로렌스 252 / 더블비전과 현대인의 주체성 탐구: 노벨문학상 수상자 앨리스 먼로 255 / 캐나다의 정체성에 대한 탐구와 여성의 음성: 마가렛 애트우드 257 / 도메스틱 리얼리즘의 출현 262 / 인종적 융합과 다변화 264 / 21세기 캐나다 여성 작가의 동향 266 / 캐나다 레즈비언 페미니즘 문학 270 / 캐나다 동성애 문학의 시발점 273 / 캐나다 동성애 문학의 전개 276

9. 캐나다 문학의 다변화 ········· 281

지역사회에 대한 관심과 역사의식 285 / 역사기술와 윤리 288 / 지역사회 현실의 탐색 292 / 고딕적 요소과 캐나다의 역사 294 / 신화를 통한 역사의 재구성 297 / 저평가된 모더니스트 작가들 299 / 이주민의 홀로코스트 301 / 파편화된 세계와 전복적 역동성 302 / 탈주변화된 음성과 현대 캐나다 연극 305 / 포스트 모더니즘 소설의 시발점 309 / 장르적 불안정성과 신화 구축 310 / 포스트모던 픽쇼 315 / 기존의 가치관과 권위에 대한 도전 317 / 새로운 정치적 지형의 모색 319 / 하이브리드 형식의 구성 322 / 디지털과 하이퍼리얼 캐나다 326 / 작가군의 다변화 332 / 코믹아트와 그래픽 소설 333

10. 문화를 가로지르는 삶에 대한 글 ········· 341

전후 20세기 초반과 중반의 삶에 대한 글 344 / 유럽 외의 캐나다 이주민의 삶에 관한 글 349 / 다문화주의 시대의 실험적 글쓰기 351

11. 다문화주의와 글로벌리즘 ········· 359

글로벌리즘의 지형 362 / 캐나다 이주의 두 물결 363 / 다문화주의 문학의 성격 373 / 아시아계 캐나다 문학 375 / 아랍계 캐나다 문학 383 / 아프리카계 캐나다 문학 387 / 캐나다 문학을 넘어서 390

12. 프랑스어로 쓰여진 캐나다 문학 ······ 393

1. 프랑스어로 쓰여진 캐나다 시
모더니즘 시의 출현과 시적 자유 399 / 국민주의 문학과 독립 출판사의 출현 402 / 현대의 퀘벡 시 404

2. 프랑스어로 쓰여진 캐나다 소설
지역소설과 도시소설 408 / 조용한 혁명기 이후의 소설가들 412 / 국민투표 이후의 소설들 415 / 아카디아, 매니토바, 온타리오와 서쪽 주들의 문학 417 / 이민자의 작품활동 419

3. 프랑스어로 쓰여진 캐나다 연극
국민극장의 탄생 421 / 2차대전과 조용한 혁명 이후의 연극 421 / 페미니스트 극장과 게이 극장 424 / 미셸 트랑블레 426 / 지역주의에 대한 관심 428 / 포스트모던적 다양한 실험 429 / 프랑스계 캐나다인들의 문학의 현대적 의미 431

부록—캐나다의 생태주의 문학 (Canadian Literary Ecology) ······ 433
후기 ······ 440
참고문헌 (Reference Works) ······ 442
찾아보기 ······ 445

1

원주민들의 문학

(Aboriginal Writing)

캐나다(Canada)라는 국가의 명칭은 세인트 로렌스의 이로쿼이족의 카나타(Kanata)라는 "마을"을 지칭하는 용어에서 유래한 것이다. 1534년 프랑스의 자크 카르티에(Jacques Cartier)가 스타다코나(Stadacona) 마을을 방문한 뒤 이 용어를 처음 사용하였고, 북미 캐나다 연방을 지칭하는 용어로 확대되어 현재까지 사용되고 있다. 캐나다라는 용어의 시작이 원주민으로 거슬러 올라가듯 캐나다 문학의 시작도 16세기 후반 프랑스와 영국이 캐나다 탐험 이전 북미대륙에 거주했던 원주민으로 거슬러 올라간다. 즉 캐나다 문학은 문자가 발명되어 글로 쓰여지기 이전에 이미 시작되어 있었다. 캐나다 원주민들의 내러티브는 구어나 문어의 형태로 현재까지 전해지는데, 유럽의 모델에 토대를 둔 문학연구 방법은 글로 남겨진 텍스트를 중심으로 이루어졌다. 구술된 원주민들의 이야기는 민속학적 데이터 정도로 간주되었으며, 사라진 인디언들의 신화 또는 환상과 동일시되기도 하였다. 최근 수십 년간 식민주의적 사고에서 벗어나 다양성과 이질성이 강조되면서 구어적 전통의 중요성을 복원하여 캐나다의 이야기를 다시 쓰려는 움직임이 활발히 전개되고 있다.

　원주민 작가들은 캐나다의 핵심적인 사건들이 소위 말하는 백인들과의 상호 작용을 통해 이루어진다는 시각을 강하게 거부한다. 식민주의 담론은 원주민들에 대하여 말하는 것이 아니라 이들에게 벌어진 일에 대해서 이야기해왔다. 식민주의 담론은 그들이 "어떻게 살고 어디에 사는지" 이야기 하는데 도움을 줄 수는 있지만, 원주민들이 "어떻게 생각하고 무엇을 믿고 있는지"에 대해서는 말하지 않아왔다. "사라지는 인디언"에 대한 식민주의적 담론은 허구임이 판명되었고, 이제 초기 원주민들의 문화적이고 정치적인 자율성은 상당 부분 회복되어가고 있다. 캐나다 문학사에서도 원주민 문학은 가장 역동적이고 성공적인 예술의 형태로 자리매김 되고 있다.

원주민 문학의 기원

　　　　　　　　　캐나다에 처음 정착한 인류는 아시아인이었다. 30,000년에서 35,000년 전 아시아와 북미대륙은 얼음과 육지로 연결되어 있었고, 순록과 들소를 쫓던 아시아의 수렵인들 중 일부는 북미로 왔다가 이곳에 정착한다. 휴런(Huron), 모하크(Mohawk), 이누이트(Inuit), 믹맥(Micmac) 등의 캐나다 원주민들은 얼음이 녹아 해수면이 올라가면서 북남미 대륙에 정착한 수렵인들의 후예이다. 이들은 지역에 따라 몇 부류로 분류할 수 있는데, 북태평양 연안 지역을 중심으로 누트카(Nootka), 치누크(Chinook), 헤이다(Haida) 등의 부족들이 모여 살았다. 유럽인들이 북아메리카에 왔을 당시 북미에는 약 35만에서 50만 정도의 원주민들이 생활하고 있었다. 이들은 교역을 선호했고, 백인들과도 자신들의 모피를 철제나 청동 제품들과 거래를 했는데, 백인들의 전염병에 의해 상당수의 원주민들이 목숨을 잃었다. 이들은 다양한 형태의 기록들을 남겼는데, 기술된 원주민 문학의 역사는 기록된 글이 구술된 언어를 문자의 형태로 코드화하는 좁은 의미로 정의할 것인지 아니면 바위에 기술된 문자의 형태를 포함한 알파벳 형식의 텍스트를 포함할 것인지에 따라 차이가 난다. 일부 학자들은 책 형태뿐 아니라 나무의 껍질 위에 표기하고 둘둘 말아 보관한 스크롤 형태 또한 원주민 문학의 연구 대상에 포함시키기도 한다.

원주민 문학은 20세기 중반에 이르러서야 관심의 대상이 되기 시작하였다. 『인디언 시각』(*Indian Outlook*, 1960), 『믹맥 뉴스』(*The Micmac News*, 1965), 『카이나이 뉴스』(*Kainai News*, 1968), 『아퀘사슨 뉴스』(*Akwesasne News*, 1969), 『인디언의 음성』(*The Indian Voice*, 1969), 『첫번째 시민』(*The First Citizen*, 1969), 『사스카췌완 인디언』(*The Saskatchewan Indian*, 1977)을 포함한 신문과 잡지가 원주민의 문학을 싣기 시작하였다. 캐나다 문학의 원주민 출판의 새로운 물결을 형성하기 시작했다는 점에서 1960년대는 원주민 문학 연구에서 의미 있는 시기이다.

캐나다 원주민 문학 연구

캐나다 원주민 문학에 대한 연구는 1970년대 말에 본격적으로 이루어지기 시작하였다. 『캐나다 원주민 영어 문학 전집』(*An Anthology of Canadian Native Literature in English*)의 개론(Introduction)을 쓴 아만드 가넷 루포(Armand Garnet Ruffo)는 1978년 『원주민 시각 잡지』(The Native Perspective Magazine)를 편집하기 시작하면서 원주민들에 "대한" 문학적 자료는 많지만 "원주민들 시각"의 문학을 정립하는 것은 초보적인 단계였다고 회상한다. 1978년 에드워드 사이드(Edward Said)의 『오리엔탈리즘』(Orientalism)이 출간되면서 포스트-식민주의에 대한 논의가 활발해지고 해럴드 카디널(Harold Cardinal), 마리아 캄벨(Maria Campbell), 바질 존스톤(Basil Johnston), 리타 조(Rita Joe), 듀크 레드버드(Duke Redbird)가 작품 활동을 하면서 70년대 원주민 문학에 대한 관심이 증폭되기 시작했다. 1972년 피터스버러(Petersborough)의 트랜트 대학(Trent University)은 캐나다 원주민 연구 학과(Department of Native Studies in Canada)를 처음 개설하였다. 1955년 칼 클링크(Carl Klinck)와 레지날드 와터즈(Reginald E. Watters)가 편집한 최초의 캐나다 문학선집인 『캐나다 문학선』(Canadian Anthology)이나 1973년 로버트 위버(Robert Weaver)와 윌리엄 토이(William Toye)가 편집한 『옥스퍼드 캐나다 문학 전집』(The Oxford Anthology of Canadian Literature)에 원주민 문학이 실리지 않았다는 점을 고려할 때 1970년대 초반만 하더라도 캐나다에서 원주민 문학에 대한 사회적 학제적 관심이 부족했다고 할 수 있다.

1970년대 이후 원주민들 문학 작품 모음집이 연이어 출간되기 시작한다. 1977년 데이비드 데이(David Day)와 머릴린 바우어링(Marilyn Bowering)이 편집한 작품집 『다양한 목소리, 현대 인디언 시편』(Many Voices: Contemporary Indian Poetry), 페니 페트론(Penny Petrone)이 편집한 『첫 원주민, 첫 목소리』(First People, First Voices, 1983), 베스 브란트(Beth Brant)가 편집한 『영혼 모음집, 북 아메리카 인디언 여성 콜렉션』

(*A Gathering of Spirit: A Collection by North American Indian Women*, 1984)에 이어, 히서 호지손(Heather Hodgson)이 편집한 『제7 세대, 현대 원주민들의 글』(*Seventh Generation: Contemporary Native Writing*, 1989)이 출간되었다. 1990년에는 애그네스 그랜트(Agnes Grant)가 편집한 『진실의 한 조각, 캐나다 원주민 문학 선집』(*Our Bit of Truth: An Anthology of Canadian Native Literature*), 쟝 페로(Jeanne Perreault)와 실비아 반스(Slyvia Vance)의 『라이팅 더 서클, 서부 캐나다 원주민 여성』(*Writing the Circle: Native Women of Western Canada*, 1990), 토마스 킹(Thomas King)의 『나의 모든 관계들, 현대 캐나다 원주민 글 선집』(*All My Relations: An Anthology of Contemporary Canadian Native Writing*)이 출간되었고, 곧이어 다니엘 데이비드 모제스(Daniel David Moses)와 테리 골디(Terry Goldie)가 『음성들, 캐나다에서 원주민이 되는 것』(*Voices: Being Native in Canada*, 1992)을 편집하고 조을 마키(Joel T. Maki)가 『내 분노를 훔쳐, 새로운 원주민의 음성들』(*Steal my Rage: New Native Voices*, 1995)을 출간하여 캐나다에서 원주민 문학에 대한 독자층의 확산에 큰 기여를 하였다.

원주민 문학의 특징

원주민 문학은 구어적 전통을 토대로 스토리텔링과 의식(儀式)이라는 사회적인 문맥 속에서 구현시켰는데, 스토리텔링은 신화, 전설, 민담 등 다양한 유형으로 분류될 수 있으며, 드라마, 시, 기도, 연설 등 의식(儀式)의 다양한 구성 요소들로 이루어졌다. 원주민들은 사고를 시각적인 기억과 연상시키는 경향이 있었으므로, 이들의 문학에서 은유와 유추는 핵심적이며 강한 정서적인 힘을 발휘하였다. 이미지의 본질은 화자의 감정을 극화하는 것이었으며, 원주민들은 은유를 사용하여 강렬한 상상력과 문학적 창의성, 복잡한 사고를 표현하였다.

원주민 문학의 전설과 이야기에는 지리적 언어적 경계를 초월하는 반복적인 패턴이 발견된다. 이승이 아닌 다른 세계로의 여행, 초현실적인 존재와의 조우, 동물 아내와 남편, 동물의 신성(神性) 부여, 강력한 힘의 마술사, 인간을 보호해주는 영혼, 동물의 시체를 봉헌하는 제사, 꿈의 중요성에 대한 믿음, 모든 생명체에 내재한 영성 등이 주된 요소들이다. 몸의 형체가 변형되거나 동물이 인간의 형상을 지니는 것 또한 특징적인 자질이다. 이야기에 등장하는 중심인물은 영웅적인 행동을 보여주며 트릭스터로 다른 부족들에게 서로 다른 이름으로 알려져 있다. 늑대, 라쿤, 까마귀 등 다양한 종류의 동물들이 트릭스터(trickster)로 등장하며, 영웅적인 행동을 감행한다. 이들은 자신이 쳐 놓은 계략에 걸리거나 타인에게 속아 희생양으로 전락하기도 한다. 이 영웅적인 존재는 양극단적인 역할을 수행하기도 하는데, 창조를 하거나 창조를 가로막기도 하며, 인간에게 도움을 주기도 하고 해를 끼치기도 하며, 전능한 힘을 지닌 영웅이지만 잘 속아 넘어가는 바보이기도 하다.

원주민들에게 가장 중요한 이벤트는 천지창조였고, 이들의 역사는 대부분 창조 이야기로 시작된다. 이들은 존재가 시작될 때부터 삶의 터전인 대지와 연관을 맺으면서 강한 유착을 보인다. 원주민 문화의 또 다른 주목할 만한 특성은 이름을 붙이는 것의 중요성이다. 구전 문학은 전적으로 지역사회에 토대를 둔 것이었으며, 특수한 문화적 전통 안에서 해석되고 수용되는 것이었다.

역사 속의 캐나다 원주민 문학

17세기 들어 공인된 원주민인 퍼스트 피플(First People)과 크리족(Cree)과 백인 사이에 태어난 메티스(Métis)의 구전적 이야기가 문자화되기 시작한다. 문자화의 초기 작업들은 1600년 초기 퀘벡(Québec)으로 보내진 예수회(Jésuites) 선교사들에 의해 이루어졌다. 이들의 삶은 1610년부터 출간된 『제주이트 릴레이션즈』(*Jésuites Relations*)에 기록되었고, 그 이후로는 헨리 로우 스쿨크래프트(Henry Rowe Schoolcraft)가 출간한 『앨그릭 리서치즈』(*Algric Researches*, 1839)에 수록되었다. 원주민 중 일부는 개종 뒤에 선교사가 되었으며, 원주민들의 관심과 공감을 불러일으킬 목적의 글들을 남겼다.

19세기 말에는 원주민들이 종국적으로 파멸될 것이라는 종말론적 문화 이론(doomed culture theory)이 널리 퍼지면서 이들의 구전문학을 보전하려는 움직임이 활발해졌다. 문화인류학자, 민속지학자, 민담학자, 사회학자 등 다양한 영역의 학자들이 이들의 구전 문예 작품들을 찾아내어 번역하고 보전하며, 원주민들의 삶을 해석하고 평가하는 작업을 수행하였다.

남부 퍼스트 네이션즈(Southern First Nations)의 삶이 구전으로 전해 오는 노래들이 있다. 1981년 존 로버트 콜롬보(John Robert Colombo)가 『이누이트족의 시편들』(*Poems of the Inuit*)이라는 책에서 이누이트족의 시를 편집하여 출간하였다. 「나의 숨」("My Breath/*Orpingalik*"), 「마법의 말들」("Magic Words/*Aua*"), 「돌로 변한 소녀의 노래」("Songs of the girl who was turning into Stone/*Ivaluardjuk*") 등의 시가 널리 읽힌다. 조셉 브란트(Joseph Brant c. 1742-1809)는 1940년대 초반 오하이오 지역에

서 태어났다. 로열리스트로서 미국독립전쟁이 발발한 뒤 미국인들과 맞서 원주민 연대 군인을 이끌면서 미국이 서쪽으로 세력을 확장시키는 것을 막으려 하였다. 1784년 브란트는 모하크 로열리스트를 이끌고 그랜드 강(Grand River)에 정착한다. 그는 기독교도였고 열정적인 로열리스트였으며, 군에서 보인 탁월한 역량으로 인해 후대에 "고상한 야만인"(noble savage)의 완벽한 전범이 되었다. 말년에 그는 성경을 모하크 언어로 바꾸는데 전념했으며, 원주민들의 이익을 대변하는 정치가로서 수많은 연설을 남겼다.

최초로 영어로 기술된 책을 출간한 조지 코프웨이(George Copway, 1818-1869)는 지금의 온타리오주 트렌톤(Trenton)에서 태어났다. 부친은 라이스 레이크 인디언 마을(Rice Lake Indian Village)의 추장이었고 1827년 감리교로 개종하였다. 코프웨이 또한 성서를 원주민어로 바꾸는데 전념하였다. 그의 최대의 문예적 성취는 1847년에 출간된 자서전인 『카게가가보우의 삶, 역사, 그리고 여행』(*The Life, History and Travels of Kah-ge-ga-gah-bowh*)이다. 이 자서전이 캐나다 원주민이 영어로 쓴 최초의 책이다. 그는 1850년에 『오집와 국가의 전통 역사와 특징적 스케치』(*The Traditional History and Characteristic Sketches of the Ojibwa Nation*)를, 그 다음 해에는 『잉글랜드, 프랑스, 독일, 벨기에, 스코틀랜드의 인물과 장소 스케치』(*Running Sketches of Men and Places in England, France, Germany, Belgium, and Scotland*)를 출간하였다. 『카게가가보우의 삶』은 인기가 있어서 여섯 판을 출간했고, 페니모어 쿠퍼(Fenimore Cooper), 워싱턴 어빙(Washington Irving), 헨리 롱펠로우(Henry Wadsworth Longfellow) 등 많은 미국인들의 호평을 받았다.

감리교 목사로서 오집웨이(Ojibway)에서 카케와쿠오나비(Kahkewaquonaby)라는 원주민의 이름으로 살아온 피터 존스(Peter Jones)는 1838년 빅토리아 여왕에게 탄원서를 보낸다. 이 서한은 로마어로 작성되어 있었으며, 크레디트 강(Credit River)에 거주하는 오집웨이 추장의 그림문자 서명이 포함되어 있었다. 이 서명은 현대인들이 생각하는 탄원서의 형식과는 거리가 먼 것이었다. 카케와쿠오나비의 탄원서는 문자만으로 그 효력을 발휘하는 것이 아니라 사슴의 가죽으로 만든 긴 술 장식이 달린 원주민들이 옷을 입고 벅스킨이라는 동물 가죽으로 만든 신발을 신고 구두로 읽어내는 의식적인 과정을 거쳐 전달되었다. 원주민 문학에서 구술 형태의 문화와 표기된 형식의 문화는 복잡한 양태로 공존하여 왔다. 21세기 원주민 작가들 또한 이들의 삶을 기술하는 문화적 유산의 표현으로 구술 문화는 중요성을 유지하고 있다. 선교사들로 인해 구술을 포함한 전통적인 형식의 의사 전달 양식이 위협받고 파괴되었던 경험으로 인해, 과거 문화적 유산에 대해 원주민 작가들은 민감하게 반응한다. 원주민들의 서술은 대부분 하나의 클라이맥스를 향해 플롯이 진행되는 서구식의 방식이 아니라 두서없이 에피소드 형식으로 진행된다.

 19세기에 와서 원주민들의 문화와 역사의 관점에서 그들의 글을 평가하는 작업들이 이루어지기 시작하였다. 리디아 캄벨(Lydia Campbell, 1818-1905)의 자서전 『라브라도르 삶의 스케치』(*Sketches of Labrador Life*, 1894)는 19세기 여성 원주민 작가들의 삶이 문학의 형태로 표현되어 출간되었다는 점에서 의미가 있다. 19세기 말 유명한 여성 작가로 에밀리 폴라인 존슨(Emily Pauline Johnson, 1861-1913)이 있다. 그녀는 모하크족 아버지와 영국 어머니 사이에서 태어났으며, 어려서부터 영국 낭만주의나 빅토리아조 시인인 바이런(Byron), 스콧(Scott), 테니슨(Tennyson), 키이츠(Keats)의 시에 익숙해 있었다. 「이로쿼이족의 자장가」("Lullaby of the Iroquois"), 「인디언 아내의 외침」("Cry of an Indian Wife") 등의 구어체 시로 널리 알려진 그녀는 모하크족에서 타카히온웨이크(Takahionwake)라는 이름으로 불리었으며, 할아버지로부터 부족의 영웅적 전설에 대한 이야기를 들으면서 자라왔다. 그녀의 문학 교육은 영국인 어머니로부터 받은 것이었다. 1895년에 첫 시집 『화이트 왐품』(*The White Wampum*)을 런던에서 출간하는데 아이러닉하고 정치적인 시들이 주를 이루고 있다. 그녀는 캐나다의 문화가 제국주의적 색채를 강하게 띨 때 태어났으며, 그녀의 시는 다양한 주제를 다루고 있지만 인디언 사회에 대한 충성이나 목가적인 내용에 초점이 맞추어져 있다. 그녀는 인디언 공주라는 신비스러운 인물을 창조하였으며, 1911년에 출간된 『밴쿠버의 전설』(*Legends of Vancouver*)은 추장 카필라노(Capilano)가 말하는 신화적 서술물이며 이야기로 각색되어 널리 회자되기도 하였다. 그녀는 캐나다에서 가장 주목할 만한 음유시인이자 연설가로 자리매김 되었다. 에밀리 폴라인 존슨은 가장 신뢰 있는 진정한 "인디언의 음성"(Indian voice)을 전달하는 인물로 원주민들의 의상을 입고 대중들 앞에서 자신의 시를 낭송한 인물로 널리 알려졌다. 1913년 존슨은 모험 이야기인 『샤가나피』(*Shagganappi*)를 출간하여 도덕적 문제를 다루었다. 『엄마의 잡지』(*Mother's Magazine*)에 실린 「내 엄마」("My Mother")와 같은 시는 모하크 사회에서의 모계 질서를 다루었다. 존슨의 시는 영국 낭만주의와 빅토리아조 작가들, 캐나다 시인인 찰스 로버트(Charles Roberts, 1860-1943)나 블리스 카만(Bliss Carman, 1861-1929)과 스타일과 주제를 공유하였다. 그녀는 원주민들의 전설에 강한 자부심을 지니고 있었지만, 유럽의 문화를 찬양하는 시와 이야기들을 출간하기도 하였다. 두 문화 사이의 갈등은 쉽게 화해되지 않았으며 그녀의 시에 강한 긴장을 불러 일으켰다.

캐나다의 원주민들을 그들의 시각으로 바라보는 것이 아니라 식민주의적 담론 안에서 구축하는 경향은 1812년 전후에 더욱 강해졌다. 문명화가 덜 된 민족은 결국은 멸망한다는 "사라지는 인디언"(vanishing Indian) 이론 아래 인디언들은 식민주의적 시각에서 재구축된다. 폴라인 존슨 사후 원주민들에 대해 가장 인기 있는 이야기는 사기꾼에 관한 것이었다. 조지 스탠스필드 베란시(George Stansfield Belancey, 1888-1938)와 실베스터 크락크 롱(Sylvester Clark Long, 1890-1932)은 그들의 가짜 정체성을 통해 삶을 영위하였다.

원주민 문학이 현대 캐나다 문학 전체에서 차지하는 위상은 확고하다. 민족적 문화적 다양성은 캐나다라는 국가의 큰 강점이며, 원주민 문학은 다성적인 음성을 내는데 커다란 기여를 하고 있다. 국가에 대한 다양한 생각들이 공존하며, 획일적인 식민주의적 시각을 무너뜨리며 정복과 안정의 내러티브가 아닌 다른 관점과 문학적 표현 방식을 제공해 주고 있다는 점에서 원주민 문학의 의미는 크다. 존슨 사후 인디언 문학은 잠시 활기를 잃었지만, 1970년대 들어 원주민들의 시와 이야기를 모은 문학 서적들이 연달아 출간되면서 활성화된다.

폴라인 존슨 이후의 원주민 문학의 전개

에밀리 폴라인 존슨(Emily Pauline Johnson, 1861-1913)이 사망한 뒤 원주민 문학에 대한 대중들의 관심은 잠시 사라진다. 그러나 1970년대 원주민들의 이야기를 모은 책들이 출간되면서 캐나다 문학 연구의 큰 물줄기를 형성한다. 1971년에 출간된 『스위트그래스』(*Sweetgrass*), 1974년 출간된 저서 『오카나간 인디언 시와 단편 이야기들』(*Okanagan Indian Poems and Short Stories*), 1976년에 출간된 『인디언 시의 지혜』(*Wisdom of Indian Poetry*), 1977년의 『원주민의 아들들』(*Native Sons*)과 『다양한 목소리, 현대 인디언 시편』(*Many Voices: An Anthology of Contemporary Indian Poetry*) 등의 서적들이 연달아 출간되면서 원주민 문학에 관해 더 많은 관심을 갖게 되었다.

1977년 데이비드 데이(David Day)와 마리린 바우어링(Marilyn Bowering)은 자신들이 편집한 『다양한 목소리, 현대 캐나다 시인선』(*Many Voices: An Anthology of Contemporary Canadian Poetry*)의 서문에서 인디언 문화의 복구를 통해 생겨나는 다양한 음성들을 모았다고 밝힌 바 있다. 1970년에 들어 원주민들 사이에 자신의 정체성을 되찾고자 하는 정치적 문화적 움직임이 활발해졌고, 이들은 소위 말해서 항쟁시(protest poetry)를 썼다.

크리(Cree)출신의 사라인 스텀프(Sarain Stump, 1945-1974)는 서스카체웬 인디언 예술 대학의 인디언 예술 프로그램(Indian Art Program at Saskatchewan Indian Cultual College)에서 가르치면서 시인이자 화가의 길로 접어들었다. 그의 대표작은 1970년 출간된 『잠들어 있는 내 민족』(*My People Sleeping*)이며, 그는 자신의 시에서 자신의 민족을 오랫동안 잠자고 있는 민족이라고 썼다. 그의 시집은 크리 인디언 문화를 표상하는 그림과 상징으로 가득 차 있다.

케이프 브레톤 아일랜드(Cape Breton Island) 출생으로 다섯 살에 어머니를 잃은 뒤 열 두 살이 될 때까지 파양을 거듭하면서 양부모들의 손에서 자라난 리타 조(Rita Joe, 1932-2007)는 1974년 노바 스코샤 작가 컨페더레이션에서 수상하면서 문단에 본격적으로 데뷔하였다. 1978년에 출간된 『리타 조의 시편들』(*The Poems of Rita Joe*)을 시작하여 그녀는 1989년에는 『에스카소니의 노래』(*Songs of Eskasoni*)를, 1991년에는 『르누와 인디언이라 불리운 사람들』(*Lnu and Indians we're called*), 2000년에는 『우리는 꿈꾸는 사람들』(*We are the Dreamer*)를 출간하였다. 그녀의 시에 등장하는 인물들은 원주민 학교 학생들, 구타당하는 여성들, 브리티시 콜롬비아의 댄서들, 죄를 짓지 않았는데 십일 년간이나 감옥에 수감되었던 도날드 마쉘(Donald Marshall, 1953-2009)을 포함한다.

알바타 북쪽의 하이 프라이에리(High Prairie)라는 마을에서 태어나 자란 해롤드 카디널(Harold Cardinal, 1945-2005)은 1960년대 후반 알바타 인디언 연합의 최연소 회장으로 일하면서 북아메리카 원주민들을 위한 사회 변혁에 헌신한 작가이다. 1969년 작 『정의롭지 않은 사회』(*Unjust Society*)와 1977년 출간한 『캐나다 인디언들의 재탄생』(*The Rebirth of Canada's Indians*)이 대표 저서이며, 그는 1980년 이전 원주민들 중 최고의 작가로 평가되고 있다.

1980년대 들어서면서 정치적인 소재를 개인적 성찰을 통해 구현한 일련의 작품들이 출간된다. 듀크 레드버드(Duke Redbird), 베스 브란트(Beth Brant), 다니엘 데이비드 모제스(Daniel David Moses) 등 일련의 작가들이 활발하게 활동하였는데, 듀크 레드버드(Duke Redbird, b. 1939)는 온타리오 주의 브루스 만에 있는 사우게엔 인디언 보호지역(Saugeen Reserve)에서 태어났다. 그는 정치, 교육, 사회활동, 헬스케어, 예술, 문화 등 다양한 방면에서 걸출한 업적을 거두었다. 1980년 출간된 『우리는 메티스, 메티스 관점으로 바라본 캐나다 원주민의 발전』(*We are Metis: A Metis View of the Development of a Native Canadian People*)는 당시 캐나다 사회에 큰 방향을 일으켰다. 1981년에는 『러브샤인과 붉은 포도주』(*Loveshine and Red Wine*)를, 1987년에는 『에머랄드 산으로 말춤』(*Horse Dance to Emerald Mountain*)을 저술하였다. 그의 시 「나는 캐나다인이다」("I am a Canadian")와 「비버」("The Beaver")는 애송되는 시이다.

베스 브란트(Beth Brant, b. 1941)는 온타리오의 티엔디나가 모하크 영역(Tyendinaga Mohawk Territory)에서 태어난 여류작가로서, 자신을 항상 모하크족으로 기술하였고, 레즈비언이자, 페미니스트, 사회 활동가로서 열정적인 삶을 살았다. 그녀는 단편집 『모하크 트레일』(*Mohawk Trail*, 1985)과 『음식과 영혼』(*Food & Spirits*, 1991)을 출간하여 모하크족의 생활 양식과 정신을 캐나다에 알렸고, 『정령 모음집』(*A Gathering of Spirit*, 1988)과 같은 원주민 여성들의 글과 예술 모음집을 편집하였다.

가장 중요한 이누이트 작가로 평가되고 있는 알룩투크 이페리(Alootook Ipellie, 1951-2007)는 프로비셔 베이(Frobisher Bay)의 북쪽 해안 캠프에서 태어났으며 어린 시절 가족들과 함께 북극 지역에서 노마드와 같은 생활을 하였다. 1973년에서 1982년까지 이페리는 『이누이트 먼스리』(*Inuit Monthly*)를 위해 일했다. 정치 풍자적 만화, 일류스트레이션, 카툰 스트립을 만들어내면서 그는 캐나다 뿐 아니라 미국, 그린랜드, 노르웨이, 세르비아, 독일에 널리 알려진 인물이 되었다. 그의 단편 소설, 삽화, 그리고 시편들이 『머물러 있는 페이퍼, 이누이트 글 모음집』(*Paper Stays Put, A Collection of Inuit Writing*, 1981)과 『북극의 꿈과 악몽』(*Arctic Dreams and Nightmares*, 1993)에 실려 있다. 그의 이야기는 신화적인 것과 초현실주의적인 것이 혼재되는 모습을 보여주며, 일관성이 없는 삶의 아이러니를 독특한 이누이트 포스트모던적 감수성을 통해 제시해 준다.

인디언 기숙학교와 치유, 화해

인디언 기숙학교(Indian Residential Schools)는 캐나다 정부가 재정적으로 지원하고 교회가 운영하였는데, 학교에서 원주민들이 겪었던 고통과 비인간적인 경험은 수세대에 걸쳐 침묵되어 왔다. 원주민들의 인권에 대한 문제가 부각되면서 인디언 기숙학교에서 폭력, 억압에 대한 이슈가 주목을 받기 시작하였다. 1998년 설립된 원주민 치유 재단(Aboriginal Healing Foundation), 2001년에 설립된 희망의 유산 재단(Legacy of Hope Foundation), 2012년 설립된 캐나다의 원주민 학교 진실과 화해 위원회(Canada's Indian Residential Schools Truth and Reconciliation Committee)에서 인디언 기숙학교 인권 문제에 관심을 가졌다. 인디언 아이들은 부모로부터 격리되어 재정적인 지원을 제대로 받지 못한 채 건강을 유지하기 힘들 정도로 열악한 환경에서 수용되었다. 이들은 자신의 선조들이 지닌 정신적 문화적 전통으로부터 차단되었고, 지역사회와 부모의 영향력으로부터 벗어나 알코올 중독이나 마약에 빠지기도 하였다.

1980년 이후 치유(Healing)와 화해(Reconciliation)라는 관념이 제기되고 논의되기 시작하였다. 기숙학교에 대한 담론은 퍼스트 네이션즈(First Nations), 이누이트(Inuit), 메티스(Métis)족이 화해를 하는 접점이 되고 있다. 국가나 정부 주도가 아니라 민간 주도 운동으로 힐링이라는 문제가 핵심적인 이유로 부각되었다. 1988년 배질 존스톤(Basil Johnston, 1929-2015)은 『인디언 스쿨 데이즈』(*Indian School Days*)를 출간하였다. 이 작품은 열 살의 소년으로 네 살의 여동생과 함께 인디언 기숙학교에서 생활하던 자신의 자서전이자 회고록이다. 이 작품이 처음 출간되었을 때 성희롱에 대한 언급은 없었으나, 이후 수백 건에 달하는 성희롱 문제가 법정에서 제기되었다. 톰슨 하이웨이(Tomson Highway, b. 1951)는 『모피 여왕의 키스』(Kiss of the Fur Queen, 1998)에서 기숙학교에서 자행된 가톨릭 신부들의 아동 학대를 직접적으로 다루었다. 이 작품은 독 더비 월드 챔피언십(The World Championship Dog Derby)에 참여한 아브라함 오키마시스(Abraham Okimasis)가 승리를 얻고, 그 보상으로 젊은 백인 여성 모피 여왕의 키스를 받는 것으로 시작된다. 순수한 크리 소년이 강압적인 억압에 의해 인디언 기숙학교에 배정되어 살아가고, 성인이 된 후 젊은 예술가로서 상실된 원주민들의 목소리를 다시 회복하는 노력이 이루어진다. 가톨릭은 악한 행동의 근원으로 강한 비판의 대상이 된다. 하이슬라 헤일트수크(Haisla-Heiltsuk) 작가 에덴 로빈슨(Eden Robinson, b. 1968)은 『원숭이 해변』(Monkey Beach, 2000)을 출간하는데, 이 작품에서 주인공 로사마리 힐(Rosamarie Hill)은 올림픽 수영선수인 남동생이 바다에서 행방불명되는 사건이 발생하자, 동생을 찾는 여정을 떠난다. 동생을 잃어버리는 경험은 그녀의 마약중독, 알코올중독, 그리고 동생을 찾아 헤매다 자신도 몽키 비치라는 해안가로 쓸려가 이곳에서 자신의 동생을 기다리는 상황과 연관된다. 케빈 로링(Kevin Loring, b. 1974)의 『피가 섞이는 곳에서』(Where the Blood Mixes, 2009)에서 인디언 기숙학교는 단순한 배경으로 제시된 것이 아니라 주인공 플로이드(Floyd), 그의 친구 무크(Mooch), 무크의 파트너 조(Joe)에게 고통스러운 경험을 주는 핵심적인 이슈로 다루어진다.

소설 『나 안의 키퍼』(Keeper'n Me, 1994)를 통해 가족, 지역사회, 정체성의 상실과 회복 문제를 탐구한 리차드 와가메즈(Richard Wagamese, 1955-2017)는 인디언 기숙학교의 좋은 점 뿐 아니라 나쁜 점 또한 가감

없이 언급한다. 「기숙학교의 가치」("The Value of Residential Schools")에서 와가메즈는 자신의 어머니가 의미 있고 가치 있는 것들을 효율적으로 학습하는 것에 대해서만 언급하고 권력남용이나 수치스러운 경험에 대해서는 언급하지 않았다는 점을 지적하면서, 인디언들이 겪은 상처, 소외, 슬픔과 분노가 궁극적으로는 폭력, 알콜 중독과 같은 치명적인 결과와 연관되어 있음을 지적한다. 『인디언 호스』(Indian Horse, 2012)에서 사울 인디언 호스(Saul Indian Horse)는 세대를 가로질러 인디언 기숙학교에서 생존한 인물이다. 그녀의 어머니는 술과 절망으로 그에게서 멀어져갔고, 세인트 제롬 인디언 학교에서는 동료 친구들의 고통스러운 삶을 목격한다. 사울은 하키 팀에 들어가 삶의 문제를 극복해 보려하지만, 이곳에서도 폭력과 성적학대를 경험한다. 그는 자기 파괴적인 행동과 인종주의와의 투쟁은 피할 수 없었다. 작중인물 사울은 작가 와가메즈와 같이 궁극적으로는 힐링을 얻지만, 자신을 수용하기까지는 어렵고도 먼 여정을 거쳐야만 하였다.

 2008년 6월 11일 캐나다의 22대 총리인 스테픈 하퍼(Stephen Harper, b. 1959)는 하원에서 인디언 기숙학교 문제에 대해 사과 발표를 하였다. 이후 더 많은 원주민 작가들이 관심을 가지고 기숙학교 문제를 다루었고, 기숙학교는 문단에서 중요한 이슈가 되었다. 케빈 로링(Kevin Loring, b. 1974)의 『피가 섞이는 곳에서』(Where the Blood Mixes, 2009), 로버트 아서 알렉시(Robert Arthur Alexie, 1959-2014)의 『호저와 차이나 인형들』(Porcupines and China Dolls, 2009), 리차드 와가메즈(Richard Wagamese, 1955-2017)의 『인디언 호스』(Indian Horse, 2012), 드루 하이든 테일러(Drew Hayden Talyor, b. 1962)의 『신과 인디언』(God and the Indian, 2014)에서 다루어지는 큰 주제의 하나는 인디언 학교 운영에 대한 사과와 화해였다.

『호저와 차이나 인형들』(Porcupines and China Dolls, 2009)의 주인공 제임스 나탄과 잭 노란드와 마찬가지로 작가 로버트 아서 알렉시(Robert Arthur Alexie, 1957-2014)는 평생 인디언 기숙학교에서 경험했던 것과 힘겨운 싸움을 벌여야 했다. 음주와 자살로 제임스와 잭을 잃은 경험을 했듯이 작가 알렉시는 친구들을 잃었고, 생존을 위해 마지막까지 힘겨운 투쟁을 하였다. 심각한 육체적 학대와 성적 희롱에 대한 기술을 알렉시는 피하지 않았다. 알렉시가 작품을 통해 치유의 경험을 하였는지에 대한 논란은 있지만, 그는 원주민들의 경험에 대한 진실을 밝히는데 두려움이 없었다.

2010년에는 시인이자 극작가 아만드 가넷 루포(Armand Garnet Ruffo, b. 1955)의 스크린 플레이가 영화화되어 〈윈디고 이야기〉(A Windigo Tale)라는 제목 아래 상영되었다. 이 작품은 원주민들이 겪은 상처에 대한 치유의 영화이기도 하다. 작품을 쓰는 행위를 통해 식민주의 아래 겪은 상처를 치유하고, 독자들에게도 같은 경험을 제공하는 것이다. 그러나 타이아이아크 알프레드(Taiaiake Alfred)나 제프 콘타쎌(Jeff Corntassel)과 같은 작가들은 화해의 담론은 근본적으로 결점이 있는 개념이라고 지적한다. 캐나다의 역사와 현재 식민주의적 상황에 초점을 맞추어야 하며, 인디언들이 역사의 희생이라는 접근법은 생존과 저항의 개념을 희석시키기에 적절하지 않다는 것이다.

조셉 보이든(Joseph Boyden, b. 1966)은 2013년 소설 『오렌다』(The Orenda)에서 양립할 수 없는 것들을 서로 다른 담론의 병치를 통해 화해시키는 시도를 하였다. 17세기 웬닷 연합(Wendat Confederacy)이 하우데노사우니(Haudenosaunee), 질병, 예수회 선교사들에 의해 마지막을 맞이하는 날을 서로 엮어 내었다. 크라우(Crow)라고 알려진 예수회(Jésuites) 소속 크리스토피(Cristophe), 복수심으로 가득 찬 웬닷 전사 버드(Bird), 그리고 십대 원주민 포로 스노우 폴즈(Snow Falls)와 같은 다양한 인물들의 목소리가 병치된다. 텍스트에는 웬닷과 하우데노사우니족의 자연과 영혼에 대한 경외와 믿음이 잘 드러나 있다. 2014년 『오렌다』는 CBC가 선정한 캐나다에서 반드시 읽어야할 책(Canada Reads)으로 선정되었으며, 캐나다인들은 원주민들과 맺었던 불명예스러운 만남을 화해하려는 시도를 계속 하고 있다.

다양성과 음악의 혼재

버피 세인트-마리(Buffy Sainte-Marie, b. 1941)는 사스캇체완(Saskatchewan)에 있는 인디언 보호구역에서 태어나 메인주와 메사추세츠주 의붓 부모에 의해 성장되었다. 세인트 마리는 가수와 작곡가로 이십대에 큰 명성을 얻었다. 〈헤어질 때까지〉(Until it's Time for you to Go)가 일곱 개의 언어로 레코팅 되고 엘비스 프레슬리와 보스턴 팝에 이르기까지 수백 명의 예술가들이 그녀의 노래를 불렀다. 〈유니버설 솔져〉(Universal Soldier), 〈이제 버펄로는 사라졌네〉(Now that the Buffalo's Gone)는 원주민들에 관한 노래들이다.

레지나 원주민 작가 그룹(Regina Aboriginal Writers group)의 공동창시자로 앤하트(Anneharte, b. 1942)는 행위 예술, 랩, 퍼포먼스를 수반한 더브 시(dub poetry) 등의 다양한 형태로 원주민 문예 운동에 적극적으로 참여하였다. 그녀는 아니쉬나아블(Anishinaable) 모친과 아일랜드인 부친 사이에 태어나 위니펙(Winnipeg)에서 성장하였으며, 영화, 연극, 책을 만들어내는 문화 노동자라고 자신을 기술하였다. 그녀의 글쓰기의 특징은 유머, 패러디, 풍자, 위트 등을 사용하여 전복적인 유희의 언어를 구사하는 것이다. 그녀의 저서는 1990년 출간된 시집 『달 위에서』(*Being on the Moon*), 1994년 출간된 『코요테 콜롬버스 카페』(*Coyote Columbus Cafe*) 가 있다.

 1980년대와 1990년대 원주민 작가들은 전례가 없을 정도로 그 수가 늘었다. 이즈음 활약한 원주민 작가들 중 트릭스터 재건 위원회(The Committee of Re-establish the Trickster)라 불리우는 그룹을 형성한 작가들이 있다. 다니엘 데이비드 모제스(Daniel David Moses), 톰슨 하이웨이(Tomson Highway), 레노어 키시그 토비아스(Lenore Keeshig-Tobias) 등의 작가가 이 그룹을 주도하였는데, 이들은 문학에서 원주민들의 목소리를 되살리고 권리를 주장하기 위해 성명서를 내기도 하였다.

 톰슨 하이웨이(Tomson Highway, b. 1951)는 북미산 순록을 사냥하며 살아가는 가정에서 태어나 크리(Cree)어를 쓰면서 캐나다 대륙을 떠돌았다. 하이웨이의 작품에 등장하는 장난꾸러기는 원주민 스토리텔링의 전통에서 유래한 것으로, 원주민들의 유머, 상상력, 그리고 역사적 딜레마에 직면한 실존적 고뇌가 담겨있다. 1998년에 출간된 『모피 여왕의 키스』(*Kiss of the Fur Queen*)는 학교가 두 허구적인 형제의 삶에 미치는 영향력을 탐구하는 자서전적 작품이다. 하이웨이는 자서전에 토대를 둔 리얼리즘에 신화적인 크리의 세계관을 접목시켜 신화적 리얼리즘(mythic realism)을 구현하고자 하였다. 이 작품은 두 크리 형제 자레미아(Jeremiah)와 가브리엘 오키마시스(Gabriel Okimasis)가 피아니스트와 댄서로서 자신의 길을 걸어가는 과정이 원주민들의 민담과 설화와 엮여서 진행된다. 톰슨은 1986년 연극 『레즈 자매들』(The Rez Sisters)을 출간하는데, 이 작품에서도 다양한 담론들이 서로 합성되는 경향을 엿볼 수 있다. 산문, 시, 드라마, 구술들, 원주민들의 유머, 전투에서의 승리와 퇴각의 역사적 기록물, 원주민들의 의식에서의 수행적 행위 등 상이한 담론들이 공존한다. 『레즈 자매들』은 1942년 미셸 트랑블레(Michel Tremblay)의 연극을 토대로 구축된 혼성형태의 드라마이다. 레즈 시리즈는 『드라이 립스는 카푸카싱으로 가야』(Dry Lips oughta move to Kapukasing, 1990)와 『로즈』(Rose, 2003)로 이어진다. 2004년 작 『어니스틴 슈스왑이 송어를 잡다』(Ernestine Shuswap Gets Her Trout)는 자신의 땅을 잃은 것에 대한 브리티시 컬럼비아 원주민들의 인식과 열두 추장들의 고통이 잘 드러나 있다. 톰슨은 캐나다와 프랑스를 오가면서 크리, 오집위, 이누이트 어로부터 오는 독특한 문화가 소멸되지 않게 헌신했으며, 캐나다의 원주민의 실체를 드러내는데 애쓰고 있다. 아이들을 위해서는 『카리보우 노래, 아이트코 니카몬』(Caribou Song: Aithko Nikamon, 2001), 『잠자리』(Dragonfly, 2002), 『빙판 위의 여우』(Fox on Ice: Mahkesis Miskwamihk E-Cipatapit, 2002)를 크리어와 영어로 출간하였다. 톰슨의 연극은 1970년대와 80년대 노라 베네딕트(Nora Benedict), 듀크 레드버드(Duke Redbird), 조지 케니(George Kenny), 마리아 캄벨(Maria Campbell) 등이 새로운 연극의 물결을 이루는 자극제가 되었다.

가난과 마약 중독, 알코올 중독, 성적 탐닉, 사창가에서의 삶에 대한 자신의 기억을 토대로 만들어진 『혼혈인』(Halfbleed, 1973)으로 관심을 모았던 마리아 캄벨(Maria Campbell, b. 1940)은 메티스(Métis) 작가로 서스카체완(Saskatchewan)에서 태어났다. 그녀는 여덟 명의 아이 중 장녀로 태어났고, 어렸을 때 모친의 죽음으로 인해 어린 동생들을 돌보면서 성장했다. 열다섯에 고향을 떠나 밴쿠버로 향하지만, 적응하지 못하고 이십대에 고향으로 되돌아온다. 이 작품 출간 후 원주민 문학작품이 쏟아져 나오기 시작하였고 그녀는 캐나다 원주민들의 어머니로 불리게 되었다. 1898년에는 『제시카의 책, 극적 변형』(The Book of Jessica: a Theatrical Transformation)을 출간하였고, 1995년에는 『도로용지 인간들의 이야기』(The Stories of the Road-allowance People)를 출간하였는데, 여기에 실린 여덟 편의 이야기는 전형적인 영어가 아니라 아버지 세대 마을 사람들이 사용한 방언이다. 그녀는 방언의 리듬을 통해 메티스인들의 삶을 그려내었다. 『극적 변형』은 마리아 캄벨이 린다 그리피스(Linda Griffiths)와 함께 만든 연극으로 두 개의 서로 다른 담론의 혼합체이다. 하나는 캄벨의 정체성 이야기를 식민주의적으로 차용하는 그리피스의 담론과 메티스인의 정체성을 지닌 캄벨의 담론이고, 다른 담론은 캄벨과 그리피스의 전형적인 여행의 담론이다. 두 담론이 동시에 중첩되면서 하나의 관점으로 규정하거나 정의하기 힘든 텍스트로 구축된다. 『제시카의 책, 극적 변형』은 두 가지 독서를 가능하게 한다. 메티스적인 존재에 그리피스가 들어와 캄벨의 세계를 차용하는 것과 식민주의적 행위의 반복은 불가능하고 적절하지 않다는 또 다른 독서가 바로 그것이다. 『제시카의 책』은 원주민의 진정성과 현대성을 자서전이라는 서구의 장르를 차용하여 의식화한 이중적 독서를 수반하는 텍스트이다.

의식과 역사의 재구성

역사적 사건들이 다시 숙고되고 의식을 통해 수행

된다는 점은 원주민 드라마의 핵심적인 요소이다. 주변화된 이슈와 사건들이 재부각되면서 생명감 있게 연극 무대에서 구현된다. 이를 통해 지역 사회인들에 대한 깊은 이해가 가능해 진다. 북부 알바타 출신의 오스키니코 레리 로이(Oskiniko Larry Loye, b. 1933)는 『우리를 위해 기도하소서』(Ora pro Nobis)에서 현재의 서술과 과거의 서술이라는 두 프레임을 통해 아이들의 관점으로 공유된 이야기를 구성해 나간다. 종교적 유대감을 지닌 사제들에 의해 저질러진 정서적이고 육체적인 아동학대를 극복하고 성장한 아이들을 통해 종교적 코드는 희화된다. 원주민들을 처음 개종시킬 때 예수회가 가한 고문과 살인에 대한 분노와 폭력이 텍스트에 모습을 드러내지만, 공감과 치유에 대한 가능성 또한 조지(George)를 통해 제시되기도 한다. 크투낙사(Ktunaxa) 작가인 베라 마누엘(Vera Manuel, b. 1948)은 사우셋(Sousette)이 그녀의 손녀와 함께 자신이 다녔던 학교 건물의 사진을 보면서 과거의 성적, 육체적 학대를 기억하고 생존의 과정에서 익힌 지혜를 전수하는 연극 『인디언 여성의 힘』(Strength of Indian Women)을 만들었다. 이 또한 과거의 아픔에 대한 치유의 과정이며, 미래의 아이들을 위해 책임감을 갖고 건전한 삶의 방향을 설정하는 것과 연관되어 있다.

조셉 덩두랑드(Joseph Dandurand, b. 1964)의 2004년 작품 『인디언들을 건드리지 마세요』(O Please Do not Touch the Indians)는 인디언들의 정체성과 역사를 예술화시키면서 동시에 종교인들의 손에 의해 성적 학대를 받는 인디언들을 다루고 있다. 연극 속에서 인디언들은 트라우마가 극에 달해 그 탈출구로 죽음을 선택하기도 한다.

다니엘 데이비드 모제스(Daniel David Moses, b. 1952)는 그랜드 강을 따라 여섯 부족(Six Nations)의 농장 지역에서 어린 시절을 보냈으며 이로쿼이족의 전통 종교와 정치 제도의 영향 아래에서 자라왔다. 그러나 그는 자신이 델라웨어의 후손이라고 믿었고, 델라웨어의 문화유산에 큰 자부심을 느꼈다. 모제스는 1980년대에 가장 활발하게 작품 활동을 하였는데, 가장 잘 알려진 연극 작품 『올마이티 보이스와 그의 아내』(Almighty Voice and His Wife)는 1991년에 첫 공연되었고 2010년 전국 투어에 올랐다. 1988년에는 『코요테 도시』(Coyote City)를 출판하는데, 이 작품은 코요테가 자신의 아내를 죽음의 땅으로부터 구출하는 단일한 액션에 토대를 두고 있다. 1990년에는 『꿈꾸는 미녀』(The Dreaming Beauty)가 상연되었다. 시집으로는 『정교한 몸』(Delicate Bodies, 1980), 『흰 라인』(The White Line, 1990), 『열여섯 예수들』(Sixteen Jesuses, 2000)이 있고, 원주민들의 문예적 전통 아래 작품 활동을 하였지만, 킹 제임스 성경이나, 제라드 맨리 홉킨즈(Gerard Manley Hopkins), 커밍스(e. e. cummings)의 전통 또한 이어받았다. 2012년에는 『빛의 위대함에 대한 작은 에세이와 다른 시편들』(A Small Essay on the Largeness of Light and Other Poems)을 출간한다. 원주민들의 지식을 현대 인간의 상황과 엮어내는 그의 작품을 주도하는 분위기는 유머스러움이다.

레노어 키시그 토비아스(Lenore Keeshig-Tobias, b. 1949)는 사우겐 오집웨 부족들(Saugen Ojibwe Nations)의 터전이었던 브루스 반도(Bruce Peninsula)의 대표적인 스토리텔러이다. 그녀는 어떤 장르이든 자신이 원주민이라는 확실한 정체성과 연관지어 작품 활동을 하였으며, 아니쉬나우베(Anishinaubae) 문화적 유산을 토대로 지역 사회 안에서 개인의 삶의 사이클을 작품으로 구현하였다. 그녀는 "급진 소수 작가 위원회"(Radical Minority Writers Committee)의 초기 회장을 역임했고, 『온타리오 인디언, 향모』(The Ontario Indian, Sweetgrass)와 『트릭스터 재건 잡지』(*The Magazine to Re-establish the Trickster*)의 편집인으로 일했다. 작품으로는 『버드 토크』(*Bird Talk*, 1991) 『엠마와 나무』(*Emma and the Tree*, 1996) 등이 있다.

비슷한 시기에 아니쉬나우베의 가치관, 신념, 관습, 이들의 언어를 토대로 인디언 언어의 보존과 문화적 확산을 시도한 또 다른 작가로 배질 존스톤(Basil Johnston, b. 1929)이 있다. 그는 온타리오의 패리 아일랜드 인디언 보호구역(Parry Island Indian Reserve)에서 태어났다. 『오집웨이족의 유산』(*Ojibway Heritage*, 1976), 『새들이 어떻게 색을 얻었나』(*How the Birds got their Colours*, 1978), 『원로들의 이야기, 오집웨이족의 전설』(*Tales the Elders told: Ojibway Legends*, 1981), 『오집웨이족의 의식』(*Ojibway Ceremonies*, 1982), 『카누와 모카신 옆에서, 위대한 호수들의 원래 이름들』(*By Canoe & Moccasin: Some Native Place Names of the Great Lakes*, 1986), 『아니쉬나우벡의 이야기들』(*Tales of the Anishinaubaek*, 1993), 『마니토스, 위대한 호수의 영적 세계』(*The Manitous: the Spiritual World of the Great Lakes*, 1986), 『아니쉬나우벡의 이야기들』(*Tales of the Anishinaubaek*, 1993), 『혼령, 오집웨이족의 영적 세계』(*The Manitous: The Spiritual World of the Ojibway*, 1995), 『인어와 여자 주술사, 원주민들의 신화와 전설』(*Mermaids and Medicine Women: Native Myths and Legend*, 1997) 등 그의 저서는 아니쉬나우베의 문화적 캐논에 대한 기록이고 이를 확산시키는 작업이었다. 1988년 출간한 『인디언 스쿨 데이즈』(*Indian School Days*)에 이어 출간한 『미친 데이브』(*Crazy Dave*, 1999)에서는 존스톤의 할머니인 로자(Rosa)와 다운 신더룸을 겪는 데이브(Dave)를 포함한 그녀의 다섯 아들의 이야기를 다루었다. 『대지 어머니에 대한 경배』(*Honour Earth Mother: Mino-Audjaudauh-Kum-*

mick-Quae, 2003)는 원주민의 시각으로 바라본 자연의 경이와 대지가 우리에게 제공하는 혜택과 찬미에 관한 작품이며, 『아니쉬나우베 시소러스』(*Anishnaubae Thesaurus*, 2007)는 아니쉬나우베 언어에 대한 지도서이다.

자신의 길을 추구하는 글쓰기

원주민들의 길을 추구하는 글쓰기에 대한 욕구는 지네트 암스트롱(Jeannette C. Armstrong, b. 1948)의 등장으로 강하게 분출된다. 그녀는 브리티시 컬럼비아에 있는 펜틱톤 인디언 보호구역(Penticton Indian Reserve)에서 태어났으며, 오카나간(Okanagan)족의 언어를 모국어로 사용하였다. 1987년에 출간된 그녀의 첫 소설 『슬래쉬』(*Slash*)는 1960년에서 80년까지의 미국 인디언 항쟁에 관한 소설이다. 1991년에는 시 전집인 『브레트 트랙스』(*Breath Tracks*)를 출간하였으며, 2000년에는 소설 『음영 속에서의 속삭임』(*Whispering in Shadows*)를 출간하였다. 암스트롱 또한 다른 작가들과 마찬가지로 구전의 전통과 제도적인 문예를 오가면서 작품 활동을 하였다. 랠리 그라우어(Lally Grauer)와 함께 『캐나다의 원주민 시』(*Native Poetry in Canada*)를 편집하였으며, 『우리 민족의 말을 바라보며, 원주민 문학 분석』(*Looking at the Words of Our People: First Nations Analysis of Literature*)을 편집하였다 그녀는 작가일 뿐 아니라 적극적인 활동가였고, 2003년에는 원주민 리더십 버페 상(Buffet Award for Indigenous Leadership)을 수상하였다. 「토니를 위하여」("For Tony")와 「인디언 여성」("Indian Women")은 널리 읽히는 시이다.

오타와 밸리(Ottawa Valley)에서 태어나 원주민들의 전통적인 스토리텔링의 가치를 살아있는 역사 속에서 드러낸 작가로 웨인 케온(Wayne Keon, b. 1946)이 있다. 그는 원주민들의 전통적 가치와 영적 유산을 원주민들의 문맥 속에서 다루고자 하였다. 「유산」("heritage"), 「달을 보고 울부짖음」("howling at the moon"), 「유산의 나무 다시 심기」("replanting the heritage tree")가 그의 대표시이다. 브라이언 마라클(Brian Maracle b. 1947)은 남부 온타리오의 여섯 나라 그랜드 강 영역 태생으로 모하크(Mohawk)족의 언어와 문예 전통을 유지하려고 노력한 작가이다. 그의 대표작은 『광란의 물, 중독과 회복에 관한 원주민들의 목소리』(*Crazy Water: Native Voices on Addiction and Recovery*, 1994)과 『레즈로 돌아가기, 집으로 돌아가는 길 찾기』(*Back on the Rez: Finding the Way Home*, 1996)인데, 두 책 모두 고돈 몬타도 상(Gordon Montador Award)에 노미네이트 되었다.

20세기 말 평야에서 벌어지는 사실적인 작품에서 벗어나 인디언 문학의 다변화를 시사해 주는 일련의 작품들이 등장한다. 이와 같은 작품으로 지네트 암스트롱의 『음영 속에서의 속삭임』(*Whispering in Shadows*, 2000)과 토마스 킹(Thomas King, b. 1943)의 『푸른 초원과 흐르는 물』(*Green Grass, Running Water*, 1998)을 들 수 있다. 『푸른 초원과 흐르는 물』은 상대적으로 직선적인 플롯을 지니고 있지만, 기독교와 원주민 창조 이야기와 역사적 사건들의 개입으로 텍스트는 유희와 탈구조적인 성격을 띤다. 성경의 아담(Adam)이 아댐(Ahdamn)으로 호칭되는 것에서 볼 수 있듯이 이 작품에는 언어가 서구의 서술 관행을 전복시키고, 성서의 창조 이야기에 대한 대안적인 담론을 만들어 내고 있다. 킹은 캘리포니아 출생으로 그리스 모친과 체로키(Cherokee) 아버지 사이에서 태어났으며, 유타 대학에서 원주민에 대해 박사학위를 쓰고 알바타에서 원주민들의 삶을 탐구하고 문단 생활을 시작하였다. 1987년 『문학에서 원주민들』(The Native in Literature)을 편집하고, 에세이와 단편 모음집인 『코요테 콜럼버스 이야기』(A Coyote Columbus Story)를 1992년 출간한다. 1990년에 출간한 암스트롱의 첫 소설 『메디신 리버』(Medicine River)는 토론토의 사진사가 어머니의 장례식을 위해 고향 알바타로 향한 것에서 시작하여, 아이러니와 유머, 감수성의 결합을 통해 알바타에서 그가 발견한 원주민들의 문화를 그려내었다. 토마스 킹은 1998년 『코요테 콜럼버스 이야기』(A Coyote Columbus Story)를 시작으로, 『코요테 달에 노래하기』(Coyote Sings to the Moon), 『코요테의 새 옷』(Coyote's New Suit, 2004), 『코요테 지점 이야기』(A Coyote Solstice Tale, 2009)의 네 편의 아동 문학을 발간한다. 『트루스와 브라이트 워터』(Truth and Bright Water, 1999)는 트루스라는 미국 쪽 마을과 캐나다의 브라이트 리버 마을을 사이에 두고 벌어지는 사건을 매직 리얼리즘을 통해 구현한 작품이다. 1993년 작 『푸른 초원과 흐르는 물』은 원주민들에게 초원이 푸르고 물이 흐르면 그들의 땅의 권리를 인정하겠다는 캐나다 정부의 언급에서 끌어온 것으로서, 상징적 구도를 통해 태양 춤의 의식(Sun Dance ceremony)을 극적으로 형상화하였다. 이 소설은 원주민들의 구전 전통과 신학을 끌어와 코믹한 어조로 재형상화한 작품이다. 킹의 소설은 포스트모던적 산문 스타일로 유머와 아이러니가 은유와 정교한 조크, 언어 유희, 문화를 가로지르는 언급들에 의해 구축되어 있다.

원주민 연극의 극적 효과

20세기 후반 일련의 극작가들은 원주민들의 구전적 전통과 의식들을 토대로 음성, 움직임, 소리, 조명을 통해 극적인 효과를 극장에서 구현하였다. 대표적인 작가로는 다니엘 데이비드 모제스(Daniel David Moses), 마르고 케인(Margo Kane), 드루 하이든 테일러(Drew Hayden Taylor), 모니크 모지카(Monique Mojica)가 있다.

마르고 케인(Margo Kane, b. 1951)은 밴쿠버를 거점으로 한 스토리텔러이자 연기자, 가수, 댄서, 프로듀서이고 감독이기도 하다. 케인은 스토리텔링을 원주민 지역 사회의 공식적이고 비공식적인 사건에 대한 개인적 경험을 전달하는 수단으로 사용한다. 밴쿠버 여성 페스티벌에 첫 상연된 1990년 작 『문로지』(*Moonlodge*)는 이제 캐나다 원주민 연극의 고전으로 평가되고 있다. 여성 홀로 연극을 하는 작품으로 『메디신 휠에서의 회상』(*Reflections in the Medicine Wheel*), 『오 엘리자, 우리는 항상 여기에』(*O Elijah, We've Always been Here*), 『유아기를 묻고』(*Childhood Burial*), 『기억은 솟고 물은 노래하고』(*Memories Springing/ Waters Singing*), 『걷고, 기억하고』(*I Walk, I Remember*) 등이 있다. 1992년에는 풀 서클(Full Circle)이라는 원주민 공연 회사를 설립하여 비디오를 사용하여 연극하는 새로운 실험을 하였다.

드루 하이든 테일러(Drew Hayden Taylor, b. 1962)는 오집와(Ojibwa) 모친과 자신이 알지 못하는 백인 아버지 사이에서 태어났다. 온타리오의 커브 레이크 인디언 보호구역(Curve Lake Reserve)에서 성장한 테일러는 캐나다의 퍼스트 네이션즈의 삶을 원주민 특유의 유머감과 함께 작품에서 담았다. 1989년 작 『꿈꾸는 자의 바위의 토론토』(*Toronto at*

Dreamer's Rock)는 단막 판타지로 서로 다른 시기에 꿈꾸는 자의 바위라는 신성한 장소에서 벌어지는 세 명의 십대 원주민들의 이야기이다. 『언젠가』(Someday, 1993)는 가난한 엄마 애니 와벙(Anne Wabung)이 로또에 당첨된 뒤, 35년 전 백인 가족에게 넘겨줘야 했던 자신의 딸 그레이스(Grace)를 찾아가는 연극이다. 1998년 작 『취한 자와 아이들만이 진리를 말한다』(Only Drunks and Children Tell the Truth)는 『언젠가』의 후속작으로 성공한 변호사가 오집와 출생이라는 사실을 알고 난 뒤 자신이 태어난 가정과 원주민의 유산을 회복하는 이야기이다. 『400 킬로』(400 Kilometers, 2005)는 오터 호수(Otter Lake)와 런던 사이의 거리를 지칭하는 것으로 그레이스의 임신과 그녀의 미래에 대한 이야기이다.

『술 취한 신에 의해 창조된 세계에서』(In a World Created by a Drunken God, 2006)는 캐나다 총독상을 수상한 작품으로 제이슨 피어스(Jason Pierce)와 해리 디이터(Harry Deiter)라는 배다른 두 형제만 등장하는 연극이다. 제이슨의 아버지는 제이슨이 두 살이었을 때 떠나갔고, 해리는 제이슨에게 콩팥 이식에 필요한 실험을 동의해달라고 요구한다. 테일러는 『부트레거 블루즈』(The Bootlegger Blues, 1990, 1996, 2002) 시리즈와 단편소설집 『겁 없는 전사들』(Fearless Warriors, 1998)을 출간하기도 하였다. 여기에서 말하는 겁 없는 전사란 앤드루와 그의 친구 윌리엄을 지칭하는 것으로 고속도로에서 운전을 하면서 벌어지는 사고와 그들이 보여주는 용기에 대한 이야기가 전개된다. 2007년에는 『야간 방랑자, 원주민 고딕 소설』(The Night Wanderer: a Native Gothic Novel)을 출간하였는데, 이 작품은 열여섯살의 타파니 헌터(Tiffany Hunter)와 그녀의 남자 친구가 오집와 뱀파이어를 직면하는 이야기이다. 그는 『겁없는 전사들』(Fearless Warriors)이나 『토론토 스타』(Toronto Star)에 유머스러운 커멘트를 기고했는데, 여기에 실린 작품들은 1998년 『웃기네, 그렇게 보이지 않는데. 푸른 눈의 오집웨이의 관찰』(Funny, you don't look like one: observations from a blue-eye Ojibway)에 실렸다. 웃기네, 그렇게 보이지 않는데(Funny, you don't look like one) 시리즈는 『푸른 눈의 오집웨이의 계속되는 모험담』(Further Adventures of a blue-eye Ojibway, 1999), 『푸른 눈의 오집웨이의 분노의 관찰』(Furious observations of a blue-eye Ojibway, 2002), 『푸른 눈의 오집웨이의 쓸모없는 관찰』(Futile observations of a blue-eye Ojibway, 2004)로 이어졌다. 2006년과 2008년에 편집한 『미 퍼니』(Me Funny)와 『미 섹시』(Me Sexy)는 원주민들의 유머와 성에 관한 책이다.

스토리텔링의 힘

크리와 메티스족에 뿌리를 두고 구전적 스토리텔링의 기법을 탐구한 대표적인 작가로 덩칸 메크레디(Duncan Mercredi, b. 1951)가 있다. 그는 위니펙의 원주민 작가(Aboriginal Writers Collective in Winnipeg) 모임을 만들었으며, 『늑대의 영혼, 너의 음성』(Spirit of the Wolf: Your Voice, 1990), 『도시에서의 늑대의 꿈』(Dreams of the wolf in the city, 1992), 『늑대와 음영들』(Wolf and shadows 1997), 『윈저의 백작, 늑대가 블루스를 노래하다』(The Duke of Windsor – Wolf Sings the Blues, 1977)를 출간하였다. 「신이 움찔하고 등을 돌리다」("god shrugged and turned his back")나 「큰 곰」("big bear")과 같은 시에는 구어적 전통이 잘 녹아있다.

1980년대와 1990년대 원주민들이 쓴 대표적인 소설로 루비 파렐 슬리퍼잭(Ruby Farrell Slipperjack)의 『태양 경배』(*Honour the Sun*, 1987)와 『침묵의 말들』(*Silent Words*, 1992), 『웨에스퀘챠크와 상실자』 (*Weesquachak and the Lost Ones*, 2000), 조단 휠러(Jordan Wheeler) 의 1989년 작 『전우』(*Brothers in Arms*), 조안 크래이트(Joan Crate)의 『더 적은 피를 호흡하기』(*Breathing the Lesser Blood*, 1996), 에덴 로빈 슨(Eden Robinson)의 『원숭이 해변』(*Monkey Beach*), 지네트 암스트롱 (Jeannette Armstrong)의 『음영 속에서의 속삭임』(*Whispering in Shadows*, 2000)을 들 수 있다. 단편 소설 또한 확고한 장르로 자리매김 되었 는데, 대표작으로 베스 브란트(Beth Brant)의 『모하크 트레일』(*Mohawk Trail*, 1985)과 『음식과 영혼』(*Food and Spirits*, 1991), 토마스 킹(Thomas King)의 『좋은 이야기, 바로 그것』(*One Good Story, That One*, 1993), 리차드 그린(Richard G. Green)의 『마지막 까마귀와 다른 이야기들』(*The Last Raven and other Stories*, 1994), 리 마라클(Lee Maracle)의 『체류자 의 진실과 다른 이야기들』(*Sojourner's Truth and Other Stories*, 1990)을 들 수 있다.

에덴 로빈슨(Eden Robinson, b. 1968)은 하이슬라(Haisla) 작가로서 캐나다 원주민들의 단편 이야기를 엮어 하나의 내러티브로 엮어내었다. 『원숭이 해변』(*Monkey Beach*, 2000)에서 하이슬라 출신의 주인공인 리 사마리(Lisamarie)는 헤어진 남동생 지미(Jimmy)를 찾으려 한다. 소설 은 리사마리가 지미를 잃어버린 낚시터에서 보트를 타고 강을 거슬러 가 는 형태로 전개된다. 이 과정에서 리사마리의 어린 시절과 그녀가 자라면 서 겪었던 하이슬라에서의 경험이 기록되며, 식민주의 아래에서 하이슬 라 공동체가 어떻게 변모되었는지 역사적인 문맥 속에서 재조명된다. 이 소설은 유럽의 성장소설이라는 장르를 차용하고 있지만, 죽음 직전에 마주치는 영혼들에 대한 리사마리의 경험을 통해 신비스러운 고딕적인 면이 텍스트를 주도한다. 『유혈 스포츠』(*Blood Sports*, 2006)는 두 청년 톰(Tom)과 제레미 바우어(Jeremy Bauer) 사이의 권력 관계를 다룬 작품으로 밴쿠버를 배경으로 사건이 전개된다. 동시에 이 작품은 북아메리카 거리에서 벌어지는 포스트모던적 상황의 기술이기도 하다.

구전 문예 전통에 대한 애정과 관심은 그 폭과 깊이가 더해져 갔다. 데인족 출신의 조지 블론딘(George Blondin), 크리족 출신의 루이스 버드(Louis Bird), 모하크족 출신의 브라이언 마라클(Brian Maracle), 이누이트족 출신의 마이클 쿠스각(Michael Kusugak) 등 일련의 작가들이 구전성을 강화시켰다. 게리 고트프리드슨(Garry Gottfriedson)과 로산나 디어차일드(Rosanna Deerchild)는 전통적인 시에 의존하여 작품 활동을 한 반면 하워드 아담스(Howard Adams), 엠마 라로크(Emma LaRocque), 셜리 스털링(Shirley Sterling)은 구전 전통을 진화시켜 자신의 독특한 세계를 만들어 내었다.

개방성과 공동체주의

개방성은 원주민 작가들이 공유한 자질이기는 하지만, 모하크족인 제랄드 타이아이아크 알프레드(Gerald Taiaiake Alfred, b. 1964)의 작품에서 두드러지게 드러난다. 가장 널리 알려진 작품은 『우리 선조들의 음성에 주의 기울이기』(*Heeding the Voices of Our Ancestors*, 1995)와 『평화, 힘, 정의』(*Peace, Power, Rightousness*, 1999)이다.

그는 원주민과 비원주민 모두의 대화와 개방성, 다양한 형태의 지위(status)에 특별한 관심을 기울였고, 작품에서는 명확한 답을 피하고 다양한 대안을 제시함으로써 독자들이 참여하는 텍스트와 문화를 만들어 내고자 노력하였다. 매니토바 톰슨(Thompson) 출신의 렌디 룬디(Rendy Lundy, b. 1967)는 허드슨 베이의 남쪽 레드 디어 리버즈(Red Deer Rivers)에서 성장하였고, 자신의 자라온 지형을 물, 돌, 새, 동물, 달, 별 등의 반복적으로 등장하는 이미지를 통해 애니미즘적 세계로 구축하였다. 그는 모든 살아있고 숨 쉬는 생명체와 열린 교감, 열린 상상력을 구현하였으며, 대표적인 시로 「치유」("Heal"), 「이주」("Migrations"), 「곰」("Bear") 등이 있다.

리차드 반 캠프(Richard Van Camp, b. 1971)는 포트 스미스(Fort Smith)의 노스웨스트 지역에서 태어났는데, 그는 이 지역을 전 세계를 포괄하는 가장 위대한 마을이라고 불렀다. 그의 작품에서 반복적으로 등장하는 주제는 다문화주의와 공동체 의식이다. 열린 마음 열린 의식으로 세상을 바라본다고 자평한 캠프는 국경을 넘나들면서 경계를 넘어서는 작가로 자리매김 되었다. 작품으로는 최근에 영화로 만들어진 소설 『덜 축복받은 자』(The Lesser Blessed, 1996)와 어린이용 도서 『갈가마귀라고 불리는 사람』(The Man Called Raven, 1997), 『말에 대해 알고 있는 것 중 가장 아름다운 것은?』(What's the Most Beautiful Thing You Know about Horses?, 2003)이 있다.

유행이 되다시피한 다문화적 현상에 대한 성찰적 시각을 제시하는 작가도 생겨났다. 조안 아노트(Joanne Arnott, b. 1960)가 대표적인 작가이다. 그녀는 매니토바(Manitoba)의 위니펙(Winnipeg) 출신으로 온타리오에서 대학을 졸업한 뒤 작가 활동을 시작한다. 아노트는 『소녀시절의 계략』(Wiles of Girlhood, 1991), 『내 초원의 요람』(My Grass Cradle,

1992), 『가파른 산, 사랑의 시』(Steepy Mountain: love poetry, 2004), 『엄마의 시간』(Mother Time, Poems New & Selected, 2007) 등의 시집을 발간한다. 논픽션 출간물인 『파도 양육하기, 글쓰기와 치유하기에 대해』(Breasting the Waves: On Writing and Healing)에 드러나 있듯이, 아노트는 다변화된 사회의 부산물인 개인들의 불안정한 자아의식, 원주민들 이주 정책의 결과 아이들이 겪는 소외, 다문화주의라는 전시장 아래 진열된 개인들의 고립된 경험들을 직시하고 메티스(Métis) 작가로서 리듬과 소리를 통해 일상적인 생활에서 원주민 사회의 개인이 겪는 경험을 전달하고자 하였다.

캐나다의 원주민 자서전

1980년대 들어 미국 원주민들의 자서전에 대한 연구가 활발하게 진행되었고, 캐나다 원주민들에 대한 자서전은 21세기 들어서면서 주목받기 시작하였다. 캐나다에서는 원주민 전기라는 하나의 장르, 범주에 대한 관심보다는 작가들이 전기를 통해 자기 자신을 구축하는 과정과 개별적인 텍스트에 더 관심이 집중되었다. 마리아 캄벨(Maria Campbell)과 린다 그리피스(Linda Griffiths)의 『제시카의 책』(The Book of Jessica, 1989)과 이본느 존슨(Yvonne Johnson)과 루디 위비(Rudy Wiebe)의 『도둑맞은 삶』(Stolen Life, 1998)은 협동 작업과 차용의 경계를 탐구한 텍스트이고, 마리아 캄벨(Maria Campbell)의 『혼혈인』(Half-breed, 1973)은 정체성과 하이브리디티에 대한 텍스트로 간주되고 있다. 캐나다에서 전기 연구는 원주민들의 지적 작업이라는 관점보다는 삶에 대한 글쓰기(life-writing)라는 속성에 더 많이 초점이 맞추어졌다.

조지 코프웨이(George Copway, 1818-1869)의 1847년 작 『카게가가 보우의 삶, 역사, 그리고 여행』(The Life, History and Travels of Kah-ge-ga-gah-bowh)은 즉각적으로 베스트셀러가 되었고, 첫해에만 여섯판이 출간되었다. 코프웨이의 전기에서 주목할 점은 삶에 대한 기술을 문화적으로 인지하는 활동으로 구축하는 것이었다. 코프웨이는 열두살에 기독교로 개종하여 웨슬레이의 감리교 설교사로 기독교를 전파하였으며, 그의 작품은 서양 문예 전통의 영향을 받았다. 그러나 그의 작품에서 아쉬나블 중심의 인식과 글 쓰는 행위를 지형에 마킹을 하는 작업으로 간주하는 비서구적인 전기의 형태를 발견할 수 있다. 코프웨이의 자서전에서 지형은 아쉬나블 구성원들의 특수한 의미를 지닌 신성한 장소이며, 비통함과 즐거움을 함께 경험하는 특정한 공간이다. 이 공간에 19세기 우드랜드 오제브와에서 자라난 코프웨이의 독특한 정신적 풍경이 기록되어 있다.

코프웨이 이후로도 원주민작가들은 자서전적 커멘트를 널리 활용하였다. 저명한 시인이자 저널리스트인 폴라인 존슨(E. Pauline Johnson, 1861-1913)의 작품에도 자서전적인 커멘트가 가미되어 있다. 에드워드 아헤나케우(Edward Ahenakew, 1885-1961), 마이크 마운틴 호스(Mike Mountain Horse, 1888-1960), 조셉 다이온(Joseph Dion, 1888-1960) 등 많은 원주민들의 전기 기술들이 생전에 출판되지 못하였다. 마운틴 호스의 『나의 민족 블러즈』(My People the Bloods, 1979), 다이온의 『나의 부족 크리』(My Tribe the Crees, 1979), 엘리노 블라스(Elinor Brass)의 『나는 두 세계에서 걷는다』(I Walk in Two Worlds, 1987)는 자기 자신과 자신의 지역 사회에 관한 것이다. 에드워드 아헤나케우(Edward Ahenakew, 1885-1961)는 크리 평야(Plains Cree)에서 크리 족장의 조카로 태어났다.

1912년 앵글리컨 목사가 되었고, 1923년 썬더 차일드(Thunder Child) 추장으로부터 들은 이야기를 책으로 엮었는데, 사후에 『크리 평지의 음성들』(Voices of the Plans Cree, 1963)이라는 제목으로 출간되었다. 그는 『미국 민속』(The American Folklore)이라는 저널에 크리의 트릭스터 이야기들을 실었으며, 1938년에 출간된 크리 영어 사전편찬 작업의 편집을 담당하였다. 에드워드 아헤나케우의 삶은 「옛 케얌」("Old Keyam")이라는 자서전적 글로 출판되었고, 이 책의 제 이부는 1973년 출간된 『크리 평지의 음성들』에 실렸다. 이 작품에서는 정부를 비판하는 크리의 활동주의자적 관점에서 전개되던 글이 갑자기 정부와 교회를 옹호하는 글로 바뀌는 등 서로 상충되는 관점들이 공존한다. 이는 서로 화해될 수 없는 것들을 화해시키려는 상호관계를 중시하는 크리의 가치를 표현하는 것으로 이해될 수 있다. 이 텍스트는 크리 청자들을 위해 코드화된 저항의 기록물이기도 하다. 그의 글에는 사람들 사이의 존중(kisteanemétowin, respect between people)의 가치를 중시하는 크리인들의 삶이 잘 드러나 있다. 이들에게 상호 관계는 인식론적인 차이보다 더 중요했으며, 이와 같은 이유로 유럽인들과 좋은 관계를 유지하고자 하였다. 모든 것들이 다 연결되어 있다는 개념 또한 크리인들의 삶을 지배하는 원칙의 하나였다. 그의 글은 의도적인 청중을 위해 기술된 것이 아니었으며, 1960년대 후반이나 1970년대에 이르러서야 원주민들의 글을 의도적으로 발간하고 읽는 출판사와 독자층이 생겨난다.

1969년 백서(White Paper)에 저항하는 원주민들의 사회 운동이 강하게 일어났고, 해럴드 카디널(Harold Cardinal, 1945-2005)의 『불공정한 사회』(The Unjust Society, 1969)는 대중적으로 널리 알려진 저서이다. 이후 자서전에 토대를 둔 정치적 의도를 띤 작품들이 출간되었는데, 앙리 페니에(Henry Pennier)의 『말그대로 인디언』(*Chiefly Indian*, 1972), 아나하레오(Anahareo)의 『어둠 속의 악마』(*Devil in Darkness*, 1972), 제인 윌리스(Jane Willis)의 『제니쉬, 인디언 소녀기』(*Geniesh: An Indian Girlhood*, 1973), 하워드 아담스(Howard Adams)의 『풀의 감옥』(*Prison of Grass*, 1975), 마리아 캄벨(Maria Campbell)의 『혼혈인』(*Halfbreed*, 1973) 등의 작품들이 발간되었다. 이 중 『혼혈인』는 대중들에게 큰 호응을 얻었다. 이 작품은 크리의 가치인 친족(wâhkotowin, kinship)을 다루었으며, 독자들을 인척과 같이 대하였다. 크리의 가치관으로 바라보면, 캄벨은 가족 구성원들이 많고 대초원의 거주자들의 후손들이 있기에 부유하다. 캄벨은 가족 간의 관계를 신성한 의무로 간주하고 친족 관계를 공고하게 하는 크리의 가치를 재확인함으로써 자신에 대한 경멸과 내면화된 인종주의를 극복할 수 있었다. 그리고 자신의 이야기를 독자들과 나눔으로써 크리의 문화유산을 그들과 공유하고자 하였다. 숀 윌슨(Shawn Wilson)과 마가렛 로바크(Margaret Lovach)는 『리서치는 의식이다』(*Research is Ceremony*, 2008)와 『원주민의 방식들』(*Indigenous Methodologies*, 2010)을 출간하였고, 아록 월벤그레이(Arok Wolvengrey)는 자서전과 코믹물의 혼합물인 와위야타시모위나(wawiyatâcimowina)를 『재미있는 단편 이야기들, 회상록 1』(*Funny Little Stories: Memoir 1*, 2007)에 실었다. 이외에도 마리아 캄벨의 영향 아래 조지 스코필드(George Scofield)는 『내 정맥을 통해 흐르는 천둥, 어린 시절 메티스의 기억』(*Thunder through my Veins: Memories of a Métis Childhood*, 1999)을 출간하였다. 레나 포인트 볼톤(Rena Point Bolton)은 여전사의 삶에 대한 『주엘리퀴야』(*Xweliqwiya: The Life of a Stó:lo Matriarch*)에서 자신의 삶을 가족 구성원을 포함한 선조들의 행동 코드와 엮어낸다. 부활에 대한 믿음이 있는 여주인공은 자신의 선조에 대해 알고 싶어하고, 이는 여주인공의 삶과 얽혀 기술된다. 캐나다의 원주민 자서전 작가는 유럽의 장르에서 형식을 빌어오기보다는 원주민들이 지니고 있던 아이디어와 전통 아래에서 작품 활동을 하였다.

원주민 여성의 글과 환대

원주민 여성들의 글에서 발견되는 속성의 하나는 환대(hospitality)이다. 환대는 가정이나 지역 사회를 방문하는 이방인을 맞이하는 것으로, 여기에는 인간, 동물, 선조, 영혼들과 혈연적 유대관계가 포함된다. 텍스트에는 신비스러운 접점을 찾아가는 장면들이 등장하는데, 등장인물들은 더 이상 살아있지 않는 형상과 조우하며 이 만남을 통해 식민주의의 폭력을 견뎌내는 인도를 받는다. 리 마라클(Lee Maracle, 1950)의 소설 『레이븐송』(*Ravensong*, 1993)은 젊은 여성 스테이시(Stacy)의 삶을 통해 백인 마을의 위선과 성, 사랑에 대한 기독교의 위선이 폴리(Polly)를 자살로 몰고 가는 것을 보여준다. 폴리의 죽음은 스테이시가 사회적 관행에 대해 눈을 뜨게 하는 계기가 된다. 이 내러티브의 트릭스터는 레이븐(Raven)이며, 그는 감추어진 것을 들추어내는 인물로 등장한다. 폴리의 죽음은 원주민들에게 전염병과 같이 작용하여 원주민들은 사회적 병마에 빠져든다. 이 이야기는 인간관계의 복원에 관한 것이며, 생존에 관한 것이기도 하다. 여기에서 생존은 단순하게 생물학적인 생명의 연장을 의미하는 것이 아니라 정서적이고, 지적이며, 영적인 건강을 회복하는 것을 말한다. 생존자들은 영적인 힘을 유지하여 인종주의나 다른 사회적인 위협으로부터 자신을 지켜낸다. 레이븐은 스테이시의 여동생인 세리아(Celia)와 가까운 사이이며, 세리아는 아들이 자살한지 33년 후에 자살의 원인을 규명하려 한다. 이 과정에서 캐나다 사회의 정신적 정서적 문제점들이 적나라하게 드러난다. 텍스트는 예상하지 못했던 사건들이나 낯선 경험들로 가득 차 있어서 독자들은 원주민 세계를 다른 시각으로 바라볼 수 있다. 텍스트에서 그가 죽은 원인은 끝까지 베일에 가려지고, 사회의 위선, 질병, 성적 폭력에 대한 암시만 주어져 있다. 독자들은 그의 자살 이유를 추측해야 하며, 그 이유를 알기 위해서는 원주민들의 시각으로 세상을 다시 바라보아야만 한다.

워킹 파야마 랩 엔터테인먼트(Working Pajama Lab Entertainment)라는 영화제작사의 감독이자 연기자, 극작가인 마리 클레망(Marie Clements, b. 1962)은 『부자연스럽고 우발적인 여인들』(*The Unnatural and Accidental Women*, 2005)에서 친지들로부터 떨어져 밴쿠버의 빈민촌에서 살아가는 원주민 여인들의 삶을 기술하였다. 이들은 마약과 술을 사기 위해 몸을 팔기도 하였다. 연쇄 살인범 필립 조단(Philip Jordan)은 인디언 원주민들을 살해하지만, 당국은 이들의 죽음이 부자연스럽다면서 살인으로 간주하지 않는다. 클레망은 캐나다의 공공영역이 현실을 직시하는 능력이 없음을 초현실적인 기법으로 보여준다. 조단에 의해 살해된 실재 이름의 여인들이 무대에 등장하며, 그들의 머리채는 잘려져 가게 서랍에 보관되어 있다. 살해된 여인들은 이승에서 사라지는 것이 아니라 영혼의 형태로 살인자를 죽이러 되돌아온다. 고독과 고립을 벗어나는 신성한 에너지가 텍스트에 제시되기도 하는데, 이 에너지는 엄마의 사랑("mother love")이다. 레베카는 자신의 엄마를 찾아나서며 엄마의 사랑이라는 에너지에 충만해있는데, 이 정서적 유대감은 인디언 법령에 의해 끊어진다.

이와 같은 단절로 여인들은 식민주의적 상황에서 억압과 폭력의 희생물이 되며 심한 경우에는 살해되기도 한다. 자신이 태어난 땅과 지역사회로부터 격리되는 경험을 겪는 인디언 여성들의 삶을 기술하기 위해 작가들은 낯설게하기(defamiliarization) 기법을 차용한다. 스토리텔링은 인식론적으로 눈에 보이는 익숙한 것들로부터 격리되어 이미 죽은 선조들이나 친척들, 영혼들이 살고 있는 영역으로 들어가는 것을 의미한다. 낯설게하기를 통해서만 격리되어 사라졌던 것들이 시야에 들어오기 때문이다.

죽은 자들의 땅은 영혼들의 땅이며, 환대의 땅이다. 이곳은 고통과 괴로움이 없는 장소이기도 하다. 많은 원주민 여인들이 이곳을 방문하지만, 이곳에 머무를 수는 없다. 그들은 살아있는 사람들의 공간으로 되돌아가야하며, 환대의 땅에서 떠난 뒤 고통받으면서 살아가는 방법을 깨우친다. 에덴 로빈슨(Eden Robinson)의 『원숭이 해변』(*Monkey Beach*, 2000)은 주인공 리사마리(Lisamarie)의 여정을 통해 사자의 공간을 방문하고 되돌아오는 환대의 경험을 독자들에게 제시한다. 이 작품은 리 마라클의 『레이븐송』과 마찬가지로 파국으로 시작하며, 『부자연스럽고 우연한 여인들』에서와 같이 상실로 시작한다. 『원숭이 해변』의 경우에는 주인공의 동생 지미(Jimmy)가 낚시 보트에서 실종되는 것으로 설정되어 있다.

캐나다 원주민들의 환대의 정신을 텍스트에 구현한 또 다른 저명한 작가로 브리티시 컬럼비아 오카나간(Okanagan) 출신의 지네트 암스트롱(Jeannette Armstrong, 1948)이 있다. 『음영 속에서의 속삭임』(*Whispering in Shadows*, 2000)에는 침묵되지 않아야 하는 음성들이 있다. 이 소설에서 이야기는 음영 속에서 이루어진다. 음영은 언어를 구축하는데, 이 음영의 언어는 여주인공인 페니(Penny)의 언어이다. 암스트롱은 예술가와 그녀가 구사하는 색의 언어를 통해 대지가 파괴되고 갈취당한 가치와 의미를 복원시킨다. 그의 언어는 자본주의에 함몰된 세계와 대조되는 친족관계에 대한 가치와 의미를 창조하는 정치 경제의 언어이다. 그녀의 삶은 삶과 죽음의 사이클로 이어진 탄생과 타락, 그리고 재생의 삶이다. 예술 작품들은 독자들에게 인간과 다른 생명체, 선조들, 영혼들과의 관계에 대해 생각해 볼 것을 요구한다. 캐나다 원주민들에게 있어서 영혼은 죽은 자에게 있는 것이 아니라 살아있는 자에게 있는 것이다. 서구의 고딕 전통에서 영혼은 생존한 자가 아니라 죽은 자의 영역에 속한 것으로 간주되었고, 산 자들은 죽은 영혼을 두려워했다. 식민주의는 영혼을 죽였다. 영혼이 죽으면서 육체 또한 사멸되었다. 원주민의 이야기에서 육체는 다시 대지로 되돌아온다. 영혼 또한 산 자들에게 다시 되돌아온다. 혈족 생태계를 복원시킴으로 인해 원주민 작가는 독자들을 위해 새로운 형태의 환대의 양상을 음영 안에서 창조한다.

이누이트 문학

이누이트는 사람들(people)을 뜻하는 말로 흔히 백인들에 의해 에스키모라 불리었던 민족을 일컫는 말이다. 에스키모라는 말은 '날고기를 먹는 사람들'이라는 비하적인 의미의 말이며, 인디언이란 말과 함께 학술적으로 금기시 되는 용어이다. 캐나다에서 이누이트족은 라브라도(Labrador, Nunatsiavut), 북부 퀘벡(Northern Québec, Nunavik), 누나부트(Nunavut), 북서부지역 이누비아루트 정착지역(Inuvialuit Settlement Region in the Northwest Territories)에 걸쳐 생활하였으며, 이들의 텍스트는 영어, 프랑스어, 그리고 이누티투트(Inuktitut)라 불리우는 다양안 이누이트 방언으로 쓰여졌다. 이누이트 문학의 구어적 전통의 역사는 유럽인들보다 앞서는 것이며, 서사적 영웅 키비우크(Kiviuq)의 영웅 이야기나 바다의 정령 누리아주크(Nuliajuk) 이야기는 극지방에 널리 전수되어 내려왔다.

이누이트 문화는 남부지방에 살아가는 사람들이 접근할 수 없는 것으로 특징지어지며, 대부분의 작품들이 이누이트인들을 대상으로 만들어진 것이다. 즉 이들의 문학은 남부지방의 언어로 번역되어 재생산되기를 거부하는 자질이 있다. 또한 말하는 내용뿐 아니라 말하는 방식이 중요하다. 일반화되기를 거부하고, 하나의 초점을 끈질기게 제시하는 것이 아니라 아이디어가 파편적으로 전달되며 구어적인 점 또한 이누이트 담론의 특징적 자질이라 할 수 있다.

전통적인 이누이트 문학의 원천은 크누드 라스무센(Knud Rasmussen)의 『다섯번째 툴 탐험 보고서, 북극 북아메리카로의 덴마크인의 민속지학적 탐험기』(*Report of the Fifth Thule Expedition – The Danish Ethnographical Expedition to Arctic North America*, 1921-1924)와 헤렌 로버트(Helen Roberts)와 다이아몬드 제네스(Diamond Jenness)의 『코퍼 에스키모의 노래, 캐나다 북극 탐험기 1913-18』(*Songs of the Copper Eskimos: Report of the Canadian Arctic Expedition 1913-18*)이다. 이 자료들이 때로는 이누이트 편집자에 의해 때로는 이누이트인이 아닌 편집자에 의해 여러 버전으로 재출간되었다.

전통적인 이누이트 문학은 다양한 선집의 발간으로 인해 풍요로와지는데, 1990년에 발간된 하워드 노만(Howard Norman)의 『북부의 이야기들, 에스키모와 인디언의 전통적 이야기들』(*Northern Tales: Traditional Stories of Eskimo and Indian Peoples*), 아그네스 그란트(Agnes Grant)

의 『우리의 진실의 부분, 캐나다 원주민 문학 선집』(*Our Bit of Truth: An Anthology of Canadian Native Literature*), 2005년에 출간된 다니엘 데이비드 모제스(Daniel David Moses)와 테리 골디(Terry Goldie)의 『영어로 쓰여진 캐나다 원주민 문학 선집』(*An Anthology of Canadian Native Literature in English*)을 들 수 있다. 가장 광대한 시선집은 1988년 페니 페트론(Penny Petrone)의 『북쪽의 음성, 영어로 쓰여진 이누이트 글』(*Northern Voices: Inuit Writing in English*)이다. 구어적 전통, 초기 접촉의 문학, 개인적 내러티브, 편지, 전환기 문학, 현대적 글로 나누어진 섹션에 포함된 작가들의 리스트는 존 아마고아리크(John Amagoalik), 샘 매트카프(Sam Metcalfe), 윌리 트레셔(Willie Thrasher), 리 이드랏 드아센코트(Leah Idlout d'Argencourt), 투마시 퀴싸(Tumasi Quissa), 마크 카루아크(Mark Kalluak), 메리 컬리(Mary Curley), 리즈 세미고크(Liz Semigok), 아크사아주크 에투안가트(Aksaajuuq Etuangat), 내리 코노야(Nelly Cournoyea), 피터 에어너크(Peter Ernerk), 메리 사이먼(Mary Simon)을 포함한다.

이누이트 선지자들의 이야기와 함께 이누이트민들의 삶이 구전 역사를 기록하는 프로젝트를 통해 활자화되었다. 수잔 코완(Susan Cowan)과 로다 이누크수크(Rhoda Innuksuk)의 『우리는 이제 스노우 하우스에 살고 있지 않는다, 아틱 베이에 대한 성찰』(*We don't live in Snow House Now: Reflections of Arctic Bay*, 1976), 하티 마니크(Hattie Mannik)의 『이누이트 누나미우트, 인랜드 이누이트』(*Inuit Nunamiut: Inland Inuit*, 1998)가 이과 같은 프로젝트의 결과물이다. 존 맥도널드(John MacDonald)의 『북극의 하늘, 이누이트 천문학, 별의 설화와 전설』(*The Arctic Sky: Innuit Astronomy, Star Lore, and Legend*, 1998)은 이글루리크 구전 역사 프로젝트(Igloolik Oral History Project)에 의해 출간되었고, 1999년에는 『사퀴야크, 세 명의 이누이트 여성들의 이야기』(*Saquiyuq: Stories from the Lives of Three Inuit Women*)가 문화인류학자인 낸시 와초위치(Nancy Wachowich)에 의해 발간되었다.

이누이트 문학에서 자서전은 중요한 문학적 형태이다. 원주민들은 기독교화된 이후 일기형태로 자전적 글쓰기의 기록물을 남겼는데, 이와 같은 형태의 문학적 양식은 18세기와 19세기에도 이누이트 문학에서 핵심적인 위치를 차지하였다. 1893년 리디아 캄벨(Lydia Campbell)은 1894년에서 1895년 사이에 『이브닝 해럴드』(*Evening Herald*)에 실렸던 글들을 모아 『라브라도의 삶의 스케치들』(*Sketches of Labrador Life*)을 출간하였다. 또한 에이브라함(Abraham)이라는 라브라도 이누크(Labrador Innuk)의 일기가 『에이브라함 울리카브의 일기』(*The Diary of Abraham Ulrikab*, 2005)로 출간되었다. 1940년에는 아나우타(Anauta)라는 이름의 라브라도 여성이 『선한 음영의 땅, 한 에스키모 여성인 아나우타의 삶 이야기』(*Land of the Good Shadows: The Life Story of Anauta an Eskimo Women*)라는 자서전을 썼고, 1964년에는 리디아 캄벨의 후손인 엘리자벳 구디(Elizabeth Goudie)가 회고록을 쓰기 시작하여 1973년에 『라브라도의 여인』(*Woman of Labrador*)이라는 제목으로 출간한다.

마이클 아바아루크 쿠스각(Michael Arvaaluk Kusugak)은 전통적인 스토리텔링의 전통을 통해 독자들에게 이누이트의 유산을 전달한다. 『숨어서 몰래』(*Hide and Sneak*, 1992)에서는 여주인공 아라슈아(Allashua)가 반은 인간이고 반은 새인 이지라크(Ijiraq)를 만나는데, 이지라크로부터 벗어나기 위해서는 그 새보다 더 지혜로와야 한다. 1993년에 출간된 『노던 라이츠와 소커 트레일즈』(*Northern Lights and Soccer Trails*)에서는 카타우자크(Kataujaq)라는 소녀가 어머니의 죽음에 직면하여 죽은 사람들은 노던 라이츠(Northern Lights)와 축구를 한다고 듣는다. 그는 2006년에는 어린 소년이 주술사 파아리아크(Paaliaq)를 방문하여 곤경에 처하는 소설 『주술자의 저주, 마블 아일랜드의 이야기』(The Curse of the Shaman: a Marble Island Story)를 출간하였다.

이누이트들의 글은 소설로 분류될 수 있지만, 다른 형태로 존재하기도 한다. 1969년 미티아주크 나파아루크(Mitiarjuk Napaaluk)라는 이름의 캉기크수주크(Kangiqsujuq) 여인은 『사나크』(Sanaaq)라는 소설을 이니티투트어로 출간하였는데, 2002년 문화인류학자에 의해 프랑스어로 재출간되었다. 누나비크 태생의 비행사 마쿠시 파츠사크(Markoosie Patsauq)가 1970년에 출간한 단편 소설 『사냥꾼의 작살』(Harpoon of the Hunter)과 1972년작 『자비의 날개』(Wings of Mercy)의 원작은 『이누티투트』(Inuttituut)라는 뉴스레터에 기고된 글이었다.

지난 수십 년간 이누이트들이 만들어낸 가장 흥미로운 스토리텔링은 프린트 매체 밖에서 이루어지기도 하였다. 몬트리올에 근거를 둔 이누이트 시인 타크라리크 패트리지(Taqralik Patridge)는 온라인 오디오 리코딩으로만 접근 가능하고, 최근에는 CBC 라디오 콘서트인 〈조용히 있는 것이 침묵은 아니다〉(Quiet is not Silent)를 통해 청자들과 교감을 나누었다. 이누이트 영화 회사 이그루리크 이수마 프로덕션즈(Igloolik Isuma Productions)는 2000년과 2006년에 영화 〈아타나주아트〉(Atanarjuat, The Fast Runner)와 〈크누드 라무센의 저널〉(The Journals of Knud Ramussen)을 상영하면서, 이누이트 스토리텔링 기법이 새로운 기술과 만나 구어적 역사를 이어나가는 새로운 밀레니엄을 열었다고 선언하였다. 〈아타나주아트〉는 두 형제들의 다툼을 이그루리크 전설을 토대로 다룬 작품이며, 〈크누드 라무센의 저널〉은 1920년대 아우아(Aua)와의 대화와 함께 이그루리크의 삶을 다룬 영화이다. 자카리아스 쿠누크(Zacharias Kunuk)가 설립한 이수마(Isuma)는 〈콰지크, 만남의 장소〉(*Qaggiq, Gathering Place*, 1989)와 같은 교육용 영화를 제작하였고, 자매 회사인 아나이트 비디오 콜렉티브(Arnait Vedio Collective)는 요른 릴(Jørn Riel)의 소설 『모겐다겐을 위하여』(*For Morgendagen*, 1975)의 작품을 개작하여 2007년에 〈내일 이전에〉(*Before Tomorrow*)라는 제목으로 영상화하였다.

캐나다 인디언 문학의 글로벌화

2000년 『스킨즈, 현대 원주민의 글』(*Skins: Contemporary Indigenous Writing*)이 출간되면서 원주민 문학은 글로벌 단계로 접어든다. 원주민 작가인 카테리 아키웬지 담(Kateri Akiwenzie-Damm)과 전문 편집자인 조시 더글라스(Josie Douglas)가 편집한 이 출간물에는 이누이트족, 퍼스트 네이션즈(First Nations), 미대륙과 호주 원주민들의 작품들이 실려 있는데, 캐나다인으로는 마리아 캄벨(Maria Campbell), 토마스 킹(Thomas King), 알룩투크 이페리(Alootook Ipellie), 리차드 반 캠프(Richard Van Camp) 등의 작품이 실렸다.

백인 중심의 프레임에서 벗어나려는 의미 있는 시도들이 2000년대 들어서면서 이루어졌다. 원주민들의 문예 관행을 서구인의 패러다임에 맞추는 것과, 원주민들의 텍스트를 본질적으로 원초적이고 변함이 없는 것으로 간주하는 두 위험에서 벗어나 원주민 독자들과 백인 독자들에게 동시에 호소하는 중재적인 프레임을 구축하는 것이다. 1992년에 출간된 베스 브란트(Beth Brant)의 『목격으로서의 글』(Writing as Witness)에서 그 출발점을 확인할 수 있고, 2001년에 출간된 작품 모음집인 『우리 세계를 다룸, 원주민 문학의 원주민 시각』((Ad)dressing Our Worlds: Aboriginal Perspectives on Aboriginal Literatures)과 그 다음 해에 출간된 『지역 사회 만들기, 캐나다 원주민 문학의 원탁 회의』(Creating Community: A Roundtable on Canadian Aboriginal Literature)에서 그 모습을 찾아볼 수 있다.

  21세기에 들어 원주민 문학은 글로벌화되었고, 원주민들이 쓴 소설이나 단편 이야기 모음집은 꾸준히 증가하고 영향력 또한 커지고 있다. 리 마라클(Lee Maracle, b. 1950)의 『딸들은 영원하리』(Daughters are Forever, 2002), 『윌의 정원』(Will's Garden, 2002), 리차드 반 캠프(Richard van Camp, b. 1971)의 『천사의 날개가 패턴을 철벅이며』(Angel Wing Splash Pattern, 2002), 로버트 알렉시(Robert Alexie)의 『호저와 차이나 인형들』(Porcupines and China Dolls, 2002)과 『창백한 인디언』(Pale Indian, 2005), 리차드 와가메즈(Richard Wagamese, 1955-2017)의 『빛의 속성』(A Quality of Light, 2002), 『드림 휠즈』(Dream Wheels, 2006) 등을 들 수 있다. 다양한 미디어를 통한 상호텍스트성 또한 원주민 문학에서 발견되는 주도적인 특성의 하나이다. CBC 라디오 시리즈인 〈죽은 개 카페 코미디 시간〉(The Dead Dog Café Comedy Hour, 1995-2000, 2006)에서 토마스 킹은 자신의 소설 『푸른 초원과 흐르는 물』(Green Grass, Running Water)을 염두에 두고 라티샤 모닝스타 레스토랑(Latisha Morningstar's restaurant)에 대해 언급한다. 리차드 반 캠프(Richard van Camp)의 단편 「인어들」("Mermaids") 또한 CBC 라디오의 극으로 방송되기도 하였다.

네 번째 세계

2000년대 들어 국가 단위나 대륙 단위의 원주민 모임과 단체 구축에서 벗어나 원주민들은 제4의 세계(Fourth World)라고 스스로를 지칭하면서 탈식민지화와 원주민들 인권을 위한 범세계적인 움직임을 만들어가고 있다. 2001년 출간된 가넷 루포(Garnet Ruffo, b. 1955)의 『게로니모의 무덤에서』(*At Geronimo's Grave*), 2000년에 출간된 리 마라클(Lee Maracle)의 시편 『접힌 박스』(*Bent Box*)에서 국가의 경계선을 넘어서 원주민들의 범세계적 유대와 인권을 갈구하는 모습을 찾아볼 수 있다. 가넷 루포는 『하늘에서의 개막』(*Opening in the Sky,* 1994)에서 새로 구축되는 다문화 사회 속에서 복잡한 원주민의 정체성에 대한 관심을 보였다. 두 번째 작품 『회색 올빼미, 아치 베라니의 미스테리』(*Grey Owl: The Mystery of Archie Belaney,* 1997)는 원주민 문화, 인간의 권리, 환경의 문제를 탐구한 창조적 시적 전기(creative poetic biography)이다. 『게로니모의 무덤에서』에서는 게로니모의 생애를 하나의 메타퍼로 사용하여 저항과 생존의 문제를 다루었다. 루포는 시 외에도 단편 소설, 연극, 영화 등 다양한 장르의 예술 활동을 하였으며, 2010년 상영된 『윈디고 이야기』(*A Windigo Tale*)는 샌프란시스코의 미국 인디언 영화 페스티벌에서 베스트 픽쳐 상을 수상하였다.

밴쿠버에서 살리시(Salish) 부친과 메티스(Métis) 모친 사이에 태어난 리 마라클(Lee Maracle, b. 1950)은 브리티시 컬럼비아주의 시몬 프레이저 대학(Simon Fraser University)에서 창조적 글쓰기를 전공하였다. 마라클은 자신의 글쓰기를 오라토리(oratory)라고 정의한 바 있으며, 1990년에는 『오라토리, 이론화』(*Oratory: Coming to Theory*)라는 저서를 출간하기도 했다. 그녀의 저서는 『인디언 반항자 보비 리』(*Bobbi Lee: Indian Rebel*, 1990), 『체류자의 진실과 다른 이야기들』(*Sojourner's Truth and Other Stories*, 1990), 『태양의 개들』(*Sun Dogs*, 1991), 『윌의 정원』(*Will's Garden*, 1991), 『첫 아내들의 클럽』(*First Wives Club*, 2010) 등이 있다. 마라클의 시에는 미국 주도의 글로벌 질서에 부합하여 혜택을 입은 수혜자로의 특권을 누려왔다는 불편한 음성이 엿보이기도 하다.

브리티시 컬럼비아 출생으로 네 번째 세계에 속하는 대표적인 작가로 그레고리 스코필드(Gregory Scofield, b. 1966)가 있다. 그는 캐나다와 국제 무대 양 쪽에서 찬사를 받은 작가로서, 브리티시 컬럼비아의 메이플 리치에서 태어났다. 모친으로부터 메티스 사회의 문화적 유산을 물려받은 스코필드는 구어 스토리텔링, 노래, 크리어(Cree language)를 섞어 독자적인 스타일의 작품 세계를 구현한다. 그는 자신의 정체성을 한정시키는 것을 거부하고, 정치 시인, 화난 시인, 메티스 시인, 게이 시인 등 자신의 음성을 서로 다른 수많은 지역사회, 고대 화자들의 음성들, 정처 없이 떠도는 현재의 방랑자들 사이로 분산시키고자 하였다. 그의 시는 『캐나다 원주민: 도시 레즈의 시편들』(*Native Canadiana: Songs from the Urban Rez*, 1996), 『나는 두 메티스 여인들을 알았다』(*I Knew Two Metis Women*, 1999), 『루이, 이단적 시편들』(*Louis: The Heretic Poems*, 2011)에 실렸다.

북매니토바의 사우스 인디언 레이크(South Indian Lake)에서 태어난 로산나 디어차일드(Rosanna Deerchild, b. 1972)는 자신의 정체성을 장소와 연결지어 이해하였다. 이때 장소가 물리적이건, 정서적이건, 영적이건 그녀는 항상 자신의 경험을 지형과 결부시켰다. 그녀는 저널리스트로 국제적으로 활발하게 활동하여 미국 원주민 저널리즘 연합(Native American Journalism Association)상을 수상하기도 하였다. 또한 APTN, CBC 라디오 프로그램을 포함한 다양한 프로그램에 참여하였으며, 글로벌화를 지향하는 원주민 신문(Global, and independent Aboriginal newspaper)인 『위니펙의 태양』(*The Winnipeg Sun*)에서 일했다. 대표 시는 「어떻게 큰사슴을 사냥하나」("how to hunt moose") 「겨울 축제」("winter festival") 「엄마는 모카신을 만들어요」("mama making moccasins")가 있다.

다변화되는 독자층과 원주민 문학

더욱 다변화되어가고 있는 독자층을 바탕으로 원주민 작가들의 작품 또한 다양한 모습을 띠고 있다. 리 마라클(Lee Maracle, b. 1950)의 『윌의 정원』(*Will's Garden*, 2002)은 젊은 게이 주인공이 겪는 지역 사회의 호모포비아 문제를 다루고 있다. 그웬 베나웨이(Gwen Benaway)와 같은 작가들은 젠더와 섹슈얼리티 문제에 주목한다. 원주민들의 몸은 반식민주의적 저항의 공간으로 그 의미를 지닌다. 원주민 여성에게 가해지는 폭력 또한 캐나다 원주민 작가들이 다루고 있는 주제의 하나이다. 작품의 주인공이 단순히 희생양이 되고 트라우마를 겪는 심리적 전제에서 벗어나 원주민들 사이에서 오랫동안 침묵되었고 수치로 여겨졌던 문제들의 진실에 접근하는 노력들이 이루어지고 있다. 코니 파이프(Connie Fife, b. 1961)는 크리 시인이자 비평가로서 레즈비언 원주민인 자신의 경험을 시 속에 담았다. 그녀의 시는 『벌거벗은 태양 아래에서』(*Beneath the Naked Sun*, 1992), 『뾰족한 바위를 통해 말하기』(*Speaking through Jagged Rock*, 1999), 『새로운 세계를 위한 시편들』(*Poems for a*

New World, 2001)에 실렸으며, 「꿈」("Dream"), 「유목여인」("Driftwood-woman") 등의 시에는 원주민 레즈비언으로서의 혼돈스러움과 고통이 잘 녹아 있다. 리차드 와가메즈(Richard Wagamese, b. 1955)는 원주민 혈통의 캐나다인들의 근심, 걱정, 외로움을 자신의 작품에 담았다. 특히 마약, 알코올 중독, 감옥 수감 등 자신의 전기적 회상을 바탕으로 원주민들이 겪은 경험을 작품에 녹여내었다. 대표작으로는 『빛의 속성』(*A Quality of Light*, 1997)과 『드림 휠즈』(*Dream Wheels*, 2006)가 있다.

다른 나라 상황과 비교해 보았을 때 캐나다에서 원주민들의 권리는 존중되고 있으며, 그들의 문화와 문학적 전통은 복원되고 있다. 그러나 북미에 프랑스인들이 첫 식민지를 개척할 때부터 그들의 목소리가 존중되었던 것은 아니다. 다음 장에서 살펴보겠지만, 캐나다 연방 이전의 문학 기록에서 원주민들의 음성은 철저하게 침묵되어 있다. 캐나다에서 출간되고 있는 원주민 문학 선집과 연구물들은 원주민들의 길고 오랜 투쟁과 백인들이 이들에게 저지른 과거에 대한 반성과 성찰의 결과물이며, 이 고찰은 지금도 계속되고 있다. 2017년 캐나다 독립 150주년을 맞아 캐나다의 총리 저스틴 트뤼도(Justin Trudeau, b. 1971)는 다양성으로 특색 지어지는 캐나다의 밝은 미래를 설계하면서 과거의 실수에 대한 인정과 반성에 대한 언급을 빠뜨리지 않았다. 트뤼도는 구체적으로 억압 받아온 캐나다 원주민들을 언급하면서 과거에 대한 사죄와 함께 미래를 위한 여정의 동반자가 될 것을 공식적으로 재천명하였다.

1992년에 발간된 『우리 민족의 말을 바라보기』(*Looking at the Words of Our People*)의 서문에서 지네트 암스트롱(Jeannette Armstrong, b. 1948)은 텍스트에 구현된 원주민들의 음성은 특정한 문화에서의 목소리라는 점을 간과해서는 안 된다고 지적한다. 아울러 원주민들의 문학은 문화적 실행이며, 예술 행위는 식민주의를 해체시키고 원주민 문화를 재구축하는 행위임을 강조한다. 원주민들의 문학은 미적인 아름다움이나 예술적 창조의 의미를 넘어서서 자신의 문화적 유산을 보전하고 발전시키며 식민주의 세력에 저항하는 일련의 시도로 이해되어야 할 것이다.

2

캐나다 연방 이전의 문학

(Literature Before Confederation)

1867년 대영 북아메리카 조약(British North America Acts)으로 인해 캐나다는 공식적으로 출범하며, 그 이전의 캐나다 초기 문학은 여행, 탐험, 모피 거래 등의 실용적인 목적을 위한 글이 주를 이룬다. 캐나다의 첫 식민지는 아나폴리스(Annapolis) 강 하구에 프랑스인들이 정착한 1605년으로 거슬러 올라간다. 이들은 자신들이 정착한 땅을 아카디아(Acadia)라고 부르고 믹맥 원주민들의 도움을 받아가며 땅을 일구고 살아갔다. 1600년 초 샹플랭(Champlain)은 현재 퀘벡(Québec) 지역에 삶의 터전을 잡는데, 이곳은 후에 뉴프랑스(New France)의 수도가 된다. 농지가 윤택하여 이주민들의 삶은 프랑스에서의 삶보다 더 풍요로왔다. 1600년 후반부터 인구가 급격히 증가하여 1763년에는 만여 명 이상으로 늘어났다. 아카디아의 주민들은 프랑스인으로서의 자부심이 있었지만, 프랑스 본국과는 다른 정체성을 확립해갔다.

　프랑스가 아카디아와 퀘벡에 식민지를 일구고 있을 때 영국은 뉴잉글랜드(New England)와 노바 스코샤(Nova Scotia)라는 식민지를 건설하였다. 노바 스코샤라는 이름은 프랑스인들이 개척한 아카디아라는 지역을 영국의 제임스 1세가 영국의 소유권을 주장하면서 붙인 지명이다. 노바 스코샤는 새로운 스코틀랜드(New Scotland)라는 의미로서 영국은 북미에 새로운 잉글랜드와 새로운 스코틀랜드를 건설하고자 한 것이다. 프랑스보다 식민지 개척이 늦었지만, 영국의 식민지는 더 빨리 그 규모를 확장해 갔다. 영국은 뉴펀들랜드 지방을 중심으로 대구잡이를 하였고, 프랑스는 원주민들의 모피 교역을 통해 큰 이익을 남겼다. 아카디아는 모피교역과 대구잡이 양자에 큰 영향을 미치는 식민지 교두보로 중요한 장소였고, 이곳을 차지하기 위해 두 나라는 100여 년 이상 쟁탈전을 벌인다. 종교적 차이 또한 양국의 갈등을 심화시켰다. 영국계 이주민들은 개신교였던 반면 프랑스계 이주민들은 대부분 가톨릭교도였다. 영국 왕에 대한 충성 맹세를 아카디아인들이 거부하자 이들은 강제 추방된다. 아카디아는 영국의 손에 들어가고 모든 프랑스계 아카디아인을 추방한 뒤, 잉글랜드, 스코틀랜드, 독일인 이주자들이 그 영토를 차지한다. 두 나라 사이의 갈등은 1713년 위트레히트 평화 조약(Peace of Utrecht)으로 일단 봉합되는데, 이 조약으로 허드슨만, 뉴펀들랜드, 아카디아가 영국의 수중으로 들어갔다.

북아메리카에서 프랑스와 영국의 영역은 확정된 것이 아니었기에 끊임없이 경계선을 넘어 전투가 계속되었다. 캐나다 원주민들도 두 나라의 식민지 확보 전쟁에 자유롭지 못했다. 이로쿼이족은 영국편에서, 휴런과 믹맥족은 프랑스 편에서 전투에 임했다. 이 전투 중 가장 규모가 크고 캐나다 역사에 영향을 미친 전투는 칠년전쟁(Seven Years' War, 1756-1763)이다. 뉴프랑스는 기근으로 군량이 부족했고, 영국군들에 의해 보급선이 끊기자 많은 병력이 이탈하였다. 영국은 1759년 에이브러

함(Abraham) 전투에서 승리를 거둔 뒤 뉴프랑스의 수도인 퀘벡을 함락한다. 프랑스군의 총사령관인 루이 조세프 드 몽칼름(Louis Joseph de Montcalm, 1712-1759)는 퀘벡을 사수하지 못하고 전사하며, 이 전쟁의 승리로 인해 영국은 뉴프랑스를 수중에 넣고 북아메리카에서 지배권을 공고히 한다. 영연방 전후의 격변기에는 캐나다의 정치적 상황을 소재로 한 역사소설이 대중들에게 큰 인기를 얻었다. 캐나다 연방 이전의 문학은 크게 이주와 풍자 문학, 북서부 영역 탐험과 여행기, 정착과 안주의 문학으로 나누어 볼 수 있다.

이주와 풍자 문학 전통의 효시

칠년 전쟁이 종결되던 1763년은 『에밀리 몬테규의 역사』(The History of Emily Montague)의 저자인 프랜시스 브룩(Frances Brooke, 1724-1789)이 잉글랜드에서 퀘벡으로 이주해 온 해이기도 하다. 1769년에 출간된 『에밀리 몬테규의 역사』는 캐나다 문학사에서 중요한 위치를 차지하고 있다. 캐나다 뿐 아니라 북미 전체의 최초 소설로 평가되는 이 작품은 퀘벡으로 남편과 함께 건너 온 프랜시스 브룩이 쓴 서간체의 소설이다. 이 당시 문학은 상상력의 산물이라기보다는 "정보의 문학"(literature of information)의 형태로 사실을 기술하는 양식이 주를 이루었다. 퀘벡으로 건너오기 전 영국의 사뮤엘 리차드슨(Samuel Richardson, 1689-1761), 사뮤엘 존슨(Samuel Johnson, 1709-1784)과 문예 서클을 이루었던 프랜시스 브룩은 로망스, 감수성의 소설(a novel of sentiment), 예절의 소설(a novel of manners)이라는 장르로 분류되는 228개의 편지로 구성된 『에밀리 몬테규의 역사』를 출간한다. 이 작품에는 캐나다에 정착하려는 계획을 세웠으나 잉글랜드로 돌아가는 리버스(Rivers), 그와 사랑에 빠지는 에밀리 몬테규, 그리고 에밀리의 친구인 아라벨라 페르모어(Arabella Fermor)가 핵심 인물로 등장한다. 구애와 사랑 이야기가 작품의 전반을 지배하고 있지만, 사랑과 결혼에 관한 관심 외에도 캐나다의 정치적이고 지역적인 문제를 다루고 있다. 이 작품은 18세기 감수성(sentimentalism)과 낙관주의에 토대를 두고 있고, 알렉산더 포프(Alexander Pope, 1688-1744)가 『인간론』(*Essay on Man*)에서 표명 바와 같이 "진정한 자기애는 사회적이다"(True self-love and social are the same)라는 교훈적인 목적으로 쓰여졌다. 아담 스미스(Adam Smith, 1723-1790)의 『도덕 감성론』(*The Theory of Moral Sentiments*)을 표명하고 있지만, 메리 울스톤크래프트(Mary Wollstonecraft, 1759-1797)나 혁신적인 사회 개혁가 윌리엄 고드윈(William Godwin, 1756-1836)의 작품과 함께 낭만주의 사조의 전조(pre-Romantic)를 띈다고 평가받고 있다. 그녀의 작품은 캐나다의 지형과 날씨, 원주민과의 조우, 퀘벡의 수비대(garrison) 중심 사회 구도 등 이후 캐나다 문학의 핵심적인 주제들이 드러나 있다는 점에서 캐나다 문학사에서 빠지지 않고 소개되는 작품이다.

　『에밀리 몬테규의 역사』는 이중 담론(double discourse)적 속성을 지닌 캐나다 허구적 산문의 효시가 된다는 점에서 문학사적 의미가 있다. 이중 담론이란 과거 세계의 렌즈로 세상을 바라보면서 동시에 무엇인가 새로운 것을 바라보고 표현하는 것이다. 캐나다 초기 이주민들은 불가분 유럽인들의 미학적 관습과 양식을 활용하여 작품을 쓸 수밖에 없었다. 동시에 이들은 새로운 곳에서 서술적 기법으로 실험을 하였다. 『에밀리 몬테규의 역사』는 유럽의 지적 전통과 문예적 유산을 토대로 구축되어 있지만,

동시에 유럽중심적인 시각을 다중적 서술을 통해 극복한 텍스트이다. 그녀의 글은 페미니스트 이론가인 줄리아 크리스테바(Julia Kristeva, 1941)가 말하는 아브젝트(abject)가 작동하는 공간이 될 수 있다. 즉 감수성의 탐구를 통해 남성들이 통제하는 욕망의 경제로부터 벗어나 남성의 권력을 혼돈에 빠뜨리고 불안전하게 만드는 아브젝트 담론(abject discourse)을 만들어 낸다. 리차드 케인(Richard J. Kane)의 표현을 빌자면 『에밀리 몬테규의 역사』는 새로운 세계의 감수성을 창조한 작품으로서 가부장적 권력에 복종하기를 연기하거나 회피하는 텍스트이다. 영국 알렉산더 포프나 아담 스미스의 남성적 감수성에 대해 브룩은 18세기 여성의 글쓰기의 전략적 감수성(strategic sensibility)을 선보인 것이다.

19세기 전반 캐나다에는 노바 스코샤(Nova Scotia)에서 활동했던 세 문인이 있다. 스코틀랜드에서 이주해 온 토마스 맥클로크(Thomas McCulloch)와 스코틀랜드에서 태어난 조셉 하우(Joseph Howe), 토마스 챈들러 할리버턴(Thomas Chandler Haliburton)은 모두 캐나다 이주 초기 문학에서 풍자(satire)의 정신을 구현한 작가라는 점에서 주목받고 있다. 조셉 하우(Joseph Howe, 1804-1873)는 작가로서보다는 정치인으로 캐나다인들에게 더 잘 알려져 있다. 그는 『노바 스코션』(*Novascotian*)이라는 신문의 편집자로 일했는데, 여기에 자신의 에세이, 시, 스케치를 실었다. 하우는 영국 작가 로렌스 스턴(Lawrence Sterne)의 전통을 이어받아 외국을 여행하는 것이 아니라 자국을 여행하고 이를 기록하였다. 그의 여행 스케치는 에덴의 정원에 대한 향수가 묻어 있으며, 호라스(Horace)의 풍자가 깃들어 있다. 그의 글은 노바 스코샤에 이주해 온 흑인 노예들에 대한 공감으로 가득 차 있는데, 여기에는 미국 독립 전쟁 중 많은 흑인 노예들이 노바 스코샤에 몰려든 배경이 자리하고 있다. 한계는 있지만 그는 흑인들이 게으르다는 편견을 깨는데 기여하기도 하였다.

토마스 맥클로크(Thomas McCulloch, 1776-1843)는 『스텝슈어 서간』(The Stepsure Letters)이라고 알려진 『메피보쉐트 스텝수어 서간』(The Mephibosheth Stepsure Letters)의 작가이다. 맥클로크는 할리팩스(Halifax)의 주간지 『아카디안 리코더』(The Acadian Recorder)에 1821년에서 1823년까지 게재한 글로 큰 찬사를 받았으며, 그의 사후에 책 형태로 출간되었다. 총 24편의 편지 형식으로 쓰여진 이 작품 또한 기본적으로 교훈적이다. 장로교 목사로서 사회와 종교 개혁에 관심이 있었던 맥클로크는 유머와 풍자를 통해 자신의 비전을 전달하였는데, 그의 작품은 존 번연(John Bunyan, 1826-1888)의 『천로역정』(The Pilgrim's Progress), 새뮤얼 리처드슨(Samuel Richardson, 1689-1761)의 『파멜라』(Pamela), 다니엘 드포(Daniel Defoe, 1660-1731)의 『몰 플랜더스』(Moll Flanders)와 같은 잉글랜드의 문학적 전통을 공유하고 있다. 조나단 스위프트(Jonathan Swift, 1667-1745)에게서 찾아볼 수 있는 의인화, 아이러니, 환유 등의 수사학적 장치와 그로테스크 리얼리즘의 흔적 또한 찾아볼 수 있다. 맥클로크는 어휘들이 아이러닉한 목적을 위해 두 세 개의 층위를 동시에 드러내는 역동적인 텍스트를 만들었던 작가이다.

유머스러운 샘 슬릭(Sam Slick)이라는 등장인물을 만들어 널리 알려진 작가로 토마스 챈들러 할리버턴(Thomas Chandler Haliburton, 1796-1865)이 있다. 노바 스코샤 판사로 재직했던 할리버턴은 일련의 시계제조공 샘에 대한 단편 작품들을 발표하는데, 시계제조공 시리즈는 1835년 작가의 친구가 운영하는 『노바 스카션』(The Nova Scotian)이라는 신문에 처음 등장한다. 이 단편 속에서 안정과 규율을 중시하는 보수적인 캐나다인 주민들의 삶을 그려내었다. 시계제조공 시리즈는 패러디, 우스꽝스러운 과장과 익살스러움을 통해 당시 캐나다 문단을 주도했고, 캐나다 뿐 아니라 영국, 미국에서도 널리 읽혔으며 번역되어 프랑스와 독일에서도 넓은 독자층을 확보하였다. 할리버턴은 구어체의 대화로 소설을 쓴 선구적인 작가로 평가되고 있으며, 지역 방언과 유머의 사용은 마크 트웨인(Mark Twain, 1835-1910)을 통해 미국 문학의 형성에도 큰 영향을 미쳤다. 맥클로크, 하우, 할리버턴은 캐나다 이주의 초기 역사의 복잡한 상황에서 태동되었으며, 풍자적 전통을 구축하여 캐나다 문화의 주된 특징으로 자리하게 되었다.

북서부 캐나다 저널, 여행기

캐나다 초기 문학에서부터 주목받는 장르는 탐험 서술(Exploration Narrative)이다. 수많은 유럽의 개척자들은 19세기 중반에 이르기까지 캐나다 지역을 탐사했는데, 이들 중 상당수가 여행을 기록으로 남겼다. 특히 허드슨 베이 컴퍼니(Hudson's Bay Company)와 노스웨스트 컴퍼니(North West Company) 소속의 직원들의 기록은 캐나다 여행 문학의 효시가 되었다. 사뮤엘 헌(Samuel Hearne, 1745-1792)은 허드슨 베이 컴퍼니에 1766년 입사한 뒤 캐나다에서 근무한다. 은퇴 후 자신의 여행 기록을 출간하는데 『허드슨 베이의 프린스 웨일즈 포트에서 북쪽 해안까지 여행』(*A Journey from Prince of Wales's Fort in Hudson's Bay to the Northern Ocean*)을 남겼다.

데이비드 톰슨(David Thompson, 1770-1857) 또한 허드슨 베이 컴퍼니에서 근무하였고, 1784년 프린스 오브 웨일즈 포트에 도착한다. 1797

년에는 노스 웨스트 컴퍼니로 직장을 옮겨 지역을 탐사하고 지도를 작성하는 일을 담당하였다. 톰슨의 탐사와 탐험의 경험은 『서부 북미 대륙 탐험기 1784-1812』(*Narrative of His Explorations in Western North America, 1784-1812*)에 기록되어 있다.

톰슨의 저널은 알렉산더 헨리(Alexander Henry), 다니엘 하몬(Daniel Harmon), 피터 스켄 오그덴(Peter Skene Ogden)과 같은 19세기 초 저널리스트들에게 영향을 미쳤다. 여기에는 헨리의 『알렉산더 헨리의 저널, 1799-1814』(*The Journal of Alexander Henry the Younger, 1799-1814*), 오그덴의 『피터 스켄 오그덴의 스네이크 컨트리 저널, 1824-25, 1825-26』(*Peter Skene Ogden's Snake Country Journal, 1824-25, 1825-26*), 1849년 출간된 로스 콕스(Ross Cox)의 『오레건, 컬럼비아 강 첫 정착민들의 모험기』(*Adventures of the First Settlers on the Oregon or Columbia River*)가 포함된다. 탐험 내러티브에는 캐나다 북극 탐험기록도 포함되어 있다. 존 프랭클린(John Franklin)은 코퍼마인 강 입구로부터 캐나다 동부 북극해 연안을 탐사한 뒤 1824년 『북극해 연안으로의 여행기』(*Narrative of a Journey to the Shores of the Polar Seas*)를 출간하였다. 여기에는 극지방의 지형과 풍경, 그리고 그가 만난 사람들과의 생생한 기록이 담겨있다.

19세기 중반에 이르러 상업적인 목적보다는 문학적 야망이 더 엿보이는 책들이 출간되기 시작하는데, 로버트 마이클 밸란틴(Robert Michael Ballantyne, 1825-1894)의 『허드슨 베이』(*Hudson Bay*, 1848)는 모피 거래상의 관점으로부터 벗어나 허드슨 베이에 16살에 정착한 소년의 문학적 열망이 잘 녹아 있다. 19세기 중반을 넘어서면서 『북서부 육로 여행』(*The North-West Passage by Land*, 1895)과 같은 모험 여행기(adventure tourism) 성격의 글들이 쓰여졌다. 창의력과 문예성을 갖춘 유럽인들의 편지, 리포트, 여행기들은 작가들에게 명성을 안겨다 주었고 본격적인 캐나다 문학의 시작과 발전에 원동력이 되었다.

영국의 문예 전통과 캐나다 작가들

1775년 미국 보스턴에서 발발한 미국혁명은 1783년 파리 조약으로 막을 내리고, 미국은 독립국가로 탄생된다. 당시 미국은 퀘벡, 노바 스코샤, 뉴펀들랜드 등 주요 캐나다 식민지인들에게도 독립할 것을 권했지만, 영국 로열리스트들과 중도 프랑스인의 주도로 이들은 영국의 식민지로 남는다. 1775년 미국은 몬트리올을 점령하고 다음 해 퀘벡을 에워싸고 공격을 시작하였다. 미국인들은 캐나다의 프랑스계 식민지인들이 영국에 대항해서 미국군과 싸워줄 것이라 생각했지만, 퀘벡인들의 반란은 없었고 1776년 영국군이 도착하면서 미국군대는 캐나다 식민지에서 퇴각한다. 같은 해 미국의 독립이 선언되고 파리조약으로 영국 군대가 미국 식민지 영토에서 철수했지만, 당시 미국 주민들이 모두 미국의 독립을 바랐던 것은 아니다. 적지 않은 미국 식민지 주민들은 영국에 대한 충성심을 보였는데, 이들은 미국 독립파들에 의해 심한 모욕과 박해를 받았다. 이들 중 상당수는 영국으로 돌아갔고, 일부 로열리스트들은 노바 스코샤와 퀘벡으로 건너와 새로운 삶을 시작하였다. 뉴욕과 펜실베니아 등 미국 식민지에 살던 로열리스트들은 온타리오 지방에 정착하였는데, 이들은 프랑스계 캐나다인들과 다른 자치 정부를 원했다. 로열리스트들이 머무른 세인트로렌스 강 상류 지역인 어퍼 캐나다는 웨스트 캐나다를 거쳐 현재 온타리오주로, 로우어 캐나다는 이스트 캐나다를 거쳐 퀘벡주가 된다.

이와 같은 역사적인 배경으로 인해 같은 미대륙에서 새로운 문화를 건설하고자 하였지만, 18세기와 19세기 캐나다의 문단은 미국과는 확연하게 구분될 정도로 영국의 문예 전통에 대한 반감이 적었다. 1858년 다니엘 윌슨(Daniel Wilson)이 채프먼(E.J. Chapman)과 찰스 생스터(Charles Sangster)를 놀랄 만큼 세계적이라고 특징지었던 것은 결코 우연이 아니다. 상당수의 문인들은 미국 작가 롱펠로우(Longfellow)나 휘트만(Whitman)을 강하게 부정하였다. 영국에 대한 반감보다는 미국에 대한 반감이 더 컸던 성향이 캐나다의 문예 풍토에 뿌리 깊게 자리매김되어 있었던 것이다. 영연방 시인들 이전은 물론 그 이후에도 작지 않은 캐나다 작가들은 영국의 문예 전통과의 연대를 부정하지 않았다. 벤트리(D.M.R. Bentry)의 수사를 빌리자면 당시 캐나다 문인들은 영국 작가들과 대화(conversation)를 하고, 영국의 문예 전통을 캐나다에 이식(transplantation)시키고, 그들로부터 영감(inspiration)을 얻는 관계를 맺었다.

로우어 캐나다는 도시의 분주한 삶으로부터 벗어나 글을 읽고 쓰는 활동의 장소가 되었으며, 이 과정에서 문예인들은 영국의 드라이든(Dryden)이나 포프(Pope), 톰슨(Thomson)과 같은 신고전주의 작가들에게 의존하였다. 잉글랜드로부터 로우어 캐나다에 정착한 뒤 1789년 『아브람의 평지, 시편』(*Abram's Plains: A Poem*)을 출간하고 『퀘벡 머큐리』(*Quebec Mercury*, 1805)를 창건한 문예인으로 토마스 캐리(Thomas Cary)가 있다. 『아브람의 평지』는 캐나다에서 출판된 영어로 쓰여진 첫 시인데, 이 책의 서문에는 영국의 알렉산더 포프(Alexander Pope)와 올리버 골드스미스(Oliver Goldsmith)와 버금가는 문학적 전통을 캐나다에서 만들고자 하는 캐리의 열망이 가득 차 있다. 캐리의 이상은 영국적 모델 아래 캐나다의 지역적 대상을 끌어와서 전형적인 인물들을 만들어 내는 것이었다. 캐리는 사회 개발을 위해 캐나다의 원자재격인 내용물들을 영국적인 문예전통을 통해 완제품을 만들어 내는 것이 필요하다고 믿었다. 아담 후드 버웰(Adam Hood Burwell), 조지 롱모어(George Longmore), 아담 키드(Adam Kidd)와 같은 작가들은 캐나다에 독자들이 있건 없건 간에 구대륙 시인들과 관계를 맺으면서 미국의 출판 회사와 접촉을 하였다. 찰스 생스터의 『세인트 로렌스와 사구에나이』(The St. Lawrence and the Saguenay, 1856)는 영국의 문예 전통에 깊숙이 의존하고 있고, 온타리오의 킹스톤 뿐 아니라 뉴욕에서도 출판되었다.

이식(transplantation)이라는 용어는 제국주의적인 역사와 뉘앙스가 들어있는 용어이기는 하지만, 앵글로 아일랜드 시인 토마스 무어(Thomas Moore)와 같은 작가의 서한에서 목격된다. 식물이나 동물을 대륙을 가로질러 이식하듯이 시 또한 하나의 환경에서 다른 환경으로 이식될 수 있다는 사고가 자리하고 있었고, 이와 같은 사고의 배후에는 흔히 토마스 헉슬리(Thomas Huxley, 1825-1895)가 『진화와 윤리』(Evolution and Ethics, 1893)에서 주창한 진화론적 윤리가 목격되곤 했다. 1857년 캐나다로 이주한 토마스 다시 맥기(Thomas D'Arcy McGee, 1825-1868)와 같은 아일랜드 국민주의자는 캐나다를 찬미하면서 동시에 영국 식민지의 핵심적 위치에서 벗어나려 하지 않았다.

캐나다의 지형에서 영적인 존재를 발견하고 노래하고자 한 일련의 시인들은 대화와 이식이라는 단어 대신 영감이라는 해결책을 추구하기도 하였다. 연방주의 작가 이전의 존 헌터 두바(John Hunter-Duvar, 1830-1899)로부터 이와 같은 성향을 찾을 수 있으며, 캐나다 문학의 아버지라 불리우는 찰스 로버트(Charles Roberts, 1860-1943)는 낭만주의와 빅토리아적 전통 아래 캐나다 자연을 노래하였다. 아름다움을 향한 영국의 낭만주의 시인 존 키이츠(John Keats, 1975-1821)의 정신은 쓰디 쓴 현실의 투쟁을 넘어선 곳에 위치한 아름다움을 추구한 아치볼드 램프만(Archibald Lampman, 1861-1899)을 포함한 일련의 캐나다 문인들에게 자신의 문학을 세울 토대를 제공해 주었다.

정착과 본격적인 캐나다 문학의 효시

탐험과 여행기가 주로 남성의 영역이었다면 정착에 대한 서술(narrative of settlement)은 여성에 의해 주도되었다. 캐나다가 공식적으로 국가가 된 것은 1867년 7월 1일이며, 그 이전은 식민지 시대로 구분된다. 19세기 개척 여인들(pioneer women)은 캐나다의 인물 유형(Canadian character type)의 하나로 분류되는데, 이들은 개척지에서 물리적, 심리적, 사회적 어려움과 맞섰던 영국계 캐나다 여성들이다. 1832년 어퍼 캐나다(Upper Canada)로 이주한 수잔나 무디(Susanna Moodie, 1805-1885)와 캐서린 파 트레일(Catherine Parr Traill, 1802-1899)이라는 자매 작가는 본격적인 캐나다 문학의 효시로 간주된다. 캐나다의 개척기 여인들은 1950년 출간된 연극 『내 심장의 핵심』(*My Heart's Core*)에서 식민주의적 상황에서 문화적으로 착취를 당한 인물들로 묘사된다. 토마스 킹(Thomas King, b. 1943)의 『푸른 초원과 흐르는 물』(*Green Grass, Running Water*, 1993)에서는 원주민들의 문화적 대학살을 표상하기도 한다. 마가렛 애트우드(Margaret Atwood, b. 1939)는 1970년 저서

『수잔나 무디의 저널』(The Journals of Susanna Moodie)에서 수잔나 무디를 캐나다 문학의 개척자로 평가하였다. 이와 같이 19세기 개척 여인들은 19세기 뿐 아니라 20세기 캐나다 문학적 상상력에도 지속적으로 영향을 미쳤다. 트레일이나 무디와 같은 전문 작가 외에도 캐나다의 정착 담론에는 당대 출판을 목적으로 쓴 것이 아니라 후손들에 의해서나 문예 연구자에 의해 알려진 저널 레터즈(Journal Letters)가 있다.

초기 이주민들 여성의 저널 레터즈

저널 레터즈(Journal Letters)는 서한과 다큐멘터리의 혼합 형태를 띠고 있어 장르적 위상을 설정하는 것이 쉽지 않다. 이들은 공공적이고 사적인 목적 양자 모두에 기여하였으며, 다양한 방법으로 편집되었다. 일차적으로 작가는 삶에 대한 기록을 다른 친분이 있는 사람들과 함께 나누고 자신의 변화된 생활환경에 대한 개인적인 점검을 목적으로 저널 레터즈를 작성하였다. 그러나 편지들이 친지나 친구 등 폭넓은 부류의 사람들에게 건네져 읽혀질 가능성을 염두에 두고 있었으며, 세대를 가로질러 후세에 기록물로 남겨질 것임을 알고 있었다. 따라서 저널 레터즈가 자신의 경험이나 당시의 필요에 따라 작성되었지만, 예술적 기법이 없는 즉흥적인 글이었다고 이해해서는 안 된다. 이 기록물 또한 수사학적 기법이 차용되었고 스스로의 편집을 거친 글이기 때문이다.

영국 소머셋(Somerset)의 작은 마을의 목사 집안에서 자라난 메리 오브라이언(Mary O'Brian)은 아버지가 사망한 뒤 캐나다에 정착한다. 메리의 두 오빠들은 토론토 북부 지역의 농장을 샀고, 1828년 어머니와 함께

메리는 이곳을 처음 방문한다. 이곳에서 그녀는 군인 에드워드 오브라이언(Edward O'Brian)을 만나 결혼하면서 캐나다에 거주한다. 메리의 편지는 대부분 루시(Lucy)와 친구인 클라라(Clara)에게 보낸 것으로, 개척지에서 적응하면서 살아가는 문제들과 에드워드에 대한 사랑 등이 주로 기술되어 있다. 현재 전해지는 그녀의 저널 레터즈는 1828년에서 1838년에 걸쳐 있는데, 현대의 페미니스트 학자들은 이 기록물에서 새로운 개척지에서 자아를 실현하는 것, 여성들이 많이 사용하는 용어들, 여성적인 자질에 대한 개발의 흔적을 추적하기도 하였다.

메리와 거의 동시대에 캐나다에서 개척적인 삶을 살았던 앤 랭튼(Anne Langton, 1804-1893)의 서한에서는 스토이시즘적 결단력과 자기 연민에 대한 거부가 목격된다. 그녀는 오빠 존(John)을 따라 영국의 요크셔 대일(Yorkshire Dales)에서 캐나다로 이주하여 새로운 삶을 살아간다. 그녀는 윌리엄(William)을 포함한 가족들에게 편지를 보냈는데, 여기에는 자신이 경험하지 못한 낯선 노동들이 세세하게 기록되어 있다. 오븐 없이 빵 굽기, 장작 패기, 모기장 걸기가 여기에 포함된다.

초기 여성들이 남긴 저널 레터즈의 대부분은 고통과 인내의 기록들이다. 멀리 떨어진 어머니에 대한 어린 소녀들의 그리움, 의심을 받으면서 낳은 출산의 고통, 죽은 아이를 바라보면서 느끼는 고통과 영적인 위안 등이 이들의 기록에 생생하게 남아있다. 저널 레터즈는 대서양을 가로질러 복잡한 정서를 전달하는 커뮤니케이션의 역동성을 보여주는 기록이기도 하다.

본격적인 문예작가들의 기록들

캐나다의 초기 정착자 중 수잔나 무디(Susanna Moodie, 1805-1885)와 캐서린 파 트레일(Catherine Parr Traill, 1802-1899)은 본격적인 캐나다 문학의 시발점으로 꼽히며, 캐나다 문학에서 중요한 위치를 차지하는 자매이다. 무디와 트레일 외에도 본격적인 문예 작가 목록에 애나 브라운엘 제임슨(Anna Brownell Jameson, 1794-1860)이 언급된다.

제임슨은 1838년에 출간된 『캐나다에서 겨울에 연구하고 여름에 여행하기』(*Winter Studies and Summer Rambles in Canada*)를 통해 여행 작가로서 인정받고, 유럽의 독자들에게 이국적인 경험과 즐거움을 안겨다 주었다. 1836년 남편인 로버트 제임슨(Robert Jameson)과 함께 어퍼 캐나다를 방문하기 이전부터 제임슨은 문예 비평과 여행기 작가로 유럽에서 널리 알려져 있었다. 제임슨은 10개월간 캐나다에 머무르면서 느끼고 경험한 바를 남편의 명성에 해를 가하지 않는 방식으로 기록하고 출판하였다. 이 저서의 첫 부분은 어퍼 캐나다 사회에 대한 기술이다. 두 번째 부분은 마키나우(Mackinaw)에서 보트로 여행을 시작하여 휴론 호수(Lake Huron), 마니타우린 아일랜드(Manitoulin Island)를 거쳐 페네탕(Penetang)으로 여행하면서 원주민들과 광범위한 상호관계를 맺는 경험의 기록이다.

제임슨의 글은 솔직한 한탄, 자연스러운 경탄, 생생한 세부 묘사가 특징적이다. 토론토는 야비하고 추잡하며 우울한 도시로 채색되어 있고, 자신의 소외된 감정이 투사되어 있다. 제임슨은 원주민들의 사회적 관습, 종교적 신념, 민담에 대해 세세하게 기술하였는데, 이들을 비판하거나 낭만화시키지 않고 관찰하는 태도를 견지하였다. 캐나다로의 여행은 추운 겨울 실내에서 그녀의 지성을 마음껏 발휘할 기회를 제공하였고, 여름 여행은 수려한 자연과 함께 다른 문화적 경험을 제공해 주었다. 그녀는 캐나다의 자연을 낭만주의적 색채로 묘사하였으며, 백인들의 실패를 지적하는 데에도 주저함이 없었다. 원주민 여성에 대한 페미니스트적인 관심 또한 작품에서 엿보인다. 제임슨에게 있어 북미가 극적이고 신선한 경험의 의미가 있었다면 무디와 트레일에게 있어서 북미는 유럽 문예인의 삶에서 변방으로의 전환과 이로 인한 심적 정신적 어려움과 연관되어 있었다.

캐서린 파 트레일(Catherine Parr Traill, 1802-1899)은 1836년 『캐나다의 미개척지』(*The Backwoods of Canada*)와 1852년 출간된 『캐나다의 크루소』(*Canadian Crusoes*)를 통해 초기 캐나다 정착민의 삶을 기술하였다. 캐서린은 잉글랜드의 켄트(Kent)에서 태어났으며, 아버지가 일찍 돌아가신 뒤 경제적 어려움을 겪었고 글쓰기는 그녀의 주된 수입원이었다. 그녀는 스코틀랜드계 남편 토마스(Thomas)와 1832년 도우로 타운쉽(Douro Township)에 도착한다. 그리고 캐나다 도착 4년 뒤 이주민 아내로서의 삶을 『캐나다의 미개척지』에 담아낸다. 트레일의 작품 중 가장 많이 언급되는 이 작품의 부제는 '이주 공무원의 아내의 편지, 브리티시 아메리카의 지역 경제의 사례'(Being Letters from The Wife of an Emigrant Officer, Illustrative of the Domestic Economy of British America) 이다. 트레일의 작품에서 개척민들의 삶 외에도 초기 정착민들의 심리적인 모델을 발견할 수 있다. 호기심과 주위 환경으로부터 얻는 경이감과 즐거움, 그리고 신에 대한 믿음과 같은 것들이 이 정신적 자질이다. 정착민 아내의 이상적인 모습은 적극적이고, 근면하며, 창의적이고 즐거운 태도를 갖는 것이다. 고통스러운 삶이지만, 『캐나다의 미개척지』에는 새로운 세계와 관계를 맺어가는 과정에서 생겨나는 즐거움이 생생하게 기술된다.

이 작품에는 다양한 장르가 혼재되어 있다. 『캐나다의 미개척지』는 이주민들의 행동 규범서, 여행 담론, 자연의 역사, 자서전 등 다양한 영역의 문학 양식이 섞인 혼성물이다. 이 작품은 각 섹션마다 주도적인 장르가 다르게 구성되어 있다. 첫 번째부터 일곱 번째 편지까지는 여행, 여덟 번째부터 열두 번째 편지까지는 정착, 열세 번째부터 열일곱 번째까지는 명칭, 열여덟 번째 편지에는 예측이 주도한다. 페미니즘, 여성성, 제국주의, 기독교와 과학적 합리주의 등 서로 충돌하고 불협화음을 내는 담론들이 텍스트에 목격된다. 이와 같은 시도를 통해 트레인은 가정 내에서의 공간을 재구성하고 다시 정의한다. 1852년과 1856년 캐서린은 캐나다 아동들을 위한 책 두 권을 발간한다. 『캐나다의 크루소』(1852)는 과거의 문명으로부터 벗어나 새로운 문명을 창조하는 상징적인 저서이다. 캐서린은 로빈슨 크루소를 염두에 두고 영국인, 프랑스인, 스코틀랜드인과 원주민들이 서로 화합하여 이상적인 삶을 구가하는 장소로 캐나다를 그려나갔다. 이 작품은 라이스 레이크 평지(Rice Lake plains)의 매력적인 풍경을 배경으로한 캐나다의 통합과 생존의 알레고리이다. 1856년 작 『레이디 메리와 그녀의 보모, 캐나다의 숲 엿보기』(*Lady Mary and her Nurse; or, A Peep into the Canadian Forest*)는 선생님과 아이의 대화를 통해 자연에 대한 애착과 자세한 관찰의 정수를 보여준다.

1830년대에서 1860년대까지 트레일이 쓴 최고의 글들이 『블랙우즈』(*The Backwoods*)에 실렸는데 책의 형태로 출판되지는 못했다. 그녀는 캐나다의 식물에도 깊은 관심과 조회가 있었다. 1869년 출판한 『캐나다의 야생화들』(*Canadian Wild Flowers*)과 1885년 출간한 『캐나다에서 식물들의 삶 연구』(*Studies of Plant Life in Canada*)는 캐나다 식물학에서 기념비적인 저서로 꼽히고 있다. 그녀는 90대가 되어서도 『진주와 조약돌』(*Pearls and Pebbles*)을 쓰는 등 왕성하게 작품 활동을 하였으며, 그녀의 마지막 작품인 『침상에서 들려주는 이야기』(*Cot and Cradle Stories*)는 토론토에서 1895년에 출간되었다. 영국에서도 문필가로 널리 이름을 알린 트레일은 캐나다에서의 새로운 삶에 대한 긍정적인 태도를 견지한 캐나다 초기 문단을 대표하는 여류 작가이다.

『캐나다의 미개척지』는 흔히 동생인 수잔나 무디의 『미개척지에서 버텨내기』(*Roughing it in the Bush*)와 함께 언급된다. 무디의 『미개척지에서 버텨내기』의 화자는 회한적이고 감성적인 반면, 언니의 작품 『캐나다의 미개척지』의 화자는 밝고 명랑한 기질을 보여준다. 두 자매 모두 초기 캐나다 이주민들의 어려움과 고통을 그려내고 있지만, 트레일의 비전이 더 낙천적이고 긍정적이다. 두 자매의 소설에는 모두 어려운 환경 아래에서 아이를 키우면서 새로운 삶을 꾸려나가는 캐나다 초기 여성들의 어려움이 잘 드러나 있다. 일곱 명의 아이를 키운 캐설린과 다섯명의 아이를 키운 수잔나에게 있어서 캐나다 땅은 생존을 위한 힘든 공간이었던 것이다. 수잔나는 군인인 남편 존 무디(John Moodie)와 함께 1832년 봄 캐나다에 정착하였는데, 마가렛 애트우드(Margaret Atwood, 1939)는 1970년 출간된 『수잔나 무디의 저널』(*The Journals of Susanna Moodie*)에서 무디를 캐나다의 어둠 속에 처음 들어간 개척자로 묘사한 바 있다. 캐나다에서의 삶이 고통스러웠지만 무디의 문학적인 열망이 약해진 적은 없다. 1838년에서 1851년까지 수잔나 무디는 『리터러리 가랜드』(*The Literary Garland*)와 『빅토리아 매거진』(*The Victoria Magazine*)에 투고하였다. 무디가 1836년에 출판한 『미개척지에서 버텨내기, 캐나다에서의 삶』(*Roughing* it in the Bush: or, Life in Canada)은 런던에서 첫 출판되었으며, 캐나다에서는 1871년이 되어서야 출간되었다. 즉 수십 년간 이 저서는 캐나다인들의 관심을 받지 못했으며, 캐나다에서 이 저서가 출간되었을 때 작가는 캐나다에서 어렵게 얻은 관심과 애정에 대해 감격을 표현한 바 있다. 무디는 1853년에는 『개간지에서의 삶』(Life in the Clearings)이라는 책을 발간하는데, 이와 같이 무디는 캐나다인으로서의 정체성과 연관된 작품들을 통해 초기 정착민들의 삶의 애환을 스케치의 형태로 표현하였다.

스케치는 단편 소설보다 더 개인적이고 일화적 성격이 강한 장르로서 개개인, 경험, 그리고 장소에 더 초점을 맞추고 있다. 토마스 챈들러 할리버턴(Thomas Chandler Halibuton, 1796-1865)은 1837년 작 『시계제조공』(The Clockmaker)에서 유머스러운 스케치의 정수를 보였다. 수잔나 무디의 『미개척지에서 버텨내기』는 스케치의 또 다른 미적인 가치를 보여주는 작품이다. 이 작품의 직접적인 선례는 메리 러셀 미트포드(Mary Russell Mitford, 1789-1855)의 『우리 마을, 시골 사람들과 풍경 스케치』(Our Village: Sketches of Rural Character and Scenery)에서 찾아볼 수 있다. 무디가 그려낸 가정성(domesticity)의 영역은 언니가 『캐나다의 미개척지』에서 그려낸 여행, 자서전, 도덕적 행동 가이드, 교훈주의, 과학적 관찰과는 다른 모습으로 제시된다. 무디의 스케치는 그녀에게 충격을 준 문화적 해석을 통해 가정 안의 코라에 접근한다. 구세계와 신세계, 문명과 원시 등 이항적 대립이 허물어지고 궁극적으로는 더욱 도전적이고 변형적인 가정적 공간이 형성된다. 자신을 조롱하는 멜로드라마, 자신과 타인의 불운에 대한 유머와 풍자는 그녀의 작품에서 두드러지는 자질이다.

『미개척지에서 버텨내기, 캐나다에서의 삶』에 이어 『개간지에서의 삶 대 덤불』(Life in the Clearings versus the Bush)과 『플로라 린드세이, 궁극적인 삶의 경로』(*Flora Lydsay; or, Passages in an Eventual Life*)가 출간되었으며, 이렇게 느슨하게 엮인 책들로 플로라 린드세이 삼부작이 이루어졌다. 말년에는 꽃을 그리는 것에 관심을 두었고, 자신의 딸 아그네스 무디(Agnes Moodie)에게 그림 그리는 기술을 전수하여 『캐나다의 야생화』(*Canadian Wildflowers*)의 삽화를 그리기도 하였다.

  무디는 다양한 등장인물들을 통해 생동감 있는 대화로 새로운 세계에서의 삶을 역동적으로 그려나갔다. 그녀는 겉으로 보기에는 매력적이어 보이지만, 그 현혹적으로 보이는 표면 안에 감추어져 있는 이주민들의 삶을 예리하게 포착해 내었다. 1864년 에드워드 하틀리 드워트(Edward Hartley Dewart, 1828-1903)에 의해 『캐나다 시인선』(*Selections from Canadian Poets*)이라는 최초의 캐나다 시선집이 발간되었는데, 그는 수잔나 무디를 포함한 일군의 시인들이 밀턴(Milton)과 셰익스피어(Shakespeare)에 필적하는 캐나다라는 국가의 영웅들이 되어야 한다고 선언한 바 있다. 무디가 사망하기 전 캐나다에서 출간된 그녀의 저서는 『캐나다의 미개척지』 한 권이 전부였다. 그러나 1871년 토론토에서 이 책이 출간됨으로써 캐나다 문학 정전에 포함되었고, 무디는 명예롭게 문필가로서의 삶을 마감할 수 있었다. 그리고 지금 그녀는 본격적인 캐나다 문학을 연 작가로 평가받고 있다.

영연방 전후의 역사와 소설

  어느 시기나 역사와 문학 사이에 연관이 있지만, 1830년대에서 1890년대에 이르는 몇십년 동안 캐나다 문학은 역사와 밀접한 관계 속에서 발전되었다. 1837년에서 1838년 사이 로우어 캐나다와 어퍼 캐나다에서 일어난 봉기는 정치적 혁신의 좌절에서 생겨난 것이다. 1937년 로우어 캐나다에서 무장 봉기가 발생하였다. 루이 조세프 파피노(Louis-Joseph Papineau)는 프랑스인의 긍지를 지키기 위해 영국의 통치로부터 벗어날 것을 프랑스계 주민들에게 호소하였다. 그리고 자유의 아들들(Fils de la Liberté)이라는 무장 조직을 만들어 영국 식민지 통치에 맞섰다. 이 무장봉기는 영국군의 무자비한 진압으로 실패했고, 주동자들은 사형에 처해졌다. 영국인들이 이들을 진압하면서 보여준 잔혹성은 프랑스계 주민들에게 큰 상처를 주었다. 어퍼 캐나다의 봉기는 윌리엄 라이언 맥킨지(William Lyon Mackinzie, 1795-1861)에 의해 주도되었다. 그는 영국 총독과 자문회의 횡포에 맞서 분노하는 주민들을 대변하여 의회에 진출하였고, 의회에서의 투쟁에 한계를 느낀 맥킨지는 농민들과 군사조직을 만들어 폭동을 일으킨다. 그러나 자유가 아니면 죽음을 달라는("Liberty or Death")식의 과격한 미국식 개혁을 캐나다인들은 지지하지 않았다. 영국은 미국 혁명의 전철을 밟고 싶지 않았으며, 더럼 경(Lord Durham)을 파견하여 식민지의 상황과 식민지인들의 불만의 원인를 살피도록 한다. 반란의 원인이 영국 정부에 대한 불만이라기보다는 영어권 주민과 프랑스어권 주민들 사이의 갈등이라고 파악한 영국정부는 1840년 통합령(Act of Union)이라고도 불리우는 대영 북아메리카 조약(British North America Act)을 통해 식민지의 입법의회를 통합한다. 이로 인해 로우어 캐나다와 어퍼 캐나다의 구분이 사라지고, 캐나다 이스트와 캐나다 웨스트로 식민지의 명칭이 바뀌며 궁극적으로는 식민지가 통합되어 연방이 생겨나는 첫 걸음이 된다.

 이와 같은 정치적, 지리적 변화는 당시 이 지역 거주민들의 문학적 소재로 등장한다. 1832년에 존 리차드슨(John Richardson)이 저술한 『와코우스타 예언, 캐나다의 이야기』(*Wacousta, or The Prophesy: A Tale of the Canadas*)라는 소설이 출간되고, 이후 역사로망스(historical romance)가 연이어 출간된다. 첫 번째 프랑스계 소설로 꼽히는 프랑스와-레알 앙줴(François-Réal Angers, 1812-1860)의 『범죄의 폭로, 캉브레와 그의 공범자들』(*Les Révélations du crime ou Combray et ses accomplices: Chroniques canadiennes de 1834*, 1837)은 상상력보다는 역사를 선호한 작품으로서 로망스에서 볼 수 있는 폭력과 극한 상황에서의 등장인물들의 모습을 잘 그려내고 있다.

존 리차드슨(John Richardson, 1796-1852)은 어퍼 캐나다의 퀸스톤(Queenston)에서 영국 의료장교와 오타와 족의 모피상 가문 출신의 모친 사이에서 태어났다. 1812년 리차드슨은 영국 군대에 입대하여 블록 장군(General Brock) 아래에서 미국과 싸우다 다음 해 오하이오와 캔터키에서 일년 간 전쟁포로로 감금되어 있기도 하였다. 1814년 수용소에서 풀려나자 그는 영국으로 건너가 작품 활동을 시작한다. 그의 삶은 주목할 만한 것이어서 데이비드 비스리(David Beasley)와 같은 작가는 그의 삶을 『캐나다의 돈키호테』(*The Canadian Don Quioxte*, 1977)에 재구축하기도 하였다. 곧이어 『테컴세, 서부의 전사』(*Tecumseh; or, The Warrior of the West*, 1828), 『에카르테, 배제된 파리의 스론들』(*Ecarté: or The Slons of Paris*, 1829), 『캐나다의 형제들』(*The Canadian Brothers*, 1840)이 출간된다.

『와코우스타』는 캐나다의 지리에 대한 기술로 시작하여 고딕적 강렬함으로 디트로이트의 수비대를 신비스럽게 묘사한다. 작품에 등장하는 경계선은 지형적일 뿐 아니라 주인공의 정신적인 공간이기도 하다. 이 작품은 출간되자마자 캐나다뿐 아니라 미국에서도 독자들의 큰 호응을 얻었으며, 캐나다적인 감수성(sensibility)을 보여주는 대표적인 텍스트로 평가되었다. 『캐나다의 형제들, 예언의 성취, 독립전쟁 이야기』에서 부친 살해와 알디마르(de Haldimar) 가문의 몰락은 캐나다의 역사적 상황과 맞물려 전개된다. 작품의 핵심에는 형제애가 존재하는데, 이 형제애는 캐나다의 통합을 표상하는 유대감이다. 두 소설에는 모두 캐나다 첫 원주민들이 등장하는데, 와코우스타(Wacousta)와 드보루그(Desborugh)는 야만인으로 변한 백인의 전형적인 인물로 간주되기도 하였다.

19세기 중반 캐나다에서 『캐나다의 형제들』 이후 가장 주목할 만한 역사 소설은 로산나 레프로혼(Rosanna Leprohon, 1829-1914)이 1864년 출간한 『앙투아네트 드 미르쿠르, 비밀 결혼과 비밀의 애도』(*Antoinette De Mirecourt; or, Secret Marrying and Secret Sorrowing*)이다. 이 작품은 프랑스계 캐나다인과 결혼하라는 아버지의 말을 거역하고 영국 장교와 비밀리에 결혼하고, 그녀를 사랑한 애인이 결투에서 남편을 죽이는 여인의 삶을 다루고 있다. 레프로혼은 아일랜드계 상인이었던 부친 아래 몬트리올에서 태어나 노트레담 수녀회의 수녀로부터 교육을 받았다. 19세기 소설의 전통적인 패턴에 따라 각 이야기들은 프랑스계 캐나다 사회의 모습을 보여준다. 1868년에는 『아르멍 두랑드, 약속이 성취됨』(*Armand Durand; or, A Promise Fulfilled*)이 출간된다. 두 소설 모두 영국계가 지배한 이후 프랑스계 캐나다인들이 겪은 심리적인 고통, 종교, 사회적 환경이 다른 남녀 사이의 사랑을 다루고 있다. 『아르멍 두랑드』는 젊은 농부의 아들이 변호사가 되고 정치가가 되는 전형적인 프랑스계 캐나다인의 커리어 빌딩을 다룬 소설이다. 현대 비평가들은 그녀의 스토리텔러로서의 재능을 높게 평가하고 있다. 레프로혼은 프랑스계 캐나다인들의 삶을 현실적으로 포착하였으며, 여성의 교육과 결혼에 보수적이지만 페미니스트적인 관점 또한 보여주고 있다. 그녀는 프랑스계 캐나다를 기술하여 호평을 받은 최초의 영국계 캐나다 작가로 평가받고 있고, 그녀의 소설은 영국과 프랑스계 캐나다 양쪽 모두로부터 널리 읽혔다.

이 시기에 만들어진 대표적인 캐나다의 역사소설로 윌리엄 커비(William Kirby, 1817-1906)의 『금빛 개』(The Gold Dog, 1877) 또한 주목할 만한 작품이다. 이 소설은 1748년 뉴프랑스(New France)를 배경으로 고딕 전통에 따라 등장인물들이 설정되었다. 하나의 캐나다가 되어야한다는 이데올로기에 대해 이 소설은 다소 모호한 입장을 취하고 있다. 1859년에 만들어진 『U.E. 어퍼 캐나다의 이야기』(The U.E.: a Tale of Upper Canada)는 영웅시격(heroic couplet)의 형식으로 만들어진 열두 개의 칸토로 구성된 서사시이다. 이 작품은 빅토리아조 문화의 영향 속에서 로열리스트로서의 신화를 보여주는 서사시로서, 1837년 폭동을 1776년과 1812년 로열리스트들의 도전과 혼합하여 어퍼 캐나다의 에덴적 위상이 끊임없이 내부와 외부의 도전을 받는 것으로 묘사하고 있다. 1896년 출간된 『나이아가라의 기록』(Annals of Niagara)은 퀸스톤 하이츠(Queenston Heights) 전투의 야만성을 기술한다. 커비의 작품은 충성에 대한 개념을 토리적 가치를 드러내는 수사학으로 바꾸어 표현한 것이다.

1864년 『캐나다 시인선』(Selections from Canadian Poets)이 에드워드 하틀리 드워트(Edward Hartley Dewart, 1828-1903)에 의해 출간되는데, 이로써 캐나다 영연방 전(前) 시기는 종결을 맞이한다. 이 선집에 실린 작품들에는 캐나다가 식민지의 위치에 있는 것이 국민적 정체성을 세우는데 제약이 된다는 강한 인식과 함께, 이와 같은 한계를 넘어서서 프랑스계 캐나다인들의 독자적인 역사를 구축하려는 시도와 노력들이 엿보인다.

3

캐나다 문학의 정체성 탐구: 1867년 이후

(Shaping Canadian Literary Identity: After 1867)

1867년 대영 북아메리카 조약(British North America Act)로 인해 온타리오, 퀘벡, 뉴브런즈윅, 노바 스코샤가 모여 캐나다 연방을 구성하였고, 7월 1일이 캐나다 자치 기념일로 제정된다. 영국은 캐나다를 미국으로부터 방어하기 위해 독립된 식민지보다는 결속된 연방이 필요하다고 생각하고 있었으며, 상당수의 캐나다 식민지인들도 독자적인 공화국이 탄생되기를 원했다. 1847년 미국은 멕시코로부터 텍사스와 캘리포니아를 수중에 넣었다. 그리고 당시 태평양 연안의 영국 식민지인 브리티시 컬럼비아에서는 금광이 발견되어 수많은 이주민들이 모여들기 시작하였다. 미국은 남북전쟁(1861-1865)을 통해 호전성을 키워가고 있었고, 다음 목표는 브리티시 컬럼비아로 보였다. 미국 남북전쟁도중 남군을 지원한 영국에 대한 응징으로 영국령 캐나다 식민지를 공격해야 한다는 여론이 미국에 전방위적으로 퍼져있었으며, 미국인들은 북미 영국 식민지를 자국의 영토로 만드는 것을 정해진 운명이라고 믿었다. 캐나다 연방의 일부 작가들은 직접 전쟁에 참가하기도 하였다. 작가 존 리차드슨(John Richardson, 1796-1852)을 포함한 영국 로열리스트들은 미국 남북전쟁에 참가하여 영국과 미국 남부연합세력에 가세하여 북군과 싸웠다. 남북전쟁 이후 1812년 미국이 어퍼 캐나다를 공격했던 것처럼 다시 미국이 캐나다를 침략할 것이라는 공포감이 조성되었으며, 대부분의 영국령 북아메리카 식민지에 사는 사람들은 미국에 대항할 연방이 필요하다고 느꼈다. 1864년 프린스 아일랜드의 샬럿타운에서 협의체가 구성되고 각 식민지들은 퀘벡에서 통과된 연방결의안을 인준하였다. 1867년 캐나다라는 새로운 연방의 건립으로 인해 캐나다만의 독특한 정체성을 확립하려는 시도가 소위 영연방시인이라고 불리우는 일련의 작가들 사이에 생겨난다.

뉴(W.H. New)는 『캐나다 문학사』(*A History of Canadian Literature*)에서 1867년에서 일차대전까지를 팽창의 시기(Age of Expansion)로 규정하면서 이 시기 캐나다 문학의 특징을 "빅토리아적인"(Victorian), "진보하는"(progressive), "국민주의적인"(nationalist), "제국주의의"(imperial)라는 네 형용사로 표현하였다. 문화적 단일성에 대한 믿음, 앵글로센트리즘적이고 남성 주도적인 국민주의 감정, 신과 국가의 법에 호소하는 것에 대한 정당성이 이 시기 문학과 문화의 중심에 서 있다. 동시에 이들의 문학에는 진보에 대한 불안과 전통적 가치관에 대한 도전이 암묵적으로 깔려 있다.

캐나다 작가들의 캐논화 논의

캐나다 연방의 창설과 캐나다의 태동은 곧 국가의 정체성에 관한 사회적인 요구를 수반하였다. 새로운 국가에 부여된 시대적 사명과 가치, 그리고 그 의미에 대한 탐색과 함께 새로운 국가에 대한 강한 애국심 또한 필요로 하게 되었다. 감리교 목사이자 문인이었던 에드워드 하틀리 드워트(Edward Hartley Dewart, 1828-1903)가 연방이 결성되기 3년 전인 1864년 『캐나다 시인선』(Selections from Canadian Poets)이라는 시선집을 출간하는데, 이 선집의 서론에서 드워트는 캐나다라는 국가가 이미 존재하는 듯한 선언을 하였다. 드워트는 이 선집의 서론에서 시인의 작품은 고상하고 신성해야 한다고 주장하면서 캐나다를 대표하는 문학의 윤리적이고 종교적인 면을 강조하였다. 그는 캐나다의 이주민들이 정서적으로 본국에 매달려있어서, 캐나다의 문학작품이 캐나다적인 정서를 드러내지 못한다고 주장한다. 가까이 친숙한 것의 가치를 알아차리지 못하고 멀리 떨어져 있는 것을 이상화하는 경향을 지적하는 것이다. 캐나다의 셰익스피어(Shakespeare)나 밀턴(Milton)과 같은 시인이 나와야 하는 시대적 사명이 있으며, 캐나다의 시인은 종교적인 불관용성(religious intolerance)이라는 덕목을 지니고 있어야 한다고 주장하였다. 이와 같이 이상적이고 윤리적인 사고양식은 유럽적인 가치를 반영하는 유럽중심적인 사고였다. 에드워드 드워트가 생각한 캐나다 정전 선별의 이면에는 18세기 버크(Burke)와 칸트(Kant)를 포함한 유럽의 19세기 낭만주의와 계몽주의 사상가들이 배후에 자리하고 있었다. 그는 사려 깊은 캐나다의 문화적 활동을 옹호하는 사상가였고, 유럽의 개념과 미학을 캐나다에 적용하여 19세기 캐나다 문학의 역동적 하이브리디티를 만들어 내고자 하였다.

  드워트가 주목한 새로 떠오르는 캐나다 작가는 찰스 생스터(Charles Sangster, 1822-1893), 알렉산더 맥라클란(Alexander McLachlan, 1817-1896), 찰스 헤비세그(Charles Heavysege, 1816-1876), 파멜라 사라 비

닝(Pamelia Sarah Vining, 1826-1897), 제니 하이트(Jennie E. Haight, 1836-1916), 이시도르 아셔(Isidore G. Ascher, 1835-1914), 로잔니아 레프로혼(Rosannia Leprohon, 1829-1879), 존 맥도넬(John F. McDonnell, 1838-1868), 헬렌 존슨(Helen M. Johnson, 1834-1863), 수잔나 무디(Susanna Moodie, 1803-1885) 등이 있다.

연방시인들이 활동하기 이전 주목할 만한 시인으로 찰스 생스터(Charles Sangster, 1822-1893)를 들 수 있다. 그는 동시대인들로 부터 "캐나다의 국민 음유 시인"(Canada's national bard)이라고 불리었다. 1556년 출간된 『세인트 로렌스와 사구에나이 그리고 다른 시편들』(*The St. Lawrence and the Saguenay and Other Poems*), 1860년에 출간된 『헤스페러스와 다른 시편들, 서정시들』(*Hesperus, and Other Poems, and Lyrics*)은 캐나다 국민들의 큰 호평을 받았다. 동시대인으로부터 캐나다 시인으로 큰 인정을 받았던 그는 1882년 캐나다의 로얄 소사이어티 멤버가 되었다. 그의 작품은 영국 낭만주의 시적 전통을 이어받고 있으며, 특히 윌리엄 워즈워드(William Wordsworth, 1770-1850)의 시와 비교되기도 한다. 세인트 로렌스와 사궤나이가 워즈워드로부터 기인되는 것은 타당하지만, 엄밀히 말하자면 그의 시는 워즈워드의 후기 시에 더 가깝고, 「더돈 강」("The River Duddon")에서 볼 수 있듯이 그의 시는 정적이고 픽쳐레스크한 장면들의 연속이다.

오지 개척자(backwoods pioneers) 시인의 한 사람으로 스코틀랜드계 이주민들의 정서를 대변하여 "캐나다의 번즈"(Burns of Canada)로 불린 알렉산더 맥라클란(Alexander McLachlan, 1817-1896)은 1818년 스코틀랜드의 존스톤(Johnstone)에서 태어나 1840년 온타리오의 카레돈(Caledon)으로 이주한다. 그의 시는 스코틀랜드 시인 로버트 번즈(Robert

Burns)의 각운이나 리듬의 패턴을 따르고 있고, 평범한 사람들의 수고와 연대감을 찬양하고 있기 때문이다. 그는 농촌 지역 사회의 친절하고 민주적인 생활상을 작품 속에 그려내었으며, 반잉글랜드적, 반귀족주의적 정서가 그의 시에 엿보인다. 『사랑의 정신과 다른 시편들』(*The Spirit of Love and Other Poems*, 1846), 『서정시』(*Lyrics*, 1958), 『이민자와 다른 시편들』(*The Emigrant and other Poems*, 1861), 『시와 노래들』(*Poems and Songs*, 1874) 등의 시집을 출간하였고, 그의 시 중 가장 야심찬 작품으로 꼽히는 「이민자」("The Emigrant")는 미완성작으로, 어퍼 캐나다의 미개척지에서 새로운 땅을 경작하러 바다를 건너온 스코틀랜드 이주민들을 위한 이행연구(couplet) 형식의 서사시이다.

찰스 헤비세그(Charles Heavysege, 1816-1876)는 잉글랜드 허더스필드(Huddersfiled) 출신으로 1853년 몬트리올로 이주해 온다. 그의 첫 시집은 1852년 출간된 『타타러스의 반역』(*The Revolt of Tartarus*)이라는 무운시(blank verse) 형식의 서사시이다. 그의 시들은 대부분 성경, 셰익스피어, 바이런(Byron)의 카인(Cain)에서 끌어온 것들이다. 작품에 등장하는 주인공들은 전형적인 낭만주의 반항아로서 열정에 사로잡혀 있다. 1857년에 출간된 『사울, 세 부분의 드라마』(*Saul: a Drama in Three Parts*)는 사울을 사탄으로 변모해 가는 인물로 그려내었는데, 그의 작품 중 가장 성공작으로 평가되고 있다. 이후 헤비세그는 『사울과 시선집』(*Saul and Selected Poems*)을 통해 사울을 다시 쓰는 작업에 전념하였다. 1865년 작 『제프타의 딸』(*Jephthah's Daughter*)은 이스라엘의 리더가 신과의 약속을 지키기 위해 자신의 딸을 희생하는 내용의 영웅 이야기이다. 그는 1870년 이전 캐나다 국내외 문예계에서 널리 알려진 작가였지만, 드워트의 평가와는 달리 그의 작품이 특별히 캐나다적이지는 않다.

캐나다가 공식적인 국가로 선언한 뒤 1889년 윌리엄 도우 라잇홀(William Douw Lighthall, 1857-1954)은 『위대한 영연방 캐나다의 시편들』(*Songs of the Great Dominion*)이라는 시선집을 출간하는데, 라잇홀은 캐나다를 유럽인의 정착민들로 구성된 나라라고 생각하였다. 영국과 프랑스의 이주민들의 후손들이 새로운 세계에서 남긴 시편들을 편집하는 것이라고 생각했던 것이다. 원주민 작가 중 모하크족의 존 와니엔트 조크즈(John Waniente Jokes)와 폴라인 존슨(Pauline Johnson)이 들어가 있기는 하지만, 라잇홀에게 있어서 캐나다인은 유럽계 후손 정착민을 의미하는 것이었다.

영연방 시인들

19세기 중반을 넘어서면서 캐나다에서는 "연방 시인들"(Confederation Poets)이라고 일컬어지는 일련의 시인들이 캐나다만의 독특한 정체성을 확립하고자 노력하면서 활발하게 작품 활동을 하였다. 찰스 로버트(Charles G.D. Roberts, 1860-1943), 아치볼드 램프만(Archibald Lampman, 1861-99), 블리스 카만(Bliss Carman, 1861-1929), 덩칸 캄벨 스콧(Duncan Campbell Scott, 1862-1947)이 가장 핵심적인 네 인물로 간주되며, 여기에 프레데릭 조지 스콧(Frederick George Scott, 1861-1944), 윌리엄 윌프레드 캄벨(William Wilfred Campbell, 1860-1918)이 가세하여 캐나다 국민주의 문학 운동을 주도하였다. 영연방 시인 리스트에 이사벨라 발란시 크라우포드(Isabella Valancy Crawford, 1850-87)가 첨가되기도 하며, 때로는 폴라인 존슨(Pauline Johnson, 1861-1913)의 이름이 언급되기도 한다. 영연방 시인이라는 용어는 1960년에 출간된 말콤 로스(Malcolm Ross)의 『영연방 시인들』(Poets of the Confederation)이라는 영향력 있는 시선집에서 사용된 후 캐나다 국민 문학을 개화시키는 작가들의 문화적 아이콘으로 자리하게 되었다. 이들은 모두 캐나다 문학에 영감을 불러일으키는데 전념하였으며, 동시에 고전에 능통했다. 이들은 존 키이츠(John Keats, 1795-1821)나 윌리엄 워즈워드(William Wordsworth, 1770-1850), 또는 매슈 아놀드(Matthew Arnold, 1822-1888)와 같은 영국 낭만주의 시인이나 빅토리아조 작가들을 존중했으며, 자연에 관심을 두고 특히 자연의 치유적인 힘에 대한 믿음이 있었다. 또한 인간의 영성과 초자연주의를 신봉했고, 예술적 기법과 장인(workmanship)에 관심이 있었다. 무엇보다 이들은 캐나다 문학의 독자성을 모색하고자 하였다. 캐나다 문학의 진정한 독립이란 무엇이며, 어느 방향으로 캐나다 문학이 나아가야 하는가, 캐나다 문학이란 무엇인가에 대한 진지한 고민을 이들은 공유하였다. 영연방 시인은 캐나다에서 주목할 만한 첫 번째 문예그룹으로 불리우는데 손색이 없다고 평가되고 있다.

범세계적인 국민주의

존 맥도널드(John A. Macdonald, 1815-1891)와 윌프리드 로리에(Wilfrid Laurier, 1841-1919)라는 걸출한 두 수상을 배출한 19세기말 캐나다 문단에서 낙관론을 엿볼 수 있지만, 캐나다의 미래에 대한 의구심을 갖는 시각 또한 공존하고 있었다. 존 맥도널드는 독립국 캐나다의 초기 총리를 역임한 보수당 소속의 정치인으로 퀘벡주를 중심으로 한 동부 지역과 온타리오주를 중심으로 한 서부지역을 묶어 통합 연방 정부를 구성하였다. 그가 재임하는 동안 매니토바, 프린스 에드워드 아일랜드, 브리티시 컬럼비아가 캐나다에 합병되었고, 허드슨 베이 컴퍼니로부터 루퍼트 랜드를 사서 영토를 두 배 이상 늘렸다. 또한 보호관세, 대륙횡단 철도와 이민 장려책을 국가 정책으로 삼아 캐나다의 불황을 극복하였다. 윌프리드 로리에가 집권한 시기는 캐나다의 황금기라 평가된다. 이 시기에 국가가 크게 번영하고 국민들은 캐나다에 대한 큰 희망을 갖게 되었다. 로리에는 서부로의 이민을 장려하고 제2의 캐나다 대륙횡단 철도를 부설하면서 캐나다 서부 발전에 큰 기여를 하였다. 19세기 말 출판과 인쇄에 대한 권리와 여기에서 나오는 이익이 캐나다 영토 밖의 제국주의적 소유주에 있는 상황에서 일련의 캐나다 작가들은 국내에 머물면서 범세계적으로 크게 성공하는 작품들을 출판하였다. 랄프 코너(Ralph Connor, 1860-1937), 루시 몽고메리(Lucy Montgomery, 1874-1942), 스테펜 리콕(Stephen Leacock, 1869-1944)를 포함하여 캐나다는 국제적으로 인정받는 작가들을 배출한다.

　범세계적으로 성공적인 소설가들의 출현으로 인해 19세기말 상대적으로 경제적인 압력으로부터 자유로워진 상황에서 일련의 시인들은 더 응집력 있는 음성을 낼 수 있었고, 벤트리(D.M.R. Bentley)는 이들을 범세계주의적 국민주의(cosmopolitan nationalism)라 불렀다. 캐나다인들에게 범세계적 국민주의란 국제적인 것과 지역적인 것(the international and the local), 고전적인 것과 캐나다적인 것(the classical and the Canadian)을 결합하는 형태의 국민주의를 지칭하는 용어이다. 범세계주의와 국민주의를 서로 대립적인 의미로 사용하는 관습에서 벗어나 두 단어의 통합을 통해 무비판적인 국민주의가 지닌 비관용주의, 식민주의, 군국주의, 쇼비니즘으로부터 캐나다의 국민주의의 특성을 구분할 수 있었다. 범세계주의적 국민주의는 일련의 시인들이 캐나다의 지역적인 다양성과 그 지역의 보편성을 동시에 지칭하는데에도 적합한 용어이다. 찰스 로버트(Charles Roberts, 1860-1943)의 시는 뉴브런즈윅 새크빌(Sackville)의 고향 탄트라마(Tantramar) 지역을 배경으로 하고 있고, 블리스 카만(Bliss Carman) 또한 로버트와 같은 특정한 지역을 배경으로 작품 활동을 했지만, 그들은 자기 자신을 캐나다의 중심부와 구분하려고 노력하지 않았다. 로버트가 주장한 바와 같이 천재는 그 위상이 국제적인 동시에 캐나다적인 색채를 담아내야 하며, 찰스 로버트, 덩칸 캄벨 스콧, 블리스 카만, 아치볼드 램프만 등 일군의 시인들은 범세계적인 관점에서 캐나다의 국민주의를 건설하고자 노력하였다.

앵글리칸 목사의 아들로 초월주의와 프리 라파엘 운동에 큰 공감을 표명했고 캐나다의 자연과 역사에 깊은 관심을 보인 국민 시인으로 찰스 로버트(Charles G.D. Roberts, 1860-1943)는 영국 로열리스트 가문에 태어나 캐나다 새크빌의 광활한 자연과 접촉하면서 시골에서 소년기를 보냈으며, 뉴욕, 런던 등을 떠돌면서 국경을 넘어서 적극적으로 활동하였다. 로버트의 최고의 시편들은 1880년에서 1898년 사이에 출판되었다. 그는 스무살에 『오리온과 다른 시들』(Orion, and Other Poems)이라는 제목의 당시 캐나다 문단에서 주목할 만한 시집을 출간하며, 1883년에는 토론토 『더 위크』(The Week)라는 잡지의 편집자로 일한다. 그의 시에서 자연은 자비롭고, 영적이며, 계절의 사이클에 따라 위안과 즐거움을 준다. 또한 모든 생명체 사이에는 혈연적 유대가 형성되어 있는데, 이 점은 폭력과 파괴의 원칙이 작용하는 그의 동물 이야기와는 대조적이다. 문인으로서의 업적을 인정받아 1935년에는 기사 작위를 받기도 한 그의 작품은 뉴브런즈윅의 자연, 초월주의적 요소부터 모더니즘적 색채에 이르기까지 다양한 스펙트럼을 보여주고 있다. 로버트는 윌리엄 워즈워드(William Wordsworth, 1770-1850)류의 전원적 풍경을 그려내었다. 워즈워드의 "틴턴 사원"(Lines Written a Few Miles Above Tintern Abbey)은 로버트가 뉴브런즈윅의 해안 풍경을 기억과 자연의 결합을 통해 기술하는 것과 같은 맥락에서 이해될 수 있다. 워즈워드가 영국의 목가를 만들었다면, 로버트는 캐나다의 목가를 만들어 내었다. 그러나 그는 워즈워드류의 낭만주의적 성향이 아니라 빅토리아주의적 풍경의 대가였다. 로버트는 낭만주의에 전적으로 의존하기보다는 낭만주의를 캐나다적 관점으로 다시 코드화한다. 즉 그의 자연은 공포스럽고 야수적인 면을 띄었고, 이를 통해 캐나다풍의 독자적인 시세계를 만들어 내었다. 낭만주의는 보다 복잡한 미적 시공간을 만들어 내기 위한 시적 도구로 사용되었으며, 캐나다적 풍경과 지역사회에 의해 만들어진 비전을 탐구하는 하나의 지각적 반응으로 작용하였다.

동료 연방시인인 로버트나 카만과 마찬가지로 아치볼드 램프만(Archibald Lampman, 1861-1899) 또한 로열리스트 앵그리칸 가족에서 태어났고 캐나다 광야에서 성장했다. 그는 어린 시절을 라이스 레이크 지역(Rice Lake district)에서 보냈고 대학에 입학한 뒤 덩칸 스콧과 우정을 나누면서 자연에 대한 사랑을 기록으로 남겼다. 스콧이 그의 시를 편집하기도 했지만, 램프만 또한 1900년에 『아치볼드 램프만의 시』(The Poems of Archibald Lampman)라는 자신의 시집을 편찬했다. 영연방 시인이라는 명성은 램프만이 초기에 쓴 자연시로부터 생겨난 것이다. 램프만은 생생하지만 단순한 이미지로 자연의 아름다움을 그려내는데 탁월한 재능을 보였으며, 연방 시인 중 가장 재능이 있고 모험적이었다. 「사월」("April"), 「열」("Heat"), 「시월에」("In October")에서 엿볼 수 있듯이 그는 도시와 원시의 중도 지점의 세밀한 풍경을 그려내는데 탁월했다. 램프만은 낭만주의 전통 시인 중 키이츠(Keats)와 같은 자질을 지니고 있다고 스스로 생각했으며, 독자적으로 캐나다적인 풍경을 포착해 내려고 애썼다. 다른 낭만주의자와 마찬가지로 램프만에게 있어서 도시는 자연을 파괴하는 위협적인 존재였지만, 성장과 물질주의가 균형 있는 문화를 만들어 가기 위해 후세대에 필요한 존재였다. 램프만의 첫 시집 『방앗간 주인 사이에서』 (*Among the Miller*)는 1888년에 출간되었고, 1895년 발간된 『대지의 서정시』(*Lyrics of the Earth*)에 실린 시편들은 캐나다 뿐 아니라 미국에서도 다양한 저널에 실렸다. 램프만은 37살에 심장병으로 사망하는데, 이때 세 번째 시집인 『알시온』(*Alcyone*)이 출판 단계에 접어들고 있었다. 최근에 와서 램프만은 낭만주의와 빅토리자조의 유산을 지닌 시인에서 소외되고 모더니즘적인 시인으로 작가적 위상이 재평가되고 있다. 후기로 갈수록 자연의 경이를 찬미하는 시풍으로부터 벗어나 인간의 고통과 소외 문제에 더 관심을 보였다. 아들과 아버지의 죽음, 시를 쓰는 작업으로부터 보상을 받지 못하는 것으로부터 오는 낙담은 그의 후기시가 다소 어두운 색조를 띠는 원인으로 간주된다.

램프만과 로버트는 여러 면에서 서로 대조된다. 로버트는 만상의 핵심을 변화에서 찾았고, 램프만은 변화란 외양이 바뀌는 피상적인 현상이라고 생각했다. 램프만은 현상의 변화보다는 비전을 추구했는데, 그는 이를 꿈(dream)이라는 용어로 표현하면서 사물의 표면 아래 변치 않는 실체를 찾으려 애썼다. 그의 시는 이와 같은 실체를 찾는 강렬한 경험의 소산이다. 미국의 초절주의자 랄프 왈도 에머슨(Ralph Waldo Emerson, 1803-

1882)이 우주와 공감을 이루는 세계를 구현하려 했듯이, 램프만 또한 자연 이면에 존재하는 에너지와 영혼을 찾으려 평생 노력하였다.

에즈라 파운드(Ezra Pound), 월리스 스티븐스(Wallace Stevens)와 같은 모더니스트들의 호평을 받았으며, 1970년 이후에는 캐나다 시인인 알 퍼디(Al Purdy), 존스(D.G. Jones), 엘리자벳 브루스터(Elizabeth Brewster) 등의 찬사를 받은 시인으로 블리스 카만(Bliss Carman, 1861-1929)이 있다. 그는 찰스 로버트의 사촌으로 에머슨(Ralph Waldo Emerson)과도 먼 친척 관계에 있었으며, 대중적으로 큰 인기가 있었다. 카만은 숲, 들판, 바다를 사실적이고 상징적으로 그려낸 해양풍경(Maritime landscape) 시인이었다. 그는 외부의 풍경을 상실, 우울, 그리움과 같은 내적 심리적 풍경으로 바꾸어낸 첫 번째 캐나다 시인으로 평가되고 있다. 그의 감수성은 워드워드(Wordsworth)류의 범신론과 에머슨(Emerson)의 초월주의에 의해 영향을 받았는데, 양 자 모두 우주와 하나 되는 것을 강조하였다. 그는 프레 라파엘파(Pre-Raphaelite Brotherhood)로부터 색채와 감정을 연관 짓는 기법을 빌려왔다. 카만은 자연을 창조적 힘과 영적인 위안의 원천으로 간주했고 살아있는 모든 생명체와 유대감을 찬양하였다. 그의 신화적인 비전은 『그랑프레의 간조, 시정시집』(*Low Tide on Grand Pré: a Book of Lyrics*, 1893)과 『아라스 뒷편에서, 보이지 않는 것들의 책』(*Behind the Arras: a Book of the Unseen*, 1895), 『상실된 안식처의 발라드, 바다의 책』(*Ballads of Lost Haven: a Book of the Sea*, 1897)과 같은 초기 작품에 잘 드러나 있다. 가장 인기가 있었던 바가본디아 시리즈는 1894년에 처음 시작되었고 1912년까지 네 권의 책이 출간된다. 이 책에 제시된 목가적인 풍경과 단순한 삶은 후기 빅토리아조 독자들에게 큰 호소력이 있었다. 그의 영적 통찰력에 대한 관심은 『바가본디아로부터의 반향』(*Echoes* from Vagabondia, 1901), 『사포, 백 편의 서정시』(Sappho: One Hundred Lyrics, 1904)에 잘 드러나 있는데, 특히 카멘의 팬(Pan)에 대한 관심은 신화적인 비전뿐 아니라 음악적인 효과로 그의 시세계를 풍요롭게 하였다. 1906년 출간된 『팬의 파이프』(The Pipes of Pan)에서 염소신(goat-god) 팬은 시와 연관되어 있으며, 이 세상을 신들의 세계와 연결지어주는 역할을 한다. 후기시로 갈수록 신화적이고 비전적인 성격은 줄어들고, 구어체의 음악적 리듬감이 두드러진다.

다른 연방 시인과 마찬가지로 캐나다의 독특한 지형과 지역 주민들과의 심오한 관계 속에서 작품을 써 내려간 덩칸 캄벨 스콧(Duncan Campbell Scott, 1862-1947)은 어릴 때부터 원주민들의 삶과 관습에 특히 관심이 많았다. 감리교 목사였던 아버지를 따라 스콧은 온타리오와 퀘벡 근교의 프랑스계 거주민들과 캐나다 원주민들 사이에 깊은 교감을 나누었다. 원주민들은 스콧을 다하웬논체(Da-ha-wen-non-tye), 우리를 향해 날아다니거나 떠도는 음성(flying or floating voice, us-ward)이라고 불렀다. 그의 첫 시집은 1893년 출간된 『마법의 집과 다른 시편들』(The Magic House and Other Poems)이다. 원주민들은 1898년에 출간된 그의 두 번째 시집인 『노동과 천사』(Labour and the Angel)에서부터 본격적으로 그 모습을 드러내기 시작한다. 그의 시에는 원주민들의 고통에 대한 공감과 연민이 묻어있다. 시의 내용은 캐나다의 원주민들에 관한 것이지만, 그 이면에는 하이 빅토리안적 요소, 유럽인들의 감성이 엿보인다. 스콧은 원주민들의 삶 속에 스며있는 유럽 문명의 영향력을 표현하였다. 원주민들의 습관은 기독교적 가치를 통해 조명되며, 그 수단으로 성찬과 부활의 은유가 차용되기도 한다. 덩칸 스콧은 램프만, 윌프레드 캄벨과 함께 1892년에서 1893년까지 토론토 문예잡지인 『그로브』(Globe)의 컬럼 「인어 여인숙에서」

(At the Mermaid Inn)를 함께 만들기도 하였다. 절친이었던 램프만이 죽자 그의 시를 편집하는 일을 하였고, 1차 세계 대전 직후에는 전후작가들을 후원하는 일에 몰두하여 캐나다 모더니즘의 선구자적인 역할을 담당하였다. 그는 캐나다인들의 정적인 시풍을 비판하면서 보다 격렬하고 역동적인 면이 필요하다고 강조했다. 그의 시적 열정은 폭력적인 우주와 직면한 인간이 지닌 감정과 연관된다. 그의 시에는 자신의 통제를 넘어서는 힘에 대해 균형을 이루고자 하는 인간의 열정과 개인의 고립이 잘 드러나 있다.

캐나다 웨스트(Canada West)의 베를린(Berlin)에서 태어나 온타리오의 작은 마을에서 성장한 윌리엄 윌프레드 캄벨(William Wilfred Campbell, 1860-1918)은 신학대학을 졸업한 뒤 1886년 안수를 받는다. 그는 1891년까지 여러 교구를 돌면서 사제로 문학 경력을 쌓았다. 1888년 출간된 시집 『눈송이와 태양광선』(*Snowflakes and Sunbeams*)에는 영국 낭만주의의 영향력이 두드러지는데, 「인디언 서머」("Indian Summer")와 같이 널리 알려진 시편에서 볼 수 있듯이 그의 작품에는 캐나다 자연의 아름다움이 생생하게 드러나 있다. 곧이어 그는 『호수 서정시편』(*Lake Lyrics*, 1889)과 『무시무시한 여정』(*The Dread Voyage*, 1893)을 출간한다. 호수 시편들 중 널리 알려진 「겨울 호수들」("The Winter Lakes")에서 볼 수 있듯이 그의 최고의 시는 자연의 아름다움에 함몰되기보다는 자연의 풍경 아래 자리한 심오한 불신과 회의를 드러내어준다. 『무시무시한 여정』은 신의 은총으로부터 멀어진 세상의 황량한 풍경이며, 신에 대한 불신이 팽배한 사회의 절망에 대한 작품이다. 그는 원주민들의 문화적 유산, 자연, 자유 신학, 진화, 원시 종교 등 다양한 개념들을 캐나다의 시적 이미지 구축을 위해 사용하였다. 윌리엄 캄벨은 대표적인 캐나다의 국민주의자이기도 하지만, 동시에 대영제국의 제국주의자, 롱펠로우(Longfellow)를 동경하는 미국의 초월주의자(Transcendentalist), 스코틀랜드의 족장과 같이 다양한 아이덴티티를 보였다. 캄벨의 시 중 최고작에서 자연은 모든 것들을 다 드러내지 않고 신비스러운 모습으로 독자들에게 다가온다.

영연방시인 중 새로운 국가에 대한 위상과 보어(Boar) 전쟁과 세계 대전 동안 캐나다의 역할을 강조했던 작가로 프레데릭 조지 스콧(Frederick George Scott, 1861-1944)이 있다. 그는 몬트리올에서 태어나 런던의 킹스 콜리지에서 신학을 공부하였으나, 성공회 앵그리칸 성직자가 되는 것을 거부하고 가톨릭 부주교가 된다. 1차 대전 동안 그는 캐나다 제1부대(Canadian First Division)의 사제로 전쟁터의 일선에 섰다. 1922년 작 『내가 보았던 세계 대전』(The Great War as I saw it)은 전쟁에 대한 생생한 기록물이다. 스콧은 로렌시안 시인('Poet of the Laurentians')으로 알려져 있는데, 이 용어는 연방시인 중 제이선의 작가들을 지칭하는 것이다. 스콧은 생전에 자연을 노래한 서정시와 캐나다를 위한 찬가로 널리 알려졌다.

유럽의 낭만주의적 글쓰기와 빅토리아적 글쓰기의 관행을 변형하여 특정한 캐나다의 풍경을 그려낸 작가로 이사벨라 발란시 크라우포드(Isabella Valancy Crawford, 1850-1887)가 있다. 그녀는 1858년 캐나다 서쪽 온타리오 지역으로 이주한 뒤 어린 시절을 브루스 카운티의 대평원에서 보내면서, 새로운 땅을 개간하는 전형적인 개척자의 삶을 살아간다. 그녀는 수잔나 무디(Susanna Moodie, 1803-1885)와 캐서린 파트레일(Catherine Parr Traill, 1802-1899)의 조카가 살았던 레이크필드(Lakefield)에 거주했다. 그녀에게 있어서 캐나다의 풍경은 노동의 풍경으로서, 투쟁하고 견디어 내고 보상을 받는 것이었다. 「말콤의 케이티」('Malcolm's Katie')와 『휴와 아이온』(Hugh and Iron)에서 엿볼 수 있듯이 그녀의 내러티브 시(Narrative poems)에는 캐나다인들의 절망과 희망이 교차한다. 무운시(blank verse) 형태로 창작된 두 시편은 캐나다의 초기 내러티브 시 전통을 대변하는 작품으로 평가받고 있다. 크라우포드는 영국 빅토리아조 시인 앨프레드 로드 테니슨(Alfred Lord Tennyson, 1809-1892)으로부터 배운 목가를 통해 캐나다 정착민들의 삶을 담은 캐나다적인 목가를 구현하고자 하였다. 맥스와 케이티의 관습적인 러브 스토리는 원주민들의 설화라는 새로운 문맥 속에서 다시 쓰여진다. 『휴와 아이온』은 토론토로 추정되는 도시로 달아난 두 친구에 관한 시이다. 이 두 등장인물은 한편에서는 희망과 빛, 구원을, 다른 한편에서는 절망, 어두움, 인간의 고집을 각각 보여주는데, 캐나다의 원시적인 광야에서 구원을 위한 이들의 대화가 이어진다. 1884년 출간된 크라우포드의 대표작 『도깨비가 다니던 길, 말콤의 케이티, 사랑 이야기』(Old Spookses' Pass, Malcolm's Katie: A Love Story)는 무운시(Blank verse)라는 각운이 없는 약강 오보격의 운문 형태로 시와 산문의 장점을 결합하여 관습적인 로맨스를 통해 성과 인종과 관련된 문제를 다룬다. 케이티는 앨프레드와 맥스라는 두 애인으로부터 열정적인 구애를 받는데, 이야기는 케이티의 부친이 딸을 보호하면서 복잡해진다. 아버지는 가부장적인 관점에서 딸의 성적 욕구를 통제하고 딸의 남편을 결정한다. 낭만주의와 빅토리아조의 문예 전통에 영향을 받았지만, 크라우포드는 판타지적 상상력과 열정적인 언어를 사용하여 독자들에게 쉽게 공감이 가는 이미지를 제공하지는 않았다. 이 작품은 가부장적인 성적 경제가 캐나다의 확장과 같은 의미를 갖는다는 점을 암시한다. 크라우포드는 유희를 통해 남성의 언어, 남성이 만들어낸 신화에 회의를 보인다. 케이티는 맥스가 그녀에 대해 지니고 있었던 이상적이고 낭만적인 개념을 다시 코드화 시킨다.

빅토리안 자연주의자와 사실주의 동물 이야기

자연에 대한 탐구와 애정은 캐나다 문학의 큰 주류를 이루고 있다. 1827년 몬트리올 자연사 학회(The Montreal Society of Natural History)가 만들어졌고, 다양한 캐나다의 동식물에 대한 연구와 기술이 이루어졌다. 1840년 필립 헨리 고세(Philip Henry Gosse, 1810-1888)는 『캐나다의 박물학자, 로우어 캐나다의 자연의 역사에 대한 일련의 대화』(The Canadian Naturalist: A Series of Conversations on the Natural History of Lower Canada)에서 농부로서 살아가면서 자신이 경험한 것을 토대로 나비와 나방을 포함한 곤충들에 대해 기술하였다. 잉글랜드에서 이주한 캐서린 파 트레일(Catharine Parr Traill, 1802-1899) 또한 자신의 질녀와 함께 『캐나다의 야생화』(Canadian Wild Flowers)를 저술하여 캐나다의 생태계에 관한 탐구의 기록을 남겼다. 고세와 트레일의 문예 유산은 일련의 캐나다 생태 연구에 관한 저서에 영향을 미친다. 존 키이츠 로드(John Keats Lord, 1818-1872)의 『밴쿠버 아일랜드와 브리티시 컬럼비아에서의 박물학자』(The Naturalist in Vancouver Island and British Columbia)에는 캐나다 서부에서 채집한 다양한 생명체들의 표본과 그들의 삶이 기술되어 있다. 스코틀랜드 출신 군인 윌리엄 로스 킹(William Ross King, 1822-1890) 또한 1866년 출간된 『캐나다에서의 스포츠맨과 박물학자』(The Sportsman and Naturalist in Canada)에서 캐나다의 야생동물들에 대한 유럽인들의 감수성을 담았다. 1876년에는 존 로완(John J. Rowan)이 『캐나다의 이주민과 스포츠맨』(The Emigrant and Sportsman in Canada)을 출간하는데, 여기에도 캐나다 야생 동물들의 삶이 생생하게 기술되어 있다. 데로스 화이트 비들(Delos White Beadle,

1823-1905)은 『캐나다의 과일, 꽃, 그리고 부엌 정원사』(Canadian *Fruit, Flower, and Kitchen Gardner*)에서 자신의 경험을 미적인 대상으로 승화시켜 기술한다. 토마스 맥이뤼스(Thomas McIlwaith, 1824-1903)는 조류학자로서 『온타리오의 새들』(*Birds of Ontario*)이라는 기록물을 남겼다.

캐나다의 동물 이야기는 대부분 동물의 죽음과 함께 실패의 이야기로 끝난다. 캐나다에서 동물의 죽음은 탐구의 모티브가 강하게 작용하는 미국의 작품과는 달리 비극적인 희생물의 이야기로 발전된다. 찰스 로버트(Charles Roberts, 1860-1943)와 어니스트 톰슨 시튼(Ernest Thompson Seton, 1860-1946)의 작품에 등장하는 동물들은 희생물이 되며, 그것도 아무 죄 없이 목숨을 잃는다. 로버트와 시튼은 이솝 식의 우화(fable)나 영국 작가 키플링(Kipling)류의 의인관(anthropomorphism)에 대항하여 19세기 리얼리즘의 형성과 발전에 선구적인 역할을 담당한 캐나다인들이다. 이들의 또 다른 도전은 인간과 동물의 종 구분을 가로막았던 관습적인 벽을 무너뜨리는 것이다.

찰스 로버트는 사실적인 동물 이야기(realistic animal story)라는 새로운 장르를 개척한 인물로 평가받고 있다. 전통적인 동물 이야기가 감수성과 교훈주의로 가득 차 있었던 반면, 로버트의 동물 이야기는 빅토리아조의 도덕적 프레임에서 벗어나 직접적인 관찰에 토대를 두고 있다. 로버트는 1902년에 출간된 『야생의 친족』(*The Kindred of the Wild*)의 서론격 에세이 「동물 이야기」("The Animal Story")에서 야생 동물들에게도 이들만의 심리적인 삶이 있음을 지적하면서, 기존의 틀에 박힌 동물 이야기에 대한 대안을 제시하고자 하였다. 로버트가 저항하고자 했던 동물 담론은 의인화된 도덕적 우화, 키플링(Kipling)과 세웰(Sewell)의 인간화된 작품들, 보로즈(Burroughs)와 같은 직관적 박물학자의 글쓰기이다. 사실적인 동물 담론을 구축하기 위해서는 일차적으로 동물들의 삶을 깊이 있게 관찰하려는 시도가 필요하다. 전통적인 서구 담론은 기독교적 교리 아래 인간만이 신적인 뿌리를 가지고 있다는 사고를 공고히 하였다. 동물들에게는 저급한 위치가 부여되었으며, 인간을 자연 세계의 연장선에서 이해하려는 시도는 적절하지 못한 것으로 간주되었다. 현대에 와서 저급한 위상이 부여되었던 동물에 대해 새로운 관심을 기울이고 있는데, 이 중 모험 이야기와 관찰의 일화의 형태가 두드러진다. 모험가들에게 있어서 사냥은 하나의 레크리에이션으로 정착되고, 사냥꾼들과 탐험가들은 동물의 삶에 대해 정확성이 현저하게 떨어지는 이야기들을 널리 퍼뜨렸다. 이들을 통해 독자들에게 전달되는 메시지의 핵심은 인간 행위의 스릴감과 어려운 투쟁 끝에 얻은 승리의 기쁨이었고, 사냥과 탐험의 모험담과 동물들의 행동에 대한 과장된 이야기는 화롯가에 모여든 독자들의 흥미를 끌었다.

로버트는 비록 한계가 있지만 동물들도 추론을 할 수 있으며, 인간과 저급한 동물 사이의 심리적 간극은 현저하게 좁다고 지적한다. 그는 동물에게도 서로 다른 개성(personality)이 있으며, 단순하게 본능이라든지 자동 기계적 반응을 기대했던 동물들도 지성을 발휘할 수 있다고 주장한다. 로버트는 1889년 『하퍼스 영 피플』(Harper's Young People)에 「길을 잃고」(Strayed)라는 리얼리즘적 동물 이야기를 실음으로써 새로운 장르를 개척한 작가로 평가받고 있다. 그가 쓴 최초의 동물 이야기는 『하퍼스』에 연재한 「신으로부터 고기를 찾아라」("Do seek their meat from God")이다. 이 이야기를 포함하여 네 편의 이야기들이 1896년 『대지의 신비, 동물과 자연의 삶에 관한 책』(Earth's Enigmas: a Book of Animal and Nature Life)이라는 제목으로 출간되었으나, 판매는 저조했다. 로버트는

250편이 넘는 동물 이야기를 『하퍼스 먼스리』(Harper's Monthly), 『커렌트 리터러쳐』(Current Literature), 『인디펜던트』(The Independent), 『썬셋』(Sunset) 등 당시 주요한 출판물에 실음으로써 새로운 문학적 움직임을 만들어 내었다. 로버트는 강한 자가 살아남는 다윈적 법칙을 사실주의적인 동물 세계를 통해 그려낸다. 로버트의 동물 이야기에서 가장 흥미로운 부분은 동물과 인간 사이의 상호 작용이다. 로버트는 인간 또한 열등한 자와 탁월한 자의 원리가 작동하고, 후손을 낳고 성공을 갈구하는 동물 세계의 연장선상에서 파악한다. 동시에 다른 생명체에 공감하고 영적인 자아가 있다는 점에서 동물 세계의 일부이지만 여기에서 벗어날 수 있는 것으로 그려내고 있다. 로버트의 작품에 등장하는 동물들은 경쟁적인 환경에서 생존을 위해 투쟁하며, 희생물이 된다. 그러나 패배 속에서도 이들의 영웅적인 정신은 독자들에게 강한 여운을 남겼다. 여우 레드(Red)와 같은 창조물은 인간을 교묘하게 속이면서 자신의 자유를 과시하기도 한다.

로버트는 자연 과학과 소설 사이의 경계선을 오가는 하이브리드 형식의 문학 텍스트를 만들어 내었다. "자연과학의 프레임워크 위에 구축된 심리적 로망스"(a psychological romance constructed on a framework of natural science)가 로버트가 추구한 이상적인 동물 텍스트였다. 그는 시튼의 작품을 예로 들면서 육체적 특성, 개성, 독자성, 멘탈리티가 부여된 동물을 기술하는 중요성에 대해 강조하였다.

잉글랜드에서 태어난 어니스트 톰슨 시튼(Ernest Thompson Seton, 1860-1946)은 1866년 가족이 캐나다로 이주하면서 광활한 자연 환경을 접한다. 캐나다의 린드세이(Lindsay)와 돈 벨리(Don Valley)에서의 경험은 작가로서 야생 동물들에 대한 상상력을 형성하는데 큰 역할을 하였다.

1891년 『매니토바의 새들』(The Birds of Manitoba)에서 캐나다의 동물과 새들의 행동을 세심하게 기술하였고, 이후에는 야생 동물들을 그리는 화가로서 명성을 얻기도 했다. 같은 해 〈잠자는 늑대〉(The Sleeping Wolf)로 프랑스 파리 살롱에서 수상하였고, 매니토바의 공식 박물학자로 지명되기도 하였다.

『내가 아는 야생 동물들』(Wild Animals I have Known, 1898)에 등장하는 매력적인 동물 중 늑대 로보(Lobo)는 대중들에게 큰 호응을 얻었고, 사실주의 동물 이야기라는 문학적 장르 형성에 결정적인 역할을 하였다. 로보는 초현실적인 지성을 지니고 있고 자신의 짝을 떠나지 못해서 죽음을 맞이하는 애틋하고 충직한 면 또한 지니고 있다. 곧 이어 시튼은 『그리즐리의 전기』(The Biography of a Grizzly, 1900), 『사냥감의 삶』(Lives of the Hunted: Containing a True Account of Doing of Five Quadrupeds and Three Birds, and, in Elucidation of the Same, over 200 Drawings, 1901), 『군주, 탈락의 큰 곰』(Monarch, the Big Bear of Tallac, 1904), 『동물 영웅들』(Animal Heroes, 1905)을 연달아 출판하였다. 시튼의 작품에서 동물들의 행동에 대한 그의 지식과 황야에서의 낭만적 숭고함이 균형을 이루고 있다. 「솜꼬리 토끼 래기러그 이야기」(Raggylug, The Story of a Cottontail Rabbit)에서 화자가 말한 바와 같이 동물 가까이에서 살았던 사람들이라면 시튼의 작품이 우화와는 달리 동물들을 면밀히 관찰하고 이들의 삶을 토대로 기술된 것임을 알 수 있다. 시튼의 작품은 영웅주의나 예언적 비전을 수반한다. 래기러그 이야기는 엄마 토끼 몰리의 비극적 죽음에 대한 애도와 영웅주의에 대한 언급으로 끝난다. 토론토 북동쪽 프랑카라는 언덕에 사는 까마귀 무리의 지도자인 실버스팟 또한 영웅적인 동물이다. 오랫동안 종족을 이끌면서 도움을 주었고 어린 까마귀에게 천적을 조심하라고 경고하던 실버스팟은 올빼미에게 목숨을 잃는다. 이와 같은 기술은 동물의 삶에 대한 정교한 관찰을 토대로 이루어진 것이다.

1911년에 출간한 『극지의 대초원』(The Artic Prairies)에서 시튼은 백인 박물학자들이 과학적 목적으로 사냥하는 이성적 행위와 비이성적이고 광폭한 원주민들의 사냥을 서로 대조시킨다. 시튼은 작품의 곳곳에서 초기 원주민들의 사냥 방식에 역겨움을 표한다. 시튼의 담론은 박물관에 전시하기 위해 동물들을 사냥하는 것에 대해서는 침묵하고 있다. 야생 동물 사냥에 대한 침묵을 근거로 일부 비평가들은 시튼의 텍스트가 북미의 황야를 통제하려는 식민주의적 담론의 연장선상에 있다고 지적한다. 이와 같은 침묵을 시튼의 텍스트가 지닌 한계로 이해할 수도 있겠지만, 그의 텍스트는 사라져가는 원주민들에 대해 복잡한 함의를 내포한다는 점에서 보다 정교한 독서가 요구된다.

시튼의 늑대는 로버트의 늑대에 비해 더 낭만적이고 원시적인 반항의 색채를 지니고 있는데, 시튼이 『모히칸족의 최후』(The Last of the Mohicans, 1826)를 쓴 제임스 미국 소설가 제임스 페니모어 쿠퍼(James Fenimore Cooper, 1789-1851) 식의 서양의 문명과 대조되는 야성을 지닌 원시주의에 대한 믿음이 있었고 이와 같은 태도가 작품 속에 구현된 것으로 이해될 수 있다. 로버트가 늑대의 멸종을 다윈이즘의 산물로 바라보는 경향이 강했다면, 시튼의 작품에서는 이들의 멸종이 비극이나 순교와 같은 대상으로 다루어진다.

시튼의 텍스트에 등장하는 늑대 와스카(Wosca)는 사냥꾼들의 화살과 겁먹어 울부짖는 수많은 사냥개들의 중앙에 당당하게 자리하는데, 문명의 이기에 대항하는 와스카의 영웅적인 모습은 소멸하는 원주민의 모습을 표상한다. 그의 작품 「커럼포의 왕 로보」(Lobo, the King of Currumpaw), 「와스카와 용맹한 새끼 늑대」(Wosca and her Valiant Cub)에는 충성심으로 가득 찬 영웅적인 자질을 지닌 늑대들이 등장하는데, 이들의 배후에는 사라지는 원주민들의 문화와 가치를 이상화하고 아쉬워하는 시튼의 태도가 자리하고 있다.

시튼의 『샌드힐 수사슴의 산책로』(The Trail of the Sandhill Stag)의 사냥 장면은 캐나다 문학에서 야생 동물이 차지하는 독특한 위상을 단적으로 보여준다. 오랜 추격 끝에 수사슴을 코너에 몰아넣지만 화자는 방아쇠를 당기지 못한다. 야생 동물과 의미 있는 눈맞춤을 교환한 뒤 화자는 수사슴이 자신의 형제임을 깨달았기 때문이다. 마가렛 애트우드(Margaret Atwood, b. 1939)가 적절히 지적한 바와 같이 사냥꾼들이 자신의 사냥감을 고통 받는 희생물로 받아들이는 경향은 캐나다 문학에서 반복적으로 나타나는 특징이라 할 수 있다.

시튼 동물기 서언의 마지막 부분에서 작가는 "우리와 동물은 친족이다"(we and the beasts are kin)라는 새로운 도덕이 작품 전체에 흐르고 있다고 밝히면서, 동물들은 욕구와 감정이 있는 창조물이며 모세와 부처가 2,000여 년 전에 이 점을 이미 강조했다고 지적한다. 로보, 빙고, 래기러그는 각자 개성을 가지고 자신의 삶을 살아가는 생명체이며 캐나다의 상상력이 빚은 아름다운 창조물이다. 사실주의적 동물 이야기의 아버지라 불리우는 찰스 로버트(Charles Roberts, 1860-1946)의 말을 빌리자면 동물 이야기는 강력한 해방자이다. 동물 이야기는 효용성이라는 세계에서 벗어나 인간을 자연으로 되돌아갈 수 있게 한다. 동물 이야기는 야만적인 세계로 우리를 되돌리지 않으면서 이 세상의 여러 존재들의 오랜 혈족 관계로 우리를 복원시키며, 새로운 각성과 재생을 우리에게 부여한다. 캐나다의 동물 이야기는 인간 중심의 신화에서 벗어나 동물과 인간이 함께 공존하는 다른 세계를 구축하는 상상력을 키워내는 기념비적인 기록물이라 할 수 있다. 그리고 이 기록물에는 원주민 제거와 연관된 캐나다인들의 상상력 또한 중첩되어 있다.

캐나다 단편 소설의 성장

연방시인 중 찰스 로버트(Charles Roberts, 1860-1943)와 덩칸 캄벨 스콧(Duncan Campbell Scott, 1862-1947)은 단편 소설 장르에서도 주목할 만한 업적을 남겼다. 두 작가들이 미국이나 영국에서 뿐 아니라 빠르게 성장하고 있는 캐나다 도시에서 주목을 받은 것은 우연이 아니다. 1867년 이후 캐나다 퍼스트 운동(Canada First Movement)이 거세게 전개되었고, 문학에서도 이와 같은 움직임은 활발했다. 급속도로 증가하는 캐나다 도시의 주민들은 현대인의 소외를 경험하였고, 자신들을 자연의 세계와 다시 연결시켜줄 매개체를 갈망하였고 시골의 작은 마을 출신의 주인공이 등장하는 소설을 통해 소속감을 되찾았다. 시가 자신의 뿌리와 국민적 정체성을 찾는 수단이 될 수 있었지만, 대중적인 인기는 광야에서의 모험 이야기를 쓴 로버트나 지역색을 담은 스콧과 리콕의 단편소설에 쏠렸다.

『비거의 마을에서』(*In the Village of Viger*, 1896)를 통해 단편 소설의 위대함을 보여준 덩칸 캄벨 스콧(Duncan Campbell Scott, 1862-1947)은 스케치, 민담 설화, 고딕 이야기, 유령 이야기, 지역 사회 이야기, 심리 소설, 코믹 등 리얼리즘적 스타일과 낭만주의적 스타일로 엮은 단편들을 소개하였다. 19세기 퀘벡을 배경으로 하고 있는 이 작품에서 지역 주민들의 삶이 상세하게 소개되어 있다. 신발을 만드는 사람, 상인, 몰락한 귀족 등 리얼리즘보다는 로망스에 더 가까운 인물들이 등장하지만, 1890년대 작품에서는 쉽게 목격되지 않는 리얼리즘적인 요소가 있다. 1923년에는 『엘스피의 마법, 이야기집』(The Witching of Elspie: a Book of Stories)이라는 또 다른 단편을 발표한다. 이 책에서 이야기들은 하나의 사이클을 이룬다. 즉 주요 인물들이 다시 소개되고 핵심적인 이미지들이 반복되거나 중첩되고, 같은 구절이 반복되는 등 귀환 이야기(the return story)가 지닌 자질을 보여주고 있는데, 작은 마을에서 출생한 등장인물들이 일련의 모험을 거치고 다시 제자리로 돌아오는 전형적으로 캐나다적인 이야기 패턴을 띠고 있다. 일부 비평가들은 이와 같은 서술의 형태를 "캐나다적 단편 소설 사이클"(Canadian short story cycle)이라고 이름 붙이기도 하였다. 1972년에는 『덩칸 캄벨 스콧 이야기 선집』(Selected Stories of Duncan Campbell Scott)이 출간되었는데, 여기에는 「숯」("Charcoal")과 같은 사실에 기반에 둔 로망스가 실려 있다. 바람피운 아내와 경찰관을 살해한 뒤 사형에 처해진 원주민의 이야기는 실재 벌어진 사건을 토대로 로망스로 재구성된다. 2001년에는 트레이시 웨어(Tracy Ware)에 의해 『출간되지 않았던 덩칸 캄벨 스콧 단편들』(Uncollected Stories of Duncan Campbell Scott)이 출간되었다.

스테펜 리콕(Stephen Leacock, 1869-1944)은 두 편의 주목할 만한 작품을 발표한다. 그의 대표작은 『작은 마을의 선샤인 스케치』(Sunshine Sketches of a Little Town, 2012)와 『게으른 부자의 아카디안 모험』(Arcadian Adventures with the Idle Rich, 2014)이다. 『선샤인 스케치』는 여름 휴가 동안 오릴리아(Orillia)에서의 농장 생활 경험을 토대로 쓴 책으로서, 조슈 스미스와 제퍼슨 도프가 비즈니스에 반대하는 이야기로 시작해서 피타이아스의 기사(Knights of Pythias)를 통해 사회적인 삶을 선상에 집약시켜 그려낸다. 종교, 로망스를 거쳐 정치적 영역이 텍스트에서 희화된다. 『선샤인 스케치』는 마우솔레움 클럽(Mausoleum Club)에서 마무리 지어지는데 이곳에서 『아카디안 모험』이 시작되고 끝난다. 『아카디안 모험』은 『선샤인 스케치』의 연장이다. 『아카디안 모험』은 미국으로 배경을 옮겨 권력 추구와 금권통치자(plutocrat)에 대한 가상현실에 대한 이야기이다. 첫 번째 이야기인 「루컬러스 피셰씨와의 약소한 저녁식사」(A Little dinner with Mr. Lucullus Fyshe)에 아스모두에스 보울더(Asmodueus Boulder)라는 금융계의 약탈자가 등장하는 것으로 시작하여 마지막 이야기는 「깨끗한 정부를 위한 위대한 투쟁」(The Great Fight for Clean Government)으로 끝나는데, 보수주의적이고 인본주의적인 풍자가 엿보인다.

출판 시장의 형성과 대중 소설

캐나다에서 본격적인 대중 소설이 나오기 시작한 것은 1880년에 들어서면서부터이지만, 대중 출판사와 작가들이 관계를 맺기 시작한 시기는 1823년으로 거슬러 올라간다. 1823년 6월호 『어퍼 캐나디언 해럴드』(Upper Canadian Herald)에는 줄리아 캐서린 벡위드 하트(Julia Catherine Beckwith Hart, 1796-1867)의 새로 출간된 소설 『세인트 어슈라의 수녀원』(St. Ursula's Convent, 1824)의 구독자를 찾는 안내문이 실렸다. 낭만적 풍경, 초기 식민주의자들의 봉건적 성격, 독특한 제도와 인습, 귀족과 농부, 프랑스와 영국과의 연관 등 캐나다의 풍토는 인기 있는 대중 소설을 만들어낼 호의적인 여건을 제공하였다. 하트의 출판계와의 연관은 깊었다. 남편 조지 헨리 하트(George Henry Hart)는 톰슨(Thomson)이 있는 온타리오에서 책을 출판했다.

하트의 어머니는 로마 가톨릭 교도였고 아버지는 감리교도였다. 이와 같이 서로 다른 종교를 가진 부모 밑에서 자라난 작가의 성장 배경은 서로 다른 가문과 나라가 얽히는 『세인트 어슈라의 수녀원』의 플롯에 큰 영향을 미친다. 소설의 정체성은 일견 안정적이어 보인다. 강직하고 운명에 대한 강한 복종심을 지니고 있던 캐서린(Mother St Catherine)은 자신의 남편이 죽은 것으로 잘못알고 수녀 생활을 시작한다. 나중에 그녀는 남편이 난파 후 살아남아 감금되고 이와 같은 사실이 사악한 신부에 의해 감추어졌다는 사실을 알게 된다. 캐나다에서 태어난 작가가 쓴 최초의 작품으로 알려져 있는 이 소설은 강한 낭만적 감수성과 대중 소설의 관례에 대한 엄격한 준수가 엿보인다. 하트는 난파, 납치, 바뀐 아이들, 가짜 신부 등 전형적인 대중 소설의 기법과 고딕적 요소를 통해 독자들에게 강한 감수성을 불러일으켰다.

1837년 필립 오베르 드 가스페(Philippe-Aubert de Gaspé)는 『책의 영향력』(*The Influence of a Book*)을 출간하는데, 이 작품은 대중들로부터 『세인트 어슈라의 수녀원』과 맞먹는 큰 호응을 얻었다. 저자가 이 대중 소설의 서문에서 밝힌 바와 같이 이 책은 수세기에 걸친 유럽 소설가들의 웅장하고 놀랄만한 특성에 의해 만들어진 것이 아니라 캐나다인들이 일상적 삶을 자세히 관찰하고 이들이 말로 전하는 민담과 이야기들을 토대로 만들어진 것이다. 캐나다의 대중 소설은 지역적인 것을 토대로 생겨난다. 1863년 필립 오베르 드 가스페는 『옛 캐나다인』(*Les Anciens Canadiens*)을 출간한다. 줄 다베르빌(Jules d'Haberville)과 아치볼드 카메론(Archibald Cemeron)이라는 두 주인공은 어릴 때부터 둘도 없는 친구였지만, 칠년 전쟁에 서로 다른 편이 되어 싸운다. 느슨한 구조를 가진 이 작품은 흥미로운 모험 이야기와 수많은 민담이 가미되어 있으며, 대중적으로 큰 인기가 있었다. 작가는 캐나다적인 관점의 숭고함을 작품에서 구현한다. 유럽의 숭고함과는 달리 이 작품에서 숭고함은 지역사회에 의해 부각되며, 작가는 새로운 세계의 감수성을 작품에서 구현하였다.

저널리스트로서 캐나다의 정치적 지형 아래 대중적인 로맨스 소설을 쓴 사라 지네트 덩칸(Sara Jeannette Duncan, 1861-1922)은 스코틀랜드 출신 아버지와 올스터의 청교도 어머니 사이에서 태어나 온타리오의 브랜트포드(Brantford)에서 자라났다. 『위로의 여행』(*A Voyage of Consolation*, 1898)과 『바지선에서의 두 소녀』(*Two Girls in Barge*, 1891)를 통해 관습적이지 않은 여주인공들의 삶을 그려내었고 『오늘날의 딸』(*A Daughter of Today*)은 파리와 런던을 배경으로 열정적인 삶을 추구했지만 자살로 마감한 여주인공을 다룬 소설이다. 덩칸의 첫 예술적 성취작으로 꼽히는 작품은 1893년 출간된 『마님의 단순한 모험』(*The Simple Adventures of a Memsahib*)이다. 이 작품은 평범한 어린 영국 여성이 앵글로 인디언 사회에 들어가는 사건을 다룬 비극적 코미디이다. 1896년 작 『신사와 숙녀』(*His Honour and a Lady*)는 앵글로 인디언에 대한 예리한 통찰력을 보인 작품으로, 인도의 정치를 여인의 삶과 엮어낸 작품으로 평가되고 있다. 곧이어 출간된 『스타의 길』(*The Path of a Star*, 1899)은 예술가를 주인공으로 한 멜로드라마적 작품이다. 『스타의 길』은 캘커타를 배경으로 종교적, 극적, 상업적 지역사회로 관심의 폭을 넓힌 작품이지만, 제임스 아류의 산문 스타일이 단점으로 지적받고 있다. 덩칸이 북아메리카에 대해 쓴 첫 작품은 젊은 여성이 미국의 상류 사회를 탐구하는 『이 멋진 미국인들』(*Those Delightful Americans*, 1902)이다. 덩칸의 가장 캐나다다운 소설로 꼽히는 작품은 1904년에 출간된 『제국주의자』(*The Imperialistt*)와 1908년에 출간된 『신데렐라 사촌, 런던에서의 캐나다 소녀』(*Cousin Cinderella; or, A Canadian Girl in London*)이다.

『제국주의자』는 사라 지네트 덩칸이 자란 브랜트포드를 모델로 한 가상의 작은 마을 엘진(Elgin)을 배경으로 하고 있다. 이 작은 마을을 통해 덩칸은 제국주의적 사고가 추상적이고 보편적인 것이 아니라 캐나다 지역 사회의 일상 삶에 영향을 미치고 있다는 점을 보여준다. 아울러 덩칸은 영국의 정체성 속에 혼합되어 사라지지 않는 독자적인 캐나다의 정체성을 소설 속에서 추구한다. 비록 캐나다가 비어있는 지평선으로 지각되지만, 이것은 아무것도 없는 것보다 더 나은 것이다. 이미 지평선이 가득 차 있는 잉글랜드와는 달리 캐나다의 지평선에는 신념과 미래가 있다. 텍스트에는 머치손(Murchison)과 같은 인물을 통한 우생학적 주장 또한 엿보인다. 사생아와 같은 미국과 달리 건강한 혈통을 지닌 순수한 캐나다와 잉글랜드가 결합된다면 미국을 지배할 수도 있다는 것이다. 순수함과 병적인 것은 대조되고 있고, 건강한 캐나다를 건설하는 것이 국가적 과제로 제시되기도 한다. 그러나 머치손의 견해가 텍스트를 주도하는 것은 아니다. 머치손의 정치적 시도는 실패하고, 이 소설에서 승자는 머치손의 약혼자의 사랑을 얻은 영국인 이민자로 간주될 수 있기 때문이다. 덩칸의 성취는 로망스와 리얼리즘을 결합시켜 시골의 작은 마을 안에서 글로벌 국가 간의 정치적 문제를 캐나다의 정체성과 위치라는 관점에서 탐구한 점에 있다.

가상의 공간을 통해 캐나다의 정치적 지형을 모색한 또 다른 작가로 스테펜 버틀러 리콕(Stephen Butler Leacock, 1869-1944)이 있다. 그의 『작은 마을의 선샤인 스케치』(*Sunshine Sketches of a Little Town*, 1912)는

『정치과학의 요소들』(Elements of Political Science, 1906), 『캐나다 역사의 여명기』(The Dawn of Canadian History, 1914), 『영국 제국』(The British Empire, 1940), 『캐나다』(Canada, 1941), 『몬트리올 항구와 도시』(Montreal: Seaport and City, 1942)과 함께 캐나다의 역사와 정치적 지형에 대한 모색의 시도였다. 리콕은 맥길 대학에서 정치경제학과에서 박사학위를 받은 뒤 『정치학의 요소들』(Elements of Political Science)을 저술하고 1910년 잡지에 쓴 유머를 모아 『문예적 일탈』(Literary Lapses)을 출간한 이후 작가 생활을 시작한다. 다음 해 말을 타고 미친 듯 유랑하는 젊은이를 그려낸 『넌센스 소설들』(Nonsense Novels)을 출간하는데, 이 작품에서 그의 대중적인 유머리스트의 모습을 엿볼 수 있다. 리콕은 평생토록 한편으로는 정치와 역사에 관한 책을 출판함과 동시에 유머러스한 작품들을 출간하였다. 리콕의 유머는 잉글랜드의 소설가 찰스 디킨즈(Charles Dickens, 1812-1870)의 『피크위크 페이퍼즈』(The Pickwick Papers, 1837)에 비견되는데, 리콕의 풍자적인 유머는 신랄함이 덜하며 유럽과 미국인들이 구사한 유머보다 좀 더 온화하고 점잖다. 유머를 통해 그는 국제적으로 명성을 얻고 찬사를 받았으며, 대중들의 인기를 얻었다.

19세기 말 북유럽에서 가장 인기 있었던 제임스 드 밀레(James De Mille, 1833-1880)는 극적인 플롯과 코미디와 서스펜스의 절묘한 사용으로 할리버톤(Thomas Chandler Haliburton, 1796-1865)의 시계 제조공 샘 슬릭(Sam Slick) 이야기 이후 가장 큰 인기를 불러일으켰다. 그는 빅토리아조 리얼리즘에 대한 패러디, 로망스, 모험 이야기, 신비스러운 감상주의를 통해 대중들의 사랑을 받았다. 드 밀레는 뉴욕, 런던의 출판사를 통해 25권의 소설을 출간하였는데, 대표작은 『카타콤의 순교자, 고대 로마의 이야기』(The Martyr of the Catacombs: A Tale of Ancient Rome,

1865), 『소년들을 위한 책』(*A Book for Boys*, 1869), 『도지 클럽, 1859년의 이태리』(*The Dodge Club: or, Italy in 1859*, 1873)이다. 그의 아이러니와 유머 이면에는 전통적 종교에 대한 믿음이나 가치관에 대한 저항과 도전이 자리하고 있다. 전쟁으로 찌든 이태리에서 미국인 여행가들의 코믹 스케치 모음집인 『도지 클럽』에서 시작된 대중들의 열렬한 반응은 『미국인 남작』(*The American Baron*, 1872), 『숲의 아이들, 1848년 이태리 혁명』(*The Babes in the Wood: A Tale of the Italian Revolution of 1848*, 1875), 로망스 미스테리물 『얼음의 숙녀』(*The Lady of the Ice*, 1870)에서도 이어진다. 그의 위트는 토마스 모어(Thomas More)의 『유토피아』(*Utopia*), 조나단 스위프트(Jonathan Swift)의 『걸리버 여행기』(*Gulliver's Travels*), 에드가 알란 포(Edgar Allan Poe)의 『아서 고돈 핌의 내러티브』(*Narrative of Arthur Gordon Pym*), 사무엘 버틀러(Samuel Butler)의 『에리훤』(*Erewhon*)의 전통을 잇고 있다.

밀레 사후에 출간된 『구리 실린더 안에서 발견된 이상한 문서』(*A Strange Manuscript Found in a Copper Cylinder*, 1888)는 19세기 캐나다 소설 중 가장 복잡하고 철학적인 소설이다. 이 소설은 두 개의 주된 내러티브로 구성되어 있다. 바다 속 구리 실린더 안에서 발견한 문서를 읽으면서 그 내용에 대해 논쟁을 하는 내러티브와, 아담 모어(Adam More)라는 선원이 바다에서 고립되어 코세킨(Kosekin)이라는 디스토피아적인 지역에 도착하여 자신에게 익숙한 가치들이 모두 전복되어 있는 것을 발견하는 내러티브가 공존한다. 코세킨에서는 어둠과 죽음을 추구하며, 부와 지위는 평판을 해지는 것으로 간주된다. 아담 모어의 이야기에는 탐험가의 이야기, 유토피아와 디스토피아적 문학, 과학과 사색적 글쓰기 등 다양한 담론들이 결합되어 있다. 그리고 프레임 내러티브에는 언어, 문화, 문예

비평, 지리학, 지질학, 항해술 등 광범위한 영역에 대한 논쟁이 포함되어 있다. 이 두 내러티브는 상호작용하면서 당시 사회에 대해 복합적인 관점을 제공한다. 아담 모어는 믿을 수 없는 화자이기도 하다. 그의 믿을 수 없는 서술은 영국 모더니스트 소설가인 조셉 콘라드(Joseph Conrad, 1857-1924)가 『어둠의 속』(Heart of Darkness, 1899)에서 보여주는 지연된 해독(delayed decoding)의 효과를 수반하여, 독자들로 하여금 이야기의 본질을 천착하도록 유도한다. 불확실한 화자의 사용이 수반하는 비결정성과 개방성은 포스트모던적인 텍스트의 자질과도 연관되어 있다.

캐나다 소설 중 가장 널리 알려진 대중적인 문학 작품으로는 루시 모드 몽고메리(Lucy Maud Montgomery, 1874-1942)가 1908년에 출간한 『빨강머리 앤』(Anne of the Green Gables)을 들 수 있다. 책 제목이 우리에게 "초록지붕의 앤"이 아니라 "빨강머리 앤"으로 불리는 이유는 이 책이 일본을 통해 우리에게 알려졌기 때문이다. 1952년 일본에 이 책이 처음 소개될 때 『빨강머리 앤』으로 번역되었고, 이후 우리나라에서도 같은 제목으로 알려진 것이다. 이 작품은 캐나다에서 가장 널리 읽힌 소설이자 국민들의 사랑을 받은 책 중의 하나이며, 캐나다의 문화를 대표하는 텍스트로 자리매김되어 있다. 몽고메리는 이 작품을 서른 살 때 쓰기 시작하여 그 해 완성하였지만, 여러 출판사가 그녀의 작품을 출판하기를 거부했고 출판사를 찾는 데까지 사 년이나 걸렸다. 『빨강머리 앤』은 1908년 미국의 페이지 출판사에 의해 처음 출간되었고, 출간 직후 다섯 달 만에 2만 부가 팔리는 등 대중적으로 널리 읽히는 텍스트가 되었다.

『빨강머리 앤』은 몽고메리가 성장했던 대서양 연안의 프린스 에드워드 섬(Prince Edward Island)에서의 유년기 경험을 토대로 구축된 자서전적인 소설이다. 몽고메리에게 있어서 에드워드 섬은 태고의 신비감이 유지되는 상상력의 공간이었다. 그녀는 섬 안에 요정들과 신이 살고 있다고 믿었으며, 이와 같은 신비스러운 정신이 캐나다적인 것을 만들어 내었다고 생각하였다. 몽고메리는 스코틀랜드 가문의 후손이었고, 어렸을 때부터 켈트인들이 지니고 있었던 신화와 신비스러운 이야기들, 그리고 강한 열정과 상상력을 유산으로 물려받았다. 몽고메리는 자신이 살았던 카벤디시(Carvendish)라는 현실적 공간을 상상력을 통해 에번리(Avonlea)라는 가상적인 공간으로 바꾸어 형상화한다. 표면적으로 확연하게 드러나지 않지만 에번리는 신화적 상상력이 숨 쉬는 공간이며, 한 편의 수채화와도 같은 강한 인상을 주는 서정성의 이면에는 몽고메리의 신화적 상상력이 숨 쉬고 있다.

앤은 상상력으로 가득 찬 인물이며, 그녀는 상상력과 열린 마음으로 딱딱하고 엄한 성격의 인물들에게 벽을 허물고 삶의 즐거움과 생동감을 복원시켜준다. 지성과 도덕성을 갖추었지만, 타인을 이해하고 열린 상상력을 발휘할 줄 몰랐던 매슈(Matthew), 머릴러(Marilla)는 앤에 의해 풍요로운 내면세계를 갖추게 된다. 이 텍스트의 아이러니는 머릴러와 매슈가 고아인 앤을 거두어 기르는 것 같이 보이지만, 실재 내면세계는 반대로 앤이 경직된 애번리의 어른들에게 삶의 원동력과 생기를 회복시켜 준다는 점이다.

『빨강머리 앤』 연구에서 흔히 간과되는 점이 앤이 지닌 신화의 세계가 켈트족의 상상력에 머무르는 것이 아니라 프린스 에드워드 섬의 원주민인 믹맥(Micmac)족의 전설로 거슬러 올라간다는 점이다. 이 섬은 아베그베이트(Abagweit), 즉 파도 위의 요람의 섬이라는 이름을 지니고 있었으며, 스루스캡이라는 신이 석양으로 채색된 하늘에 붓을 적셔 섬을 물들였다는 원주민들의 신화로 거슬러 올라간다. 『빨강머리 앤』에서 제시되는 풍경과 비전은 켈트적 상상력뿐 아니라 캐나다 원주민들의 상상력과 맥이 닿아 있다.

『빨강머리 앤』의 매력은 이와 같은 상상력과 신화의 세계가 19세기 프린스 에드워드 섬의 인물들의 사회적 역사적 배경 아래 재배치되고 새로운 문맥에서 구상화된다는 점이다. 『빨강머리 앤』은 프린스 에드워드 주민들이 살았던 시대의 정치, 사회적 이슈들이 서로 충돌을 일으키는 카니발리즘적 공간을 만들어 낸다. 『빨강머리 앤』은 19세기 말 프린스 에드워드 섬의 상황을 토대로 구축되어 있으며, 동시에 당시의 주도적인 이데올로기를 비판하고 역동적으로 형성하는 텍스트이다. 『빨강머리 앤』은 19세기 말 캐나다의 특수한 상황의 산물이지만, 한편으로는 동시대의 가치관을 희화시키고 전복시키는 텍스트이기도 하고 다른 한편으로는 섬의 원주민들의 신화적 사고와 맥이 닿아있는 신화적 상상력에 토대를 둔 작품이기도 하다.

1860년대와 70년대에 출판 시장에 많은 변화가 있었다. 1880년대에 이르러 베스트셀러 작가들이 나오기 시작하면서 캐나다와 미국에서 출판을 통해 이윤을 창출하는 기회가 생겨나기 시작하였다. 이사벨라 발란시 크라우포드(Isabella Valancy Crawford, 1846-1887)는 더블린에서 태어나 온타리오에서 성장하였고, 22살이었던 1872년 『파멸, 로스크레라스의 안주인』(Wrecked! or, The Rosclerras of Mistress)을 출간하여 대중적인 인기를 얻었다. 메이 애그네스 플레밍(May Agnes Fleming, 1840-1880)은 캐나다 최초의 베스트셀러 소설가로 평가되고 있다. 1861년에 출간된 『시빌 캄벨, 섬의 여왕』(Sybil Campbell; or, The Queen of the Isle)이나 3년 뒤 출간된 『우랄리, 아내의 비극』(Eulalie; or, A Wife's Tragedy)과 1868년에 출간된 『준남작의 신부, 여성의 앙갚음』(The Bar-

onet's Bride; or, A Woman's Vengeance)과 같이 감수성 있고 고딕적인 요소가 가미된 그녀의 소설은 대중의 인기를 얻었고 그녀는 대중 소설가로 큰 부를 획득하였다. 이 당시 인기 있었던 작가로 찰스 고돈(Rev. Charles Gordon, 1860-1937), 길버트 파커(Gilbert Parker, 1860-1932), 아서 스트링거(Arthur Stringer, 1874-1950) 등을 열거할 수 있다. 고돈은 랄프 코너(Ralph Connor)라는 필명으로 대중들에게 더 잘 알려져 있는데, 그는 폭력적인 모험과 기독교적 명예를 갈구하는 대중들의 열망에 맞는 일련의 소설을 발표하였다. 『블랙 록』(*Black Rock*, 1898), 『군대의 목사』(*The Sky Pilot*, 1899) 모두 남성적이고 도전적인 목사의 이야기이다. 이후 고돈은 일선에 선 목사의 모험보다는 『북서부 기마경관대의 카메론 상등병』(*Corporal Cameron of the North West Mounted Police*)과 같이 캐나다의 국민주의, 여성과의 낭만적인 로망스를 다룬 일련의 소설을 써서 대중의 사랑을 받았다. 길버트 파커는 랄프 코너와 마찬가지로 역사 로망스나 모험 소설을 통해 대중들에게 큰 어필을 받았다. 초기 프랑스계 캐나다인들의 역사 속 로망스를 다룬 『피에르와 그의 백성들, 최북단의 이야기』(*Pierre and His People: Tales of th Far North*, 1892), 영국인들이 프랑스계 캐나다인들을 정복하는 상황을 극화한 『힘있는 자의 자리』(*The Seats of the Mighty*, 1896)는 대중들의 큰 인기를 얻었다. 코너나 파커처럼 베스트셀러 리스트에 들지는 못했지만, 아서 스트링거(Arthur Stringer, 1874-1950) 또한 1906년 작 범죄 소설 『도청자』(*The Wire Tappers*)와 영화배우와 이혼한 뒤 시골에서 살아가다가 뉴욕으로 돌아가 생활하는 여인의 삶을 다룬 『삶의 포도주』(*The Wine of Life*, 1921)를 통해 대중의 호응을 얻었다.

4

전후 캐나다 문학과 모더니즘 소설의 태동

(War Literature and the Birth of Modernist Novel)

19세기 말은 캐나다인들에게 번영의 시기였다. 대륙횡단 철도 건설과 내셔널 트랜스콘티넨탈, 캐나디안 노던, 그랜드 트렁크 퍼시픽 노선 등 일련의 철도를 통해 엄청난 물자들이 대평원의 변방까지 연결되었다. 펄프나 제지산업 뿐 아니라 철광석, 니켈 등의 광산업도 호황을 누렸다. 기업인들은 검소했고 발전하는 산업에 필요한 노동력을 공급받기 위해 동양계를 포함한 이민자들의 수가 급증하였다. 20세기에 들어오면서 급격한 산업화로 인한 빈민가가 생겨나고 단기간에 부를 획득한 졸부들의 천박성이 부각되고 빈부격차는 사회문제로 부각되기 시작하였다. 1912년 불황이 전세계를 휩쓸었고, 캐나다에서도 여러 도시에서 실업으로 고통받는 이민자들이 생겨났다. 1913년과 1914년은 대평원지대에 흉년까지 겹쳐서 캐나다인들의 삶은 더욱 힘들어졌다.
　1914년 영국이 독일에 선전포고를 하면서 캐나다는 제국의 일원으로 자동적으로 전쟁에 참여한다. 1차 세계 대전은 많은 캐나다인들에게 별로 얻은 것은 없이 죽음의 계곡에서 서성대기만 한 전쟁으로 기억된다.

그러나 전쟁이 한창이었을 때나 전쟁 직후에 1차 대전은 캐나다인들에게 다르게 기억되었다. 전쟁은 캐나다인들의 애국심을 고취시켰고, 비미 리지(Vimy Ridge)에서의 승리는 캐나다가 하나의 국가임을 되새기는데 충분한 역할을 하였다. 캐나다군은 영국군에 배속된 것이 아니라 독자적인 부대로 전선에 투입되었으며, 비미 리지 전투는 연합군이 거둔 최초의 대승으로 기록되고 있다. 비미 리지에는 캐나다에서 가장 큰 전쟁 기념관이 세워져 있는데, 당시 팔백만 명의 인구 중 육십만 명이 전투에 참가했고 육만 명 이상이 전사하였다. 전후 베르사이유 조약 체결 당시 캐나다는 독립국으로 참전국과 함께 했으며, 전후 국제 연맹에서도 독립된 자격을 부여받았다. 전쟁을 통해 여성들은 선거권을 획득하는 등 점차 캐나다에서 권리를 찾아가기 시작했고, 이전에는 남성들만의 일터라고 생각되었던 곳에서 일자리를 얻기 시작했다. 여성은 간호사 외 의료 지원부서에서 일하기도 하였다.

캐나다가 대영제국의 일원으로 자동적으로 일차대전에 참여한 것과 대조적으로 제2차대전은 1939년 독자적으로 선전 포고를 한 뒤 참여한다. 가장 유명한 전투는 이탈리아의 시실리(Sicily) 전투이다. 캐나다 군사 십여 만 명이 참전한 이 전투에서 약 삼분의 일이 전사하거나 부상을 입었다. 또한 캐나다군은 1945년 네덜란드를 독일로부터 해방하는데 참여하였다. 1차 대전 이후 대공황으로 경제적으로 큰 어려움을 겪었던 것과 대조적으로 캐나다는 2차 대전 이후 자원 개발과 빠른 경제 회복으로 번영을 누렸다. 캐나다는 1950년 발발된 한국전쟁에 26,000명을 지원하였으며, 이 중 516명이 전사하였다. 한국전 이후 캐나다는 경기 침체를 종식시키고, 경제적으로 놀라운 발전을 이루었다. 문학사적으로 세계 전쟁은 캐나다 문인들로 하여금 빅토리아조 잔재에 종지부를 찍고 새로운 감수성으로 세상을 바라보는 모더니스트들의 출현을 가속화시켰다.

캐나다의 전쟁 문학

캐나다의 전쟁 문학은 빅토리아조의 감성에서 벗어나 모더니즘적 성격을 보여준다. 1차 대전 중 애국주의 문학이 일련의 흐름을 형성하였다. 마조리 픽톨(Marjorie Pickthall, 1883-1922), 덩칸 캄벨 스콧(Duncan Campbell Scott, 1862-1947), 블리스 카만(Bliss Carman, 1861-1929)과 같은 시인들은 캐나다인의 애국심을 고취하는 작품들을 썼다. 그리스도의 희생, 부활 또한 당시 많이 사용되었던 이미지이다. 강렬한 슬픔과 종교적 회의주의가 엿보이는 프랏(E.J. Pratt, 1882-1964)의 작품들은 1차 대전 동안 출간된 캐나다 시 중 최고로 평가되고 있다. 전쟁 기간 동안 출간된 캐나다 문학 작품은 실존주의적 성격을 띤 작품을 포함하여 현대의 대규모 전투의 의미에 대한 회의를 보여준다.

존 맥크라애(John McCrae, 1872-1918)와 프레데릭 조지 스콧(Frederick George Scott, 1861-1944)은 캐나다의 대표적인 전쟁 시인들이다. 존 맥크라애 작 『프랜더즈 벌판』(*Flanders Fields*, 1915)의 "프랜더즈 벌판에 줄줄이 서 있는 십자가 무덤 사이 양귀비가 바람에 흩날리네"(Flanders fields the poppies blow/ between the crosses, row on row)는 매년 전쟁 참가 추모 기념식에서 낭독되는 구절이다. 양귀비가 흩날리고 종달새가 노래하는 그의 시는 얼핏 보기에 목가적인 풍경으로 보인다. 그러나 시가 진행되어가면서 죽은 자들의 신비스러운 유령의 음성이 텍스트에 모습을 드러내면서 기독교와 목가적 낭만주의를 전복시키는 시도가 이루어진다. 이와 같이 전통적인 전쟁시의 관습을 깨는 일련의 시인들이 등장하는데 프랭크 프레웻(Frank Prewett, 1893-1962), 로스(W.W.W. Ross, 1894-1966), 로버트 서비스(Robert W. Service, 1874-1958)와 같은 작가들을 들 수 있다. 1차 대전에 대한 작품을 남긴 캐나다 시인들은 주도적으로 모더니즘 문학의 부상에 기여를 하였으며, 소외되고 손상된 주체성에 대해 관심을 표명하였다. 로버트 서비스의 『적십자인의 운문』(*Rhymes of a Red Cross Man*, 1916)에는 애국적인 담론이 파편화된 주체와 병치되어 있어서, 불안한 긴장과 불확실성을 보여준다. 이 작품은 새로운 정서를 드러내어 주고 있는데, 이 정서는 낙담이라기보다는 강력한 무엇인가에 직면한 무기력감에 가깝다. 그의 시는 참호 속에서 병사가 직면한 상황을 어둠 속 정원의 꿈과 상응시킴으로써 아이러닉한 목가(ironic pastoral)를 만들어 내었다는 평가를 받고 있다.

소설에서는 버트란드 윌리엄 싱클레어(Bertland William Sinclair, 1881-1972)가 세계 대전을 소재로 대중들에게 큰 호응을 얻는 작품을 남겼다. 1924년에 출간된 『뒤집어진 피라미드』(*The Inverted Pyramid*)는 사회주의적인 시각으로 쓴 로망스로서 밴쿠버의 전쟁 분위기를 재창조한다. 1919년 작 『불탄 다리』(*Burned Bridges*)에서 성공적인 사업가인 토미 애쉬(Tommy Ashe)는 전쟁을 이윤 추구의 기회로 삼는다. 싱클레어는 대중적인 로망스를 정치적인 목적을 위해 차용하여 로망스라는 장르가 지닌 가부장적 이데올로기에 회의적인 시선을 보낸다.

캐나다 전쟁 소설은 로망스의 성격을 띠고 있다. 실재로 캐나다 전쟁 소설 연구자인 다그마 노바크(Dagmar Novak)는 캐나다의 전쟁 소설가들이 전쟁의 잔혹성을 잊어버리고 종교적 이상주의, 명예로운 희생, 애국주의와 같은 긍정적인 주제에 집중했다고 지적한 바 있다. 랄프 코너

(Ralph Conner, 1893-1960)가 쓴 소설 『무인지대의 성직자』(*The Sky Pilot in No Man's Land*)의 주인공인 배리 던바(Barry Dunbar) 또한 전형적인 캐나다의 영웅으로 강하고 남성적인 모습에서 타인을 이해하고 동료와 함께하는 리더로 성숙해져 간다. 해럴드 피트(Harold R. Peat, 1893-1960)의 『프라이빗 피트』(*Private Peat*)는 1918년 캐나다에서 베스트셀러가 되었는데, 참호에서 엄마에 대해 이야기하는 소년들을 통해 독자들에게 큰 위안을 주었다.

전쟁 소설로 분류되지만 전쟁보다는 전쟁 외의 것에 관심을 보인 소설들이 있다. 존 머레이 기본(John Murray Gibbon, 1875-1952)은 전쟁을 더욱 가볍게 다루었는데, 전쟁터의 지옥과 대조되는 공간으로 캐나다를 에덴동산과 같은 곳으로 설정하였다. 벤자민 바실 킹(Benjamin Basil King, 1859-1928)은 『숭고한 마음』(*The High Heart*, 1917)와 『동지의 도시』(*The City of Comrades*, 1919)를 출간하는데, 전쟁은 커다란 임팩트로 다가오지만 묘하게도 스테이지 밖으로 밀려난다. 『동지의 도시』의 일인칭 화자는 전쟁은 기계와 같으며, 이 기계의 일부가 되는 경험을 표현하기 위한 다른 언어가 생겨나야 한다고 주장한다. 방향을 찾기 힘든 충격과 기계 시대의 체험을 모더니스트 텍스트는 잘 드러내어 준다.

프랜시스 마리온 베이논(Francis Marion Beynon, 1884-1951)의 『알레타 데이』(*Aleta Dey*, 1919)는 로망스라는 플롯을 통해 여성의 정치적 투쟁을 보여주는 자서전적 소설이다. 이 작품은 전쟁의 참화와 파괴를 목격한 주인공이 평화주의적 신념으로 인해 살해당하는 반전 소설이다. 베이논의 소설에는 열광적이고 대중들을 선동하는 애국주의적 열정이 엿보인다. 그런데 이 애국주의적인 담론은 전복되고 희화된다. 알레타(Aleta)는 전쟁의 정당성을 부정하면서 반전의 믿음을 표출한다. 전쟁 중에도 사람들은 자신의 잇속을 챙길 뿐이다. 알레타는 병사에 의해 공격을 받아 입은 상처로 인해 목숨을 잃고, 평화주의적인 대의를 위한 순교자가 된다. 그녀의 죽음을 기술하는 이 소설의 담론에는 로망스와 정치적 전복이 함께 엿보인다.

캐나다 소설 중 가장 유명한 반전 소설로 평가되는 작품은 찰스 예일 해리슨(Charles Yale Harrison, 1898-1954)의 『장군 침대에서 죽다』(*Generals Die in Bed*, 1930)이다. 전쟁은 우스꽝스러운 장면들의 연속이다. 첫 장면부터 병사들은 왜 싸워야 되는지 모르고 있다. 레이저와 같이 예리한 기술에 의해 목가적인 풍경들은 파괴되어 나가고 모든 상황은 부조리로 가득하다. 병사들은 독일군들과 싸우는 것이 아니라 자신들의 몸에 기생하는 이와 치열하게 싸운다. 그리고 전쟁은 같은 황량한 경험을 무한히 반복하는 것일 뿐이다. 대지는 쓰레기 더미로 가득 찬 도시와 같은 악취를 풍기면서 젖어있다. 해리슨이 사용하는 언어들은 모더니스트적이고 실존적이기도 하다. 등장인물들은 아일랜드의 부조리 작가 사무엘 베켓(Samuel Beckett, 1906-1989)의 작품에 등장하는 인물들처럼 깨끗한 침구, 섹스, 또는 죽음을 기다릴 뿐이다. 그래서 군사 용어이기도 한 정지(rest)라는 용어는 다른 의미로 작품을 지배한다. 말들은 끊임없이 그 의미를 전달하지 못하고 주춤거리며 생략되고, 이는 전복과 반항의 징표가 된다.

이차 대전에 관해서는 휴 가너(Hugh Garner, 1913-1979)의 『스톰 빌로우』(*Storm Below*, 1949)와 윌리엄 알리스터(William Allister, 1919-2008)의 『한 줌의 쌀』(*A Handful of Rice*)과 같은 작품이 있다. 캐나다의 2차대전과 연관된 소설의 공통점은 사람들에게 미친 전쟁의 영향을 심리학적인 관점에서 탐구한 점이다. 콜린 맥도걸(Colin McDougall, 1917-

1984)의 『처형』(Execution, 1958)은 시실리 침공에서 시작하여 이탈리아로 배경이 옮겨진다. 죄 없는 두 이태리 청년의 처형을 통해 작품은 주체성이 허물어지는 과정을 그려낸다. 두 사람의 죽음은 주인공인 아담(Adam)의 정체성을 무너뜨리고, 전쟁의 부조리함과 어처구니 없는 참상을 보여주는 이 텍스트는 캐나다 판 조셉 콘라드(Joseph Conrad, 1857-1924)의 암흑의 핵심(Heart of Darkness)이 된다.

캐나다의 모던 소설의 원형을 보여주는 작품으로 평가되는 사라 지네트 덩칸(Sara Jeannette Duncan, 1961-1922)의 『제국주의자』(The Imperialistt, 1904)에는 다양한 문화적 가치의 충돌이 국가 사이의 경계를 넘어 펼쳐진다. 덩칸은 이 작품을 통해 캐나다의 국민 의식을 고취시키고자 하였다. 잉글랜드와 특별한 교역 채결을 원했던 제국주의자들과 강력한 제국주의 세력으로 자리를 공고히 한 이웃 국가 미국을 지형으로 사건이 전개된다. 이 작품은 지역주의에 편승한 편견 있는 작은 마을의 화자를 통해 잉글랜드의 사회 정치 제도와 캐나다의 편협한 지역주의를 비판하는데, 영국의 제인 오스틴(Jane Austen, 1775-1871)이 보여 준 위트를 연상시키는 통속 로망스 장르로 분류될 수 있지만, 조세 문제나 국민을 대표하는 인물을 선출하는 심각한 정치적 문제를 심도 있게 다루었다. 서술의 공간은 한편으로는 사실주의적 플롯과 관점을 사용하여 성장하는 청년을 통해 지역적인 통일성을 부여한다. 또 다른 한편으로는 지역적인 문제를 예측 불가능한 유동적인 더 큰 공간으로 확장시키면서 플롯과 관점에 모더니스트적인 왜곡을 가한다. 덩칸은 리얼리즘을 향한 열망 안에 있기도 하면서 동시에 이와 같은 열망을 전복시키는 공간을 창출했다.

리얼리즘과 모더니즘 소설

덩칸의 소설은 국민 의식의 고취와 더불어 리얼리즘 계열의 일련의 소설가들에게 큰 영향을 미쳤다. 1900년도 중반 캐나다 문단에서는 리얼리즘 계열 소설이 정부의 지원과 민족주의적 정서의 고조와 더불어 주도적인 위치를 차지한다. 휴 맥레난(Hugh MacLennan), 몰리 칼라한(Morley Callaghan), 로버트슨 데이비스(Robertson Davies), 미첼(W.O. Mitchell) 등의 작가들이 리얼리즘계 소설을 썼다.

2차 대전이 시작할 때부터 1950년대 말까지 대중들에게 가장 많은 주목 받았으며 이 시기에 다섯 번의 캐나다 총독 상을 수상한 작가로 휴 맥레난(Hugh MacLennan, 1907-1990)이 있다. 그의 처녀작은 1941년에 출간된 『기압계 상승』(*Barometer Rising*)인데, 여기에서 맥레난은 캐나다를 양 대전 이후 독립을 추구하는 여명기로 알레고리화 시켰다. 그는 소설을 통해 캐나다인의 정체성을 진지하게 탐구한 대표적인 작가이다. 1945년에는 프랑스계 캐나다인과 영국계 캐나다인 사이의 역사적 반목을 다룬 소설 『두 고독』(*Two Solitudes*)을 출간하는데, 이 제목은 릴케(Rilke)의 시에서 가져온 것으로서 이후 프랑스와 영국 문화 사이의 간극을 표상하는 상징이 되었다. 『벼랑』(*The Precipice*, 1948)은 영국계 캐나다와 미국을 배경으로 청교도주의의 어두운 면을 탐구한 작품이다. 1951년에는 케이프 브레통 아일랜드(Cape Breton Island)의 광산을 배경으로 사회 정치적 이슈를 다룬 소설 『각각의 아들』(*Each Man's Son*)을 출간하고, 1959년에는 1930년대 캐나다인들의 사회적 정치적 영향력에 관한 소설인 『야간 파수꾼』(*The Watch that Ends the Night*)을 출간한다. 이 소설은 1959년 4개월간 캐나다의 베스트셀러였으며, 그의 작품 중 최고

작으로 평가되고 있다. 맥레난의 작품에서 호머의 서사시나 성경에 대한 인유(allusion)는 텍스트에서 다루는 캐나다 사건들을 보편적인 문맥으로 확장시키는 기능을 한다. 맥레난은 캐나다가 미국의 기술 경제에 사로잡히는 것을 경고한 소설 『스피닉스의 귀환』(The Return of the Sphinx, 1967)을 출간하기도 하였다. 맥레난은 캐나다의 전설과 신화 창조에 관심을 두었으며, 캐나다의 지질, 역사, 사회에 관심을 갖고 국가적 정체성을 상징적으로 구현한 작가이다. 맥레난은 연대기와 다큐멘터리의 세부 내용들을 서사시, 로망스, 그리고 모더니스트의 특징들과 융합시킨 작품들을 썼다.

프레데릭 필립 그로브(Frederick Philip Grove, 1879-1948)는 작가로서의 삶을 독일에서 시작하였으나 프랑스로 이민 간 뒤 캐나다의 매니토바(Manitoba)의 초원에 정착하였다. 1927년 출간된 『미국을 찾아서』(A Search for America)와 1928년에 출간된 『나 자신을 찾아서』(In Search of Myself)는 자신의 삶을 재구성한 것이다. 러시아에서 부유한 스웨덴 지주의 아들로 태어나 북아메리카에 건너와 토론토에서 웨이터로 일하고 북아메리카를 떠도는 여행을 하는 주인공에 자신의 모습을 투영하였다. 이 여정은 자신이 추구하는 농경적인 질서가 지탱되는 캐나다를 선택하는 과정이기도 하다. 1925년 출간된 『습지의 정착민들』(Settlers of the Marsh)은 개척민들의 초원에서의 삶을 리얼리즘적으로 묘사한 작품이며, 곧 이어 출간된 『우리가 일용할 식량』(Our Daily Bread, 1928), 『인생의 멍에』(The Yoke of Life, 1930), 『대지의 과일』(Fruits of the Earth, 1933)은 실패한 삶과 사회 제도의 결점에 대한 것이다. 개척민들의 삶을 기술하면서 그로브는 다소 애매한 입장을 취한다. 개척민들의 숭고한 스토이시즘 뿐 아니라 이들의 어리석음을 함께 보여주기 때문이다. 개척 농부들의 투쟁은 일상의 물질적 삶을 넘어서 신화적인 차원의 서사적 위치로 확장된다. 후기 온타리오 소설인 『두 세대』(Two Generations, 1939)와 『방앗간의 주인』(The Master of the Mill, 1944)은 가정이 파괴되고 사회적 갈등에 혼돈스러워하는 개척민들의 삶을 통해 변화라는 문제를 탐구하였다. 그로브는 대체로 리얼리즘의 틀에서 작품 활동을 하였지만, 믿을 수 없는 화자와 시간의 변환을 통해 실험적인 유형의 소설을 선도하였다. 그로브의 마지막 소설인 『그녀의 방식에 대해』(Consider Her Ways, 1947)는 사실주의로부터 벗어나 알레고리 형식을 통해 사회적 희화를 시도한 작품이다.

사회 문제에 관심을 갖은 또 다른 리얼리스트 작가로 싱클레어 로스(Sinclair Ross, 1904-1996)가 있다 그의 첫 소설은 1941년 출간된 『나와 나의 집에 대해』(As for Me and My House)이다. 로스는 기근과 경제 침체기의 삶을 절망과 고통의 통제된 표현으로 기술했는데, 경제 제도나 냉혹한 자연보다는 개개인의 삶의 영역에 초점을 맞추어 독자들에 호소하는 작품을 썼다. 후기작 『소우본즈 기념관』(Sawbones Memorial, 1974)은 모더니즘적인 내적 독백의 형태를 띠고 있다. 로스는 캐나다 소설에서 첫 번째 모더니스트 작가 중 하나로 평가된다. 칼라한(Callaghan)의 작품처럼 그의 소설은 한정된 관점을 사용하였다. 기술되고 있는 상황을 충분히 이해하지 못하는 일인칭 화자를 사용함으로써 독자들에게 이야기의 궁극적 의미를 전달하는 것이다. 그의 후기 소설은 인간의 외로움과 개인의 운명에 관심을 두었다.

지역 소설을 통해 큰 인기를 얻었으며 캐나다에서 마크 트웨인(Mark Twain, 1835-1910)의 역할을 한 작가로 평가받는 미첼(W.O. Mitchell, 1914-1998)은 예술과 오락 사이의 균형을 추구한 작가이다. 수많은 라디오와 텔레비전 스크립트와 단편을 남긴 작가로서 미첼은 구어체의 언어로 지역사회의 풍경과 삶의 리듬을 코믹한 톤으로 그려내었다. 그의 첫 소설은 1861년에 출간된 『제이크와 아이』(Jake and the Kid)이다. 이 작품은 그 다음 해에 스테펜 리콕 유머 상(Stephen Leacock Medal for Humor)을 수상하였다 미첼의 두 번째 소설 『카이트』(The Kite)는 1962년, 세 번째 소설 『사라짐』(The Vanishing)은 1963년 발간된다. 『나는 여름휴가를 어떻게 보내었는가』(How I Spent my Summer Holidays, 1981)는 마크 트웨인(Mark Twain)의 소설 『허클베리 핀의 모험』(The Adventures of Huckleberry Finn, 1884)과 비교될 수 있다. 그의 이상주의와 센티멘탈리즘은 1940년이나 50년대 취향이라 유행에는 뒤진 면이 있다. 미첼의 서술은 가지고 있는 것을 잃고 새로운 것을 얻는 반복적인 사이클이 목격된다. 코믹스러운 비전 속에서 리얼리즘은 비극적이라기보다는 진지한 코미디가 된다. 미첼은 예술가의 목적은 평범한 것들을 멋진 것으로 변형시키는 자질이라고 생각하였고, 사이클적인 삶의 패턴 속에서 코믹한 감각을 추구하는 에피소드적인 작품의 반복적 구도는 서사적인 자질이 있다. 미첼은 사실주의, 서사, 코믹의 영역이 혼재하는 작품을 만들어 내었다.

캐나다의 모더니즘

캐나다 문학은 모더니즘, 리얼리즘, 로망스가 혼재되어 캐논화된 방식으로 정형화되기 힘든 성향이 있다. 『케임브리지 캐나다 문학사』(The Cambridge History of Canadian Literature)에서 아이진 가멜(Irene Gammel)이 지적한 바와 같이 리얼리즘, 모더니즘, 로망스는 서로 적대적이며 상호 갈등을 일으키는 개념들이다. 이와 같은 적대적인 세력들이 뒤엉켜 하이브리드를 이루고 있는 것이 캐나다 문학의 특징적인 자질 중의 하나이다. 다른 나라보다 조금 뒤늦게 모더니즘 사조가 캐나다에 들어오면서 하이브리드적인 자질은 더욱 두드러지게 그 모습을 드러낸다. 작가들이 리얼리스트, 저널리스트, 로망스 작가 등으로 분류되기는 하지만, 서로 다른 스펙트럼 속에서도 크게 보면 이들은 모두 모더니스트 작가군으로 공유될 수 있는 자질이 발견된다. 캐나다의 대표적인 모더니스트 소설 작가에 프레데릭 필립 그로브(Frederick Philip Grove), 조지나 비니클락(Georgina Binnie-Clark), 로버트 스테드(Robert Stead), 마사 오스텐소(Martha Ostenso), 몽고메리(L. M. Montgomery), 마조 드 라 로쉬(Mazo de la Roche), 엘리자벳 스마트(Elizabeth Smart), 몰리 칼라한(Morley Callaghan), 존 글라스코(John Glassco)가 포함된다.

가면을 쓴 모더니즘과 리얼리즘에 대한 도전

프레데릭 필립 그로브(Fredrick Philip Grove, 1879-1948)는 국가와 인종적 경계를 넘어 여러 개의 마스크로 살아간 소설가이다. 그로브는 독일에서 펠릭스 폴 그레베(Felix Paul Greve)라는 이름으로 독일 여성과 살았다. 그는 엘사(Elsa)와 결혼하여 미국에서 생활하다가 그녀를 버리고 캐나다로 향한다. 그가 매니토바(Manitoba)에 도착하는 해가 1912년인데, 이때 프레데릭 필립 그로브(Fredrick Philip Grove)라는 이름을 쓰면서 캐나다 국민 문학의 비전을 제시한 작가로 자리잡게 된다. 필립 그로브는 1914년 22살의 캐서린 윈즈와 결혼하는데,

당시 이혼을 하지 않은 상태여서 윈즈와의 결혼은 불법이었다. 이와 같이 마스크를 쓴 삶을 살아간 자화상이 『미국을 찾아서』(*A Search for America*, 1927)와 『습지의 정착민들』(*Settlers of the Marsh*, 1925)에 드러난다. 독일 악센트로 말하고, 스스로 스웨덴인이라고 주장하고, 캐나다의 대변인으로서 국민 문학의 형성에 기여한 그는 FPG라는 영어 이니셜로 자신의 정체성을 감추고 다녔다. 그의 소설은 하이브리드 리얼리즘(Hybrid realism)이라는 말에 적합하고, 그의 소설, 논픽션 영역 모두 국가의 경계와 아이덴티티를 탐색하였다. 1923년 작 『해가 바뀔 때』(*The Turn of the Year*)는 모더니즘의 상징인 딱딱하고 구체적인 이미지로 가득 차 있고, 믿을 수 없는 화자가 등장하고 플래시백과 타임 쉬프트가 작품 곳곳에 엿보인다. 『방앗간의 주인』(*The Master of the Mill*, 1944)은 그로브의 가장 실험적이고 자의식적인 모더니스트 작품이다.

그로브의 작품들은 복잡한 마스크를 통해 전통적인 사실주의의 관행을 무너뜨렸다고 평가할 수 있다. 그러나 그의 작품을 넘어서려는 일련의 모더니즘 작가들이 등장한다. 그로브는 마사 오스텐소(Martha Ostenso, 1900-1963)나 로버트 스테드(Robert Stead, 1880-1959)와 같은 작가들에 의해 도전받는다. 마사 오스텐소의 1925년 작 『기러기』(*Wild Geese*)는 상업적으로 성공했고 2001년에는 〈추수 이후에〉(*After the Harvest*)라는 영화로 만들어지기도 하였다. 오스텐소는 그로브의 엘사(Elsa)를 의도적으로 차용하여 새로운 시각으로 바라본다. 오스텐소는 소설가와 결혼한 부르주아 도덕에 저항하는 여성 작가였고, 서양 여성 농부의 이미지로 엘사를 다시 채색한다. 그로브가 가부장주의를 공감과 향수적인 시선으로 바라보는 것과 대조적으로 『기러기』의 마사 오스텐소는 가족 구성원들에게 협박을 가하고 채찍질하는 가부장적인 칼렙 게어(Caleb Gare)의

악령을 지워나간다. 좌절된 여성의 성적 욕망을 그려낸 로버트 스테드의 『곡물』(*Grain*, 1926)은 그로브를 넘어서는 모더니즘 텍스트다. 이 작품은 캐나다 판 챠탈리 부인의 사랑이다. 전쟁에 참가한 남편이 불구자가 되어 돌아오면서 여주인공의 성적인 삶은 황폐해진다. 이 작품 또한 전통적인 로망스에 저항하는 새디즘적 모더니스트 텍스트이다.

조지나 비니클락(Georgina Binnie-Clark, 1871-1955)은 영국 도셋(Dorset)에서 태어난 정착민으로서 1905년 캐나다로 이주한다. 거주할 곳 없이 아사의 위협을 경험한 조지나는 자신의 경험을 『밀과 여인』(*Wheat and Woman*, 1914)에서 자기 비하적 유머로 표현한다. 매니토바 작가인 캐서린 스트레인지(Kathleen Strange)는 런던에서 태어나 남편과 함께 캐나다로 이주하여 여성 농부의 삶을 『그녀의 눈으로 서부와 함께, 현대 개척민의 이야기』(*With the West in her Eyes: The Story of a Modern Pioneer*, 1937)에서 그려내었다. 그로브에게 자연은 인간에게 무관심하거나 적대적인 반면, 스트레인지에게는 인간에게 새로운 관점을 제공해주는 보다 실용적인 존재였다.

로만틱 모더니즘 소설

사실주의적 모더니즘과 더불어 로망스가 모더니즘과 접점을 이루는 작품들이 캐나다 문학에서 생겨나는데, 그 대표적인 작품이 『빨강머리 앤』(*Anne of the Green Gables*)이다. 몽고메리(L. M. Montgomery, 1874-1942)의 소설에는 여성들 사이에서의 낭만적인 우정, 보수주의적인 지역사회의 가치관들이 텍스트의 층을 이루고 있다. 첫 소설 『빨강머리 앤』이 1898년 처음 출간된 이래 일련의 앤을 중심으로 한 소설에는 여성의 열망과 힘에 대한 내용이 담겨있다. 『애본리의 앤』(Anne of Avonlea, 1909), 『애본리의 연대기』(Chronicles of Avonlea, 1912), 『섬의 앤』(Anne of the Island, 1915), 『앤이 꿈꾸는 집』(Anne's House of Dreams, 1917), 『래인보우 벨리』(Rainbow Valley, 1919), 『잉글사이드의 릴라』(Rilla of Ingleside, 1921), 『바람부는 포플라의 앤』(Anne of Windy Poplars, 1936), 『잉글사이드의 앤』(Anne of Ingleside, 1936)의 앤 시리즈가 이어진다. 앤 시리즈보다 더 자선적인 성향이 강한 에밀리 시리즈 또한 이어지는데, 『새로운 달의 에밀리』(Emily of New Moon, 1923), 『에밀리 클라임』(Emily Climb, 1925), 『에밀리의 퀘스트』(Emily's Quest, 1927)가 출판되었다. 어둡고 복잡한 자아의 개념들이 몽고메리의 텍스트에 보인다. 낙담, 성적 갈망과 좌절은 몽고메리의 텍스트가 지닌 자질의 하나이다. 모더니즘 텍스트의 주요한 장치의 하나는 믿을 수 없는 일인칭 화자를 사용하는 것이다. 몽고메리 또한 믿을 수 없는 일인칭 화자를 사용하는데 능했는데, 몇 개월, 몇 달, 심지어 몇십 년 뒤 과거의 사건을 회고하고 재조명하면서 자아와 사회의 문제를 탐색한 것은 몽고메리 텍스트의 모더니즘적 측면을 잘 드러내어 준다. 몽고메리는 빅토리아조의 소설에 흔히 등장하는 여성을 소재로 한 로망스의 관습적 패턴을 넘어서 진지하게 사회적인 문제를 탐구하고 사회적 억압에 대한 여주인공의 아이러닉한 인식을 그려내었다. 그녀는 관습적인 결혼에 저항하고, 고정적 관습을 전복시키는 희화적인 측면이 혼재하는 로맨틱 모더니즘 텍스트를 구현하였다.

몽고메리와 마찬가지로 마조 드 라 로쉬(Mazo de la Roche, 1879-1961)는 상상력이 가득 찬 꿈을 잘나(Jalna) 시리즈에 실어내었다. 몽고메리의 아볼리아(Abolia)처럼 대중들의 큰 관심을 끌지는 못했지만, 로쉬는 남부 온타리오(Ontalio)에 가상적인 화이트오크 가(Whiteoak family)를 구축한다. 1957년 출간된 『변화를 알리며, 자서전』(*Ringing the Changes: An Autobiography*)은 서로 경쟁이 되는 여러 정체성을 지닌 인물을 설정하고 있다. 세계적인 명성을 얻는 여성 작가, 여성의 친구이자 삶의 동반자, 전기 충격 치료를 받는 정신병 환자, 두 아이를 입양한 싱글 여성과 같은 다양한 정체성을 지닌 인물들이 서로 경쟁적으로 텍스트에 등장한다.

오타와 출신의 엘리자벳 스마트(Elizabeth Smart, 1913-1986)는 보다 파괴적이고 충동적인 캐나다 모더니즘 텍스트를 출간하였다. 1945년 출간된 『중앙역에 앉아 울며』(*By Grand Central Station I Sat Down and Wept*)가 처음 출간되었을 때, 세간의 공격이 너무 심해서 스마트의 모친은 그녀의 책을 불살라 버려야 했다. 그러나 그녀의 책은 이제 제임스 조이스(James Joyce, 1882-1941)의 『율리시즈』(*Ulysses*, 1922)에 버금가는 모더니스트의 삶을 대변하는 작품이 되었다. 랩소딕하고 사회적 관습에 저항하는 화자는 격정적으로 여성의 성적 즐거움을 주장한다. 그녀의 사후에 출판된 『비밀의 필요성』(*Necessary Secrets*, 1986)과 『천사의 곁』(*Side of Angels*, 1994)에는 강박관념적인 사랑과 알코올 중독과 같은 파괴적인 모더니스트 예술가들의 모습이 엿보인다. 부르주아 사회의 관습적인 모습에서 탈피하여 섹슈얼리티에 솔직하게 대응하고 성적 사랑의 쾌감과 좌절에 대한 과감한 접근 방식은 그녀를 캐나다 모더니즘 고전의 반열로 서게 했다.

코스모폴리탄 모더니즘

모더니즘에서 도시주의(urbanism)과 코스모폴리타니즘(cosmopolitanism)은 핵심적인 개념이다. 20세기 중반 캐나다에서 도시주의와 코스모폴리타니즘에 대해 탐구한 대표적인 작가로 존 글라스코(John Glassco, 1909-1981)와 몰리 칼라한(Morley Callaghan, 1903-1990)을 들 수 있다. 특히 몰리 칼라한의 『파리에서의 그때 여름』(That Summer in Paris, 1963)과 존 글라스코의 자서전적 『몽파르나스의 회고록』(Memoirs of Montparnasse, 1970)은 1920년대 파리에서의 삶을 다룬 이야기들로서, 제임스 조이스(James Joyce, 1882-1941), 거트루드 스타인(Gertrude Stein, 1874-1946), 어니스트 헤밍웨이(Ernest Hemingway, 1899-1961) 등과 교류의 산물이다. 존 글라스코(John Glassco)는 19세기 말 데카당스 전통을 바탕으로 시를 쓴 몇 안 되는 캐나다 작가이다. 예술을 위한 예술을 강조했던 샤를 보들레르(Charles Baudelaire, 1821-1867)의 문예전통은 영국에서 스윈번(Swinburne, 1837-1909), 오스카 와일드(Oscar Wilde, 1854-1900), 조지 무어(George Moore, 1852-1933)로 이어진다. 글라스코는 불안, 경멸, 환상, 그리고 낙담의 정서를 초현실주의 시로 표현하였다. 그의 대표작은 『결손이 육체를 만든다』(The Deficit Made Flesh, 1958)와 『포인트 스카이』(A Point Sky, 1964), 『몬트리올』(Montreal, 1973)이다. 몰리 칼라한(Morley Callaghan)은 몬트리올에서 태어나 파리의 모더니스트들과 쉽게 정서적 교류를 나누었고, 성적 경계선을 오가면서 캐나다 퀴어 문화의 상징적인 인물로 자리매김되였다. 엘리엇(T. S. Eliot, 1888-1965)은 "전통과 개인의 재능"(Tradition and the Individual Talent, 1919)에서 모더니스트 작가들은 자신들을 낭만적 관행으로부터 벗어나 개성을 소멸시켜야 한다고 주장하였다. 캐나다 모더니스트 작가들은 엘리엇의 주장으로부터 벗어나 자신의 개성과 예술가의 삶을 지키면서 동시에 자신의 자아 뒤에 존재하는 마스크와 인위적 장치에도 관심을 기울였다.

몰리 칼라한(Morley Callaghan)은 삶을 결정하는 위기를 직면하는 주인공을 잘 짜여진 구도 아래 구현하였다. 토론토에서 태어나 교육받은 칼라한은 1923년 어니스트 헤밍웨이(Ernest Hemingway)를 만났는데, 헤밍웨이는 그의 문학적 재능을 인정하고 격려한 바 있다. 당시 그는 토론토에서 『데일리 스타』(Daily Star)를 출간하고 있었다. 그의 소설은 인간의 불완전한 상황의 보편적인 문제와 연관되어 있다. 그는 1929년 파리를 여행하여 일련의 국외 추방자들을 만난 뒤 1930년대에 주목할 만한 작품들을 출간한다. 칼라한은 『결코 끝나지 않아』(It's Never Over, 1930), 『누구의 고기도 아닌』(No Man's Meat, 1931), 『깨어진 여행』(A Broken Journey, 1932), 『내 연인은 그래』(Such is my Beloved, 1935), 『이제 여기 사월이 왔고, 다른 이야기들』(Now that April's Here and Other Stories, 1936), 『천상에서 더한 즐거움』(More Joy in Heaven, 1937)을 연달아 출간하였다. 1930년대 중반 이후 칼라한은 해결책을 기독교적 인본주의(Christian humanism)에서 찾았다. 잠시 저널리스트, 라디오 패널리스트로 활동한 뒤 1950년 이후 『사랑받은 자와 버려진 자』(The Loved and the Lost, 1951), 『몰리 칼라한의 이야기들』(Morley Callaghan's Stories, 1959), 『로마에서의 열정』(A Passion in Rome, 1961), 『공동묘지에 사는 남자』(A Fine and Private Place, 1975), 『다시 태양과 가깝게』(Close to the Sun Again, 1977) 등의 소설을 출간한다. 아일랜드 가톨릭으로서 토론토에서 변호사로 일했고, 잠시 파리를 여행한 칼라한은 진정한 국외추방자의 삶에서 안도감을 느끼지 못했다. 칼라한은 단일한 등장인물의 내면을 통해 개인이 직면한 어려운 상황을 탐구하는 능력이 탁월하다는 평가를 받고 있다. 그는 더 이상 도달할 수 없는 에덴과 같은 이상향에 대한 동경과 상실감을 객관적이고 간결한 스타일을 통해 표현하였다. 이와 같은 거리두기(detachment)의 이면에는 도덕을 잃어버린 비인간적인 세계에 대한 엄중한 경고가 있다.

싱클레어 로스(Sinclair Ross)의 『나와 나의 집에 대해』(*As for Me and My House*, 1941)는 캐나다 모더니즘 문학을 분석할 때 자주 등장하는 작품의 하나이다. 여기에서의 집은 회색의 지붕이 새어 빗물로 축축하고 가구 또한 보잘것없는 공간에서 다양한 인종들이 모여 사는 대안적인 장소이다. 작품은 일견 관습적이어 보이지만, 캐나다의 평원 마을의 소외된 공간이 등장하고 모더니스트들의 제유적인 장소가 상정되면서 리얼리스트들의 공간은 급격하게 해체된다. 『나와 나의 집에 대해』에 등장하는 인물들의 자아는 분열되어 있다. 필립(Philip)은 목사와 예술가 사이에 찢어진 인물이고, 폴(Paul)은 목장 일을 하는 것과 문헌학을 하는 것 사이에서 갈등을 일으킨다. 주디스(Judith)는 환상과 열망에 사로잡혀있으나 이로부터 벗어나려하며, 이름이 부여되지 않은 주인공은 인간이 지닌 잠재력에 대한 애정을 보이지만 갇힌 인간의 형태에 속박되어 있다. 그녀는 끊임없이 여성으로서의 자아를 지워나가고 캐나다의 작은 마을에서의 사회적 배경과 행위의 자질에 대해 숙고한다. 프랑스의 초현실주의 시인 앙드레 브르통(André Breton, 1896-1966)과는 달리 로스의 작품에서 인간의 분열된 자아 아래에는 기술(technology)이 작용하며, 이와 같은 시각을 통해 로스는 주목할 만한 캐나다의 모더니스트적인 장면들을 텍스트에 구현시킨다. 대평야의 곡창지대에 기차와 철로, 곡물을 운반하는 엘레베이터가 등장하고, 이와 동시에 주인공들의 복잡한 심리적 상태가 기술되면서 성적, 사회적, 미학적 주제들이 구현된다. 로스가 구현하는 공간은 물질적이고 사실주의적이지만 동시에 상상력이 만들어낸 구축물이기도 하다.

토마스 코스타인(Thomas B. Costain, 1885-1965)은 역사 로망스 『검정 장미』(The Black Rose, 1945)와 『은빛 성배』(The Silver Chalice, 1952)를 통해 캐나다에서 베스트셀러가 되었다. 온타리오 출신으로 그는 첫 소설 『나와 함께 타』(Ride with Me, 1944)부터 대중들에게 큰 인기를 얻었다. 1945년 『검정 장미』로 이백만 부 이상의 판매 기록을 세우고 소설이 할리우드에서 영화로 만들어지면서 코스타인은 전업 작가가 된다. 이후 『투자가』(The Moneyman, 1947), 『톤틴』(The Tontine, 1955), 『소금 아래에』(Below the Salt, 1955) 등의 작품을 출간하였다. 캐나다의 역사를 소재로 한 작품 또한 다수 발간하였는데, 허드슨 베이에서 뉴 오리안즈에 걸쳐 뉴 프랑스의 르 모인느(Le Moyne) 가문을 다룬 『하이 타우어즈』(High Towers, 1949), 1890년대 캐나다의 작은 마을을 배경으로 고아 이민 소년의 이야기를 다룬 『백 명의 왕의 아들』(Son of a Hundred Kings, 1950), 뉴 프랑스의 역사를 소재로 한 『흰색과 금색, 캐나다에서의 프랑스 정권』(The White and the Gold: The French regime in Canada, 1954)을 출간하여 대중의 인기를 얻었다. 천만 부 이상의 책이 서점에서 팔릴 정도로 그의 소설은 당시 대중들의 사랑을 받았다.

도시화, 산업화와 도시로의 대규모 인구 유입이라는 모더니스트 문제를 다룬 대표적인 작품으로 『싸구려 행복』(Bonheur d'occasion, 1945)이 있다. 이 소설은 프랑스계 캐나다인 가브리엘 루아(Gabrielle Roy, 1909-1983)가 쓴 작품으로 이 책으로 루아는 첫 프랑스 페미나상을 수상한다.

1947년에 『양철 프루트』(The Tin Flute)로 번역되어 영어 독자들에게 소개된 이 작품은 퀘벡이 배출한 최초의 도시 리얼리스트 소설로 평가되고 있다. 세계 2차 대전과 경제 위기로 혼란스러운 몬트리올에서 생존을 위해 밤낮을 가리지 않고 일하는 프랑스계 소시민들의 모습이 그려진다. 간절하게 행복을 갈구하면서 고통을 참고 역경을 이겨내는 소도시인들의 삶이 생생하게 기술되어 있다.

전쟁 전 유럽을 배경으로 만들어진 소설로 1938년작 그웨타린 그라함(Gwethalyn Graham, 1913-1965)의 『스위스 쏘나타』(Swiss Sonata), 1945년 작 필립 차일드(Philip Child, 1898-1978)의 『분노의 날』(The Day of Wrath), 1946년 작 헨리 크레이셀(Henry Kreisel, 1922-1991)의 『부자』(The Rich Man)가 있다. 이 작품들은 모두 나치 독일의 위협과 당면한 파국에 대한 절박한 감성을 보여준다. 그웨타린 그라함(Gwethalyn Graham)의 『대지와 지고한 하늘』(Earth and High Heaven, 1944)은 몬트리올을 배경으로 한 여성의 전쟁 로망스이며, 뉴욕 타임즈의 베스트셀러 리스트에 올랐던 작품이다. 이 작품에서 가장 주목이 가는 이슈는 캐나다에서의 반유대주의에 대한 비판이다. 1950년대 독일인과 유대인 사이의 러브 스토리는 유대계 캐나다 작가들에게 주목받는 주제가 되었다.

지역주의와 모더니즘 신화

브리티시 컬럼비아에서 모더니스트들의 신화를 만드는 작업을 수행한 작가들이 있는데, 하워드 오하간(Howard O'Hagan, 1902-1982)의 『테이 존』(Tay John, 1939), 에밀리 카(Emily Carr, 1871-

1945)의 『크리 위크』(*Klee Wyck*, 1941), 쉐일라 왓슨(Sheila Watson, 1909-1998)의 『더블 후크』(*The Double Hook*, 1959), 말콤 로우리(Malcolm Lowry, 1909-1957)의 『가브리오라로 가는 시월 페리』(*October Ferry to Gabriola*)와 같은 작품을 이 시기 모더니스트들의 성과로 꼽을 수 있다. 하워드 오하간(Howard O'Hagan, 1902-1982)은 캐나다 서부의 신화를 미국적 영웅 모드가 아닌 조셉 콘라드(Joseph Conrad, 1857-1924)의 『어둠의 속』(*The Heart of Darkness*)을 연상시키는 원주민들과의 재난적 관계의 이야기 속에서 구축해 나갔다. 로키 산맥 외곽의 철로 건설 조사를 배경으로 한 이 소설은 비극적 영웅인 원주민 테이 존(Tay John)의 삶과 식민주의 과정의 폭력성을 강조한다. 오하간은 백인 신화기술가였고 스토리텔러는 유럽인이다. 그러나 그가 기술하는 영웅들의 인종은 혼재되었고 원주민의 신화는 혼합적인 서술 모드 안에서 재구성된다.

　『더블 후크』의 저자인 쉐일라 왓슨(Sheila Watson, 1909-1998) 또한 브리티시 컬럼비아의 정신을 찬양한 작가이다. 왓슨의 영역은 건조한 업랜드 내륙이었고 그녀의 스타일 또한 유럽의 하이 모더니즘과 유사했다. 1970년대 이후 그녀는 캐나다에서 주목할 만한 첫 모더니스트 작가로 평가받고 있다. 작가 자신은 『더블 후크』의 지리적 공간이 영적인 소외를 상징적으로 드러내어주는 현대인의 상황을 보여준다고 언급한 바 있지만, 이 작품의 지리적 풍경은 토론토를 배경으로 하고 있다. 이 작품은 엘리엇(T.S. Eliot, 1888-1965)의 『황무지』(*The Waste Land*, 1922)의 영향 아래 만들어졌으며, 신화기록자인 예술가의 역할은 성경, 원주민들의 전설 등 이질적인 요소들을 혼재시키는 것이다. 시적이고 상징적인 언어로 충만한 이 지역 소설에서 살해당하는 포터 여사(Mrs. Potter)는 유령적인 가상의 공간을 차지한다. 소설의 의미는 실존주의적이며, 일상적인 행위를 넘어서는 대서사나 지배적인 담론이 텍스트에 없다. 이 작품이 처음 출간되었을 때 큰 혼란스러운 반응이 이어졌지만, 이후 캐나다 감독상에 노미네이트되는 등 그 가치를 인정받았다.

영국 모더니스트 노마드로서 『화산 밑에서』(Under the Volcano, 1947)를 쓴 말콤 로우리(Malcolm Lowry, 1909-1957)의 작품은 대부분 브리티시 컬럼비아의 해안가 광야에 관한 것이었다. 미완성 소설 『가브리올라로 가는 시월 페리』(October Ferry to Gabriola)는 집 없는 주인공이 황무지를 헤매는 모더니스트의 형이상학적 번뇌를 담았다. 브리티시 컬럼비아의 풍경 속에서 캐나다의 지역색을 포착해낸 또 다른 모더니스트 소설가로 에텔 윌슨(Ethel Wilson, 1888-1980)이 있다. 그녀의 첫 작품은 1937년 잉글랜드에서 출판되었고, 60세가 다 되어 첫 소설 『해티 도발』(Hetty Dorval, 1947)을 쓴다. 곧이어 『순수한 여행자』(The Innocent Traveller, 1949), 『늪의 천사』(Swamp Angel, 1954), 『사랑과 소금물』(Love and Salt Water, 1956)을 출간한다. 1952년에는 『사랑의 방정식, 미시즈 고우라이틀리와 다른 이야기들』(The Equations of Love, Mrs Go-lightly and Other Stories)이 출간되었다. 현대 캐나다 소설의 무녀이자 모계제(matriarchy)를 대변하는 그녀의 작품은 사실주의와 모더니즘의 균형보다는 관습적 리얼리즘의 한계를 넘나들면서 에피퍼니, 상징주의, 신화적 유형화 안에서 자신의 세계를 구축한 모더니스트적인 측면이 강하다.

어니스트 벅클러(Ernest Buckler, 1908-1984)는 노바 스코샤(Nova Scotia)의 아나폴리스 계곡(Annapolis Valley)을 배경으로 지역 소설을 쓴 작가이다. 1952년 소설 『산과 계곡』(The Mountain and the Valley)은 탁월한 내적 풍경 묘사와 농사를 짓는 행위가 예술가인 주인공 데이비드 캐나안(David Canaan)에 의해 필터링된다는 점에 있어서 아일랜드 소설가 제임스 조이스(James Joyce, 1882-1941)의 『젊은 예술가의 초상』(*Portrait of the Artist as a Young Man*, 1916)과 유사하다. 데이비드 캐나안이란 이름은 스테펜 데달루스(Stephen Dedalus)의 알레고리적인 반향이다.

1970년대 데프포드(Deptford) 삼부작인 『제5의 사업』(*Fifth Business*, 1970), 『맨티코어』(*The Manticore*, 1972), 『경이의 세계』(*World of Wonders*, 1975)와 살터톤(Salterton) 삼부작인 『템페스트 토스트』(*Tempest-Tost*, 1951), 『누룩』(*Leaven of Malice*, 1954), 『허약함의 혼재』(*A Mixture of Frailties*, 1958)로 국제적인 큰 명성을 얻은 모더니스트 작가로 로버트슨 데이비스(Robertson Davies, 1913-1995)가 있다. 그의 초기 작품은 사회적 이슈를 코미디로 표현한 것들로서 스테펜 리콕(Stephen Leacock, 1869-1944)의 전통 아래 캐나다의 지역주의를 풍자하였다. 데이비스는 심리학자 칼 융(Karl Jung, 1875-1961)의 사회분석과 신화에 관심이 있었고, 그의 후기작들은 집단무의식에 관한 것들이다.

다이아포라 모더니즘 소설

유대계 캐나다 문학의 창립자로 간주되는 클라인(A.M. Klein, 1909-1972)은 1951년 소설 『두 번째 스크롤』(*The Second Scroll*, 1951)을 출간하는데, 이 작품은 구라파 대륙의 『율리시스』(*Ulysses*)와 같은 모더니스트 서사시로 간주될 수 있다. 멜라크 아저씨(Uncle Melech)는 산채로 무덤에 파묻힌다. 그는 유대인들이 오랫동안 기다리던

메시아가 부활하듯 이 지옥과 같은 곳에서 살아나 이스라엘에 도달한다. 이곳에서 그는 존경 받는 인물이 되지만 살해당한다. 작품의 화자는 멜라크의 더블로서 멜라크의 발자취가 닿는 곳을 따라가면서 이스라엘 민족의 열정과 불만, 희망을 기록한다. 멜라크는 만인(Everyman)의 유형으로서 이 세상에서 살아가고 사망한 유대인들의 고통을 공유하는 보편적인 인물이다. 그는 새로 태어나는 국가의 희망을 표상하고 다윗 왕이 갈망하던 구세주의 표상이 된다. 자서전적 성격을 지니고 있는 이 소설에는 각 장에 시들이 실려 있고, 편지와 연극에서 끌어온 구절들이 있으며, 이들은 소설의 마지막 부분에서 서로 만나는 구도를 지니고 있다. 이와 같은 탈무드적 구도는 유대인들의 믿음이 기록되어 있는 텍스트의 자질을 보여주는 것이라 할 수 있다. 클라인의 메시아적인 음성에 대한 탐구는 모더니즘적인 것을 넘어서 포스트모던적 자질을 보여준다.

캐나다에서 유대인들의 다이아포라적인 경험을 기록한 최초의 여성 작가로 아델 바이즈만(Adele Wiseman, 1928-1992)이 있다. 1956년작 『희생』(*The Sacrifice*)은 캐나다 총독상을 수상한 최초의 유대계 캐나다 작품이다. 경제 공황 당시 위니펙(Winnipeg)의 유대인들이 거주한 유대인들의 삶을 기술한 이 작품은 구약 성서의 아브라함과 이삭의 신화를 현대 북 아메리카라는 문맥에서 구현한 작품으로 평가된다. 그녀의 작품은 베라 리센코(Vera Lysenko, 1910-1975)의 『노란 부츠』(*Yellow Boots*, 1954)와 존 마린(John Marlyn, 1912-2005)의 『죽음의 늑골 아래』(*Under the Ribs of Death*, 1957)에 영향을 미쳤다.

유대인들의 다이아포라적 경험을 풍자와 코미디를 통해 구현한 캐나다에서 가장 잘 알려진 작가인 모데카이 리칠러(Mordecai Richler, 1931-2001)는 1950년대에 출간을 시작한다. 1950년에 몬트리올을 떠나 유럽으로 건너온 리칠러는 『곡예사』(The Acrobats, 1954), 『작은 영웅의 아들』(Son of a Smaller Hero, 1955), 『적들의 선택』(A Choice of Enemies, 1957), 『두디 크라비쯔의 견습직』(The Apprenticeship of Duddy Kravitiz, 1959)을 발표한다. 그는 제임스 조이스(James Joyce, 1882-1941)와 같이 자신이 피한 도시로 회귀하지만, 전쟁으로 엉망이 된 유럽에서의 실존주의적 고뇌로부터 전후 북아메리카의 새로운 번영으로 관심을 옮겨간다. 리칠러의 작품은 엘리엇(T. S. Eliot, 1888-1965)의 황무지로부터 정교한 모더니스트의 패티쉬, 풍자의 카니발리즘에 이르기까지 모더니즘의 정수를 잘 보여준다

1950년대 말 캐나다적인 것에 대한 모더니스트서의 통찰력을 보여준 국외추방작가로 마비스 갈란트(Mavis Gallant, 1922-2014)와 노만 레빈(Norman Levine, 1923-2005)가 있다. 갈란트는 몬트리올을 떠나 파리에 머물렀고, 레빈은 오타와에서 몬트리올을 거쳐 잉글랜드에 머물렀다. 레빈은 1958년 출간한 『나를 만든 캐나다』(Canada made Me)를 통해 어니스트 헤밍웨이(Ernest Hemingway, 1899-1961) 스타일로 자신의 모국에 대한 양면적인 감정을 드러내었다. 1959년 출간된 갈란트의 소설 『그린 워터 그린 스카이』(Green Water, Green Sky)와 같은 해에 출간된 리칠러의 『곡예사』(The Acrobats)는 북아메리카 여성의 광기와 파리의 정신수용소에서의 삶을 폐쇄공포증적인 형태로 구현한 작품이다. 한편 브라이언 무어(Brian Moore, 1921-1999)는 『진저 코페이의 행운』(The Luck of Ginger Coffey, 1960)에서 유럽에서의 자신의 경험을 몰개성적인 하이 모더니스트적인 방식으로 그려내었다. 갈란트, 레빈, 무어로 이어지는 일련의 소설가들의 작품 세계는 헤밍웨이나 엘리엇이 보여준 코스모폴리탄적인 모더니즘과 맥이 닿아 있다.

5

모더니즘 시

(Canadian Modern Poetry)

캐나다는 모더니즘 소설 뿐 아니라 시에서도 괄목할 만한 작가들을 배출하는데, 1920년대 뉴펀들랜드(Newfoundland)에서 시작된 새로운 시의 출현과 몬트리올 그룹을 중심으로 한 맥길 대학(McGill University)에서의 다양한 실험은 연방시인들의 시풍에 젖어 있던 캐나다 문단에 대한 강한 도전으로 받아들여졌다. 모더니스트들의 출현으로 캐나다의 시는 지적이고 형이상학적 풍요로움을 갖추고 낭만주의 전통의 낡은 유산을 청산한다. 캐나다의 모더니즘은 1차 대전 전쟁시인의 출현, 이미지즘과 연관된 하이 모더니즘, 국가의 경계를 넘어서는 범세계적인 미적 운동과 연관된 초기 모더니즘과, 초기 모더니즘의 남성적인 음성에 의해 주변부로 밀려나있던 다양한 음성들이 표출되는 후기 모더니즘으로 구분될 수 있다. 후기 모더니즘 작가로 루이스 모리 바우만(Louise Morey Bowman, 1882-1944), 도로시 라이브세이(Dorothy Livesay, 1909-1996), 페이지(P.K. Page, 1916-2010) 등을 들 수 있는데, 여기에는 상당수의 여성 작가들이 포함되어 있다.

빅토리아조의 유산과 캐나다 모더니즘

문예비평가이자 시인인 레오 케네디(Leo Kennedy, 1909-2000)는 1928년 "캐나다 문학의 미래"(The Future of Canadian Literature)라는 글에서 20세기 초 캐나다 문학은 빅토리아조에서 모더니즘을 거치지 않고 바로 포스트모더니즘으로 넘어간다고 평하면서 캐나다에는 아직도 앨프레드 로드 테니슨(Alfred, Lord Tennyson, 1809-1892)이나 윌리엄 워즈워드(William Wordsworth, 1770-1850)의 전통이 시를 지배하고 있다고 지적한 바 있다. 그는 하야카와(S.I. Hayakawa)가 언급한 캐나다 시의 부류, 즉 빅토리아풍(Victorian), 새로운 빅토리아풍(Neo-Victorian), 준 빅토리아 풍(Quasi-Victorian)이 존재한다는 지적 또한 인용한 바 있다. 다른 나라의 문예사조에 비해 캐나다의 모더니즘은 그 시기가 늦었고, 그만큼 빅토리아조의 유산이 큰 힘을 발휘했으며, 포스트모더니즘과 큰 간극이 없이 전개되었음을 지적하는 평이라 할 수 있다.

아서 스티링거(Arthur Stringer, 1874-1950)가 편집한 시집 『열린 바다』(*Open Water*, 1914)의 선언적인 서문은 보다 자유로운 시를 추구하는 캐나다 모더니즘의 태동을 암시해 준다. 프랭크 올리버 콜(Frank Oliver Call, 1878-1956)의 1920년 시집 『아칸서스와 야생 포도』(*Acanthus and Wild Grapes*)의 서문 또한 모더니즘 선언의 기념비로 평가되고 있다. 여기에서 아칸서스는 전통적인 시를 야생 포도는 현대적인 시를 상징하는 것이며, 그는 새로운 시를 통해 미학적으로 양자의 다리를 놓아야 한다고 주창하였다. 루이스 모리 바우만(Louise Morey Bowman, 1882-1944)의 『타임피시스』(*Timepieces*, 1922)는 기계와 기술 시대의 도래에 대한 그녀의 명상이 잘 드러난 시집이다. 시인은 고풍의 집에서 텅 빈 집으로 그리고 정원으로 이동하는데, 이 과정에서 시는 점차 추상화되어 가며, 유기적인 세계와 비유기적인 세계가 혼합된다. 시인은 빅토리아조의 집과 정원 그리고 기계를 서로 비교하면서 기계의 안과 밖의 장소를 오가면서 모더니즘적인 기계의 세계와 정원과 고풍의 집이 지닌 전형적 구도를 병치시킨다.

캐서린 헤일(Katherine Hale, 1878-1953)의 작품 『그레이 니팅』(*Gray Knitting*, 1914)과 『북쪽으로 가기』(*Going North*, 1923)는 모더니티를 탐구한 캐나다 초기 모더니즘 시의 대표작이다. 『그레이 니팅』은 1차 대전 중 참호 속에 전투 중인 남자들을 위해 뜨개질을 하는 캐나다 여인들을 염두에 두고 쓴 시이다. 뜨개질 하는 여성의 가정적 영역과 참호에서 전쟁에 임하는 남성들의 영역은 분리되어 있다. 뜨개질 행위는 남성들의 힘을 상징하는 참호에서는 어리석고 적절하지 못해 보인다. 그러나 남성들이 죽은 다음 남아있는 여성의 뜨개질한 옷은 또 다른 희생을 상징한다. 남성과 여성 영역의 시적 탐구는 『북쪽으로 가기』에서도 이어진다. 『북쪽으로 가기』는 국제적인 모더니즘 운동을 캐나다적인 배경 아래에서 사회적·지리적·성적 영역, 전후에 대한 숙고, 국민주의의 태동, 과거에 대한 새로운 관심이라는 네 가지 핵심 주제 아래 탐구한다. 헤일은 영감을 얻기 위해 남쪽이나 동쪽이 아닌 북쪽을 선택하는데, 아이러닉하게도 북쪽으로의 길은 모더니티를 향한 여행이 된다. 또한 북쪽으로 가는 시인의 여정은 여성 해방의 상징적 여행을 의미한다.

문예사에서 이미지즘의 태동은 영국의 비평가인 흄(T.E. Hulme, 1889-1917)으로 거슬러 올라가며, 이는 하이 모더니즘의 시발점으로 간주되어 왔다. 여기에서 우리가 주목할 점은 흄이 이미지즘 이론을 내기

전에 캐나다를 여행했으며, 서부 캐나다의 넓은 평원을 바라본 뒤 큰 영감을 받았다는 점이다. 캐나다는 이미지즘을 불러일으킬 적절한 토양을 제공하고 있었던 것이다. 캐나다에서 본격적인 모더니즘 시의 태동은 프랏(E. J. Pratt, 1882-1964)으로 거슬러 올라간다.

캐나다 모더니즘의 태동

영국의 식민지로 있었던 뉴펀들랜드(Newfoundland)에서 태어나 성장하였던 프랏(E. J. Pratt, 1882-1964)은 뉴펀들랜드 해안가의 소리와 동물들, 그곳에서 살아가는 캐나다인의 모습을 그의 시에 담았다. 1923년 프랏은 『뉴펀들랜드 시선』(*Newfoundland Verse*)을 출간하는데, 이 시선집은 캐나다 문학의 역사에서 전환점이 된 저서로 평가받고 있다. 프랏은 비가적인 무드 속에서 뉴펀들랜드의 캐릭터들을 유머스럽고 정감있게 그려내었다. 이후 그는 토론토 대학에 재직하면서 장편의 내러티브 시를 출간한다.

1930년 출간된 『루즈벨트와 안티노』(*The Roosevelt and the Antinoe*)는 바다에서 벌어지는 영웅주의 서사 이야기이다. 이 작품은 자연의 파괴적인 힘에 맞서 자신을 희생하는 선원들의 영웅담으로, 출간되자마자 캐나다에서 큰 호평을 받았다. 프랏은 대서양 한가운데에서 폭풍우를 만나 좌초하는 상황에서 이에 맞서는 선원들의 담대함을 다섯 박자의 행(five beat line)으로 그려내었는데, 이 내러티브는 『바다에 관한 운문들』(*Verses on the Sea*, 1930)이나 그가 편집한 『운문으로 된 영웅 이야기들』(*Heroic Tales in Verse*, 1941)에서 반복적으로 사용되었다. 곧이어 『타이타닉』

(*The Titanic*, 1935), 『브레뵈프와 그의 동포들』(*Brébeuf and his Brethren*, 1940), 『덩케르크』(*Dunkirk*, 1941)가 출간되었으며, 1952년 캐나다의 첫 대륙 횡단철도를 소재로 한 『마지막 스파이크를 향해』(*Towards the Last Spike*)가 출간되는데, 이 작품들은 캐나다의 서사시적 기념비로 평가받고 있다. 『브레뵈프와 그의 동포들』에서는 명백히 전쟁과 연관된 소재로 리서치 지향적인 방법으로 정확하고 구체적인 다큐멘터리 스타일로 국민적인 서사를 써내려 갔다. 동료 시인들의 표현을 빌자면 프랏은 국민주의적인 작품을 쓰는데 있어서 동시대에 대적할 인물이 없었다.

프랏은 자신의 시에 서사적인 자질을 부여하기도 했지만, 한 명의 영웅이 사건들을 해결하는 서사시의 관습을 따르지 않았다. 대신 그는 개개인들이 모인 사회적 단체가 영향력을 발휘하는 것에 초점을 맞추었다. 그는 무운시(blank verse)와 여덟 음절의 이행 연구(octosyllabic couplets)의 형태로 캐나다의 독특한 이미지와 신화를 만들어 내는 새로운 가능성을 모색한 시인으로 자리매김 되어 있다. 그의 작품에는 동물들의 세계와 기계가 혼합되어 있다. 「상어」("The Shark")에서 바다 속 생물은 더 이상 유기체가 아니라 캐나다 신화의 동물로 변형된 살인 기계가 된다. 동물, 신화, 기계가 캐나다적인 관점에서 결합되어 새로운 공간을 만들어 낸다. 프랏은 모더니즘의 파편적 속성을 장대한 내러티브의 형식으로 커다란 비전 안에 혼합시킨 캐나다적인 모더니즘을 구축하였다. 후일 캐나다의 저명한 문학 평론가 노스럽 프라이(Northrop Frye, 1912-1991)는 프랏을 캐나다에서 서사시적 음유시인 역할을 한 작가라고 평가한 바 있다.

캐나다 모더니즘 시는 보통 프랏이 아니라 맥길 대학(McGill University)을 중심으로 형성된 것으로 평가되고 있다. 스미스(A.J.M. Smith, 1902-1980)와 스콧(F.R. Scott, 1899-1985)은 『맥길 포트나이트리 리뷰』

(*McGill Fortnightly Review*, 1925-27)를 통해 낭만주의적인 시와 결별하는 혁신적인 시도를 감행한다. 이 문예 잡지는 1925년 11월에 처음 발행되었으며, 당시 스미스는 『맥길 일간 문예지』(*McGill Daily Literary Supplement*, 1924-25)를 출간하고 있었다. 여기에 젊은 시인들 레오 케네디(Leo Kennedy 1907-2000), 클라인(A. M. Klein, 1909-1972)이 가세하여 몬트리올 그룹(Montreal group)을 형성한다. 1926년 스미스는 『맥길 포트나이트리 리뷰』에 투고한 "현대 시"(Contemporary Poetry)라는 에세이에서 시대가 급격하게 바뀌고 있으며, 기술과 과학의 영향력에 의해 일상의 삶이 큰 영향을 받고 있다는 점에 주목한다. 세상이 바뀌어 가는 것에 맞추어 문예 기법도 바뀌어야 하며, 과학을 촉매제로 하여 빅토리아조의 종교적이고 철학적인 사상들을 변형시켜야 한다고 주장하였다. 그는 1943년에 출간한 『캐나다 시집』(*The Book of Canadian Poetry*)의 서문에서 모더니즘은 기술의 단순화로부터 생겨나는 것이며, 캐나다 시인들은 과거의 수사학에 저항하여 더 예리하고 더 객관적인 이미지를 추구하고 있다고 지적한다.

『맥길 일간 문예지』가 폐간되고 『맥길 포트나이트리 리뷰』가 출간되면서 몬트리올 그룹은 제 2기를 맞이한다. 『맥길 포트나이트리 리뷰』에서 스콧은 전통적인 시형식에서 실험적인 시형식에 이르기까지 캐나다의 문화적 지형을 광범위적이고 유연한 형식으로 탐색하였다. 스콧은 특히 캐나다 문학이 상업화되는 현상에 대해 거부감을 표시했으며, 새로운 시인들과 비평가들이 문예활동에 몰두하기 위한 모임을 갖고 『캐나다 작가들 만남』(*The Canadian Authors Meet*, 1927)을 출간했다. 그는 문예 모임의 구성원들을 "값비싼 허수아비들"(expansive puppets), "알려지지 않은 자들"(Unknowns)이라고 부르면서 부르주아적인 경박함과 예술의 상업화에 저항하고자 하였다. 몬트리올 그룹 제 3기는 루이스 슈와츠(Louis Schwartz)의 주도 아래 『캐내디언 머큐리』(Canadian Mercury)가 발행된 시기이다. 스미스, 스콧, 클라인, 케네디, 에델 등이 이 시기를 주도하였다.

1936년 봄 스미스와 스콧은 『뉴 프로빈스』(New Provinces)라는 새로운 잡지를 출간하는데, 이 잡지는 또 다른 의미에서 캐나다 모더니즘 시의 혁신을 주도하였다. 이 시기가 몬트리올 그룹 제 4기에 해당된다. 이 시집에는 스미스, 스콧, 케네디, 클라인 등의 모더니즘 시인들의 시가 실려 있는데, 유연한 형식과 자유로운 시적 어휘, 생동감 넘치는 이미지로 가득 차 있다. 이 시집의 서문은 1798년 발간된 영국의 계관 시인 윌리엄 워즈워드(William Wordsworth, 1770-1850)의 『서정 민요집』(Lyrical Ballads) 서문과 비견된다. 둘 다 새로운 시대를 여는 선언서적 의미가 있지만, 워즈워드가 평범한 사람의 일상적인 언어를 찬양한 반면 스콧은 유연한 형식과 모더니스트들의 언어를 주창하였다. 이 시전집의 서문을 쓰면서 스콧과 스미스는 대립하였다. 특히 스미스는 이전 캐나다 시인들의 시적 성취를 비판하였는데, 스미스의 긴 서문은 스콧의 짧은(짧) 서언으로 대체되었다. 스콧은 이전 시인들의 낭만주의뿐 아니라 자본주의를 거부하는 운동에 적극적으로 가담하였다. 스콧의 시에는 사회적 비판 의식이 그 저변에 깔려있다. 그는 연방시인들의 시풍에 젖어 있던 문단에 대한 강하게 저항하면서 캐나다의 시에 지적인 면이 전적으로 결여되어 있다고 강하게 성토했다. 플랏의 이름은 잡지 어디에도 엿보이지 않았고, 그의 시도 실리지 않았다. 대신 형이상학파 시인들(metaphysical poets)과 엘리엇(T. S. Eliot, 1888-1965)의 시적 전통은 『뉴 프로빈스』 어느 곳에서나 목격되었으며, 『뉴 프로빈스』는 캐나다 문단에 모더니즘의 시풍을 공고하게 만든 잡지가 되었다.

맥길 포트나이트리 리뷰와 캐나다 모더니즘의 형성

  몬트리올에서 태어나 『맥길 데일리 문예 특집판』 (*Literary Supplement of the McGill Daily*)을 통해 문예활동을 시작한 스미스(A.J.M. Smith, 1902-1980)는 영국 에딘버러(Edinburgh)에서 17세기 영국 형이상학파 시인 존 돈(John Donne)의 대가인 그리어손(H.C.C. Grierson) 밑에서 박사학위를 취득한 뒤 몬트리올로 돌아와 『맥길 포트나이트리 리뷰』를 리드한다. 스미스는 감정이 몰개성적인 지성의 소산보다 열등하다고 믿었던 시인이며, 엘리엇(T.S. Eliot)의 초기 시를 모델로 속물주의와 몬트리올의 파벌주의를 극복하고자 하였다. 몬트리올 그룹이라 불리우는 작가들 즉 스미스, 클라인, 스콧, 케네디는 1936년 서로 함께 작품 활동을 하는데, 여기에 프랏과 토론토의 로버트 핀치(Robert Finch, 1900-1995)도 참여하였다. 스미스는 1920년대 더 자유로운 시어와 더 유연한 형식으로의 혁신을 주장하였는데, 『맥길 포트나이트리 리뷰』의 일부 현대 시인들은 이 혁신을 반대하였고, 그가 썼으나 출간되지 못한 서언은 1973년 『캐나다의 문필의 관점을 향해』(*Towards a View of Canadian Letters*)에 출간된다. 시가 인위적인 산물이라는 점을 단호하게 거부하면서 스미스는 캐나다의 워즈워드(Wordsworth)와 코울리지(Coleridge)의 역할을 수행하였다. 스미스는 파스티셰, 희화, 버레스크, 외설적인 양식 등 다양한 스타일을 구사할 수 있었다. 그러나 그의 시는 흔히 일상적인 대화체였고, 가끔 명상적이기도 하였다. 또한 음담패설보다는 단순한 서정주의와 관능성이 주도적이었으며, 형식적인 아름다움을 추구하였다.

『캐나다 시집』(The Book of Canadian Poetry, 1945)의 서문에서 스미스는 범세계적인 시인(cosmopolitan poet)과 토박이 시인(native poet)을 구분한다. 범세계적인 시인은 캐나다인의 삶 어디에나 공통적으로 통하는 것에 관심을 보이는 시인이며, 토박이 시인은 캐나다인의 독자적인 삶에 집중한다. 범세계적인 시인은 처음부터 보편적이고 문명화된 생각의 영역에 들어감으로써 식민지화를 넘어서려는 영웅적인 시도를 하는 시인들이다. 스미스에게 있어서 식민주의는 캐나다의 글쓰기를 위협하는 무시무시한 힘으로 보였다. 스미스의 시에는 강력하고 위트 있는 긴장감이 엿보이는데, 이와 같은 긴장감은 17세기 영국 시인들로부터 차용한 난해한 구문, 정교한 인용과 구어체 시적 리듬으로부터 생겨나는 것이다. 그는 일상적인 것으로부터 풍요함을 찾아내고 심각한 이슈를 다루면서도 유머를 추구하는데 탁월한 능력을 보였다. 스미스는 시가 최소한의 핵심 틀 안에서 최대한의 의미를 암시하며, 잘 조직되고, 복잡하며, 경험을 통합적으로 재구성할 수 있어야 한다고 생각했다. 시는 경험을 기술하는 것이 아니라 시 자체가 경험이며, 수용적인 독자들에게 시인이 시에 창조한 경험과 상응되는 새로운 경험을 만들어 낼 수 있어야 한다고 스미스는 믿었다.

캐나다 문단의 낭만주의의 낡은 유산을 청산하는데 큰 기여를 한 프랜시스 레지날드 스콧(Francis Reginald Scott, 1899-1985)은 프레데릭 조지 스콧(Frederic George Scott)의 아들이며, 퀘벡에서 태어나 맥길 대학의 법학 교수로 재직하면서 신생 캐나다 사회에서 헌법과 정치적 형태에 대한 연구와 교육에 큰 공헌을 하였다. 문학에서 그가 보여준 캐나다 자연의 북서부 지형에 태한 통찰력은 이후 알 퍼디(Al Purdy, 1918-2000)

나 마가렛 애트우드(Margaret Atwood, b. 1939)와 같은 시인들에게 큰 영향을 미쳤다. 시인으로서 스콧은 맥길 대학에서 스미스를 만나면서 시작된다. 그는 스미스, 레온 에델(Leon Ethel)과 함께『맥길 포트나이트리 리뷰』를 만들어 캐나다의 모더니즘을 정착 발전시키는데 큰 기여를 한다. 시인으로서 스콧의 경력은 캐나다 문학에서 빅토리아조 낭만주의로부터 모더니즘으로의 흐름을 잘 보여준다. 다른 모더니스트들과 마찬가지로 그의 시에는 자연을 상징으로 사용하는 낭만주의적 성향이 목격된다. 그는 시가 사회를 바꿀 수 있다고 믿었으며, 1920년대말 이미지즘으로부터 30년대 프롤레타리안 리얼리즘, 40대와 50대 사상과 형식에 있어서 형이상학적 풍요로움으로 특징지어지는 시기까지 캐나다 문예사조의 흐름을 압축적으로 보여준다.

스콧의 시는 특정한 이미지나 자연의 풍경으로부터 인간 삶의 더 큰 패턴 속에서의 이미지로 그 의미를 확장시킨다. 시의 주제는 흔히 인간이 자연과 사회와 맺는 관계에 대한 탐구이다. 인간의 여행은 더 커다란 우주적 흐름 속에서 새로운 움직임이 무엇인지 파악하고자 애쓰며 그 물결에 자신을 투사하는 것이다. 그는 1936년 첫 모더니스트 캐나다 시선집인『뉴 프로빈스』의 서문을 쓰고, 1942년에는 패트릭 앤더슨, 에이지, 클라인을 포함하는 작가들이 편집하는『프리뷰』(*Preview*)를 만들고, 라이벌 출판물인『퍼스트 스테이트먼트』와 합쳐서『노썬 리비우』(*Northern Review*, 1945-56)를 만들었다. 그의 후기시는『트루베이 산문시』(*Trouvailles: Poems from Prose*, 1967),『춤은 하나』(*The Dance is One*, 1973),『시선집』(*Collected Poems*, 1981) 등이 있다. 스미스(A.J.M. Smith, 1902-1980)와『빌어먹을 소나무, 주로 캐나다 작가들이 쓴 풍자, 악담과 무례한 시편들』(*Blasted Pine: An Anthology of Satire, Invective* and Disrespectful Verse: Chiefly by Canadian Writers)을 편집하기도 했는데, 실재로 스콧은 서정적 이상주의자이자 풍자주의자였다.

클라인(A.M. Klein, 1909-1972)은 러시아계 유대인으로서 탈무드 전통에 기반을 두고 캐나다 모더니즘 시 형성에 기여를 하였다. 특히 1929년에서 1944년 사이에 발표된 그의 초기시편에는 유대교 전통, 성서의 수사, 엘리엇(T.S. Eliot, 1888-1965)의 시적 전통이 강하게 엿보인다. 『유대인 없음』(Hath Not a Jew, 1940)과 『시편들』(Poems, 1944)에서 이와 같은 경향을 엿볼 수 있다. 1948년에 출간된 『흔들의자와 다른 시편들』(The Rocking Chair and Other Poems)은 그의 후기시집인데, 이 시기에 클라인은 『프리비우』(Preview)와 『퍼스트 스테이트먼트』(First Statement)라는 저널을 중심으로 활동하면서 스콧, 앤더슨, 레이튼과 함께 새로운 시의 형태를 탐구하였다. 클라인의 시는 상호 텍스트성이 강하고 다른 작품들과 복잡한 관계로 언어적으로 얽힌 대표적인 국제적인 모더니즘(international modernism) 작품으로 평가되고 있지만, 동시에 국제적인 모더니즘의 종말을 표상하기도 한다. 클라인의 유대주의는 몬트리올이라는 지역적 특성을 지니고 있지만, 동시에 국경을 넘어선 범국가적인 유대인들의 고통과 경험을 토대로 하고 있다. 유대주의의 경전과 풍습을 포함한 클라인의 개인적인 음성은 모더니스트의 몰개성(impersonality)적 시적 전통과 서로 변증법적 관계에 있다할 수 있다.

모더니즘시의 새로운 문예적 전통

『맥길 포트나이트리 리뷰』(McGill Fortnightly Review, 1925-1927)는 1940년대 새로운 형태의 캐나다 시를 만드는 분위기 조성에 큰 공헌을 하였다. 1941년 알란 크라우리(Alan Crawley, 1887-1975)는 『현대 시』(Contemporary Verse)라는 잡지를 발간하기 시작하였고, 다음 해에는 『퍼스트 스테이트먼트』(First Statement)가 발간된다. 또한 앨프레드 베일리(Alfred Bailey, 1905-1997)과 데스먼드 파시(Desmond Pacey, 1917-1975)가 주도하는 『피들헤드』(Fiddlehead)가 1945년 뉴브런스윅 대학(University of New Brunswick)에서 첫 출간되어 캐나다 시 발전에 크게 기여하였다.

1940년과 50년대 수많은 전집, 에세이, 잡지, 리뷰가 『토론토 대학 쿼터리』(University of Toronto Quarterly)를 통해 이루어졌다. 이 중 몬트리올을 중심으로 활동한 일련의 작가들이 있는데, 1940년대 패트릭 앤더슨(Patrick Anderson, 1915-1979), 랄프 구스타프슨(Ralph Gustafson, 1909-1995), 루이스 두덱(Louis Dudek, 1918-2001), 페이지(P.K. Page, 1916-2010), 미리암 웨딩턴(Miriam Waddington, 1917-2004)과 같은 작가들을 들 수 있다. 여기에 캐나다 서부 지역 출신의 얼 버니(Earl Birney, 1904-1995), 도로시 라이브세이(Dorothy Livesay, 1909-1996)가 가세하고, 토론토에서 레이먼드 사우스터(Raymond Souster, 1921-2012)가 함께 문단을 주도해 갔다. 1950년대 들어 새로운 인물들이 등장하는데 제이 맥퍼슨(Jay Macpherson, 1931-2012), 앤 윌킨슨(Anne Cochran Wilkinson, 1910-1961), 마가렛 아비슨(Margaret Avison, 1918-2007), 제임스 레이니(James Reaney, 1926-2008), 어빙 레이튼(Irving Peter Layton, 1912-2006), 레너드 코헨(Leonard Cohen, 1934-2016)이 캐나다 시에 새로운 활력을 불어 넣는다.

브리티시 컬럼비아의 시골 마을에서 태어나 광범위한 영역을 탐색한 여행가로서 얼 알프레드 버니(Earle Alfred Birney, 1904-1995)는 지리적 위치를 『시 선집』(Collected Poems)의 구성 원리로 삼았다. 버니는 지리를 역사와 연관지어 이해했으며, 특정한 지역의 특정한 시기에 일어난 사건을 시로 기록하였다. 버니는 캐나다 문학의 새로운 길을 개척한 시인으로 평가되고 있다. 그는 인위적인 은율이 아니라 일상적인 스피치 리듬에 맞춘 은율의 중요성을 강조한 캐나다 최초의 시인이다. 첫 시집 『데이빗과 다른 시편들』(David and Other Poems)이 1942년 출간되었고, 1945년 『적절한 때』(Now is Time)가 출간된다. 얼 버니는 『터비』(Turvey, 1949)와 『긴 책상 아래에서』(Down the Long Table, 1955)와 같은 소설책을 출간하기도 하였다. 버니의 시는 정치적 신념에서 앵글로 색슨 시에 이르기까지 그 범위가 넓지만, 어떤 시에도 유희의 감각이 엿보인다.

브라운(E.K. Brown, 1905-1951)은 『캐나디언 포럼』(Canadian Forum,1930-1933)과 『토론토 대학 쿼터리』(University of Toronto Quarterly, 1932-1941)의 편집자로 일하면서 캐나다 문학을 평가하기 위한 적절한 척도를 세우는데 기여하였다. 그는 캐나다의 문학을 모든 종류의 지역주의로부터 벗어나게 하려고 애썼다. 『캐나다 시집』(A Book of Canadian Poetry, 1943)에서 브라운은 스미스(Smith)와 함께 캐나다 문학을 영미문학의 하나의 가지로서가 아니라 독립된 실체로 정립시키고자 애썼다. 브라운은 신화시적 접근(mythopoeic approach)을 시도한 노스럽 프라이(Northrop Frye, 1912-1991)와 함께 캐나다의 문예 전통을 정립하려고 애쓴 문인이다. 브라운은 캐나다적 상상력을 사회적인 문맥에서 바라보았다.

캐나다에서 가장 잘 알려진 작가이며 수편의 탁월한 시를 남긴 어빙 레이튼(Irving Layton, 1912-2006)은 젊었을 때에는 마르크스주의자였지만, 말년에는 미국이 베트남전에 참여하는 것을 지지하는 반공산주의자가 되었다. 그는 맥길 대학에서 루이스 두덱(Louis Dudek)을 만나 함께 『맥길 데이리』(McGill Daily)를 출간하는데 전념하였다. 두덱과 레이튼은 추상성이 덜하고 더 세속적인 시편들로 패트릭 앤더슨(Patrick Anderson)을 중심으로 코스모폴리탄 작가들(Cosmopolitan writers)이 만든 라이벌 잡지 『프리비우』(Preview, 1942-45)에 대항하였다. 미국의 대표적인 모더니즘 시인인 윌리엄 칼로스 윌리엄(William Carlos Williams, 1883-1963)은 레이튼의 시에 경탄하면서, 이 세상은 레이튼과 레이튼 이외의 나머지 세상 사이의 전쟁이라고 평가한 바 있다. 그녀는 프리드리히 니체(Friedrich Nietzsche, 1844-1900)에게 깊은 영향을 받아 시인은 선지자로서 사회적 기능을 해야 한다고 믿었고, 특히 희생물이 된 동물들을 통해 인간의 실패에 대한 관심을 표명하였다. 동물들이 고통 받고 죽어가는 것은 곧 인간이 자연을 파괴함으로써 스스로를 망가뜨리는 행위를 반영하는 것이다. 인간은 자연을 파괴하는 약탈자이기도 하지만, 자연의 폭력에 노출된 존재이기도 하다. 인간은 무관심하거나 적대적인 자연에 맞서 파괴되는 존재이지만, 잠시나마 짧게라도 자신의 존재를 드러내고 자축한다. 그녀는 비전적 세계와 물질적인 세계를 결합시키고자 하였으며, 삶의 본능과 상상력을 존중하였다. 또한 예언자의 역할을 지닌 시인으로서 도덕적이고 정치적인 딜레마를 시에 담았다. 어빙 레이튼의 시 중에서 최고의 작품은 창의력과 상상력을 찬양하는 것이었다. 그의 1985년 작 『메시아를 기다리며』(Waiting for the Messiah)는 노벨상에 노미네이트되었다.

첫 시집을 출간하기 이전에 이미 『해와 달』(The Sun and the Moon)로 캐나다에 널리 알려져 있었던 P. K. 페이지(Patricia Kathleen Page,

1916-2010)는 잉글랜드에서 태어나 어렸을 때 가족과 함께 캐나다에 정착하였다. 그녀는 알바타와 캘거리에서 자라났으며, 영국에서 작품 활동을 시작하였다. 영국과 미국의 코스모폴리타니즘 영향 아래 그녀는 두 번째 시집 『금속과 꽃』(The Metal and the Flower, 1954)을 출간한다. 페이지의 시는 눈이 내뿜는 광선, 텅 빈 눈, 광기에 찬 눈, 예술작품을 바라보는 눈 등 비전과 연관된 눈의 이미지로 가득 차 있다. 페이지는 자신을 지도 없는 여행자라고 불렀고 여행을 즐겼다. 정치적인 시인은 아니었지만, 페이지는 앤더슨의 영향력 아래 사회운동에 적극적으로 가담하였다. 1944년 그녀의 작품이 루이스 두덱(Louis Dudek, 1918-2001), 레이먼드 사우스터(Raymond Souster, 1921-2012), 제임스 레포드 왓슨(James Wreford Watson, 1915-1990), 로날드 햄블레튼(Ronald Hambleton, 1917-2015)과 함께 『다섯명의 조』(Unit of Five)에 실리기 전에, 페이지는 『뉴 프라빈스』(New Provinces)에서 자신의 예술적이고 철학적인 비전을 제시하였다. 같은 해 그녀는 실험적인 산문 로망스 『해와 달』(The Sun and the Moon)을 주디스 케이프(Judith Cape)라는 가명 아래 출간한다. 『금속과 꽃』은 캐나다 감독상을 수상하였으며, 페이지는 삼 년간 호주에 머무르는 동안에도 지속적으로 시를 썼고, 라틴 아메리카에서는 시작 활동을 중단하고 그림을 그렸다. 캐나다로 돌아온 뒤에는 『크라이 아라라트, 새로 선별된 시들』(Cry Ararat: Poems New and Selected)을, 1981년에는 그녀의 최후 작품인 『회색 파리들의 저녁 춤』(Evening Dance of the Grey Flies)을 출간하였다. 페이지는 자신의 시를 형성하는데 기여한 작가들로 스테펜 스펜더(Stephen Spender), 윌프레드 오웬(Wilfred Owen), 오든(W.H. Auden), 릴케(Rilke), 중동의 수피 전통, 융(Jung)과 예이츠(W.B. Yeats)를 들었다. 그녀의 작품에서 시인은 꿈꾸는 자, 에덴이나 천

국의 기억으로 이끄는 집단 무의식을 지닌 자라는 이미지를 가지고 있다. 분절된 현실은 시인의 마법적인 비전으로 재구성된다. 그녀의 시는 초월적 비전이 엿보이지만, 모호하거나 추상적이지 않고 신비스러운 색채의 감각적 언어로 충만하다.

캐나다의 모더니즘은 세계 경제 대공황기를 포함해서 두 차례의 세계대전기간 동안 발전되었다. 전후 경제 공황을 맞아 캐나다에서도 많은 사람들이 직장을 잃고 거리에 내몰렸고, 직업의 부족으로 인해 이민자들에 대한 반감도 커졌다. 도로시 라이브세이(Dorothy Livesay, 1909-1996)는 1931년까지 파리에서 정치적 사회적 혼돈을 목격한 작가로서, 프랑스 상징주의와 형이상학파 시인들을 연구하여 학위를 받은 뒤 캐나다로 돌아온다. 작가로서의 그녀의 경력은 『그린 피쳐』(Green Pitcher)를 출간한 1928년으로 거슬러 올라간다. 캐나다에서 청년 공산주의당(Young Communist Party)에서 활동하는 등 그녀는 적극적으로 사회 문제에 관심을 보였다. 사회주의와 공산주의 운동에 관심을 둔 여성 작가로서 라이브세이는 남성 모더니스트들이 주도한 문학 사조에서 간과되어 왔다. 그녀의 이름은 『뉴 프로빈스』에서 찾아 볼 수 없다. 좌파 운동을 지속적으로 수행하고 정치적으로 연관된 시를 쓰면서 라이브세이는 1945년 『낮과 밤』(Day and Night)을, 1947년에는 『민중을 위한 시편들』(Poems for People)을 출간하여 캐나다 감독상을 수상한다. 라이브세이는 인간의 감성을 억누르는 자본주의를 비판하고 현대 산업 사회의 탈인간적인 경향에 대한 격한 비판을 보였다. 현대인들의 심리적인 혼돈과 트라우마는 사회적 정치적 환경의 관점에서 조명된다. 직원과 보스로 양분된 회사의 구조, 전쟁, 인간의 욕구를 짓누르는 자본주의 체제들이 새로운 시적 형식과 리듬을 통해 비판되고 재조명된다.

폴란드에서 이주한 부모 밑에서 자라나 맥길 대학에서 문예 활동을 전개한 루이스 두덱(Louis Dudek, 1918-2001)은 시가 사회적 무기로 사용된다고 믿었고, 문학 서적의 출간을 정치적 행위라고 생각했다. 그는 어빙 레이턴과 존 서더랜드와 함께 몬트리올에서 발간된 문예 잡지 『퍼스트 스테이트먼트』(First Statement, 1942-1945)에 기고하고 편집을 하면서 활발하게 활동했다. 1940년대 두덱은 미국으로 건너가 라이오넬 트릴링(Lionel Trilling) 밑에서 연구하면서 마르크주의 시학에서 벗어나 역사적이고 철학적인 행위로서의 시작(詩作) 활동을 수용한다. 1950년대 후반 어빙 레이턴을 가장 열정적으로 지지한 시인이었던 두덱은 레이턴의 과장적이고 위압적인 시풍을 비판하기 시작하였다. 두덱은 사우스터(Souster)가 미국의 블랙마운틴 시인들(Black Mountain poets)이라든지 새로운 캐나다의 시 운동이었던 『티쉬』(Tish)에 관심을 갖은 것에 대해서도 강한 반감을 가졌다. 두덱은 맥길 대학 학생들을 위해 맥길 시 시리즈를 출간하였고, 1957년에서 1966년까지 『델타』(Delta)를 만들었다. 그는 노스럽 프라이(Northrop Frye, 1912-1291)와 연관된 일련의 시인들이 관심을 갖았던 신화적 시에 반대했고, 이성적이고, 지적이며, 반감정적인 글쓰기의 옹호자였다. 그에게 있어서 시는 보편적인 신화적 의식의 산물이라기보다는 프로세스화된 현실이었다. 두덱이 만든 시들은 『다섯 연대』(Unit of Five, 1944), 『도시의 동쪽』(East of the City, 1946), 『이미지를 찾아』(The Searching Image, 1952), 『유럽』(Europe, 1954)에 실렸다.

제이 맥퍼슨(Jay Macpherson, 1931-2012)과 제임스 레이니(James Reaney, 1926-2008)는 노스럽 프라이(Northrop Frye, 1912-1991)의 대학원 강의에서 문학적 상징과 신화에 대해 영향을 받은 뒤 1950년대 신화 연구에 몰두하였다. 제이 맥퍼슨은 1953년 『오 대지여 돌아오라』(O

Earth Return)를 출간한 뒤 1957년 『뱃사공』(The Boatman)으로 캐나다 감독상을 수상한다. 그녀는 노아의 홍수에서 끌어온 신화를 모델로 다양한 형태의 짧은 시편으로 구성된 모더니스트 연작시를 발간한다. 페미니스트들은 그녀의 작품이 마가렛 애트우드(Margaret Atwood, b. 1939)의 시에 등장하는 아이리스, 헬렌, 세바, 시비라와 같은 인물의 전조가 된다는 점에 주목하였다. 맥퍼슨은 이후로도 『재난을 환영하며』(Welcoming Disaster, 1974), 『두 번 이야기한 시편들』(Poems Twice Told, 1981)과 같은 작품을 꾸준히 출간하였다.

맥퍼슨의 시와 대조적으로 제임스 레이니(James Reaney, 1926-2008)의 시는 자신이 나서 자라온 온타리오 남서부의 지역주의에 확고한 토대를 두고 있다. 그는 시골 풍경과 지역 전설을 판타지적 문학의 형태로 변형시켰다. 1949년 『붉은 마음』(The Red Heart)으로 캐나다 총독 상을 수상한 뒤 코믹 위트와 유희로 가득 찬 인유로 특징지어지는 『가시덤불 옷』(A Suit of Nettles, 1958)을 출간한다. 레이니는 극작에서도 탁월한 재능을 보였는데, 『작은 마을로의 열두 편의 편지』(Twelve Letters to a Small Town, 1962)과 『킬디어와 다른 연극들』(The Killdeer and Other Plays)로 캐나다 총독 상을 받고, 1970년대에는 『도널리즈』(The Donnellys)와 『와코우스타!』(Wacousta!) 등 온타리오 고딕 삼부작을 출간하였다.

1980년대 들어서서 퀘벡을 중심으로 페미니스트 시인들과 이론가들이 활발하게 활동하기 시작하였는데 루키 베르시아니크(Louky Bersianik, 1930-2011), 니콜 브로싸르(Nicole Brossard, b. 1943), 프랑스 테오레(France Théoret, b. 1942), 조베트 마르쉐쏘(Jovette Marchessault, 1924-2012), 수잔 라미(Suzanne Lamy, 1929-1987), 캐롤 데이비드(Carole David, b. 1954)와 같은 작가들을 들 수 있다. 영어권에서는 다프네 말

렛(Daphne Marlatt, b. 1942), 게일 스콧(Gail Scott, b. 1945), 에린 무레(Erin Mouré, b. 1955), 마린 노베스 필립(Marlene Nourbese Philip, b. 1947), 디 브란트(Di Brandt, b. 1952), 롤라 레미어 토스테빈(Lola Lemire Tostevin, b. 1937), 디온 브랜드(Dionne Brand, b. 1953), 앤 다이어몬드(Ann Diamond, b. 1951), 벳시 워랜드(Betsy Warland, b. 1946), 스마로 캄보우레리(Smaro Kamboureli), 클레어 아리스(Claire Harris, b. 1937)와 같은 작가들이 있다. 중요한 학술대회로 1981년 요크대(York University)에서 개최된 대화 컨퍼런스(The Dialogue Conference), 1983년 밴쿠버에서 개최된 여성과 말(Women and Words/ les Femmes et les mots), 1988년 사이먼 프레이저 대학(Simon Fraser University)에서 개최된 말하기, 여성과 문화를 가로지르는 언어(Tell It: Women and Language Across Cultures), 1989년 알바타 대학에서 개최된 여성의 글쓰기와 문예 제도(Women's Writing and the Literary Institution)에 대한 논의 등을 들 수 있다.

6

캐나다의 논픽션 작가들과 드라마

(Canadian Non-fiction Writers and Drama)

20세기 중반에 들어 캐나다는 주목할 만한 일련의 논픽션 작가들을 배출하는데, 이들은 정치경제, 커뮤니케이션, 문예 등 제반 영역에 걸쳐 전 세계적으로 주목할 만한 업적을 남긴다. 캐나다가 유럽의 문화 식민지의 위치에서 벗어나는 것뿐 아니라 지적으로 세계를 리드하는 위치에 서게 된 것도 이 시기에 이르러서이다. 아울러 이들은 미국과 상당 부분 문화적 자산을 함께하면서도 동시에 미국과는 다른 독자적인 목소리를 내려고 노력했다. 특히 북아메리카의 강력한 자본주의의 힘 아래에서 글로벌 세력에 의해 미국에서 일어나는 일들이 언제든 캐나다에서도 일어날 수 있는 상황에 직면하여 캐나다의 정체성을 확립하는 것은 핵심적인 이슈로 부각된다. 캐나다의 정체성을 정립하면서 단순히 반미국적 성격을 띠는 것은 소모적일 뿐 아니라 무의미하며, 캐나다는 유럽에서의 스위스와 같이 관찰자의 역할을 해야 한다고 노스럽 프라이(Northrop Frye, 1912-1991)는 생각하였다. 문학 텍스트를 신화의 연장선상에서 해석한 프라이는 원형 비평에서 가장 권위 있는 인물로 자리매김하였다. 마샬 맥루한

(Marshall McLuhan, 1911-1980)은 미디어 이론가와 문화비평가로 미디어 발전이 인간 사회에 미치는 영향력을 분석하여 커뮤니케이션 부분의 최고 권위가로 자리매김 되었다. 특히 새로운 미디어가 문명사회에 미치는 영향을 예견하는 등 탁월한 통찰력을 보여주었는데, 하이 테크 미디어와 인간의 관계에 대한 작품을 쓴 더글라스 코플랜드(Douglas Coupland, b. 1961)와 같은 후대 캐나다 작가들에게도 큰 영향을 미쳤다. 이 외에도 이 시기에 캐나다는 해럴드 인니스(Harold Innis, 1894-1952)나 조지 그랜트(George Grant, 1918-1988) 등 탁월한 사상가를 배출하였다.

캐나다의 논픽션 작품들

남서부 온타리오 시골에서 태어나 자라나 맥스터 대학에서 역사와 정치경제를 전공한 해럴드 인니스(Harold Innis, 1894-1952)는 정치경제면에서 두각을 드러낸 논픽션 작가로 새로운 나라 캐나다에 적용할 분석 방법으로 스테이플 접근법(Staple approach)을 개발한 학자로 알려져 있다. 그는 마샬 맥루한(Marshall McLuhan, 1911-1980)이 자신에게 영향을 미친 사상가 중 가장 주목할 만한 인물로 꼽은 캐나다 지성인이다. 그의 첫 저서인 『캐나다 태평양 철로의 역사』(*A History of the Canadian Pacific Railway*, 1923)에는 캐나다의 대륙횡단 선로의 건설에 대한 기술, 통계, 챠트가 담겨있다. 1930년과 1940년에는 『캐나다의 모피 교역』(*The Fur Trade in Canada*)과 『대구 어장』(*The Cod Fisheries*)을 출간하였는데, 여기에서 프랑스, 스페인, 영국으로부터 대서양 지역으로 경제적 중심이 변동되어 왔음을 추적한다. 아울러 캐나다가

구라파 대륙의 필요에 따라 인위적으로 구축된 영역이 아니라 지질학적인 선과 자연적인 지역사회에 의해 구분되었음을 주장하였다. 그의 대표적인 후기 작품은 『제국과 커뮤니케이션』(Empire and Communications, 1950), 『커뮤니케이션의 편견』(The Bias of Communication, 1951), 『시간 개념의 변천』(Changing Concepts of Time, 1952)인데, 이 저서들은 커뮤니케이션 이론의 선구적인 저서로 평가된다.

커뮤니케이션 부분에서 가장 주목받는 캐나다의 논픽션 저자로는 마샬 맥루한(Marshall McLuhan, 1911-1980)이 있다. 그는 알바타에서 태어나 엔지니어가 되려 하였으나 영문학으로 전향한 후 토마스 나쉬(Thomas Nasche)의 작품 연구로 박사학위를 받는다. 1951년 『기계의 신부, 산업인의 민간전승』(The Mechanical Bride: Folklore of Industrial Man)에서 맥루한은 관심사를 문학에서 대중 광고, 코믹 스트립, 신문 기사에 대한 연구로 확장시킨다. 이 저서는 텔레비전의 도래로 인한 출판 시장의 위축에 대해 지적하였는데, 새로운 커뮤니케이션의 발전과 확산이 사람들의 전체 조망을 바꾸는 것에 대한 이슈는 『구텐베르크의 은하계, 타이포그래픽 인간의 형성』(The Gutenberg Galaxy: The Making of Typolographic Man, 1962)에서 확장 연구되었다. 맥루한은 기술의 발전이 새로운 생활환경을 만들어내고, 기술은 단순히 수동적으로 내용물을 담는 용기가 아니라 인간의 삶을 재구성하는 역동적인 과정이라고 주장하였다. 1964년에는 "매체는 메시지이다"(The medium is the message)라는 경구로 유명한 『미디어 이해하기, 인간의 연장』(Understanding Media: The Extension of Man)을 출간하였다. 그의 관심은 커뮤니케이션을 넘어서 미디어의 역할, 사회에 미치는 기술의 영향, 그리고 문예 연구로 확장된다. 그는 인본주의, 모더니즘, 예술, 가톨릭에 기반을 둔 아방가르드적 비전에 큰 관심을 가졌다. 캐나다의 문학에 관해 맥루한은 캐나다가 영국과 미국이라는 두 큰 커뮤니티 사이에 있는 지역적인 위치성을 지적하고, 제국주의적 수줍음과 스코틀랜드적 조심성 양자의 위험으로부터 벗어나 비판적인 통찰력을 유지하기 용이한 위치에 있다고 주장하였다. 미리 설정된 목적이나 방향이 없고 미국적 특성과 경험을 공유하여 대화하면서 미국과 거리를 둔 관점에서 바라보는 것은 지극히 자연스러운 캐나다적 자질이 되었고, 캐나다는 이제 안정과 자신감을 경험하기 시작하였다고 맥루한은 파악하였다.

캐나다의 문학과 문화에서 주목할 만한 문예비평가로서 노스럽 프라이(Northrop Frye, 1912-1991)는 맥루한과 쌍벽을 이룬다. 맥루한과 마찬가지로 프라이도 해석과 상징주의에 깊은 관심을 보였으며, 1940년대 후반과 50년대 캐나다 문학에 많은 영향을 미쳤다. 그는 1947년부터 1952년까지 『캐나디언 포럼』(*Canadian Forum*)을 포함한 다양한 잡지를 편집하였다. 1950년에서 1959년까지는 『캐나다 대학교 쿼터리』(*University of Canada Quarterly*)의 시 파트를 담당하였다. 프라이는 『비평의 해부』(*Anatomy of Criticism*, 1957)의 출간을 통해 문학 비평에 큰 기념비적 업적을 남겼고, 『덤불 정원, 캐나다인의 상상력에 관한 에세이』(*Bush Garden: Essays on the Canadian Imagination*, 1971)와 『토양의 분할, 캐나다 문학 에세이』(*Divisions on a Ground: Essays on Canadian Culture*, 1982)를 통해 캐나다라는 나라의 상상력에 대한 이론적 기반을 찾았다. 1912년 퀘벡에서 태어나 토론토 대학의 빅토리아 콜리지(Victoria College)에서 문학 교육을 받은 프라이는 세계적인 원형문학비평(archetypal literary criticism)의 대가로 자리매김한다. 특히 그의 비평이 마가렛 애트우드(Margaret Atwood, b. 1939)의 문학 세계 건설에 큰 영향을 미쳤다는 점도 간과할 수 없다. 프라이는 수비대 정신(garrison mentality)이라는 용어로 프론티어니즘 안에 깊숙이 내재되어 있는 캐나다인들의 공포를 규정하고, 이와 같은 정서가 캐나다인들의 일상 삶에 내재되어 있다고 주장하였다. 프라이는 민담과 문학 속에서 발견되는 반복되는 구조를 찾고자 하였다. 그는 분석적이거나 비판적인 방법이 아니라 신화를 탐색함으로써 캐나다 문학과 정신의 본질을 찾고자 하였다.

캐나다의 신화를 탐구하는 작가들에게 큰 영향을 미친 산문 작가로 조지 우드콕(George Woodcock, 1912-1995)이 있다. 그는 영국에서 이민 온 부모가 다시 영국으로 귀화하여 영국에서 자라나면서 엘리엇, 딜란 토마스, 조지 오웰 등이 활동하는 영국 문학계에 발을 디딘다. 전후 영국 정부의 제약에 환멸을 느껴 36살에 더 자유로운 세계를 찾아 캐나다에 건너온 뒤 1963년까지 브리티시 컬럼비아 대학의 영문과에 재직한다. 1954년 캐나다 문학만을 다룬 저널 『캐나다 문학』(Canadian Literature)을 발간하기 시작하였는데, 이 저널은 지금도 출판되고 있다. 그는 80여 권이 넘는 책을 썼는데, 이 중 정치사에 관한 『혼돈』(Anarchy, 1962), 고대 문화를 다룬 『죽은 자의 도시로』(To the City of the Dead, 1956), 『잉카인들과 다른 사람들』(Incas and Other Men, 1959), 캐나다에 관한 『까마귀들과 예언자들』(Ravens and Prophets, 1952), 『캐나다와 캐나디언즈』(Canada and the Canadians, 1970), 『정치에 대한 거부』(The Rejection of Politics, 1972), 『캐나디언즈』(The Canadians, 1979) 등이 그의 주요 저서이다. 주 관심사가 문화와 문학에 관한 것이었기에, 흔히 그는 노스럽 프라이(Northrop Frye)와 마찬가지로 주제 비평가(thematic critic)로 분류된다.

캐나다의 지성사에서 조지 그랜트(George Grant, 1918-1988)는 토론토가 배출한 대표적인 인물이다. 그는 대표적인 캐나다 철학자로서 뮌스 대학에서 학사를 받은 뒤 옥스퍼드에서 철학 박사학위를 취득하였다. 그의 첫 저서 『대중 시대의 철학』(Philosophy in the Mass Age, 1959)은 자연의 질서를 존중하면서 유대 기독교 전통을 재확립하는 것을 추구하였다. 『대중 시대의 철학』은 기술이 인간의 탁월함을 격하시킬 것이라는 변화의 부정적인 면을 강조하였다. 『국가를 위한 비가, 캐나다 국민주의의 패배』 (Lament for a Nation: The Defeat of Canadian Nationalism, 1965)는 그의 보수주의적 철학을 극적인 방식으로 드러낸 서적이다. 그는 캐나다의 지적 전통을 잉글랜드와의 유대에서 찾았고, 양자가 공유하고 있는 자질들이 사라지고 있음을 한탄한다. 『기술과 제국, 북아메리카에 대한 관점』 (Technology and Empire: Perspectives on North America, 1969)은 미국의 문화가 캐나다를 포함한 다른 문화들을 동질화시키는 문제를 다루었다.

캐나다의 드라마의 형성

캐나다의 드라마는 항상 혼합된 형태였다. 16세기 후반부터 20세기 중반에 이르기까지 그 혼합성은 대부분 캐나다적인 것과 유럽의 연극적 요소들 사이의 결합이었다. 캐나다에서 영어로 공연된 초기 극장은 신고전주의적 형식에 낭만주의적 내용, 아마추어와 전문 연극 배우, 프랑스어와 노동자들의 방언과 춤이 뒤섞인 혼재물이었다. 최근에 와서는 변방에서 소외되었던 요소들이 연극의 도구로 차용되는 경향을 보이고 있다. 그러나 캐나다 역사의 초기 정착단계에서 구어성(orality)을 포함한 원주민들에게서 발견되는 연극적 요소들을 캐나다의 문화로 결합시키는 것은 현실적으로 불가능했다.

　18세기에 접어들면서 연극은 권력의 상징으로서, 지역 부르주아의 주도로 군인과 함께 군막에서 펼쳐졌다. 19세기 캐나다 국민주의와 함께 캐나다 문학사에 기술되는 작품들이 등장하기 시작하는데, 1871년에 상연된 토마스 힐(Thomas Hill)의 『지역 연합』(The Provincial Association)은 당시 단골 주제였던 영국계와 프랑스계 두 요란한 이웃에 관한 내용이었다. 서로 다른 두 세력에 대한 풍자는 헨리 풀러(Henry Fuller)의 1880년 작품 『H.M.S. 의회』(H.M.S Parliament)와 1895년 작품 알두스 진 맥레이스(E.P. Aldous Jean McIlwraith)의 『프타미간』(Ptarmigan)에서 절정을 이룬다.

　19세기 중반에는 상연용이 아닌 독서물로서의 클로젯 드라마 전통이 생겨나 정착되었다. 영국과 중동, 캐나다 등지를 배경으로 윌리엄 윌프레드 캄벨(William Wilfred Campbell), 찰스 헤비세지(Charles Heavysege)가 셰익스피어 형식의 드라마나 신낭만주의 드라마의 형태의 작품을 썼는데, 남성적 백인 자아가 이국적인 자연을 조우하는 식민주의적 국민주의가 그 아래 깔려있다. 연극은 서로 다른 사람들이 모여 하나의 집단적인 실체를 만들어내는 공간으로 작용한다. 셰익스피어(Shakespeare), 괴테(Goethe)가 영국과 독일의 국민주의를 표상하는 것은 결코 우연이 아니다. 조지 코킹(George Cocking)은 1766년에 『캐나다의 정복, 퀘벡 포위 작전』(The Conquest of Canada; or, the Siege of Quebec)이라는 클로젯 드라마를 썼는데, 이 작품은 울프(Wolfe)의 몽칼름(Montcalm)에 대한 승리를 존 드라이든(John Dryden, 1631-1700)의 『아카디어스』(Acadius) 형태의 시적 드라마 풍으로 극화한 것이다. 이 작품은 1774년 핼리팩스(Halifax)의 요새에서 무명의 병사들이 공연한 것에 토대를 두고 있으며,

이 대본은 현재까지 전해지지 않는다. 『캐나다의 정복』은 캐나다 영국계 드라마의 특징인 시적 드라마(poetic drama)와 풍자(satire)를 보여주는 작품이다.

이과 같은 주도적인 이데올로기에 저항하는 여성 작가들도 있었는데 사라 앤 커즌(Sarah Anne Curzon, 1833-1898)과 엘리자 레인즈포드 쿠싱(Eliza Lanesford Cushing, 1794-1886)을 대표적인 작가로 들 수 있다. 쿠싱은 『리터러리 갈런드』(Literary Garland)의 편집자로 활동하였으며, 『에스터』(Esther, 1838), 『이른 귀가』(Return to Early Home, 1843) 등의 극작품을 남겼다. 그녀의 대표작인 『에스터』는 유대계 하녀가 민족을 파멸로부터 구하기 위해 신의 인도로 페르시아의 여왕이 되는 이야기이다. 잉글랜드의 버밍험에서 태어난 사라 앤 커즌(Sarah Anne Curzon, 1833-1898)은 결혼한 뒤 토론토로 이주한다. 커즌의 『스위트 걸 졸업하다』(The Sweet Girl Graduate, 1882)에는 캐나다 여성의 대학 입학 문제를 포함한 다양한 사회적 문제가 다루어진다. 여성 고등교육의 필요성을 다룬 이 작품은 실제로 여성을 토론토의 대학에 입학시키는 법령을 통과하는데 기여하였다. 1887에 출간된 『로라 세코드, 1812년의 영웅』(Laura Secord: the Heroine of 1812)은 1812년 전쟁에서 로라 세코드의 영웅적 행적을 담은 찬가로서, 민족주의자와 제국주의자의 토론 속에서 여성의 영웅주의가 다루어졌다. 커즌의 작품에는 제국주의, 페미니즘, 로만티시즘을 포함하는 서로 공존하기 힘든 이데올로기들이 목격되는데, 스타일적으로 이들을 엮은 부분들의 층이 균일해 보이지는 않는다. 이와 같은 스타일상의 불균형과 긴장은 찰스 마이어(Charles Mair, 1838-1927)의 작품에도 엿보인다. 마이어의 대표작인 『테컴세』(Tecumseh, 1886)의 블록 장군(General Brock)의 연설에서는 셰익스피어의 『헨리 5세』(Henry

V)가, 레프로이(Lefroy)의 연설에는 바이런(Lord Byron, 1988-1824)의 『차일드 해럴드의 편력』(*Childe Herold's Pilgrimage*, 1812)의 영향이 엿보이는데, 작가는 이들을 엮어놓았다. 이들 작가들은 유럽인들이 연극 무대에서 영웅적인 정신들을 극화시킨 것과 대조적으로 영웅정신의 구현으로부터 확연하게 이탈된 모습을 보여준다.

국민주의와 자연주의 연극

캐나다 문학의 독자성을 탐구하는 과정에서 자연적인 풍경과 연관된 경험은 핵심적인 요소로 부각되었다. 1920년대 칠인의 그룹(Group of Seven)은 자연은 인간의 영혼의 연장이라는 개념 아래 자연풍경을 담아내려고 애썼고, 이사벨라 발란시 크라우포드(Isabella Valancy Crawford, 1846-1887)와 같은 시인은 자연과 개인 사이의 유대감에서 캐나다 문학의 독자성을 찾기도 하였다. 그러나 극장의 배우들이 핵심적인 의미를 전달하는 희곡이라는 장르에서 자연과 직접적인 경험을 다루는 것은 어려운 작업이었고, 극작가들은 시와는 다른 방향으로 캐나다적인 경험을 전달하였다.

일차 세계대전 이후 캐나다의 드라마는 국민주의적이고 자연주의적인 색채의 유럽 형식의 소극장(Little Theatre) 운동과 유럽의 아방가르드를 추종하는 모더니스트들 사이에서 오고갔다. 미국이나 영국과 같이 전문적이고 대규모의 프로덕션을 수반한 형식을 피해 지역 사회에서 가벼운 코미디 형태의 작품이 캐나다에서 유행하였다. 메릴 데니슨(Merrill Denison, 1893-1975)의 『전우』(*Brothers in Arms*, 1921), 루이스 레이놀즈 카(Louis Reynolds Karr)의 사회 풍자물 『참석한 자 중에서』(*Among Those Present*, 1933)와 『넬리 맥납』(*Nellie McNabb*, 1934)이 대표적인 작품이며, 이 작품들은 토론토 하트 하우스 소극장에서 상연되곤 했다. 하트 하우스에서 공연된 가장 주목할 만한 작품으로 마조리 픽톨(Marjorie Pickthall, 1883-1922)의 『목조가의 아내』(*The Woodcarver's Wife*, 1920)가 있다. 인디언 애인과 성적 관계를 맺으면서 남편의 작품에 있는 피에스타의 슬픔을 발견하는 내용의 이 연극은 페미니즘적 요소를 모더니즘적 형식주의와 낭만주의 사이를 오가면서 그려낸 멜로드라마이다. 이보다 더 의식적으로 아방가르드적인 작품을 쓴 극작가로 허만 보아든(Herman Voaden, 1903-1991)이 있다. 독일 표현주의의 영향 아래 보아든은 빛과 어둠의 상호작용과 추상적 어조로 캐나다 모더니즘 연극의 토대를 마련하였다. 브루주아의 아마추어 연극에 대항하는 좌파 노동 극장(Worker's Theatre)도 이즈음 캐나다에서 그 모습을 보였는데, 대표적인 작가로 오스카 라이언(Oscar Ryan), 세실 스미스(E. Cecil Smith), 프랭크 로브(Frank Love), 밀드레드 골드버그(Mildred Goldberg)를 들 수 있다.

보수주의자로서 1920년대 캐나다의 소극장 운동(Little Theatre movement)을 이끌었으며 토론토의 하트하우스극장(Hart House Theatre)의 극작가로 활동한 메릴 데니슨(Merrill Denison, 1393-1975)은 캐나다의 자연환경에 비타협적인 태도를 견지하면서 문명에 굴하는 것을 거부하였다. 그의 연극은 북온타리오의 개척지를 배경으로 개척민들의 삶의 허위를 풍자하였다. 그의 대표작은 1923년에 출간된 『영웅적이지 않은 북쪽네 캐나다 연극들』(*The Unheroic North: Four Canadian Plays*)인데, 『전우』(*Brothers in Arms*), 『폭풍 전의 고요』(*The Weather Breeder*), 『그들의 장소로부터』(*From their Own Place*), 『건초더미』(*Marsh Hay*)가 이 네 작품이다. 이 중 『건초더미』는 2차대전 이전 캐나다에서 출간된 연극 중 최고의 작품으로 평가된다. 이 연극은 세랑즈(Serangs)가를 중심으로 전개되는 자연주의 작품으로 등장인물들의 헛된 삶의 비극을 그려내었다. 리얼리스틱한 스타일이 주를 이루지만, 데니슨은 노르웨이 극작가 입센(Ibsen, 1828-1906)과 마찬가지로 은유적 함축이 지닌 의미를 작품에 구현하였다. "영웅적이지 않은 북쪽 네 캐나다 연극들"이란 제목이 시사하듯 데니슨은 캐나다의 풍경을 낭만화하고 전원의 삶을 이상화하는 경향에 저항하였다.

　이와는 대조적으로 교향악적 표현주의(symphonic expressionism)라 지칭되는 캐나다의 풍경을 구현한 극작가로 허만 보아든(Herman Voaden, 1903-1991)이 있다. 온타리오의 런던에서 태어난 그는 1920년대에 토론토 대학의 하트 하우스 극장(Hart House Theatre), 디트로이트 레퍼토리 극장(Detroit Repertory Theatre), 사니아 소극장(Sarnia Little Theatre)에서 감독과 연기자로 활동하였다. 극작가로서 보아든의 경력은 1930년 『심포니, 새로운 극장을 위한 움직임과 빛의 드라마』(*Symphony: a Drama of Motion and Light for a New Theatre*, 1930)를 출간하면서 시작된다. 그는 빛과 음악, 춤, 리듬이 있는 언어구사가 조화를 이루는 표현주의를 추구하였으며, 실험은 『힐랜드』(*Hill-land*, 1934)와 『살인의 패턴』(*Murder Pattern*, 1980)에서 계속되었다. 『살인의 패턴』은 온타리오에서 벌어진 실제 살인 사건을 드럼 비트와 코러스, 표현주의적 무대장치와 빛으로 재생한 것으로 보아든의 최고 작품으로 평가된다. 『대지의 노래』(*Earth Song*, 1932)와 『힐랜드』와 같은 작품에서 그는 자연과 인간 영혼 사이의 신화적 결합을 추구하였다. 보아든은 메릴 데니슨(Merrill Denison, 1893-1975)의 작품과 같은 리얼리즘을 거부하고, 대신 빛과 움직임, 음악과의 결합 속에서 캐나다의 인물들을 그려내었다. 1920년과 30년대 캐나다 연극은 도시의 예술 형식이었다. 도시에는 많은 사람들이 모여 살고 있었고, 연극 관람의 경제적 여건을 갖춘 계층이 있었다. 당시 캐나다의 연극은 도시인들의 취향을 반영하고 이들을 위한 것이었다.

1940년대에 접어들면서 캐나다가 문명화를 이끄는 역할을 담당하는 것에 대해 관심이 모아졌고, 캐나다의 문화적 정체성에 대한 탐구와 이를 가로막는 요소들에 대한 고찰이 이루어진다. 캐나다가 문명화된 세계로 나아가는데 실패하는 상황을 다룬 사십년대 캐나다에서 가장 주목받는 극작가로 로버트슨 데이비스(Robertson Davies, 1913-95)가 있다. 그는 『오버레이드』(*Overlaid*, 1848), 『아침 식사의 에로스와 다른 연극들』(*Eros at Breakfast and Other Plays*, 1949), 『연기된 희망, 사람들의 음성』(*Hope Deferred, The Voice the People*, 1948), 『정의로움의 문에서』(*At the Gate of the Righteous*), 『나의 적 재산』(*Fortune, my Foe*, 1949), 『내 마음의 중심에서』(*At My Heart's Core*, 1950) 등 일련의 작품을 통해 캐나다의 문화적 정체성을 세우는 탐구를 하였다. 그에게 있어서 문명화된 캐나다를 건설하는데 장애물은 속물주의(philistinism)였다. 『나의 적 재산』의 주인공 니콜라스(Nicholas)는 킹스톤에 있는 퀸즈 대학의 젊은 교수로서 튼튼한 지역사회 문화를 만드는 것을 꿈꾸어 왔다. 이와 같은 시도의 일환으로 니콜라스는 체코 이민자를 도와 인형극 돈키호테의 제작 작업을 기획하지만, 인형극이 아이들에게나 적합하다고 믿고 있는 완고한 지역당국자에 가로막혀 저지된다. 그의 연극은 토론토의 크레스트 극장(Crest Theatre)에서 상연되었는데, 『집시를 위한 지그춤곡』(*A Jig for the Gypsy*, 1954)과 『헌팅 스튜어트』(*Hunting Stuart*, 1955)는 예술, 마술, 그리고 상상력과 사랑이 공존하는 공간이 되었다. 특히 1958년 제작되었지만 상연되지 않은

『총체적 고백』(General Confession)은 인간의 상황을 예리하게 기술한 작품으로, 융(Jung)의 원형적인 무의식의 세계를 구현한 작품으로 평가된다. 1960년과 70년대 데이비스는 융의 영향 아래 다수의 작품들을 발간한다. 데프포드 삼부작(Deptford trilogy)인 『제5의 사업』(Fifth Business, 1970), 『맨티코어』(The Manticore, 1972), 『경이의 세계』(World of Wonders, 1975)는 자서전적 고백을 원형적 틀 안에서 완성한 작품들이다. 소설 『누룩』(Leaven of Malice)은 연극으로 개작되어 1960년 『사랑과 명예회손』(Love and Libel)이라는 제목으로 상연되었고, 1973년과 1975년 개작되었을 때 다시 『누룩』(Leaven of Malice)이라는 제목으로 상연되었다. 『질의의 시간』(Question Time, 1975)은 캐나다의 수상이 정체성 위기를 겪는 내용의 융적인 심리 드라마로 토론토의 세인트 로렌스 센터(St. Lawrence Centre)에서 상연되었다.

1932년부터 1978년까지 개최된 영연방연극페스티벌(Dominion Drama Festival)은 일련의 아마추어 극장들이 모여 연극 문화를 구축하는 출구가 되었다. 데이비스 또한 초기에 이 페스티벌에 적극적으로 참여하였고, 영연방연극페스티벌은 캐나다에 문화적 생동감을 불어넣는데 큰 역할을 하였다. 그러나 이차 대전 이후 페스티벌은 역동성을 잃었고, 새로운 캐나다의 연극을 장려하는 움직임 또한 힘을 잃어갔다. 다수의 연극인들은 캐나다만의 독특한 경험을 극장에 올리기보다는 정치적으로는 보수적이고, 영국을 중심으로 한 외국 작품을 상연하여 대중들의 인기를 얻었다. 캐나다를 대변하는 국립 극장(a national theatre)의 필요성이 제기되는 등 국민문학에 대한 정서는 사그라들지 않았다. 1960년대에 들어서 스트래포드 페스티벌(Straford Festival)은 캐나다의 국립 극장으로 인식되었다. 그러나 상당수의 극작가들은 스트래포드 페스티벌을 국민주의적 열정을 가로막는 장애물로 간주하였고, 특히 토론토에서는 대안 극장을 만들기 시작하였다. 씨어터 파스 무레일(Theatre Passe Muraille), 팩토리 씨어터(Factory Theatre), 타라곤 씨어터(Tarragon Theatre), 토론토 프리 씨어터(Toronto Free Theatre) 등 일련의 대안 극장들이 생겨났다. 나이든 영국계 캐나다 시민들은 고전적인 극장을 선호했지만, 젊고 혁명적인 사건들은 대안 극장을 선호하였다.

이차 세계대전 이후 전문적인 극장이 캐나다에 생겨나기 시작했으며, 일련의 작가들은 전통적인 고전극을 연기하는 캐나다적 방식을 찾기 위해 노력하였다. 아울러 외국의 작가들에 묻혀 발굴되지 않은 사장된 캐나다 작품들을 찾기 시작했다. 1950년대 가장 주목할 만한 성과는 토론토 워크숍 프로덕션(Toronto Workshop Production)의 창립이다. 조지 루스콤(George Luscombe)은 런던에서 극장을 운영한 경험을 토대로 캐나다에서 『헤이 루브!』(*Hey Rube!*, 1961), 『미스타 본즈』(*Mr. Bones*, 1969), 『시카고 '70』(*Chicago '70*, 1970), 『잃어버린 10년』(*Ten Lost Years*, 1974), 『에인트 룩킹』(*Ain't Lookin'*, 1980)과 같은 작품들을 무대에 올린다. 이들은 대체로 서커스와 마임, 음악, 팀 스포츠, 경주와 같은 다양한 요소들을 연극과 결합시킨 형태로 공연되었다.

대안극장의 형성

서커스와 마임, 음악, 팀 스포츠, 경주와 같은 다양한 요소들을 연극과 결합시킨 형태로 공연하는 조지 루스콤(George Luscombe)의 시도는 1960년대와 70년대 수많은 대안 극장을 낳았다.

이 중 제임스 레이니(James Reaney, 1926-2008)의 출현은 주목할 만하다. 그는 온타리오의 스트래포드 옆에 있는 사우스 이스트호프(South Easthope) 태생으로 「벌리」("The Bully")라는 단편을 쓰면서 문단에 데뷔한다. 시인으로서 명성을 얻은 이후 레이니는 『밤에 꽃피는 선인장』(*Night-blooming Cereus*, 1953), 『킬디어와 다른 연극들』(*The Killdeer and Other Plays*, 1962), 『어둠의 색들』(*Colours in the Dark*, 1969), 『바람의 소리를 듣다』(*Listen to the Wind*, 1972), 『어린 시절의 마스크』(*Masks of Childhood*, 1972) 등 일련의 작품을 쓴다. 레이니의 초기 연극은 그의 시에서 발견되는 순수와 경험이라는 두 세계에 대한 대조, 인간 모두에게 내재된 악의 존재, 모든 것들을 복구시키는 사랑의 힘, 어린아이가 성장하여 성숙에 이르는 과정과 같은 상상력을 불러일으킨다. 그는 리얼리즘 극장을 토대로 변화무쌍한 만화경과 같은 직선적이지 않은 드라마를 선호하였다. 그의 작품은 복잡하고 심오하여 사실주의 드라마에 익숙한 관객들에게 당혹감을 주었다. 상징주의와 패턴화된 이미지를 통해 레이니는 환상적인 초현실주의의 세계를 만들어내었다. 그의 연극은 플롯이나 등장인물들의 변화가 거의 없어서 청중들의 정서적인 교감을 확보하는데 어려움이 있었다. 『태양과 달』(*The Sun and the Moon*)은 온타리오 지역사회에 만연해 있는 악을 멜로드라마적 요소를 통해 구현하였다. 희극적이고 구원적인 요소가 강조되어 있는 이 작품은 1960년 토론토의 하트 하우스 극장에서 초연되었다. 『어린 시절의 마스크』는 손상되지 않은 순수의 상징으로 더 깊은 악의 세계를 감추는 수단과 책임감 있게 성인의 세계로 들어가지 못하는 방어의 의미로 마스크를 상징적으로 차용하였다.

레이니는 케이트 턴벌(Keith Turnbull) 감독과 함께 온타리오 남서부의 역사를 탐구한 뒤 1974년부터 1977년까지 삼부작 『도널리즈』(The Donnellys)를 출간한다. 이 작품은 시, 음악, 춤, 마술 랜턴, 비가, 마임, 신화, 고전적 원형과 지역의 역사를 결합한 다큐멘터리 형식으로 레이니의 연극 중 가장 뛰어난 기념비적인 작품으로 평가되고 있다. 주인공 도널레이즈는 영웅적이며 우월하고 심지어 그리스도와도 같은 인물로서 자신의 존엄성을 지키기 위해 목숨을 내놓는 것을 마다하지 않는다. 캐나다의 역사에서 가장 흥미로운 사건들을 다룬 이 삼부작은 1973년과 1975년 사이 토론토의 타라곤 극장(Tarragon Theatre)에서 상연되었고, 1975년 가을에는 밴쿠버에서 할리팩스에 이르기까지 캐나다 크로스 투어 공연을 하였다. 이후로도 레이니는 지역의 역사를 기반으로 하는 연극을 제작하였다. 마티 게바이스(Marty Gervais)와 함께 만든 『발쿤』(Balcoon, 1976)은 온타리오의 와라스버그(Wallaceburg) 근처의 작은 지역 사회에서 벌어지는 주술과 마녀 사냥에 관한 사건을 다루고 있다. 1984년에는 존 리차드슨(John Richardson)의 『와코우스타, 왕이여 휘슬을!』(Wacousta. King Whistle!)을 재구성하여 『캐나다의 형제들, 예언 성취되다』(Canadian Brothers; or, The Prophecy Fulfilled)를 제작하였다. 지역사회에 관한 레이니의 관심은 미출간 작품인 『앤틀러 리버』(Antler River)와 같은 작품에서도 두드러지게 나타나는데, 대중들의 인기를 얻는 데에는 실패하였다.

1970년대에 정치적이고 사회적인 이슈들을 통해 관객들의 큰 호응을 얻은 작가로 샤론 폴록(Sharon Pollock, b. 1936)이 있다. 1978년 그녀는 『카마가타 마루 사건』(The Kamagata Maru Incident)을 밴쿠버 플레이 하우스(Vancouver Playhouse)에서 공연하였는데, 이 연극은 1914년 시이크 교도 이민자가 밴쿠버 항구에서 입국 불허로 고통받은 사건을 토대로 캐나다인들의 인종차별주의를 극화한 것이다. 폴록은 캐나다 역사에서 비인도주의적이고 비인간적인 당국에 대해 관객들의 분노를 일으키는 연극들을 선보였다. 『위스키 식스 카덴자』(*Whiskey Six Cadenza*, 1987)에서는 남부 알바타 광산촌 사회의 금기에 대한 생생한 기억을 다루고 있다. 이 작품에서는 왜곡된 부모와 아이의 관계를 통해 억압적인 법과 착취를 강요하는 작업 환경 문제를 다루었다. 폴록은 퀘벡에서 태어나 뉴브런즈윅 대학에서 수학한 뒤 플레이하우스 극장(Playhouse Theatre)에서 연극 단원으로 활동하기도 하였다. 1973년 시팅 불(Sitting Bull)과 그의 부족민들이 전쟁에 패한 뒤 미국에서 캐나다 북서부로 달아났을 때의 상황을 서사연극(epic theatre)의 형식으로 다룬 『월시』(*Walsh*)가 캘거리 극장에서 초연되고 이듬해 스트래포드 페스티벌에서 공연되면서 폴락은 캐나다 국민을 대변하는 작가로 자리매김 되었다. 1984년 상연된 『똑바로 하기』(*Getting it Straight*)에서 폴록은 여성 인물의 주체성에 대한 관심을 남성의 폭력으로부터 고통 받는 정신적 장애를 갖은 엠(Eme)의 파편화된 정신세계를 통해 탐구하였다.

다큐멘터리 연극의 정착

조지 루스콤(George Luscombe)의 시도는 다큐멘터리 연극을 캐나다에 정착시키는데 큰 기여를 한다. 뉴펀들랜드(Newfoundland)의 머머즈 트루프(Mummers Troupe), 노바 스코샤(Nova Scotia)의 멀글래이브 로드 코옵(Mulgrave Road Co-op), 색스커툰(Saskatoon)의 25번가 극장(25th Street Theatre), 토론토(Toronto)의 씨어터 파스 무레일(Theatre Passe Muraille)과 같은 극장들은 집단으로 다큐멘터리

극을 생산해 내었다. 루스콤은 많은 극작가에게 영향을 미치는데 그 중 린다 그리피스(Linda Griffiths, 1953-2014)는 폴 톰슨(Paul Thompson, b. 1940)과 함께 쓴 『매기와 피에르』(Maggie and Pierre, 1980)로 큰 찬사를 받았다. 그리피스는 1999년 『이국적인 창조물』(Alien Creature: A Visitation from Gwendolyn MacEwen)과 2007년 『각성의 시대』(The Age of Arousal)를 출간한다. 그리피스는 마리아 캄벨(Maria Campbell, b. 1940)과 함께 『제시카』(Jessica, 1986)를 만들기도 하였다.

집단으로 다큐멘터리 연극을 제작하며 혼합적 극작법을 사용하는 경향은 1980년대와 1990년대에도 계속된다. 1985년에는 다큐멘터리, 요정 이야기, 개인의 내러티브가 서로 혼합된 『너를 위하여』(This is for You), 『애나』(Anna)가 공연되었고, 마이클 호링스워스(Michael Hollingsworth)의 21부작 캐나다 역사인 『작은 오두막 마을의 역사』(The History of the Village of the Small Huts)가 1985년에서 1999년까지 공연되기도 하였다. 21세기에도 다큐멘터리 전통은 이어져 『씨앗』(Seeds, 2012)과, 『분수령』(The Watershed, 2015)이 공연되었다.

공동으로 연극을 만드는 작업은 관객들에게 다양한 관점을 제공하는 민주적인 예술 행위로 정착되었다. 존 크리정(John Krizanc, b.1956)의 『타마라』(Tamara, 1981)와 같은 작품은 관객들에게 서로 다른 장면들을 제공함으로써 관객들의 시선을 통제하는 것이 아니라 몰입하게 만드는 효과를 제공하였다. 이와 같은 몰입적 참여의 전통은 대체 극장(Theatre Replacement)이 2006년에서 2007년에 공연한 『바이오박스, 인간의 경험을 인공물로 만들기』(BIOBOXES: Artifacting Human Experience)에서도 엿볼 수 있는데, 몰입적 참여는 다문화적 헤게모니를 강조한 프로젝트에 적절한 형식이었다.

자연주의 연극

1970년대 대안 극장을 찾으려는 시도로부터 일련의 자연주의 작품들이 만들어지는데, 태어날때부터 뇌성마비에 시달린 데이비드 프리만(David Freeman, b. 1947)의 『크립스』(*Creeps*, 1971)를 대표적인 작품으로 들 수 있다. 토론토의 팩토리 연극 랩에서 장편 단막의 형태로 상연된 이 연극은 크립스 희생자를 위한 워크숍의 남자 화장실을 배경으로 하여 장애인들을 경멸하고 차별하는 사회에 대한 분노와 내적 저항을 담고 있다. 글라스코(Glassco)가 새로 설립한 토론토의 타라곤 극장(Tarragon Theatre)의 초연작으로 이 연극을 올렸고 토론토 지역에서는 최초로 찰머즈 상(Chalmers Award)을 수상하였다. 그의 다음 작품 『공성퇴』(*Battering Ram*, 1972)는 버질(Virgil)이라는 신체장애를 겪는 주인공이 중년 여성의 집에 들어가 성적 욕구를 분출하는 과정을 그려내었다. 1974년작 『괜찮을거야, 제이미 소년』(*You're gonna be alright, Jamie boy*)에서 주인공 제이미 딘즈데일(Jamie Dinsdale)은 토론토의 클락 심리치료 단체(Clarke Institute of Psychiatry)에서 집으로 돌아온 뒤 자신의 가족들이 모두 텔레비전과 텔레비전으로부터 생겨난 삶의 가치에 중독되어 있다는 것을 발견한다. 이 연극은 텔레비전에 중독된 삶을 살아가는 현대인의 비인간적인 삶의 양상을 보여준다. 1980년 작 『파리채집기』(*Flytrap*)는 허우적대는 부부 관계를 보다 정교한 유머를 통해 구현하였다. 1975년 프리드만은 몬트리올로 이주하여 계속하여 신체장애자의 권리를 보호하는 운동을 전개하고 있다.

1960년대 중반 뉴펀들랜드에 정착하여 캐나다에서 살아가는 억압된 사람들의 삶을 작품 속에 구현한 마이클 쿡(Michael Cook, 1933-1994)

은 1972년에 첫 연극을 출간하는데, 그의 첫 작품 『흙색으로 육체를 채색하다』(*Colour the Flesh the Colour of Dust*)는 브레톨트 브레히트(Bretolt Brecht, 1898-1956)의 영향 아래 뉴펀들랜드의 세인트 존즈(St John's)를 배경으로 한 역사극이다. 『머리, 배짱, 그리고 사운드본 댄스』(*Head, Guts, and Soundbone Dance*, 1973)는 뉴펀들랜드에 처음 정착한 역사적인 인물들의 괴상한 행동을 현대인들의 라이프 스타일과 대조시키고 있다. 『퀼러』(*Quiller*, 1975)는 뉴펀들랜드의 외항에 자리한 가족이 붕괴하는 것을 그려낸 작품으로 쿡의 최고작으로 평가받고 있다. 이 작품은 때로는 우스꽝스럽고, 때로는 부드럽고, 때로는 병적인 독백으로 뉴펀들랜드 외항에서 살아가는 떠돌이 아웃캐스트의 삶을 보여준다. 상인과 어부의 관계를 코믹하게 다룬 『어부의 복수』(*The Fisherman's Revenge*, 1976)와 뉴펀들랜드 원주민들의 마지막 날을 극화한 『커브의 주변』(*On the Rim of the Curve*, 1977) 등 마이클 쿡은 뉴펀들랜드를 중심으로 원초적이고 본능적인 등장인물들의 삶을 그려내었다. 등장인물들이 주도하는 자연주의 작품들은 존 모렐(John Murrell, b. 1945), 조안 맥로드(Joan MacLeod, b. 1954), 웬디 릴(Wendy Lill, b. 1950) 등의 작가를 통해 계승된다.

이와 같은 전통으로부터 1980년대 접어들어 걸출한 두 극작가가 탄생하는데, 주디스 톰슨(Judith Thompson, b. 1954)과 제이슨 샤만(Jason Sherman, b. 1962)이 바로 그들이다. 『크래이크 워커』(*The Crackwalker*, 1980)를 출간한 이래 주디스 톰슨(Judith Thompson)은 자연주의의 한계를 넘어서 자신의 세계를 구축해 낸다. 그녀의 첫 연극 『크래이크 워커』는 예상치 못한 폭력적인 언어를 포함하여 강한 감정을 표출하는 작품으로 씨어터 파스 무레일에서 초연되었다. 타라곤 극장의 전속 극작가로 활동하면서 그녀는 갈등을 일으키는 자아의 비밀을 이해하려고 몸부림치는 인물들을 창조해낸다. 『나는 너의 것』(I am Yours, 1987)과 『거리의 사자』(Lion in the Streets, 1990)에서 주디스 톰슨은 극단적이고 모순적인 상황에 처한 등장인물들을 통해 어둠 너머의 상황으로 관객들을 인도한다. 『거리의 사자』는 죽은 소녀의 영혼이 공포와 갈등을 넘어 자신을 살해한 살인자를 따라다니고 용서하는 내용을 담고 있다. 1997년 출간된 『썰매』(Sled)는 잔인한 플롯을 통해 토론토의 형성과 캐나다의 다인종 역사를 탐구한다. 원주민들이 지닌 동물 이미지와 병치를 통해 순수함이 더럽혀지고 악에 의해 파괴되는 과정을 그려낸 작품이다. 2000년 상연된 『완벽한 파이』(Perfect Pie), 2001년 작 『서식지』(Habitat), 2013년 『스릴』(The Thrill), 2014년 『글로리의 죽음을 바라보며』(Watching Glory Die)에 이르기까지 톰슨은 시적 아름다움을 지닌 혁신적 작품을 창작하였다. 특히 『나의 피라미드』(My Pyramids), 『해로우다운 힐즈』(Harrowdown Hills), 『학습의 도구』(Instruments of Learning)의 세 독백으로 구성된 『종말의 궁전』(Palace of the End, 2007)은 리듬 있는 언어로 인해 전문가들의 찬사를 받았다. 『희망의 피난처에서의 에노크 가든』(Enoch Garden in the Hope Shelter, 2006)은 영국 빅토리아조 시인 앨프레드 테니슨(Alfred Tennyson, 1809-1992)의 시 『에노크 가든』(Enoch Garden)에 요한 스트라우스의 피아노 곡을 접목하여 언어와 음악을 성공적으로 합성한 혁신적인 작품이다.

제이슨 샤만(Jason Sherman, b. 1962)의 작품은 톰슨과 마찬가지로 자연주의에 토대를 둔 윤리적인 작품이며, 시적인 리듬과 대화를 잘 활용하고 있지만 톰슨보다 더 정치적이다. 샤만은 1992년부터 토론토의 타라곤 극장의 극작가로 생활하고 있다. 『나탄의 동맹』(The League of Nathans,

1992)은 어렸을 때 친구였던 세 소년들이 성인이 되어 다시 만나 함께 행동하는 작품으로 개인과 사회의 윤리라는 복잡한 문제를 다루고 있다. 서로 달라보이는 관점들은 유대인적인 행위 아래 서로 관계지어진다. 팩토리 극장에서 상연된 『헤브론 읽기』(Reading Hebron, 1996), 위니펙(Winnipeg)의 유대인 극장(Jewish Theatre)에서 초연된 『없는 것은 너무 많은 것』(None is too Many, 1997), 1998년 상연된 『인내』(Patience)는 모두 서구사회에서 유대인으로 살아가는 것에 대해 탐구한다. 『모든 것이 진실』(It's All True, 1999)은 사회 정의의 붕괴, 조잡한 자본주의를 다룬 〈요람이 흔들리네〉(The Cradle will Rock)라는 마크 브리트슈타인(Marc Blitzstein)의 1937년 뮤지컬에 관한 극이다. 『남은 자들』(The Remnants, 2003)은 캐나다에서의 반셈족에 관한 작품으로, 요셉과 형제들의 성서 이야기를 캐나다의 상황으로 다시 이야기한 것이다. 이 작품에서 요셉은 캐나다로 가서 교육을 받은 뒤 캐나다화되고 자신의 성을 테일러(Talyor)로 바꾼다. 그는 매켄지 킹 수상의 조언자가 된다. 『변형하거나 사멸하거나』(Adapt or Die: Plays New and Used, 2006)는 러시아의 세 위대한 작가들의 작품을 토대로 변형을 시도한 작품이다. 샤만은 안톤 체호프(Anton Chekhov)의 『곰』(The Bear), 막심 고르끼(Maxim Gorky)의 『적들』(Enemies), 도스토예프스키(Dostoevsky)의 『까라마조프의 형제들(The Brothers Karamazov)을 재구성하였다.

캐나다에서 가장 널리 알려진 유대인 출신 극작가로는 한나 모스코비치(Hannah Moscovitch, b. 1978)가 있다. 2006년에 출간된 그녀의 작품 『러시아 연극』(The Russian Play)은 스탈린 통치하의 러시아에서의 사랑 이야기이다. 2007년 출간된 『베를린의 동쪽』(East of Berlin)은 주인공이 자신의 아버지가 아우츄비츠의 의사였다는 사실을 알아내는 독백 형식의 극이다. 2012년 출간된 『이것이 전쟁이다』(*This is War*)는 캐나다 군인이 아프가니스탄 전에서 겪는 심리 상황에 초점을 맞춘 작품이다.

자연주의 전통의 연극은 조단 타나힐(Jordan Tannahill, b. 1988)로 이어진다. 타나힐은 『늦게 온 동료』(*Late Company*, 2013)라는 가족 드라마를 출간하면서 익숙한 캐나다 문학적 전통에 힘입어 넓은 층의 관객을 확보할 수 있었다고 말한 바 있다. 자연주의는 캐나다 이민 작가인 최인수(Ins Choi)의 『김씨네 편의점』(*Kim's Convenience*)에서도 발견된다. 이 작품은 토론토의 편의점을 배경으로한 한국계 캐나다 이주민의 이야기로 2011년 토론토 비주류 페스티벌(Toronto Fringe Festival)의 최고 신인 연극상을 수상하였다. 흔히 데이비드 프렌치(David French)의 초기 작품과 비교되며, 텔레비전 시리즈물로 제작되기도 하였다.

1967년 캐나다 독립 백주년 이후 연극에서는 세 작품이 주목을 받았다. 존 허버트(John Herbert, 1926-2001)의 『운과 인간의 눈』(*Fortune and Men's Eyes*, 1967)은 감옥 안에 수감된 동성애자들의 잔혹행위를 다루었고, 조지 리가(George Ryga)의 『리타 조의 환희』(*The Ecstasy of Rita Joe*, 1971)는 캐나다 주류 사회의 원주민들에 대한 잔혹행위를, 미셸 트랑블레(Michel Tremblay)의 『의자매』(*Les Belles Sœurs*, 1965)는 억압적인 가부장적 문화와 남성들에 의해 정복당하고 지배당하는 여인들의 비참한 삶을 그려내었는데, 이 세 작품 모두 캐나다 독립 100주년 이후 문화와 문예의 단면을 보여준다. 일련의 캐나다 극작가들은 미래에 대한 찬미보다는 캐나다 사회에 대한 비판에 창조적인 에너지를 더 쏟았다.

존 허버트(John Herbert, 1926-2001)는 1960년대 자신의 가렛 연극 스튜디오(Garret Theatre Studio)를 포함하여 토론토의 세 군데 극단에서 감독직을 수행하였다. 허버트 작품 중 가장 유명한 연극은 『운과 인간의 눈』(*Fortune and Men's Eyes*, 1967)이다. 소년원을 배경으로 하는 이 작품은 반항자의 감금과 유폐에 대한 생생한 기록이다. 『옴팔과 영웅』*(Omphale and the Hero*, 1974)은 미국의 극작가 테네시 윌리암즈(Tennessee Williams, 1911-1983)의 스타일과 기법을 연상시킨다. 상황과 대화는 멜로드라마적이지만, 디자인과 등장인물의 설정에 있어서는 표현주의적 색채를 띠고 있다. 그러나 청중들이 등장인물들에게 동질감을 느끼게 유도하고, 당시 캐나다의 정치적, 문화적, 경제적, 도덕적 상황의 난점을 깨닫게 한다는 점에서 알레고리적이다.

조지 리가(George Ryga, 1932-1987)는 알바타 북부의 딥 크릭(Deep Creek)에서 태어나 우크라이나의 농경 사회에서 자라났다. 그는 농장 노동자, 건축 공사 현장에서 일하면서 생계를 유지했고, 1962년 전업자가가 되기로 결심하고 브리티시 컬럼비아로 이주한다. 그는 캐나다 사회에서 억압받고 착취되어온 사람들의 편에 서서 캐나다 사회의 정의롭지 못한 현실에 대항하여 목소리를 내었다. 『리타 조의 환희와 다른 연극들』 (*The Ecstasy of Rita Joe and Other Plays*, 1971)에는 견디기 힘든 사회적 상황에 사로잡힌 등장인물들의 영웅적인 반란이 목격된다. 여주인공은 자신이 살던 방식대로는 더 이상 살아갈 수 없는 상황에 직면하며, 캐나다 원주민들의 어두운 현실을 보여준다. 『인디언』(*Indian*, 1967)은 원주민 노동자들에 대한 비인간적인 고용주와 인정 없는 정부 관료의 모습을 생생하게 그려낸 작품이다. 『풀과 야생딸기』(*Grass and Wild Strawberries*, 1971)는 1960년대 히피문화와 중산층 사회 사이의 갈등을 극화한 것이고, 『사라의 일출』(*Sunrise on Sarah*, 1973)은 자신을 따라다니는 유령으로부터 벗어나 자유를 갈구하는 고통받는 여성의 혼란스러운 이야기를 다루고 있다. 리가의 관심은 사회적, 정치적, 문화적 이슈들이었으며, 『래디 보이』(Raddie Boy, 1978)는 핼리팩스의 교도소를 배경으로 리가의 리얼리즘의 진수를 보여주는 작품이다. 작품의 초점은 캐나다 사회에서 빈자와 부자 사이의 좁혀질 수 없는 큰 간극이다. 『내 아들에게 보내는 편지』(A Letter to My Son, 1982)는 우크라이나의 이주민 이반 레파(Ivan Lepa)가 캐나다에서 정착하려고 노력하려는 필사적인 인생기를 다루고 있다. 1984년작 『안젤리카의 초상』(Portrait of Angelica)은 대니 베이커(Dennie Baker)라는 캐나다 여행가의 시선으로 멕시코 마을 사람들의 모습을 담은 작품으로 영국 시인 딜란 토마스(Dylan Thomas, 1914-1953)의 『언더 밀크 우드』(Under Milk Wood, 1995)의 흔적이 엿보이는 리가의 가장 원숙한 연극으로 평가받고 있다. 리가는 정부, 관료, 그 외의 억압적인 제도로부터 자신의 권리를 침해당하는 일상 속 평범한 인물들을 통해 개인의 권리와 인권의 중요성을 주장하였다.

캐나다의 어두운 면은 몬트리올을 배경으로한 미셸 트랑블레(Michel Tremblay b. 1942)의 일련의 작품에서도 잘 드러나 있다. 그의 연극과 소설에서 플라토 몽-루아얄(Plateau Mont-Royal)은 고립된 퀘벡의 상징물이다. "Forever Yours, Marie-Lou"로 번역된 원작 『영원히 너의 것, 너의 마리-루』(À toi, pour toujours, ta Marie-Lou, 1971)에서 카르멘(Carmen)과 마농(Manon)이라는 두 자매는 10년 전에 작고한 그들의 부모를 생각한다. 마농은 따분한 삶과 좌절을 수용하면서 마조키즘적인 삶을 살았던 어머니의 삶을 회상하면서, 자신 또한 어머니의 삶과 닮아가고 있음을 깨닫는다. 반면 카르멘은 나이트클럽 가수로서의 삶을 살아간다. 카르멘은 "Sainte-Carmen of the Main"으로 번역된 『메인가의 세인트-카르멘』(Sainte Carmen de la Main, 1976)에서도 다시 등장한다. 카르멘은 창녀이자 복장도착 성벽의 친구를 도와주다 살해당한다. 정체성을 가로질러 표상한다는 점에서 복장도착 성향의 카르멘은 쇼비즈니스와 호모섹슈얼리티를 다루는 트랑블레의 극에서 중심적인 인물이다. 트랑블레의 퀘벡에는 진정한 남성은 없다. 『안녕, 거기, 안녕』(*Bonjour, là, bonjour*, 1974)에서 오누이인 세르쥬(Serge)와 니콜(Nicole)은 금기시된 근친을 시도한다. 그러나 실상 모든 가족 구성원은 자신도 모르는 근친적 욕망에 사로잡혀 있으며, 세르쥬는 이미 죽은 자신의 아버지를 갈망할 뿐이다. 트랑블레의 작품에서 남성은 약하고 흔히 경멸적인 대상으로 등장하고 있다.

릭 살루틴(Rick Salutin, b. 1942)은 토론토의 혁명가 윌리엄 라이언 맥킨지(William Lyon Mackenzie, 1795-1861)의 행적을 담은 『1837, 농부의 혁명』(*1837: The Farmer's Revolt*, 1975)을 출간한다. 맥킨지는 1820년 스코틀랜드에서 어퍼 캐나다로 이주한 뒤 급진적인 정치가로서 캐나다 하원에 수차례 당선되고 추방되기를 반복한다. 그는 1834년에서 1845년까지 초대 토론토 시장을 역임했고 1837년 혁명에도 주도적인 역할을 했던 인물이다. 살루틴의 첫 작품 『1837, 농부의 혁명』은 토론토의 파스 뮤레일 극장(Theatre Passe Muraille) 연극단원들의 협업으로 탄생되었다. 다음 해에는 『1837, 윌리엄 라이넌 맥킨지와 캐나다 혁명, 역사/연극』(*1837: William Lyon Mckenzie and the Canadian Revolution: A history/a Play*)이 출간되었다. 1837년 반란 150주년을 기념으로 살루딘은 10부작 CBC 라디오 연극 대본을 썼는데, 『주저하는 애국자』(*The Reluctant Patriot*)는 출간되지는 않았다. 『가짜 메시아, 메시아적 익살극』(*The False Messiah: a Messianic Farce*, 1981)은 17세기 콘스탄티노플의 감옥에서 한 유대인이 메시아라고 주장하면서 사람들의 헛된 희망을 불러일으키는 내용이다. 살루틴의 작품 중 가장 성공적인 연극인 『캐나다인』(*Les Canadiens*, 1977)은 몬트리올의 센타우어 극장(Centaur Theatre)

에서 초연되었으며, 몬트리올의 하키 팀을 은유적으로 사용하여 1759년 아브라함 평원 전투에서의 패배에서 시작하여 1976년 퀘벡당의 승리를 그려내었다. 살루틴은 캐나다 문화에 깊은 관심을 보였으며, 1981년에는 문화계에서 가장 영향력 있는 인물 코헨을 소재로 『나탄 코헨, 리뷰』(Nathan Cohen: A Review)를 출간하고 파스 뮤레일 극장에서 공연하였다. 1985년 작 『에스, 스파이의 초상』(S: Portrait of a Spy)은 캐나다 보안 서비스의 효용성에 대한 문제를 제기하는 스파이물로서 오타와의 그레이트 캐나디언 씨어터 컴퍼니(Great Canadian Theatre Company)에서 상연되었다.

탈자연주의 실험적 연극

일군의 작가들은 1960년 이후 이어온 인물 중심의 자연주의나 사실주의적 연출 기법에서 벗어나 보다 과감한 실험을 하였다. 흐란트 아리아낙(Hrant Alianak, b. 1950), 톰 콘(Tom Cone, 1947-2012), 마가렛 홀링워스(Margaret Hollingsworth, b. 1942), 데이비드 영(David Young, b. 1946), 모리스 판약(Morris Panych, b. 1952)과 같은 모더니스트 작가들이 여기에 속한다. 실험적인 극작가 중 존 마이튼(John Mighton, b. 1957)은 철학자이자 수학자로서 『과학적인 미국인들』(Scientific Americans, 1988), 『가능한 세계』(Possible Worlds, 1990), 『밤의 짧은 역사』(A Short History of Night, 1990), 『반쪽 삶』(Half Life, 2005)을 통해 과감한 모험을 감행하였다.

조지 워커(George F. Walker, b. 1947)는 노동자 계급의 부모에서 태어나 토론토의 이스트 엔드에서 자라났다. 그는 새로 생겨난 팩토리 씨어터 랩(Factory Theatre Lab)에 원고를 보내면서 문단에 데뷔한다. 그는 초기에는 아일랜드 극작가 사뮤엘 베케트(Samuel Beckett, 1906-1989)류의 부조리극 형태를 띤 『나폴리의 군주』(Prince of Naples, 1971), 『막다른 골목의 매복』(Ambush at Tethers End, 1971)과 같은 작품을 썼지만, 부조리극을 넘어서는 B급 영화를 발전시켰다. 초기 비평가들은 워커를 부조리극이나 초현실주의 작품을 쓴 작가로 잘못 간주하였다. 워커가 곧 이어 출간한 『바그다드 살롱』(Bagdad Saloon, 1973), 『모잠비크를 넘어』(Beyond Mozambique, 1974), 『라모나와 백인 노예들』(Ramona and the White Slaves, 1974)은 B급 영화(B-movie)의 정신을 구현한 작품들이다. 그는 B급 영화라는 장르를 통해 제국주의가 지닌 추한 단면을 드러내었다. 1977년에는 죄수를 주인공으로 한 아이러닉한 연극 『자스트로찌』(Zastrozzi)를 통해 큰 성공을 거둔다. 이 연극은 철학적인 주제와 정교한 대화, 시각적으로 두드러진 장면들이 빠르게 전개되는 정교한 플롯이 두드러지는 작품이다. 1981년에는 탐정 영화 『가십』(Gossip)과 『추악한 부』(Filthy Rich)를 무대에 올렸다. 『가십』은 범죄가 드러나는 장면이 과장되게 구성되어 있고 『추악한 부』에서는 선과 악의 구분 그 자체가 순진한 접근이라는 점이 부각되면서 범죄극 관습 자체가 무너져있다. 두 작품을 포함해서 그의 연극에는 정치적인 면 특히 계급의 문제가 주도적으로 부각된다. 『필름 느와르의 연극』(Theatre of the Film Noir, 1981)과 『전쟁의 기술』(The Art of War, 1984)은 성적, 정치적 음모를 통해 현대인들의 혼돈스럽고 타락한 모습을 영화적 서스펜스 기법으로 구현하였다. 1982년에는 공포 영화의 관습과 등장인물을 사용하여 선과 악의 문제를 다룬 『과학과 광기』(Science and Madness)를 무대에 올렸다. 영국 작가

퍼시 쉘리(Percy Shelley, 1972-1822)의 고딕 소설에 등장하는 자스트로찌(Zastrozzi)는 이 연극에서 서구 유럽의 최대 악당으로 등장하는데, 이 연극에서 자스트로찌는 자신의 이상적인 상대자인 베레찌(Verezzi)를 직면한다. 이후 워커는 이국적인 장소에서 벗어나 보다 친숙한 배경으로 작품 활동을 한다. 1983년에서 1993년 사이에는 이스트 엔드에 관한 연극들(East End Plays)이 상연되는데, 『사랑에 빠진 범인들』(*Criminals in Love*, 1984), 『배터 리빙』(*Better Living*, 1986), 『아름다운 도시』(*Beautiful City*, 1987)와 같은 이스트 엔드 연극에서는 리얼리즘의 관습으로 되돌아가는 경향이 있지만, 만화적인 인물과 문화적 형태에 대한 관심은 사라지지 않았다. 그의 연극은 고도로 은유적이며, 이스트 엔드 연극들도 예외가 아니다. 등장인물들은 다층의 책략, 가장을 통해 갈등을 해소한다. 『신성한 것은 없어』(*Nothing Sacred*, 1988)는 러시아 작가 투르게네프(Turgenev, 1818-1883)의 소설 『아버지와 아들』(*Fathers and Sons*, 1862)을 각색한 것이다. 이후에도 워커는 외곽 모텔(Suburban Motel) 시리즈와 『죽은 은유』(*Dead Metaphor*, 2013)를 통해 후기 자본주의의 잔혹함, 아프가니스탄 전쟁을 경험한 군인의 삶을 다루었다.

 캐나다의 극장은 청중들이 지역사회의 구성원으로서 공유하는 관심사를 발견하고 나누면서 그 힘을 확대시켜왔다. 세기 말이 되어가면서 캐나다 국민으로서의 연대감은 다소 희미해지고, 대신 더 특정한 가치들과 함께 감정을 나눌 새로운 지역 사회의 역할이 강조되었는데, 로버트 월러스(Robert Wallace)와 같은 학자는 이를 "특정주의"(particularism)라고 명명하였다. 국민주의(nationalism)에서 특정주의로의 이동은 일련의 캐나다 극작가들에게서 발견되는 현상이다. 린다 그리피스(Linda Griffiths, 1953-2014)는 씨어터 파스 무레일에서 『매기와 피에르』(*Maggie and*

Pierre, 1979)와 같은 캐나다 국가에 대한 풍자적인 작품을 썼다. 1982년 작 『패러다이스에서의 O.D.』(*O.D. on Paradise*)는 캐리비언에서 휴가를 보내는 캐나다인들에 초점을 둔 작품이다. 몇 년 뒤 그녀는 메티스 작가인 마리아 캄벨(Maria Campbell, b. 1940)과 『제시카』(*Jessica*)라는 작품을 쓰는데 이 작품은 캄벨의 인생 이야기에 토대를 두고 있다. 1997년에 출간된 『제시카의 책』(*The Book of Jessica*)은 원주민들의 영성과 페미니스트적인 사회적 이슈에 대한 연대감을 토대로 한 작품이다.

존 맥라크란 그레이(John MacLachlan Gray, b. 1946)의 작품은 캐나다의 국민주의와 지역주의의 영향력을 잘 보여준다. 1978년 출간된 『빌리 주교 전쟁에 나가다』(*Billy Bishop Goes to War*)는 전설적인 캐나다의 일차대전 파이럿에 관한 일인 연극으로 수년간 캐나다 전역을 순회공연한 작품이다. 다음으로 그는 뮤지컬 『락앤롤』(*Rock and Roll*, 1981)을 통해 노바 스코샤 사람들이 직면한 정체성 문제를 다루었다. 자서전적 요소가 강한 이 연극은 모나크(Monarchs)라는 락 밴드의 재결합을 통해 미국의 영향을 받은 음악 장르가 캐나다 지역 문화의 표현 수단으로 자리하고 있음을 극화시켰다. 1987년 그레이는 『촌놈이 성공하다, 존 그레이의 세 뮤지컬』(*Local Boy Makes Good: Three Musicals by John Gray*)이라는 제목 아래 『18 휠즈』(*18 Wheels*), 『락앤롤』(*Rock and Roll*), 『돈 메싸의 주빌리』(*Don Messer's Jubilee*)를 엮어 출간하였다.

1980년대 들어 다른 유형의 특정주의가 등장하는데, 톰슨 하이웨이(Tomson Highway, b. 1951)의 『레즈 자매들』(*The Rez Sisters*, 1986), 『드라이 립스는 카푸카싱으로 가야』(*Dry Lips oughta move to Kapukasing*, 1989), 다니엘 데이비드 모제스(Daniel David Moses, b. 1952)의 『코요테 도시』(*Coyote City*, 1988)와 『올마이티 보이스와 그의 아내』(*Almighty*

Voice and His Wife, 1991)와 같은 원주민 작가들의 경험과 특수한 역사를 바탕으로 한 작품들이 큰 호응을 받았다.

학제간 테크노 퓨전 극장의 출현

20세기 말 캐나다에서는 학제간 경계를 넘어서 다양한 장르가 혼재되는 연극들이 출현한다. 카렌 힌즈(Karen Hines)의 『포크시의 입술』(*Pochsy's Lips,* 1992), 제니퍼 브레윈(Jennifer Brewin), 레아 챠니아크(Leah Cherniak), 앤 마리 맥도널드(Ann-Marie MacDonald), 알리사 파머(Alisa Palmer), 마사 로스(Martha Ross)의 『다락방, 진주, 그리고 멋진 세 소녀들』(*The Attic, the Pearls, & Three Fine Girls*, 1999)과 같은 작품들의 출현이다. 장르를 넘어서는 연극은 흔히 솔로 액터의 모노드라마 형식으로 이루어졌다. 비주얼 아티스트이자 극작가인 켄 간험(Ken Garnhum)의 작품 『물에 에워싸여』(*Surrounded by Water*, 1991)와 『보이즈, 보이즈, 보이즈』(*Beuys, Buoys, Boys*, 1992)도 장르의 혼합을 보여준다. 최근에는 특히 춤과 연극의 혼재가 목격된다.

제인 어쿠하트(Jane Urquhart, b. 1949)의 『소용돌이』(*The Whirlpool*)를 극화한 브라이언 퀴트(Brian Quirt)의 〈월풀〉(2000)은 전통적인 연극 기법의 형이상학적 로고센트리즘을 부수어뜨린다. 안무가 크리스탈 파이트(Crystal Pite)와 연기자이자 극작가인 조나단 영(Jonathan Young)은 비극적인 상실에 대한 개인의 경험에 초점을 두고 트라우마와 고통을 학제간으로 탐구하면서 연극 커뮤니케이션의 폭을 넓혔다.

디지털 기술 소셜 미디어와 결합되어 캐나다의 연극은 그 영역을 확장하고 있다. 더스틴 하비(Dustin Harvey)의 『랜드라인, 할리팩스에서 밴쿠버까지』(*LANDLINE: Halifax to Vancouver*, 2013)는 캐나다의 멀리 떨어진 소도시에서 오디오 투어를 하면서 텍스트 메시지와 비디오 챠트를 통해 리얼 타임으로 참여자들과 상호 작용을 한다. 같은 해에 조단 타나힐(Jordan Tannahill, b. 1988)은 리아나보이 95(rhiannaboi 95)를 통해 유튜브와 웹 카메라 피씨를 통해 청중들과 소통하였다.

1

아방가르드: 1960년 이후의 캐나다 시

(Avant-garde Poems after 1960s)

1964년 프랫(E. J. Pratt, 1882-1964)의 죽음은 노스럽 프라이(Northrop Frye, 1912-1991)에 의해 정전화된 모더니즘 작가들과 이들 작가들보다 보다 다양한 새로운 음성을 내는 일련의 다른 작가들을 갈라놓는 경계선으로 작용한다. 20세기 중반 브리티시 컬럼비아(British Columbia)를 중심으로 일군의 시인들은 커뮤니티를 형성한다. 다프네 말렛(Daphne Marlatt, b. 1942)의 시집 『스티븐슨』(*Stevenson*, 1974)은 현재 밴쿠버 도시의 일부인 어촌의 이름을 딴 것인데, 태평양 연안의 지형, 역사, 그리고 풍경이 녹아들어 있는 시편들로 구성되어 있다. 모피거래에서 시작하여 1858년 프레이저강 유역의 골드러시로 인해 영국 정부가 식민지로 개발한 이 지역은, 로키산맥과 그 사이 하곡, 그리고 태평양 연안의 해안산지의 수려한 경관을 갖추고 있다. 1885년 밴쿠버까지 대륙 횡단 철도가 개통된 이후 급격한 발전을 이루었으며, 알래스카와 맞닿아 있고 남으로는 워싱턴 아래 미국으로 이어지는 서해안의 풍경은 캐나다 안의 파라다이스로 불리운다. 이와 같은 풍경과 역사적 풍토 아래 캐나다 내륙

지방과 다른 문학적 움직임이 문예지 『티쉬』(Tish)와 함께 태동된다. 곧이어 『에어』(Air), 『아일랜드』(Island), 『펄프』(Pulp)와 같은 일련의 잡지들이 생겨나는데, 이들은 캐나다의 다른 지역에서는 보기 힘든 지역문예지들이다. 밴쿠버의 지역 잡지 『티쉬』는 이전의 모더니즘 시학과 다른 보다 자유롭고 삶과 밀착된 새로운 문학 세대의 출현을 알렸다. 정서를 절제하고 객관적이고 구체적으로 표현하는 시적 원리를 강조했던 엘리엇(T.S. Eliot, 1888-1965)류의 몰개성(impersonality)론에서 벗어나 티쉬 그룹은 시의 역동성과 열린 움직임을 추구하였다. 이와 같은 아방가르드적인 시도는 폴리 스타일리즘의 등장과 함께 포스트모더니즘적 시의 출현을 불러왔고, 일련의 작가들은 모더니즘을 지탱해온 권위에 도전하고 투쟁하면서, 언어의 새로운 가능성을 탐색하고 모더니스트들과 다른 문화적 지형을 만들어 내었다.

티쉬와 새로운 아방가르드 시의 모색

1950년 후반부 브리티시 컬럼비아 대학교 영문학 교수인 워렌 톨만(Warren Tallman, 1921-1994)을 중심으로 일군의 시인들이 모여 새로운 아방가르드 시를 모색하기 시작한다. 로버트 덩칸(Robert Duncan, 1919-1988)이 먼저 참여하고, 곧이어 조지 바우어링(George Bowering, b. 1935), 프랭크 데이비(Frank Davey, b. 1940), 데이비드 다우슨(David Dawson, b. 1942), 라이오넬 컨즈(Lionel Kearns, b. 1937), 제임스 레이드(James Reid, 1941-2015), 프레드 와(Fred Wah, b. 1939), 다프네 말렛(Daphne Marlatt, b. 1942) 등 대부분 브리티시 컬럼비아에서 태어

나고 자란 시인들이 새로운 시풍을 열어간다. 1961년 9월 바우어링, 데이비, 다우슨, 레이드와 와는 밴쿠버에서 『티쉬』(Tish)라는 잡지를 출간한다. 구어적인 리듬을 강조하면서 『티쉬』는 중앙 캐나다의 주류 문단에 대항하는 움직임을 보인다. 레이먼드 소스터(Raymond Souster)가 『뉴 웨이브 캐나다』(New Wave Canada, 1966)의 서문에서 선언한 바와 같이 『티쉬』는 캐나다 민족주의 시운동으로 인식되었다. 특히 이 일군의 시인들은 새로운 시적 에너지로 캐나다 시의 첫 포스트모더니즘 계열의 시적 전통을 만들어 내었다. 『티쉬』의 등장으로 인해 서부 해안의 작가 커뮤니티는 크게 활성화되기 시작하였다 『아일런드』(Island), 『펄프』(Pulp), 『탈론』(Talon)과 같은 저널들이 곧이어 발간되었고, 새로운 감수성을 지닌 시인들의 출현을 알렸다.

캐나다 서해안 지역의 문예 운동을 선도한 역할을 한 필리스 웹(Phyllis Webb, b. 1927)은 빅토리아에서 태어나 밴쿠버에서 자라났다. 그녀는 브리티시 컬럼비아 대학에서 영문학과 철학을 전공한 뒤 로버트 크릴리(Robert Creeley), 로버트 덩칸(Robert Duncan), 찰스 올슨(Charles Olson), 데니스 레버토프(Denise Levertov)를 포함한 일련의 시인들과 인터뷰를 가지며 『발가벗은 시들』(Naked Poems, 1965)을 출간한다. 필리스 웹은 이 새로 만든 시편들을 새로운 알파벳(a new alphabet)이라고 불렀는데, 이 시들은 미국 중앙부가 아니라 서해안의 포스트모더니스트 작가들과 더 많은 시적 연대감을 갖고 있었다. 그녀는 시선집으로 『심지어 너의 오른쪽 눈이』(Even Your Right Eye, 1956), 『바다는 정원이기도 하다』(The Sea is Also a Garden, 1962), 『발가벗은 시편들』(Naked Poems, 1965), 『시선집 1954-1965』(Selected Poems 1954-1965), 『시선집, 비전의 나무』(Selected Poems: The Vision Tree, 1982)가 있다. 그녀의 시는 비관적인 색조가 강하지만, 위트로 가려져 있어 퇴폐적이지는 않다. 절망, 자살, 죽음의 문제는 프랑스의 상징주의자 앙드레 지드(André Gide, 1869-1951)나 덴마크의 철학자 키에르케고르(Kierkegaard, 1813-1855)류의 실존주의와 연관되어 있는데, 캐나다 시에서는 보기 드문 경향이다. 그녀의 시에서 개개인은 자신을 보호하기 위해 스스로를 고립시키거나 침묵을 지키며, 자기성찰적인 면을 띤다. 그녀 자신은 해안, 바다, 걸프 아일랜드(Gulf Islands)에서 이와 같은 조용한 삶을 찾았다. 「마블의 정원」("Marvell's Garden"), 「유리성」("The Glass Castle")에서와 같은 시에서는 형이상학 시(metaphysical poetry) 기법이 두드러지며, 『발가벗은 시편들』에서는 블랙 마운틴과 샌 프란시스코 시 운동(Black Mountain and San Francisco Poetry movements)의 영향 아래에서의 스타일적 단순성이 목격된다. 그녀의 시는 구조적 정교함으로 인해 현대 물리학의 원자나 염색체 구조와 연관되어 분석되기도 한다.

정전화된 모더니즘 작가와의 경계

1965년 출간된 알 퍼디(Al Purdy, 1918-2000)의 『칼리부의 말들』(*The Cariboo Horses*)은 캐나다 시의 전환점을 선언한 작품이다. 그의 첫 시집은 찰스 로버트(Charles Roberts, 1860-1943)나 블리스 카르만(Bliss Carman, 1861-1929)류의 시풍이었으나, 1962년 출간된 『모든 아넷을 위한 시편들』(*Poems for All the Annettes*)에 이르러서는 느슨하고 구어체의 독특한 시가 소개되기 시작하였으며, 현대적인 캐나다의 다양한 정체성을 대변하는 음성을 내었다. 1986년 출간된 퍼디의 『시선집』(Collected Poems)의 "후기"(Afterwords)에서 퍼디의 작품이 앵글로 중심의 형태의 구도로부터 더 자유로운 표현의 자유와 직접성을 지향하고, 과정을 중시하는 방향으로 바뀌었다고 데니스 리(Dennis Lee, b. 1939)는 지적한 바 있다. 퍼디는 대부분의 삶을 온타리오의 지형을 대상으로 시를 쓰면서 보냈다. 그의 첫 작품은 1944년 출간된 『황홀한 메아리』(The Enchanted Echo)이다. 1965년 『칼리부의 말들』을 출간한 이후, 곧이어 『시편집』(Selected Poems, 1972), 『살아가기, 1958-1978 시편들』(Being Alive: Poems 1958-1978, 1978), 『스톤 버드』(The Stone Bird, 1981), 『노래로 터뜨리기, 알 퍼디 옴니버스』(Bursting into Song: An Al Purdy Omnibus, 1982)를 출간하였다. 퍼디 시의 특질은 마음과 주위 환경과의 통합적 작용과 상호 연결을 통해 의미를 추구하는 것이다. 그의 시는 마음이 현재에서 과거로 그리고 다시 현재로 움직이면서 상실된 연관성을 찾아 움직이는 과정이다. 퍼디에게 있어서 과거는 살아있는 것으로 우리와 함께 항상 같이 있고 우리에게 힘을 주는 원천이 된다. 우리가 흔히 과거를 잊어버리기에 퍼디의 목표는 과거에 반응하고 과거를 복원시켜주는 것이다. 대표시로 「겨울 산보」("Winter in Walking"), 「북극권의 나무들」("Trees at the Arctic Circle"), 「광야의 고딕」("Wilderness Gothic") 등이 있다.

『칼리부의 말들』은 1966년 캐나다 감독상을 수상하였으며, 지역 노동자들에 대한 퍼디의 관심은 1960년대 시 풍경을 바꾸는 전환점이 되었다. 일부 비평가들은 퍼디를 마지막 캐나다 시인(The Last Canadian poet)이라고 평가하기도 하는데, 이는 그가 전후 모더니즘과 노동 계급이라는 특정 지역과 계층에 대한 관심 사이의 전환점이 되는 시인이기 때문이다. 1986년 퍼디는 『시선집』(Collected Poems)으로 다시 한 번 캐나다 감독상을 수상한다. 그는 캐나다의 정체성에 대한 대중적인 담론의 형성에 기여한 인물이다. 동시에 캐나다의 국민주의라는 대서사(grand narrative)에서 노동과 지역적 관심이라는 다른 지형으로의 전환점을 제시한 작가로 캐나다 문학사에서 자리매김 된다.

구어체 언어의 리듬과 휴지에 토대를 둔 헐거운 시적 구도, 토속적 경험에 대한 강조, 글쓰기의 공동체적 성격에 대한 믿음은 블랙마운틴 운동과 연관된 시인들이 공유하는 자질들이다. 조지 바우어링(George Bowering, b. 1935)은 월간지『티쉬』(Tish)에 어린 나이에 참여하였고, 이미지스트 전통으로부터 기인된 블랙 마운틴 운동에도 큰 영향을 받았다. 그는 26권의 시집을 출간하였는데, 이는 티쉬 그룹에서 가장 많은 작품 수이다. 조지 바우어링 시의 주도적인 특징은 유머감각이다. 그는 브리티시 컬럼비아의 오카나간 계곡(Okanagan Valley)에서 태어나 성장하였고, 브리티시 컬럼비아 대학에서 얼 버니(Earle Birney, 1906-1995)의 지도 아래 창의적 글쓰기를 연마하였다. 그는 1969년 출간된『로키 마운틴 등성이』(Rocky Mountain Foot)와『코스모스의 갱들』(The Gangs of Kosmos)로 캐나다 감독상을 수상하였다. 1970년대부터 그는「사막 느릅나무」("Desert Elm")와 같이 느슨하게 연결된 장시를 쓰기 시작한다.『캐치』(The Catch, 1976),『서쪽 창문』(West Window, 1982)에서와 같이 한 편의 시가 거의 한 권의 책 길이로 전개되기도 하였다. 그는 전통적인 영웅적 이상을 아이러닉하고 비판적인 각도에서 바라보았다. 다른 티쉬 그룹의 시인과 마찬가지로 바우어링은 신화와 은유뿐 아니라 수사학적 장치를 피했으며, 일상 언어와 가장 유사한 언어를 선호하였다. 그의 시에는 은율과 리듬감이 두드러진다. 바우어링 또한 의사소통의 과정을 중시하였으며, 작품 속에 작가의 삶의 일부가 있다고 믿었다. 이와 같은 믿음은 예술가가 작품으로부터 몰개성적이어야 하며 거리를 띄워야한다는 모더니즘적인 교리와 상반되는 것이었다. 그러나 그의 시는 개개인의 심리나 사건이 핵심이 되는 고백시로 한정될 수 없다. 조지 바우어링은 시인보다는 언어 그 자체에 더욱 관심과 애정을 기울인 예술가이기 때문이다.

밴쿠버에서 태어나 브리티시 컬럼비아 대학에서 공부하면서 찰스 올슨(Charles Olson, 1910-1970)을 중심으로 한 미국의 블랙마운틴운동에 관심을 갖은 프랭크 데이비(Frank Davey, b. 1940)는 『티쉬』의 초대 편집자로 일하다 1963년 19호를 발간한 후 이 잡지와 결별하고 새로운 잡지 『오픈 레터』(Open Letter)를 창간한다. 이 당시 출간한 시집으로 『디데이와 그 다음』(D-Day and After, 1963), 『갈매기와 바다의 도시』(City of the Gulls and Sea, 1964), 『브리지 포스』(Bridge Force, 1965), 『상처있는 외피』(The Scarred Hull, 1966)가 있다. 1970년과 1974년 사이 『샘 패리를 위한 네 편의 신화』(Four Myths for Sam Perry, 1970), 『잡초』(Weeds, 1970), 『칼의 제왕들』(Kings of Swords, 1972), 『그리폰』(Griffon, 1972), 『아카나』(Arcana, 1973), 『클라람』(The Clallam, 1974)을 출간한다. 그는 1975년 비피 니콜(bp Nichol, 1944-1988), 마이클 온다체(Michael Ondaatje, b. 1943)와 함께 코치 하우스 출판사(Coach House Press)의 편집진으로 들어온다. 프랭크 데이비도 형식이 긴 시에 관심이 있었으며, 『현대 캐나다 장시』(The Contemporary Canadian Long Poems, 1983)를 출간하기도 하였다. 특히 그는 확장된 시간적 배경 아래 시적 화자가 어디로 갈지 모르는 상황에 직면한 시리즈 시(serial poems)를 썼는데, 이런 종류의 시는 시인의 발견과 의식적 결단이 강조되는 일종의 현상학적 시(phenomenological poetry)이다. 그는 사실(fact)에 깊은 관심을 가졌다. 시인은 고백적인 내용을 포함해서 개인적인 성향의 시를 만들어 낸다. 데이비에게 내적인 환경과 외적인 환경은 구분이 없으며, 시인에게 있어서 사실은 물려받은 역사와 신화를 포함해서 시인 자신이 경험하고 배운 것으로부터 온다. 그는 역사에 몰입하였고 시 안에서 진행되는 현재의 의미를 발견하고자 하였다. 시인은 과거를 이용하여 역사를 긴 시로 변환시킨다. 역사와 더불어 신화와 전설은 시인의 역량에 의해 확장된 사실이다. 자연사, 개인적 삶에서의 사건들, 전설은 시로 변형되는 과정에서 관계가 중요한 관심사가 된다.

비평가로서 데이비는 노스럽 프라이(Northrop Frye, 1912-1991)류의 주제 비평(thematic criticism)에 반대했다. 데이비는 주제적 또는 문화적 접근법을 예술가의 개성과 전통과 과거의 영향력에서 선택할 자유를 무시하는 성향이 있다면서 비판하였다. 시인은 수동적으로 외부 영향에 의해 형성되는 것이 아니라, 능동적으로 작품을 창조해나간다. 그의 문예 이론은 닫힌 형식적 구도가 아니라 시인이 경험을 내면화하고 극화시키는 일련의 과정을 강조한다. 데이비의 비평은 정적인 질서가 아닌 역동적인 움직임을 강조하며 아방가르드적이고 포스트모던 작가들의 관심을 끌었다.

패트릭 레인(Patrick Lane, b. 1939) 역시 브리티시 컬럼비아에서 태어나 자랐으며, 형 레드 레인(Red Lane)이 사망할 때 쯤 20대 초의 나이에 처음 시를 쓰기 시작하였다. 그는 캐나다 감독상을 수상한 1978년 『새로 선택된 시편들』(*Poems, New and Selected*)을 포함하여 『불의 달을 조심하라』(*Beware the Months of Fire*, 1974), 『태어나지 않은 것들』(*Unborn Things*, 1975), 『알비노의 농부들』(*Albino Peasants*, 1977) 등의 작품을 출간하였다. 패트릭 레인 시의 상당 부분은 일화적 서술(anecdotal narrative)로서 캐나다 서부, 미국 남부의 헐벗은 노동자 계급의 삶에서 일어나는 사건들을 기술하고 있다. 레인의 시에는 극단적인 폭력, 잔인한 학대, 새디즘이 목격되며, 이와 같은 인간의 행위는 시에 등장하는 짐승과 별다를 것이 없다. 야수와 먹잇감은 인간을 표상하는 대표적인 개념이며, 특히 새의 이미지는 특별한 이유 없이 타인을 공격하고 자연계에서 희생물이 되는 인간 본성의 상징이다. 변덕스러운 우주에서 삶과 죽음은 끊임없이 변형되며, 어느 한 존재도 피를 흘리지 않고 영속할 수는 없다. 이와 같은 창조와 파괴에 대한 비젼은 원주민 트릭스터 신화와 연결된다. 또한 인간 개개인이 삶과 죽음의 상황에 직면하여 느끼는 긴장감과 강렬함은 그의 시를 실존주의와 연관지어 해석하게 하는 단서가 된다. 파괴를 긍정하고, 죽음과 위험에 직면한 인간의 운명은 그의 시 곳곳에 목격된다. 대표시로는 「내가 배우지 않았기에」("Because I never Learned"), 「태어나지 않은 것들」("Unborn Things"), 「보고츠의 아이들」("The Children of Bogotz")이 있다.

콘크리트 모우임즈와 사운드 포우임즈

소위 말하는 그래프의 점수, 콘크리트 포우임즈(concrete poems)를 구현한 비피 니콜(bp Nichol, 1944-1988)은 L=A=N=G=U=A=G=E 운동을 주도한 혁신과 실험의 시인이다. 니콜의 관심은 팝 컬쳐, 만화책을 포함하여 미학적 범주를 가로질렀다. 그의 시의 추상성과 유희는 여섯 권의 장시 시리즈인 『순교학』(The Martyrology, 1972-88, 1990, 1992)에 잘 드러나 있다. 성인은 형이상학적 가치로부터 생겨나는 것이 아니라 파편화된 탈구조화된 말에 의해 구축된다. 니콜의 시는 다다이스트들의 작품과 닿아 있다. 시인은 그래픽적 표현과 삶의 경험, 형태와 행위 사이를 "말"(word)이라는 용어에서 "세상"(world)이라는 용어로 전환시키는 작업을 하는 사람이다. 니콜은 밴쿠버에서 태어나 브리티시 컬럼비아 대학에 다니면서 60년도 초에 시를 쓰기 시작하였다. 전통적인 서정시에 만족하지 못한 니콜은 시각적 실험에 매력을 느꼈고, 브리티시 컬럼비아를 떠나 토론토에 머물면서 시각적 시 발전에 전념하였다. 그는 데이비드 아일워드(David Aylward)와 함께『강그리아』(*Ganglia*, 1964)라는 잡지를 만들었고,『그론크』(*grOnk*, 1976)라는 뉴스레터에 시각적인 시를 실었다.

니콜은 사운드 포이트리 그룹(sound-poetry group)의 네 마부(The Four Horseman)의 일원으로 스티브 맥카퍼리(Steve McCaffery, b. 1947), 폴 더튼(Paul Dutton, b. 1943), 라파엘 바레토 리베라(Rafael Barreto-Rivera)와 함께 레코딩, 프린팅을 포함한 다양한 시도를 하였다. 마이클 스노우(Michael Snow, b. 1928)와 머레이 샤퍼(R. Murray Schafer, b. 1933)와 같은 작곡가들도 새로운 시를 만드는 작업에 참여하였다. 소리 시(sound poetry)는 시각적 시와는 달리 말이 가지고 있는 정서적 가능성을 회복함으로써 감정을 불러일으키는 것과 일차적으로 연관되어 있으며, 예술의 구전 전통의 일부이다. 특이한 음률, 하나의 특정된 음만을 강조하는 구도, 같은 음의 반복 등의 시적 장치를 통해 페이지 위에 침묵하고 있는 것으로부터 벗어나 시에 풍요로운 구술적 자질을 부여한다. 니콜은 언어를 재구성하고 시각적 이미지와 소리, 형태를 사용하여 예술의 경계선에 대해 독자들이 의구심을 갖게 만드는 것에 관심을 두었다. 시는 문예적 형상화가 아니라 소리와 시각적 효과라는 사고가 그의 작품 저변에 깔려있다.

니콜의 미학적 작업은 캐나다를 넘어서 미국과 유럽의 아방가르드 작가들과 연대하여 작품을 만드는 국제적인 시도였고, 그의 문화와 언어에 대한 탈구조주의적 시도는 콜린 브라운(Colin Browne), 제프 데크센(Jeff Derksen), 리사 로버트슨(Risa Robertson)과 같은 서해안 작가들(West Coast writers)과 킴 더프(Kim Duff), 조단 스콧(Jordan Scott), 트루지로 러스크(Trujillo Lusk) 등의 밴쿠버에서 활동하는 쿠테니 작가파(Kootenay School of Writing)의 형성에 큰 영향을 미쳤다.

폴리 스타일리즘

온타리오 태생의 제임스 레이니(James Reaney, 1920-2008)는 캐나다의 사우스 웨스트 지역주의를 토대로 소설과 희곡뿐 아니라 시에서도 캐나다 문학에 괄목할 만한 자취를 거둔 작가이다. 마가렛 애트우드가 레이니의 단편 소설 「벌리」("The Bully")가 없었다면 자신의 작품은 다른 길로 향했을 것이라는 말로 레이니의 영향력을 언급한 뒤, 레이니의 업적은 흔히 소설 분야에 한정되곤 한다. 레이니가 토론토 대학 학부 시절에 출간한 두 단편 「벌리」와 「박스 소셜」("The Box Social")은 존 리차드슨(John Richardson, 1796-1852)과 수잔나 무디(Susanna Moodie, 1803-1885)의 뒤를 이어 남부 온타리오 고딕(Southern Ontario Gothic)이라는 전통의 맥을 형성하는 중요한 작품이다. 레이니는 1960년 웨스턴 온타리오 대학의 영문과에서 가르치면서 일련의 시집을 발간한다. 첫 세 시집 『레드 하트』(*The Red Heart*, 1946), 『가시덤불 옷』(*A Suit of Nettles*, 1958), 『작은 마을로의 열두 편의 편지』(*Twelve Letters* to a Small Town, 1962)로 그는 캐나다 총독 상을 수상한다. 『레드 하트』는 42편의 서정시를 모은 시집으로, 여기에는 그가 어린 시절 살았던 퍼스 카운티(Perth County)의 풍토와 정서가 고아인 젊은 예술가의 행동을 통해 구현된다. 그는 적대적인 문화 환경에 맞서서 어린 시절의 가상적인 플레이 박스의 세계를 만들어 낸다.

『가시덤불 옷』은 노스럽 프라이(Northrop Frye, 1912-1991)의 영향이 두드러지게 엿보이는 시집이다. 그는 프라이의 지도하에 토론토 대학에서 박사 논문을 썼는데, 논문 제목이 예이츠에게 미친 스펜서의 영향(The Influence of Spenser on Yeats)이었다. 『가시덤불 옷』은 영국 시인 에드먼드 스펜서(Edmund Spenser, 1552-1599)의 『양치기의 캘린더』(*The Shepheardes Calender*, 1579)에서 12개의 목가 형식을 빌어왔지만, 남부 온타리오 마을을 배경으로 거위의 관점에서 작품을 전개시켜 나간다. 거위는 인간의 유형에 따라 애인, 교사, 철학자, 시인 등 지역 인간 사회의 원형을 보여준다. 크리스마스 시즌 거위가 희생당하는 것을 통해 인간사에 대한 조롱을 내포한 이 작품은 알레고리적인 퍼즐, 대화시, 동물 우화, 그래픽 시 등으로 이루어져 있다. 『작은 마을로의 열두 편의 편지』는 영국의 현대 시인 딜란 토마스(Dylan Thomas, 1914-1953)가 『언더 밀크 우드』(*Under Milk Wood*)에서 시도한 것처럼 자신의 이상적인 신화의 근원을 상상력을 통해 찾아들어가며, 레이니에게 있어 그 근원은 온타리오의 시골 마을이었다. 곧이어 그래픽 상징주의를 추구한 『온타리오 런던에서의 죽음의 춤』(*The Dance of Death at London, Ontario*, 1963)과 거대한 식료품 체인점이 지역 소상인을 파괴하고 교육부 장관이 세상을 저주하는 대상에 욕을 퍼붓는 『저주하기, 욕하는 기술』(*Imprecations: The Art of Swearing*, 1984), 마임, 댄스, 음악, 컨서트, 소품과 몸동작을 통한 효과, 끝맺지 않은 시를 통해 독자의 참여를 유도하는 『상연 시』(Performance Poems, 1990) 등의 실험적인 시집을 출간하였다. 레이니는 시의 근원은 운율, 거리에서의 연극, 그리고 게임에 있다는 점을 독자들에게 각인시켜주고, 연극과 시의 간극을 무너뜨리는 시도를 하였다. 레이니는 온타리오의 지역주의를 언급할 때 빠지지 않고 등장하는 작가이다. 그러나 각 지역의 고유한 지리적 특성에 토대를 둔 전통적인 지역주의와는 달리 레이니의 시는 각 텍스트의 결과 원형이 혼합되는 장소이다.

제임스 레이니가 추구하였던 남서부 지역주의는 온타리오에서 자라 성장한 크리스토퍼 듀드니(Christopher Dewdney, b. 1951)에게 영향을 미쳤다. 또한 니콜(bp Nichol, 1944-1988), 스티브 맥카페리(Steve McCaffery, b. 1947) 그리고 다른 토론토 작가들의 폴리스타일리즘(polystylism)은 크리스토퍼 듀드니가 추구한 초현실주의 시로 가는 길을 내어주었다. 듀드니의 시적 비전은 온타리오 남서부에 위치한 옥스바우 호수의 코브(cove)의 지리에 영감을 받은 것이다. 『온타리오 런던의 지리학』(A Palaeozoic Geology of London, Ontario, 1973)은 자신의 꼴라주와 함께 코치 하우스 출판사(Coach House Press)에서 출판되었다. 그는 코치 하우스 출판사의 시 편집자였으며 토론토 대학 "문화와 기술 맥루한 프로그램"의 책임자로서 아방가르드 시인과 사상가들의 리더였다. 그의 시는 북아메리카와 영국의 저널에 출간되었으며, 과학과 신화, 이성과 직관, 경험적인 것과 초현실주의적인 것들 사이를 오갔다. 『온타리오, 시와 콜라쥬』(Ontario: Poems and Collages), 『숭고함을 바꾸기』(Alter Sublime), 『빛나는 목록』(The Radiant Inventory), 『데몬 호수』(Demon Pond), 『자연의 역사』(The Natural History) 등의 시집에는 자연의 역사, 꿈, 과학에 대한 관심이 엿보이지만, 그의 시는 근원적으로 캐나다의 자연이 제공해

주는 감수성과 자연에 대한 애정에서 생겨난 것이다. 『경배, 시선집』(Adoration: Selected Poems, 1972-82)과 『시그널 파이어즈』(Signal Fires, 2000)에도 온타리오 남부의 역사와 자연에서의 황홀한 체험이 생생하게 묘사되어 있다.

『부상당한 왕자와 다른 시편들』(The Wounded Prince and Other Poems, 1848)은 더글라스 르판(Douglas LePan, 1914-1998)의 첫 시집인데, 르판은 이 시집에서 자신의 세계를 형성하고 더 큰 세계를 지각하는 캐나다인의 경험을 정의하고 기술하고자 했다. 『부상당한 왕자』에서 시작하여 그의 마지막 작품에 이르기까지 르판은 형식적인 순수함과 시각, 청각, 감각의 흠 없는 질서를 추구하였다. 『네트 앤 스워드』(The Net and the Sword, 1953)는 전쟁 참화 속의 유럽을 그려내었는데, 젊은 캐나다 병사가 고국에 대한 향수와 절망, 죽음, 소외 속에서 사로잡힌 어두운 세계를 엘리엇(T.S. Eliot) 이후 모더니스트들의 형이상학적 기법으로 표현하였다. 이 작품은 전쟁의 무의미함과 파괴될 수 없는 인간 내면세계의 의미에 관한 것이다. 르판은 전후 잉글랜드에서 살아가는 캐나다 병사를 통해 불완전한 세계에서 완성을 추구하는 인간의 열망을 담은 소설 『탈영병』(The Deserter, 1964)을 출간하기도 하였다. 『마카리스터, 어둠 속에서의 임종』(Macalister, or Dying in the Dark, 1995)은 전쟁이 끝나가는 세상에서 모든 가치가 무너져 내리는 가운데 신념을 유지하는 것을 탐구한다. 『아직도 발견해야 할 어떤 것』(Something Still to Find, 1982)은 사회의 욕구와 개인의 욕구 사이의 갈등에 대한 시집이다. 추잡한 현실이 완성을 가로막지만 쉽게 타협하지 않고 완성을 위해 나아가는 인간의 열망이 그의 시집에 엿보인다.

20세기 후반 토론토가 배출한 걸출한 문인으로 데니스 리(Dennis Lee,

b. 1939)가 있다. 1967년 데이비드 고드프레이(David Godfrey)와 함께 데니스 리는 아난시 하우스 출판사(House of Anansi Press)를 설립하여 마가렛 애트우드(Margaret Atwood, b. 1939), 매트 코헨(Matt Cohen, 1942-1999), 마이클 온다체(Michael Ondaatje, b. 1943)와 함께 일했다. 1967년 첫 시집 『침묵의 왕국』(*Kingdom of Absence*)을 출간한 이후 그의 작품은 두 방향으로 진행되었다. 복잡하고 어려운 명상, 사회적 커멘트와 아이들을 위한 인기 서적의 두 방향이다. 『시민의 비가』(*Civil Elegies*, 1968)는 공공의 책임에 관한 강렬한 감정을 반영한 연작시로서, 자아, 시민권, 시민으로서의 목소리를 포함한 공공의 문제를 제기한 작품이다. 데니스 리는 캐나다 감독상 수상작 『시민의 비가와 다른 시편들』(*Civil Elegies and Other Poems*, 1972)에서 개인과 공공 양 영역에서 다양한 음성을 탐구하였다. 그는 지역 사회 즉 여기 지금의 실존적 문제를 제기하고, 해결되지 않는 문제에 참여할 것을 시적으로 표현한다. 데니스 리는 포스트 식민주의 비평에도 큰 영향력을 미쳤다. 특히 그의 「운문, 나라, 침묵, 식민주의 공간에서 글쓰기」("Cadence, Country, Silence: Writing in Colonial Space," 1973)와 「다성성, 명상에 잠기기」("Polyphony: Enacting a Meditation," 1999)는 캐나다에서 탈식민주의 시대의 주체와 음성에 관한 논의를 촉발시켰다. 또한 『추상적인 조화가 아니라』(*Not Abstract Harmonies But*, 1974), 『해럴드 라두의 죽음』(*The Death of Harold Ladoo*, 1976), 『신들』(*The Gods*, 1979)을 통해 작가의 음성과 내러티브 음성이 혼재한 실험을 계속하면서 모더니즘이라는 문제와 씨름하였다. 그는 모더니즘 문예 운동뿐 아니라 문화로서의 모더니즘이라는 일반적인 문제에 깊은 성찰을 보였으며, 기술의 발달이 21세기 인류의 삶을 바꾸어 놓은 상태에서 실재라고 인지하는 것들에 대한 믿음이 무너져 가는 현상

을 직시하였다. 『해럴드 라두의 죽음』에서 라두는 이러지도 저러지도 못하는 막다른 길에 봉착한다. 화자는 자신의 주변 환경을 실재로 받아들이지도 못하고 그것을 진실하지 못하다고 정의하지도 못한다. 라두는 자신의 위선과 직면하고 말없이 떠나간다. 데니스 리는 모더니즘이 수반하는 문제점과 투쟁하면서 명상과 음악에 관심을 보였다. 작품을 출간한 뒤에도 모든 작품을 다시 수정할 정도로 데니스 리는 과정을 중시한 작가였고, 그의 시와 에세이는 하나의 고착된 형태로 존재하는 것이 아니라 수정과 발전을 통해 항상 변화하는 무정형의 산물이었다.

　데니스 리의 영향은 정치적이라기보다는 미학적인 것이었다. 1999년 온타리오의 피터보로(Peterborough)에서 개최된 다성성에 관한 심포지움에서 돈 맥케이(Don McKay, b. 1942), 로버트 브링허스트(Robert Bringhurst, b. 1946), 스탠 드래그랜드(Stan Dragland, b. 1942), 팀 릴번(Tim Lilburn, b. 1950), 루 보손(Roo Borson, b. 1950), 킴 말트만(Kim Maltman, 1951), 얀 즈위키(Jan Zwicky, 1955) 등은 1980년 이후 시학에 대해 논했고, 이를 『시와 아는 것』(*Poetry and Knowing*, 1995), 『생각하기와 노래하기』(*Thinking and Singing,* 2002)에 담아내었다. 생태와 타자, 인간과 비인간 존재의 다양성을 서정시를 통해 구현하는 문제가 이 책에 담겨있다.

　1970년대 중반 문화를 역사적으로 재조명하는 작가들이 생겨났고, 이중 그웬덜린 맥에윈(Gwendolyn MacEwon, 1941-1987)은 융(Jung)의 집단 무의식과 연금술사의 신비주의, 그리스와 이집트의 신화를 통해 여신의 원형을 찾았다. 그녀는 자신의 텍스트를 의식(ritual)과 같이 간주하였다. 그녀는 토론토에서 자라나 성장하였고, 위니펙(Winnipeg)에서 첫 시집을 출판하였다. 『이방인을 위한 아침밥』(*A Breakfast for Barbarians*,

1966) 이후 『쉐도우 메이커』(The Shadow-Maker, 1969), 『달의 부대』 (The Armies of the Moon, 1972), 『불을 먹는 연기자』(The Fire Eaters, 1976), 『내세』(Afterworlds, 1987) 등 일련의 시집을 발간한다. 시 외에도 『마법사 줄리안』(Julian the Magician, 1963)과 『이집트의 왕, 꿈의 왕』 (King of Egypt, King of Dreams, 1971)이라는 소설을 통해 신화와 역사의 풍요로움을 탐색하였다. 맥에윈의 다양하고 유동적인 작품 표면 아래에는 신화적 세계관이 있다. 그녀는 정신과 육체, 마법의 세계와 현실 세계, 신비의 세계와 일상의 세계가 동시에 공존하는 세계관을 구축한다. 맥에윈은 주술적인 어휘와 일상적인 언어를 유머스럽게 혼재함으로써 영웅적 탐색을 강화시키기도 하고 그 시도를 무기력하게 만들기도 한다.

1980, 90년대 캐나다의 시

1980년대에 들어서면서 캐나다의 시는 캐나다 안에 존재하는 시민정신, 시민권의 조건들을 탐색하는 것으로 전환되기 시작한다. 데니스 리(Dennis Lee, b. 1939)가 자신의 에세이 「운문, 나라, 침묵」(Cadence, Country, Silence)에서 제기한 바와 같이 국민성(nationality)이나 지역성(regionality)에 대한 탐구 대신 국가의 테두리 안에서 문화적, 정치적 주체성을 탐구하는 작업이 시인들 사이에서 이루어진다. 페미니즘, 포스트식민주의, 막시즘 등 일련의 사상들은 이와 같은 탐구의 이론적인 토대를 제공해 주었고, 한정된 시민이라는 개념에서 벗어나 있는 새로운 음성을 찾으려는 시도로 이어진다.

1980년대와 1890년대 에린 무레(Erin Mouré, b. 1955), 디 브란트(Di

Brandt, b. 1952), 다프네 말렛(Daphne Marlatt, b. 1942), 벳시 워랜드 (Betsy Warland, b. 1946), 레아 트레게보프(Rhea Tregebov, b. 1953), 로라 레미어 토스테빈(Lola Lemire Tostevin, b. 1937)은 캐나다 출판에서 페미니스트 시학을 정립하는데 큰 역할을 하였다. 무어의 페미니스트적 관점에서 바라보았을 때 캐나다는 성, 계급, 언어에 의해 지배되어온 문화였고, 데니스 리의 관점에서 바라보았을 때에 캐나다는 미국적인 제국주의에 의해 영향을 받은 문화였다. 양자의 정치적 지형이 이데올로기적으로 일치하는 것은 아니지만, 이들의 수사가 별개의 것도 아니었다. 이들은 구어적 언어, 명예에 대한 잘못된 수사, 문화적 정체성에 대한 분노 등 상당 부분 관심을 공유하고 있었다.

1980년대와 1890년대 식민주의의 과거와 백인 문화의 헤게모니에 대한 저항이 분출되었다. 로이 키유카(Roy Kiyooka, 1926-1994), 클레어 아리스(Claire Harris, b. 1937), 프레드 와(Fred Wah, b. 1939), 노베세 필립(M. NourbeSe Philip, b. 1947), 로이 미키(Roy Miki, b. 1942), 릴리안 알렌(Lillian Allen, b. 1951), 조지 엘리엇 클락(George Elliott Clarke, b. 1960), 디온 브랜드(Dionne Brand, b. 1953)와 같은 작가들은 백인 중심의 헤게모니 문화에 대항하는 저항적 문학을 전개하였다. 1988년 국회가 다문화 법령(Multiculturalism Act)을 통과 시킨 이후 다양한 문학전집들이 더욱 활발하게 다양성을 추구하였다. 디온 브랜드(Dionne Brand, b. 1953)는 식민주의가 도처에 만연해 있다는 인식 아래 『완벽한 종류의 연설』(*A Kind of Perfect Speech*, 2008)에서 시가 하는 일은 "억압받는 사람들의 파산되고 황폐화된 의식을 어루만져주는 것"(poetry's job in tending to the wrecked and brutalized consciousness of oppressed peoples)이라는 자신의 신념을 밝힌 바 있다. 그녀는 『불이 켜지는 땅』(*Land to Light*

On, 1997)에서 원주민들의 역사가 백인 문화에 의해 주도된 캐나다 정부의 수사에 의해 지워졌다고 지적하면서, 시민권의 조건에 대해 언급한 바 있다. 제국주의적 헤게모니에서 벗어나 시민정신, 시민권에 대한 탐색은 20세기 말 캐나다 시의 하나의 흐름을 이루었다.

8

캐나다의 문학과 성 문제

(Canadian Literature and Gender Problems)

이 책의 제 2장 캐나다연방 이전의 문학 파트에서 소개한 바와 같이 영어로 쓰여진 최초의 캐나다 소설은 1769년 프랜시스 브룩(Frances Brooke, 1724-1789)이라는 여성 작가에 의해 쓰여진 『에밀리 몬테규의 역사』(*The History of Emily Montague*, 1769)이다. 이후 캐나다 문학의 형성과 발전에서 빠지지 않는 작가가 수잔나 무디(Susanna Moodie, 1803-1885)와 캐서린 파 트레일(Catherine Parr Traill, 1802-1899)이다. 여성 작가는 캐나다 문학 초창기부터 중요한 위치를 점하고 있었던 것이다. 여성의 글쓰기에 대한 연구는 문학사에서 여성들이 어떤 방식으로 어떤 작품을 썼는지에 대한 문제를 넘어선다. 옥스퍼드 출판부에서 1986년 첫 출간된 『캐나다 다시 생각하기, 여성의 역사의 약속』(*Rethinking Canada: The Promise of Women's History*)의 서문에서 모나 그리슨(Mona Gleason)이 지적한 바와 같이 여성의 글쓰기에 대한 연구는 여성들이 캐나다 역사를 통해 사회의 어떤 위치에 있었으며, 그들이 어떻게 재현되었거나 또는 재현되지 않았는지에 대한 학문적인 연구의 일환이 될 수 있다. 구체적으로 말하자면 21세기에 들어서면서 현대 캐나다 여성들 중 85세 이상 생존하는 비율이 70%에 육박하고, 보수 없이 일하는 가사 노동은 거의 줄고 있지 않는 것, 큰 사회적 지형으로 볼 때 가난과 폭력으로부터 여성들이 고통 받고 있다는 점 등 여성들의 삶의 문제의 일환으로 캐나다 여성 작가 문학에 접근할 수 있다. 동시에 동성애와 같은 사회적인 문제나 문학이라는 독특한 영역에 초점을 두고 여성적 글쓰기라는 재현 수단에 대해 접근하는 것 또한 큰 의미가 있어 보인다. 마가렛 애트우드(Margaret Atwood, b. 1939)가 지적한 바와 같이 캐나다 문학 작품에서 야생동물들은 여성과 같은 희생물의 이미지와 위상에 부여되어 있다. 이와 같은 문제는 생물학적 남성 여성의 문제를 넘어선 문화적 표상과 연관되어 있으며, 문학적 담론 연구의 핵심적인 과제라 할 수 있다.

여성의 글쓰기

캐나다에서 프랜시스 브룩(Frances Brooke, 1724-1789), 수잔나 무디(Susanna Moodie, 1803-1885), 캐서린 파 트레일(Catherine Parr Traill, 1802-1899)을 잇는 대표적인 여성 작가로 몽고메리(L.M. Montgomery, 1874-1942)를 들 수 있다. 몽고메리의 『빨강머리 앤』(*Anne of the Green Gables*, 1908)은 앤(Anne)이라는 여성의 성장을 중심으로 한 괄목할 만한 아동 문학 작품이다. 사라 지네트 덩칸(Sara Jeannette Duncan, 1861-1922)의 『제국주의자』(*The Imperialistt*, 1904)는 온타리오의 작은 마을을 배경으로 하고 있지만 캐나다의 운명에 대한 역사적인 견해를 드러내어주고 있다. 엘리자벳 스마트(Elizabeth Smart,

1913-1986)의 『중앙역에 앉아 울며』(*By Grand Central Station I Sat Down and Wept*, 1945)는 서정적인 사랑과 모더니즘적인 산문 소설이 결합된 작품이다.

이들의 문학 전통을 이어 2013년 노벨 문학상을 수상함으로써 캐나다 문학을 세계적인 수준으로 격상시킨 작가로 앨리스 먼로(Alice Munro, b. 1931)가 있다. 1960년대 후반부터 70년대에 걸쳐 캐나다 문화주의는 강한 영향력을 발휘하였다. 이 시기에 북유럽에서는 제2의 페미니즘 열풍이 불었다. 여성 작가들도 젠더 문제에 관심을 보이면서 강력하게 자신의 권리와 음성을 표출했다. 이와 같은 움직임은 마가렛 애트우드(Margaret Atwood, b. 1939)의 작품 제목인 『먹을 수 있는 여자』(*The Edible Woman*, 1969)와 앨리스 먼로의 『소녀와 여인들의 삶』(*Lives of Girls and Women*, 1971)에서도 잘 드러나 있다. 당시 출간된 여성 작가 중 주인공이 소설 작가인 작품들이 여럿 있다. 먼로의 『여인들의 삶』, 마가렛 로렌스(Margaret Laurence, 1926-1987)의 『예언자들』(*The Diviners*, 1974), 마가렛 애트우드의 『신탁 여인』(*Lady Oracle*, 1976), 캐롤 쉴즈(Carol Shields, 1935-2003)의 『작은 의식』(*Small Ceremonies*, 1976), 오드레이 토마스(Audrey Thomas, b. 1935)의 『라타키아』(*Latakia*, 1979)가 여기에 속한다. 애트우드의 토론토 소설과 마비스 갈란트(Mavis Gallant, 1922-2014)가 파리에 거주하면서 썼던 단편소설 외에도 주목할 만한 작품들이 있다. 제인 룰(Jane Rule, 1931-2007)의 레즈비언 소설 『마음의 사막』(*Desert of the Heart*, 1964)과 『서로의 품에 안긴 청춘』(*The Young in One Another's Arms*, 1977)과 같은 또 다른 섹슈얼리티에 관한 소설이 바로 그것이다. 이 시기 가장 널리 알려진 앵글로색슨계 캐나다 작가는 마가렛 로렌스, 앨리스 먼로, 마가렛 애트우드이다. 로렌스와 먼로는 결혼하고 아이를 낳은 후 캐나다의 사회 패턴에 따라 생활한 작가들이다. 이들의 작품에는 일상에서 벌어지는 여성의 삶이 그려진다. 애트우드는 하버드 대학원 재학시절에 큰 상을 수상하고 아이를 낳기 전에 소설책을 몇 권 출간하였다. 이런 점들이 소설에 녹아 있다.

이중적 식민화된 여성의 위치: 캐나다 여성작가 마가렛 로렌스

20세기 중반에 이르러 캐나다에는 식민화된 아프리카와 남성에게 지배당하는 여성이라는 이중적인 식민지 상황에서 살아가는 모습을 그려낸 여성 작가의 대모가 출현한다. 여성의 이중적인 식민화된 위치를 탐색한 마가렛 로렌스(Margaret Laurence, 1926-1987)는 현대 캐나다 여성 작가의 대모로 불리운다. 1950년대 식민화된 아프리카에서 두 아이를 키우는 어머니로서 겪은 그녀의 경험이 소설에 녹아있다. 1964년에 출간된 『스톤 엔젤』(*The Stone Angel*)에서 시작한 그녀의 마나와카(Manawaka) 사이클은 1966년 출간된 『신의 장난』(*A Jest of God*), 1969년 작 『불 속의 거주자』(*The Fire-Dweller*), 1970년 작 『집 속의 새』(*Bird in the House*), 1974년 작 『예언자들』(*The Diviners*)로 이어진다. 매니토바의 니파와(Neepawa)에서 태어나 위니픽 소재의 유나이티드 콜리지(United College)에서 작가 연습을 거친 그녀는 1950년 엔지니어인 남편을 따라 지금의 소말리아로 이주한다. 소말리아 생활 이후에는 지금의 가나 지역으로 옮겨가 생활하기도 했는데, 이와 같은 아프리카에서의 경험은 그녀로 하여금 아프리카 문화에 대한 존중과 관심을 갖게 하는 계기가 되었다. 그녀는 『가난의 나무』(*The Tree of Poverty*, 1954)에서 소말리아인들의 시와 신화를 번역하기도 하였고, 단편 소설 모음집인 『내일 조련사』(Tomorrow-Tamer, 1963)를 출간하기도 했다. 아프리카에서의 삶이 그녀의 작품에 중요한 이유는 로렌스가 아프리카에서의 삶을 캐나다의 작은 마을에서에서의 생활과 연결짓는 계기가 되었기 때문이다. 아프리카의 소설이 독립적인 지위를 획득하는 것은 아프리카의 여인들이 가부장적 사회에서 지배당하는 것과 연관되어 있다. 이런 관점에서 바라 볼 때 『스톤 엔젤』은 마가렛 로렌스의 아프리카 작품과 캐나다 작품의 정치적 중간 지대에 위치해 있다고 말할 수 있다.

1964년에서 1974년까지 출간된 마나와카(Manawaka) 사이클에서 허구적으로 설정된 초원의 작은 시골 마을은 작가가 어린 시절 경험한 캐나다 시골 마을들의 혼합물이다. 그녀는 자신의 고향을 근사하고 멋진 일이 벌어지는가하면 낙담과 고립의 지옥과 같으며, 환희와 비애가 공존하며, 공포스럽고 아름다운 곳이라고 묘사한 바 있다. 『스톤 엔젤』의 주인공인 하가(Hagar)는 구약성서의 창세기에 등장하는 인물에 기원을 두고 있다. 창세기에서 하가는 아브라함의 아들인 이쉬마엘을 낳은 어머니로서, 아브라함의 본처인 사라에 의해 내쳐진다. 하가가 사막에서 두려움에 떨자 하느님이 천사를 보내 그녀를 위로하며 생존을 약속한다. 마가렛 로렌스에 의해 하가는 대안적인 담론 안에서 다른 모습으로 재탄생된다. 마나와카 사이클을 통해 로렌스는 캐나다의 지형과 잃어버린 역사를 다시 발견한다.

캐나다의 모더니스트 운동의 일환으로 마가렛 로렌스는 새로운 신화를 만들어 가는데, 그녀의 작업은 캐나다에서 1960년대와 70년대 활발하게 전개되었던 페미니즘 운동과도 연관되어 있다. 돌 천사는 빅토리아조의 "집안의 천사"(angel in the house)를 연상시키는 경직되고 갇힌 이미지이다. 하가는 가부장적인 세계를 빠져나와 과거로부터 벗어난 새로운 세계를 구축한다. 『신의 장난』과 『불 속의 거주자』는 두 자매의 삶을 다양한 관점에서 제시한 작품이다. 『신의 장난』에서 홀로 살아가는 교사 라첼(Rachel)이 등장하고, 『불 속의 거주자』에서 자신을 옥죄는 가정의 영역 안에서 자신의 정체성을 추구하는 결혼한 엄마 스테이시(Stacey)가 등장한다. 캐나다 작은 마을에서의 가부장적 관점으로 볼 때 결혼하지 않은 여자, 그리고 엄마로서의 역할을 수행하지 않는 여성은 잠재적인 이상행동자이다. 라첼 또한 정상인 상태라는 고정 관념의 희생자가 된다. 정상적인 것에 대한 사회적 압박은 소외감을 불러일으키고 내면의 파편화와 히스테리의 원인이 된다. 1960년대와 70년대는 영국이나 미국과의 관계 속에서 캐나다가 정체성 위기를 경험하는 시기였고, 『신의 장난』에서 여주인공이 겪는 히스테리적인 주체성은 안정적이지 못한 캐나다의 상황을 보여준다.

『불 속의 거주자』는 스테이시의 파편화된 주체성이 유희적인 도표로 제시된 모더니스트 작품이다. 텍스트에서 환상적이고 꿈과 같은 요소들이 강조되고, 직선적인 구도의 시공은 허물어진다. 『예언자들』은 주인공 모라그 건(Morag Gunn)과 그녀의 메티스 딸 피크(Pique)를 통해 계급, 인종, 역사의 사이클에 초점을 맞추고 있다. 메티스의 신화 속에서 이 작품은 앵글로 켈트적인 영역을 넘어서서 서로 다른 두 기원의 언어를 통합하는 어형융합제창자(syncretist)적인 정체성을 제시해 준다. 로렌스의 소설은 로망스와 환상이 교차되는 전통적인 리얼리즘에서 시작하여 『예언자들』의 파편적이고 모더니즘적 형태에 이르기까지 넓게 펼쳐져 있지만, 여성의 자서전적 요소를 더 넓은 사회적 정치적 영역으로 확장시켜 문제를 탐구하였다는 공통점이 있다.

더블비전과 현대인의 주체성 탐구: 노벨문학상 수상자 앨리스 먼로

마가렛 로렌스의 작품이 여성의 식민지화와 이중적 위상에 초점을 맞추었다면, 동시대에 다른 의미에서의 서로 다른 비전의 병치를 통해 노벨상을 수상한 여성 작가가 캐나다에서 출현한다. 앨리스 먼로(Alice Munro, b. 1931)는 온타리오의 남서부에 태어났으며, 그녀의 작품 또한 대부분 온타리오 남서부의 작은 마을에서 전개된다. 2013년 노벨 문학상 수상은 먼로 단편의 탁월성을 잘 드러내어 준다. 그녀의 작품은 리얼리즘이 환상과 로맨스와 병치된 더블 비전을 보여준다. 표면적으로 가정에서 일어나는 삶을 다루고 있지만 그 아래로는 신비스러움이라는 또 다른 층이 존재하며 단순하지만 놀랍고 깊이를 측정할 수 없는 세부 묘사를 통해 표면으로 표출된다. 먼로의 첫 작품은 1968년에 출간된 단편 모음집인 『행복한 그림자의 춤』(Dance of the Happy Shades)이다. 그녀의 두 번째 작품인 『소녀와 여인들의 삶』(Lives of Girls and Women, 1971)은 델 조단(Del Jordan)이라는 온타리오의 작은 마을에서 자란 아이의 자서전을 허구로 각색한 것이다. 소설의 마지막에 델은 자신이 구축하고자 하는 대안의 연대기를 발견해 내는데, 이것은 작가가 소설의 영역을 구축하는 것에 대한 상징적인 모습으로 간주될 수 있다. 지역의 역사를 단순히 그려내는 것도 아니고 추상적인 환상만을 제시하는 것도 아닌 실제 삶과 허구화된 삶 사이의 긴장이 먼로 작품의 요체이다.

먼로의 작품에 등장하는 인물들의 단편 스토리 사이클(short story cycles of character)은 캐나다의 문예 전통을 이어받은 것이다. 보통 작은 마을에서 살아가는 인물들의 성장을 보여주는 이 장르는 프레데릭 필립 그로브(Frederick Philip Grove)의 『대초원의 오솔길 위에』(Over Prairie

Trails), 마가렛 로렌스(Margaret Laurence)의 『집안의 새』(*A Bird in the House*), 클락 블라이스(Clark Blaise)의 『북미의 교육』(*A North American Education*), 토마스 킹(Thomas King)의 『메디슨 강』(*Medicine River*)과 같은 문학적 성과를 가져왔는데, 먼로는 캐나다의 문예 전통을 이어받아 여성의 성장 소설을 그려나갔다.

 파편화된 현대인의 모습 또한 먼로의 단편에 반복해서 등장한다. 등장인물의 기술에는 간극과 비어있는 부분들이 발견되는데 어떤 비평가는 이를 파편화된 일관성(fragmented coherence)이라 호칭하였다. 그녀는 복잡한 현대인의 주체성 문제를 탐구하면서 1980년대와 1990년대 시험적인 일련의 작품들을 출간하는데, 1982년 작 『목성의 위성들』 (*The Moons of Jupiter*), 1986년 작 『사랑의 진행』(*The Progress of Love*), 1990년 작 『내 청춘의 친구』(*Friend of my Youth*), 1994년 작 『공공연한 비밀』(*Open Secrets*), 1998년 작 『착한 여성의 사랑』(*The Love of a Good Woman*)을 들 수 있다. 먼로는 복잡한 현대인의 주체성을 탐구하는 과정에서 점차 상호텍스트성의 사용을 확대시켜나가 리얼리즘을 넘어서고자 하는 모습을 보인다. 『캐슬 락으로부터의 풍경』(*The View from Castle Rock*, 2006)은 작가 자신의 선조들을 역사적으로 허구화한 것으로서 스코틀랜드의 레이드포 가문으로부터 현대에 이르기까지의 사건들이 서로 얽혀있다. 『너무 많은 행복』(*Too Much Happiness*, 2009)은 19세기 러시아 수학자이자 소설가인 소피아 코바레프스키(Sophia Kovalevsky)에 관한 역사적 이야기를 포함하고 있다. 2012년 『디어 라이프』(*Dear Life*) 출간을 끝으로 먼로는 작가 생활을 중단하겠다고 선언한다. 먼로는 페미니스트적인 관점에서 엄마와 딸 사이의 관계에 깊은 관심을 보였고, 캐나다 단편 소설 장르를 재평가하는데 크게 기여하였다.

캐나다의 정체성에 대한 탐구와 여성의 음성: 마가렛 애트우드

1970년대 캐나다는 『곰』(*Bear*, 1976)을 쓴 마리안 엔젤(Marian Engel, 1933-1985), 『작은 의식』(*Small Ceremonies*, 1976)과 『박스 가든』(*The Box Garden*, 1977)을 쓴 캐롤 쉴즈(Carol Shields, b. 1935), 1978년 『주디스』(*Judith*)를 출간한 아리타 반 허크(Aritha van Herk, b. 1954) 등의 주목할 만한 여성 작가들을 배출한다. 동시대에 마가렛 애트우드(Margaret Atwood, b. 1939)는 캐나다의 정체성에 관한 문제에 큰 관심을 보였다. 캐나다의 정체성에 대한 관심은 1970년에 출간된 『수잔나 무디의 저널』(*The Journals of Suannna Moodie*, 1970)에 명확하게 드러난다. 이 작품에서 애트우드는 『미개척지에서 버텨내기』(*Roughing it in the Bush*, 1852)를 쓴 19세기 이민 작가인 수잔나 무디의 음성을 빌어 작품을 전개해 나가는데, 여기에는 개척자의 진보적 광기에 대한 비전이 더해져 있다. 그녀에게 있어서 국민주의는 문화적 국민주의의 문예적 발현으로서 그녀는 이를 줄여서 CanLit이라고 언급하였다. 미국인들이 추구한 문학 세계와는 다른 캐나다인을 위한 캐나다다운 문학을 구축하는 것이 그녀의 목표였고, 아난시 하우스 출판사(House of Anansi Press)와 관계를 맺으면서 1972년에 『생존, 캐나다 문학의 주제 가이드』(*Survival: A Thematic Guide to Canadian Literature*)를 출간한다. 이 책은 발행되자마자 캐나다 사회에서 큰 논쟁거리가 되었다.

애트우드는 오타와에서 태어나 토론토 대학과 하버드 대학에서 영문학을 전공하면서 작가 활동을 시작하였으며, 1961년 첫 시집인 『더블 페르세포네』(*Double Persephone*)를 출간하면서 문단에 들어선다. 그녀는 1966년에 출간한 첫 시집 『서클 게임』(*The Circle Game*)으로 캐나다 총리 상을 수상했다. 1968년에 출간된 『그 나라의 동물들』(*The Animals in That Country*)에는 「개척자의 진보의 광기」("Progressive Insanities of a Pioneer")라는 시가 실려 있는데, 이 시에는 개척민들이 자연에 문화적인 질서를 부여하고자 하였으며 이와 같은 개척자 정신은 멀리 있지 않다고 말하고 있다. 동시에 자연을 통제하고 지배하려는 개척자들의 시도가 점차 시대의 주류에서는 벗어나고 있다는 점도 지적하고 있다.

애트우드의 초기 소설 중 1972년에 출간된 『떠오름』(*Surfacing*)은 페미니스트 작품의 컬트로 자리매김 되었고, 작가로서 큰 명성을 안겨다 주었다. 이 작품은 그녀의 첫 소설인 『먹을 수 있는 여자』(*The Edible Woman*, 1969)의 사회적 풍자와 유머와는 대조적으로 의식의 흐름 기법을 통해 해석의 가능성을 확장한 작품이다. 캐나다의 대표적인 페미니즘 작가로서 여성의 정체성과 자아를 찾는 것은 그녀가 전달하고자 하는 대표적인 주제이다. 애트우드는 『먹을 수 있는 여자』가 페미니스트적이라기보다는 프로토페미니스(Proto feminist)적이라고 생각하였는데, 이는 1965년 그녀가 이 작품을 쓰고 있을 때 여성해방운동이 캐나다에서 일어나지 않았기 때문이라고 밝힌 바 있다. 이 소설은 지적인 사회의 상징적 구도에 토대를 두고 있다. 주인공인 마리안(Marian)이 일하는 회사는 아이스크림 샌드위치와 같은 세 겹의 구도로 구성되어 있다. 딱딱한 위아래 빵 사이에 마리안이 속한 중간층이 존재한다. 일곱 명의 예술 집단은 모두 남성들이고 여성은 생산과 지배의 기계적 구도에서 철저하게 소외되어 있다. 마켓 리서치는 여성의 일로 구성되어 있는데, 대부분 파트 타임 일자리이고 보수가 지급되지 않거나 형식적인 지급에 그치는 위치에 있다. 소설에서 마리안은 가부장적 사회에서 소외되어 소비의 주체가 아니라 소비의 대상과 같은 존재가 되며 결국 거식증에 걸린다. 거식증과 애인에게 섹스를 거부하는 행위는 가부장적인 사회에 대한 저항이라는 상징적 의미가 있다.

『떠오름』의 화자는 예술가적인 인물로서 1960년대와 70년대 페미니스트 소설에 자주 등장하는 핵심적인 인물이다. 애트우드는 『먹을 수 있는 여자』이나 『파워 폴리틱스』(*Power Politics*, 1973)에서와 같이 여성과 연관된 문제와 『떠오름』이나 『수잔나 무디의 저널』(*The Journals of Suannna Moodie*, 1970)에 제기된 캐나다에 대한 문제에 깊은 통찰력을 보였다. 그녀는 식민주의적 정신 상태가 캐나다인의 정체성 부족으로 이어지고, 노스럽 프라이(Northrop Frye, 1912-1991)가 말하는 잉글랜드와 미국, 그리고 주변 환경과의 관계에서 희생물이 되는 수비대(garrison) 상태에 빠지게 된다는 점을 인지하고 있었다. 아울러 그녀는 캐나다 문화에 대해 충분히 강조되지 않았던 점이 있음을 지적한다. 탈식민주의 사회에 직면하여 캐나다 환경에 캐나다적으로 반응하는 것이 아니라, 지도를 만들고 영역을 구분하며 관계를 설정하고 의미를 축출할 필요가 있다는 것이다.

애트우드는 페 놈("phe-nom")이라고 부르는 것에 대해 관심을 갖는다. 그녀는 경이적인 문화적 실재(phenomenal cultural presence)를 분석하였으며, 『떠오름』, 『하녀 이야기』(*The Handmaid's Tale*, 1985)와 『오릭스와 크레이크』(*Oryx and Crake*, 2003)에서 디스토피안적 비전으로 문화적으로 중요한 순간들을 추적하였다. 디스토피아의 구축은 리얼리스트적 사회 비평과 대조적으로 사용되었으며, 애트우드 작품에서 장르의 폭을 크게 확장시켰다. 이와 같은 캐나다 문화에 대한 관심의 결과물로 두 권의 에세이가 발간되었는데, 『두 번째 말』(*Second Words*, 1982)과 『움직이는 타겟』(*Moving Targets*, 2004)이 바로 그것이다. 그녀의 글은 흔히 소외된 개인의 관점에서 제시되며 때로는 정신 분열의 극단에 선 화자에 의해 제시된다. 그래서 그녀의 시와 소설은 일상적인 세계에 대한 불신을 드러내어 주며, 겉으로 드러나는 현상과 감정의 허상을 보여준다. 애트우드는 이 세상을 꿈, 환상, 비전에 대한 세계에 대조시키면서, 독자들로 하여금 인간 내면으로 여행하여 심원을 탐구하고 인간의 원초적이고 신화적인 면을 회복하여 완전한 경험을 하도록 유도한다.

1970년대 들어 사회 부정의에 대한 주제가 그녀의 시에 자주 등장한다. 1978년 작 『두 머리의 시편들』(Two-Headed Poems)은 그 제목이 시사하듯이 강자들 사이의 싸움으로 고통 받는 캐나다의 위기를 그려낸 것이다. 그녀의 작품은 위트가 있고, 아이러닉하고, 냉소적이고 정치적, 도덕적 함의가 있다. 그녀는 토론토를 토대로 한 소설가로서 여성의 삶을 초현실적이고 풍자적으로 다룬다. 1976년 작 『신탁 여인』(Lady Oracle)은 자신이 인기 있는 고딕 소설가라고 남편에게 말할 수 없는 상황에 처한 젊은 여성 작가의 명예와 딜레마에 관한 소설이다. 『신탁 여인』이 사실주의와 로망스의 경계를 허물어뜨린 고딕 소설인 반면, 『인간 이전의 삶』(Life before Man, 1979)은 1970년대 중반 토론토와 로얄 온타리오 박물관(Royal Ontario Museum)을 배경으로 여러 음성들이 재현하는 방식으로 공룡과 잃어버린 세계를 다룬 판타지이다. 이 작품에서 주인공이 직면하고 있는 이혼은 퀘벡주의자들의 분리주의 시도와 맥을 같이하고 있다. 『육체적 해악』(Bodily Harm, 1981)은 저널리스트의 음성을 통해 스릴러 소설을 탈구축하였고, 『하녀 이야기』(The Handmaid's Tale, 1985)에서는 디스토피아 장르를 통해 여성들의 아이를 낳을 권리가 새로운 종교적 카스트 시스템 아래에서 통제되는 미래 사회를 탐구하고 있다. 이 시기에 이르러 애트우드의 글은 그녀의 초기 작품에 비해 스타일이 다양해지고 글의 주제 또한 확장된다. 등장인물들 또한 보다 다양화되고 풍요로와졌다.

애트우드는 1993년에 『도둑 신부』(The Robber Bride)를, 1996년에는 『알리아스 그레이스』(Alias Grace)를, 2000년에는 『눈먼 암살자』(The Blind Assassin)를 출간한다. 『도둑 신부』는 캐나다 작가협회 선정 소설상, 캐나다와 카리브 해 지역 영연방 작가상, 『선데이 타임스』 최고 문학상을 받았으며, 2007년에 미국 CBS에서 드라마 시리즈로 방영되었다. 이 작품은 포스트모던 고딕 로망스로서, 2차대전 이후 토론토 사회의 역사에 대한 일종의 연대기이다. 작품에서 1990년대 토론토의 생활이 여성의 관점에서 여성의 음성으로 전달된다. 그림(Grimm)의 요정이야기의 페미니스트 버전으로 고딕적 모티프들이 차용되며, 토론토는 글로벌한 문맥에서 문화주의의 중심지가 된다. 『알리아스 그레이스』는 애트우드가 쓴 최초의 역사 소설로 백인 식민주의의 순수함의 신화를 허구적인 자서전, 범죄 소설, 빅토리아조의 고딕 멜로 드라마 등 다양한 장르의 혼합을 통해 깨뜨린다. 이 작품은 토론토의 어느 농장에서 벌어진 살인 사건에서 아일랜드 출신의 하녀 그레이스 마크즈(Grace Marks)가 살인을 저지른 죄인인가 아니면 무죄인가의 수수께끼를 추적하는 과정을 통해 캐나다의 역사를 재점검한다. 이 작품은 수많은 역사적 텍스트를 그녀의 내러티브와 함께 제시하는데, 이로써 그레이스 마크즈를 포함한 서로 다른 화자들의 다양한 서술들이 텍스트에 제공된다. 이와 같은 작업은 19세기에 수잔나 무디(Susanna Moodie, 1803-1885)가 역사를 다시 서술해 보고자 했던 프로젝트와 비견될 수 있다. 『눈먼 암살자』는 2000년 부커상 수장작으로 한 노인의 일생이 사이언스 픽션의 프레임 속에서 회상을 통해 짜여나간다. 로망스라는 장르는 반복적으로 패러디되고 재구성된다. 다양한 과학 소설적인 미래는 반복적으로 거절되는 로맨스를 제공해 줄 뿐이다. 관점의 변화와 상호 텍스트적인 변화가 텍스트에 두드러진다. 이 작품은 가족의 역사와 국가의 역사를 뉴스 리포트, 다큐멘터리, 사랑 이야기의 꼴라주를 통해 해체시킨다.

『사자와 협상하기』(Negotiating with the Dead, 2002)에 드러나 있듯이, 작가는 근본적으로 사회적 역할을 잘 이해해야 한다고 애트우드는 믿었다. 작가는 우선적으로 자신의 국가가 지향하는 바를 제시할 수 있어야 한다는 신념이 그녀에게 있었다. 작가로서 국제적인 명성을 얻고 난 뒤 애트우드는 자신의 영향력을 넓혀서 지구를 보호하고 인간의 존엄성, 자유를 지키는 일에 앞장서고 강한 목소리를 내었다. 그녀는 사회 활동에도 적극적이어서 국제사면위원회, 캐나다 작가협회, 민권운동연합회에서 활동하고 있다.

도메스틱 리얼리즘의 출현

『스톤 다이어리』(The Stone Diaries, 1993)로 퓨리쳐 상을 수상하고, 『래리의 파티』(Larry's Party, 1997)로 브리티시 오렌지 상(British Orange Prize)을 수상한 캐롤 쉴즈(Carol Shields, 1935-2003)는 1990년대 캐나다에서 주목할 만한 여성 작가이다. 미국인으로서 결혼 후 캐나다에 정착한 캐롤 쉴즈는 캐나다의 애국주의적 정체성을 따르지 않고, 시카고, 토론토, 플로리다 등 국경과 경계를 넘나들면서 확정된 정체성에 의문을 보낸다. 그녀의 첫 소설은 1976년 출간된 『작은 의식』(Small Ceremonies)이다. 이 소설은 캐나다 백인 중류층의 삶에 관한 작품으로, 영국 교수와 결혼하여 두 아이의 엄마 역할을 하는 여성에 의해 서술된다. 그녀는 작가이며 수잔나 무디의 전기를 쓰는 중이다. 소설 속의 여인은 쉴드 자신의 삶과 직접적으로 관련이 있다. 캐나다 학자의 아내이자 다섯 아이의 엄마이며, 오타와 대학 석사 논문으로 1976년 출간된 『수잔나 무디, 음성과 비전』(*Susanna Moodie: Voice and Vision*)의 작가이자 시집 『어더즈』(*Others*, 1972)와 『인터섹트』(*Intersect*, 1974)의 작가이기도 한 캐롤 쉴즈의 삶이 투영되어 있는 것이다. 『작은 셀리모니』에서 쉴즈는 "서술적 공복"(narrative hunger)이라는 개념을 제기한 바 있다. 스토리텔링이란 다른 사람들의 삶의 신비를 살펴보고 자신의 삶을 확장시키는 시도라는 것이다. 가정 리얼리즘(domestic realism)의 구현, 독특한 전기 장르의 개척을 통해 쉴즈는 캐나다 문학사에서 간과할 수 없는 위치에 서 있다.

1993년 캐나다 총독상과 1995년 퓰리쳐상을 수상한 『스톤 다이어리』는 캐롤 쉴즈의 대표작으로, 1905년 매니토바(Manitoba)에서 태어나 1990년대에 플로리다에서 사망한 데이지 굳윌(Daisy Goodwill)의 자서전 형식의 작품이다. 『스톤 다이어리』는 데이지의 삶을 기술하는 데 있어서 허구적 요소의 삽입에 초점을 맞추고 있다. 전통적인 전기의 형식을 띠고 있지만, 이 책은 데이지의 삶을 고찰하면서 다양한 서술적 전환이나 삶을 포착하는 작업의 우연성을 하이라이트 하는 방식을 통해 전기적 작업의 토대를 무너뜨린다. 데이지의 평화롭지 못하다는 미처 내뱉어지지 않은 말로 끝나는 이 작품은 유머와 고통스러운 아이러니로 가득 차 있다. 『래리의 파티』에도 경계를 가로지르는 주인공 래리(Larry)가 등장한다. 이 작품에서는 조경가인 래리를 통해 현실과 상상력의 경계를 넘나들면서 유동적이고 다양한 정체성 문제를 다룬다. 래리의 자서전은 수많은 이탈과 반복된 행로로 가득 차 있어서 삶을 정원의 미로와 같이 엮어놓는다. 쉴즈의 장르에 대한 재검토는 여성의 글이 장르의 엄격성을 허물어뜨리는 페미니스트적인 성취물이다. 이와 같이 엄격한 장르의 벽을 무너뜨리는 시도는 『사랑의 공화국』(The Republic of Love, 1992)에도 계속되는데, 이 작품에서는 여성의 대중 로망스를 다시 쓰는 작업을 수행하였다.

쉴즈의 가장 주목할 만한 서술적 실험은 단편소설에서 발견된다. 1983년 그녀의 첫 단편집 『다양한 기적들』(Various Miracles)이 출간되는데, 여기에는 끝없는 욕망과 성취가 우연의 일치와 작위적인 순간으로 구성된 에피소드를 통해 제시되고 있으며, 쉴즈의 첫 포스트모더니스트적이고 메타픽션적인 실험이 이루어진다. 『오렌지 물고기』(The Orange Fish, 1989)와 『카니발을 위해 차려입기』(Dressing up for the Carnival, 2000)에서 그녀는 리얼리즘의 한계를 더욱 극명히 보여주면서 허구가 실재를 재구성한다는 점을 일상적인 삶 아래 있는 신화의 윤곽을 통해 드러낸다. 2004년에는 그녀의 단편이 『단편선집』(Collected Stories)이라는 타이틀 아래 토론토의 랜덤 하우스사에서 출간되었다.

인종적 융합과 다변화

20세기 말에 이르러 캐나다 소설은 인종, 문화적 융합을 포함하여 캐나다에서 타자로 위치지어졌던 것들을 본격적으로 탐구한다. 스카이 리(SKY Lee, b. 1952)의 『사라지는 달 카페』(Disappearing Moon Cafe, 1990)는 중국계 캐나다 지역주민의 삶을 그려내었다. 『사라지는 달 까페』는 모계제의 영웅 전설로 브리티시 컬럼비아에서 중국인의 다이아포라적인 경험을 탐구한 소설이다. 1994년 출간된 히로미 고토

(Hiromi Goto, b. 1966)의 『버섯의 합창』(Chorus of Mushrooms)은 앨바타에 정착한 삼대에 걸친 일본계 캐나다인들의 삶을 다루고 있는데, 리의 서사와는 대조적으로 환상과 사실주의의 경계를 넘나드는 작품이다. 케리 사카모토(Kerri Sakamoto, b. 1960)의 1998년 작 『전기장』(The Electrical Field)은 온타리오를 배경으로 일본계 캐나다인의 내적 분노, 수치, 배신, 살인, 폭력의 심리에 초점을 맞춘 범죄 소설이다.

다문화주의 소설에서 문화적 국민주의는 핵심적인 이슈로 등장한다. 특히 유색인종 여성들에게 이 문제는 더욱 절실했다. 샤니 무투(Shani Mootoo, b. 1957)와 디온 브랜드(Dionne Brand, b. 1953)는 모두 트리니다드(Trinidad) 이주민 레즈비언 작가들이다. 둘 다 캐리비안 캐나다 작가군에 들어가지만, 브랜드는 아프리카계 캐나다인으로 무투는 인도 캐리비안 계열로 분류된다. 브랜드는 흑인 페미니스트 전통에서 작품 활동을 한 반면, 무투는 문화적 혼재에 초점을 두고 있다. 무투의 1996년 작 『선인장은 밤에 핀다』(Cereus Blooms at Night)는 허구적인 캐리비안 섬을 배경으로 식민주의 과거에서 벗어나 미래로 탈출하고자 하는 등장인물들의 갈망을 그린 작품으로서 매직 리얼리즘에 가까운 소설의 형태로 성과 인종의 문제를 다루고 있다. 한편 브랜드의 1996년 소설 『이곳이 아니라 다른 곳에서』(In Another Place, Not Here)는 지리적, 문화적, 언어적 이항 대립 속에서 두 흑인 이주민들의 정체성 문제를 다루고 있다. 1999년 출간된 『달이 꽉 차고 변할 때』(At the Full and Change of the Moon)는 노예의 역사를 탐구하면서 이를 20세기 삶과 연관지어 탐구한다.

21세기 캐나다 여성 작가의 동향

21세기에 들어서도 여성 작가 중 마가렛 애트우드 (Margaret Atwood, b. 1939)와 앨리스 먼로(Alice Munro b. 1931)는 캐나다를 대표하는 작가로 계속하여 작품 활동을 하였다. 애트우드의 2005년 작 『페네로피아드』(The Penelopiad)는 호머의 『오딧세이』(Odyssey)를 페미니스트의 시각에서 다시 쓴 것이다. 고대 신화를 페미니스트적으로 재조명한 이 책에서 호머의 『오딧세이』는 페넬로페의 시각으로 다시 쓰여진다. 페넬로페는 트릭스터와 같이 이중적이고 유혹적인 인물로 등장하며, 고전적인 서사시가 여성의 카운터 내러티브를 통해 희화된다. 2007년작 『문』(The Door)에는 나이든 운명 예언자가 등장하는데, 이 노파는 애트우드의 퍼소나로 간주될 수 있다. 환경과 인권에 대한 관심이 드러나 있는 이 책은 비가와 사랑의 시편들이 포함되어 있다. 애트우드의 시적 형식에 대한 관심은 이야기들이 연속성을 이루다가 마지막 두 개인적 이야기들이 형식적 패턴을 전복시키는 구도로 이루어진 단편 소설 『도덕적 혼돈』(Moral Disorder, 2006)에서 실험된다. 그녀의 관심은 SF 쪽으로 옮겨가 2014년 출간된 『스톤 매트레스』(The Stone Mattress)와 다음 해에 출간된 『심장은 마지막 순간에』(The Heart Goes Last)에서는 디스토피아적인 세계가 펼쳐진다. 2016년 출간된 『마녀의 씨』(Hag-Seed)는 셰익스피어의 작품 『폭풍우』(The Tempest)의 21세기 버전이다.

2003년 출간된 『오릭스와 크레이크』(Oryx and Crake)를 시작으로 매드아담(MaddAddam) 삼부작인 『홍수의 해』(The Year of the Flood, 2009), 『매드아담』(MaddAddam, 2013)이 출간된다. 『오릭스와 크레이크』에서는 크래커(Cracker)라 불리우는 변종이 탄생하는데, 마지막 생존자 플롯과 바이오테러 플롯이 결합된 비극적 로망스가 전개된다. 『홍수의 해』는 재난이 닥친 후 두 명의 생존자와 신의 정원사(God's Gardners)라 불리우는 종교적 추종자의 이야기인데, 이들 사이의 복잡한 심리가 작품의 진수이다. 환경적 담론에 정신적, 도덕적 의미를 부여하는 애트우드의 탁월한 재능이 엿보이는 작품이다. 서구 사회의 몰락에 대한 격할 정도의 냉소와 비전이 전환되는 그녀의 작품에서 결말은 셰익스피어의 희극에서와 마찬가지로 선한 자는 보상을 받고 악한 자는 벌을 받는다. 그녀의 소설에서는 환상과 SF, 신화가 스토리텔링을 통해 서로 얽혀있다. 크레커, 지적인 돼지, 인간과 크래커 사이의 하이브리드가 등장하는 『매드아담』은 생존 뒤에 벌어지는 것은 무엇인가라는 문제를 탐구해 간다. 『스톤 매트리스』는 매드아담 삼부작과 이후에 출간된 디스토피아적 소설들의 다리를 놓아주는 작품으로서 광대한 SF에서 현재의 제한된 지역으로 관심이 옮아가는 경계선이 된다. 그녀의 작품에서 가상의 허구와 실재 세계와 관계는 항상 강조되는데, 『마음이 마지막 가는 곳』에서는 2008년 경제 위기 이후 미국 북서부를 배경으로 시민과 죄수 사이의 이중적인 역할에 대한 주인공의 번민을 통해 진정한 자유라는 문제를 탐구하였다. 자유와 감금이라는 문제는 『마녀의 씨』에서도 반복하여 등장한다. 2016년 애트우드는 일류스트레이터 조하니 크리스마스(Johnnie Christmas)와 함께 『앤젤 캣버드』(*Angel Catbird*)를 출간한다. 이 작품은 스트리그 페리에두스(Strig Feleedus)라는 이름의 젊은 유전 공학도의 모험을 기술한 것이다. 사고로 인해 슈퍼 스플리서 혈청에 노출됨으로써 스트리그는 영웅적인 고양이과 새의 특질을 지닌 엔젤 캣버드가 된다.

 1990년대와 21세기 초반 인종적 다양성은 포스트식민주의적 사고와 더불어 캐나다의 문예에 큰 영향력을 행사한다. 트리니다드(Trinidad) 출신의 디온 브랜드(Dionne Brand, b. 1953)는 자신이 캐나다 문학의 주변부에 서있지 않다고 당당하게 선언하면서 흑인 문학의 시대를 선언한다. 브랜드의 1996년 작품 『이곳이 아니라 다른 곳에서』(*In Another Place, Not Here*)는 베르리아(Verlia)와 엘리젯(Elizete)이라는 등장인물을 통해 토론토와 캐리비안 사이의 성적 계급적 억압을 탐구한다. 설탕야자 일꾼으로서의 엘리젯의 삶을 기술한 복종의 담론, 그리고 1970년대 토론토에서 흑인 운동을 주도한 베르시아의 활동주의적 담론이 공존한다. 엘리젯은 아무 곳도 아님(nowhere)이라는 장소에서 태어난 고아로서 아이러닉하게도 고향으로 돌아가는 것을 꿈꾼다. 베르시아는 열정적으로 흑인 운동을 주도하고 자유를 갈구하지만 결국 죽음을 맞이하고, 엘리젯은 토론토로 도주에 성공한다. 이와 같이 떠도는 것(drifting)은 브랜드 작품의 핵심적인 요소로서 1999년 작품 『달이 꽉 차고 변할 때』(*At the Full and Change of the Moon*)에서도 1800년대부터 20세기 후반에 이르기까지 널리 퍼져있는 노예 문제를 다루고 있다. 표류는 누구에서 속해 있다는 식민주의적인 사고에 대한 거부와 동시에 움직임을 갈구하는 여성의 주체성을 표상하는 용어이다. 2005년 출간된 『우리 모두가 갈망하는 것』(*What We All Long For*)과 2014년 작 『사랑은 충분해』(*Love Enough*)는 다문화 사회인 토론토에 대해 살펴본다. 아일랜드의 소설가 제임스 조이스(James Joyce, 1882-1941)가 더블린(Dublin)을 그려내는 것과 같이 브랜드는 콜라쥬, 다층적 관점, 내적 독백 등의 기법으로 토론토를 질서와 안정적인 공간이 아니라 어떤 것도 일어날 수 있는 불안정한 공간으로 채색해 낸다. 『우리 모두가 갈망하는 것을 위해』(*What We All Long For*, 2005)에서 브랜드는 토론토 이민 일세대와 이세대 사이의 삶을 대조시키면서, 이세대가 더 강한 유동성으로 부모 세대의 경직된 삶에서 벗어나 정치적인 지형을 다시 쓰고 있음을 보여준다. 2000년 이후 샤니 무투(Shani Mootoo, b. 1957)와 브랜드는 본격적으로 주변화된 인물들에 초점을 맞춘 작품들을 발표한다. 무투는 소설 『게와 같이 옆으로 움직여 앞으로 나가기』(Moving Forward Sideways like a Crab, 2014)를 통해 레즈비언 문화에 주목하면서, 캐나다와 트리니다드 사이의 성적 욕구 만족과 사회적 용인에 대해 탐구한다.

앵글로 캐나다인인 카밀라 기브(Camilla Gibb, b. 1968)는 아프리카와 남동 아시아를 배경으로 코스모폴리탄 비전을 펼쳐 보인다. 2005년에 출간된 『스위트니스 인 더 밸리』(Sweetness in the Belly)는 고대 이슬람 도시 하라(Harra), 1970년대의 이디오피아, 1980년대의 대처 수상이 지배하는 런던을 오가면서 문화를 가로지르는 하이브리드적 비전을 구현해 낸다. 이 작품은 2019년 제레세나이 메하리(Zeresenay Mehari) 감독 아래 영상화되기도 하였다. 『인본주의 운동의 아름다움』(The Beauty of Humanity Movement, 2010)은 하노이와 사이공을 배경으로 젊은 베트남계 미국인 예술 역사가가 실종된 부친의 미스테리를 풀기 위해 국경을 가로지르면서 정체성을 모색하는 텍스트이다. 매들린 티엔(Madeleine Thien, b. 1974)은 2006년 발표된 『확실함』(Certainty), 2011년 발표한 『주변의 개』(Dogs at the Perimeter), 2016년 작 『가진 게 없다 말하지 마라』(Do not Say We have Nothing)를 통해 캐나다, 보르네오, 캄보디아, 중국을 가로질러 행방불명된 사람들, 유령, 악마들이 교차로 등장하면서 시간과 장소, 삶과 죽음을 넘나드는 혼재의 공간을 만들어 낸다. 아나벨 라이온(Annabel Lyon, b. 1971)의 소설 또한 경계를 넘어서서 새로운 공간을 만들어 낸다. 그녀의 2009년 소설 『중용』(The Golden Mean)과 연작소설 『스윗 걸』(The Sweet Girl)은 아리스토텔레스와 그녀의 딸 피시아스(Pythias)의 삶을 재구성한 작품인데, 정치와 전쟁, 과학과 철학의 남성 중심적 시각에서 벗어나 정서와 상상력이 강조되는 새로운 비전으로 고대의 세계를 구축해 나간다.

캐나다 레즈비언 페미니즘 문학

1980년대 들어 페미니스트 작가들이 공동체를 구성하여 생활하면서 작품 활동을 하는 경향이 두드러졌다. 레즈비언 지역 사회들은 가부장적 사회가 유지해온 가족의 형태를 거부하면서 페미니즘 이론 아래에서 새로운 형태의 시를 만들어 내었다. 다프네 말렛(Daphne Marlatt)과 벳시 워랜드(Betsy Warland)는 1988년 『이중 부정』(*Double Negative*)을 출간한다. 이 저서는 페미니스트 엘렌 식수(Hélène Cixous, 1937)와 카트린 클레망(Catherine Clément, 1939)이 쓴 『새로 태어난 여성』(*The Newly Born Woman*, 1986)의 영향 아래 출간되었는데, 더블 내러티브란 열려있으면서도 비좁고, 억압적이면서도 동시에 보호막이 되는 공간을 말하는 것이다. 이 공간은 기차, 침대, 무덤 등의 형태로 나타나며, 일련의 캐나다 작가들은 이 공간을 작품 속에 구현하였다. 퀘벡의 작가들은 프랑스 구조주의와 포스트구조주의의 영향력 아래 작품 활동을 하였고, 영국계 작가들은 비피 니콜(Barrie Philip Nichol, 1944-1988)이 주도한 티쉬 그룹(Tish Group)과 말렛의 영향력 아래 작품 활동을 하였다. 퀘벡의 작가들은 프랑스의 해체주의 철학자인 자크 데리다(Jacques Derrida, 1930-2004)의 차연(différance)이라는 개념을 차용하여 상징적 언어를 거부하고 기호학적(semiotic) 영역에서 여성의 수사를 찾고자 하였다.

레즈비언 페미니스트의 시각으로 언어적 메커니즘을 재구축한 작가로 니콜 브로싸르(Nicole Brossard, b. 1943)가 있다. 1983년 작 『우리의 어머니들, 해체의 챕터』(These Our Mothers, Or The Disintegrating Chapter)는 상징적 코드를 다른 코드로 대체하는 것이 아니라 레즈비언적인 상상계에서 상간적이고 살인과 사랑이 함께하는 엄마와 딸 관계를 구체적으로 만들어 낸다. 그녀는 라캉(Lacan)의 거울단계(mirror-stage)적 인식을 토대로 거울 앞에서 자신의 모습을 바라보고 차이를 인식하는 여성의 정체성을 재구축한다. 브로싸르는 남성의 시선에 의해 고착된 가부장적인 대상으로서가 아니라 여성들 사이의 관계를 통한 전복적인 이미지를 구현한다. 1982년 출간된 『그림 이론』(Picture Theory)에서는 새로운 홀로그래픽적 이론을 소설로 형상화하였는데, 이는 파편적이고 객체화된 가부장적인 사고의 여성의 몸을 레즈비언적인 페미니스트의 탈구축 작업을 통해 파편화된 비전으로 제시한 것이다. 독자들은 텍스트를 반복하여 읽어내면서 홀로그램에 몰입하여 기호학적인 의미의 연쇄 고리 속에서 순간적인 비전을 포착해 낸다.

영어권 캐나다 작가 중 여성의 육체와 엄마 딸 관계의 중요성에 초점을 맞춘 시인으로 온타리오 출신의 롤라 레미어 토스테빈(Lola Lemire Tostevin, b. 1937)과 매니토바 출신의 디 브란트(Di Brandt, b. 1952)가 있다. 토스테빈이 구사하는 전략은 이중적 언어를 창조하여 가부장적인 질서 체계의 편입에 저항하는 것이다. 프랑스어를 영시 속에 소개하는 것이라든지 자신의 모국어를 식민지어 안에 끼워 넣는 것이 그 예가 될 수 있다. 브란트는 『그녀 언어의 색채』(Color of her Speech, 1982), 『여성의 텍스트』(Gyno-text, 1982), 『이중 기준』(Double Standards, 1985), 『소피』(Sophie, 1988)를 통해 복잡한 상호텍스트적 언어적 유희로 여성의 몸에 대한 실존적 인식과 경험을 제공한다. 여성의 몸의 주기에 따라 37주의 가임 기간을 상정하여 서른일곱 개의 시로 이루어지는 작품의 구도는 가부장적인 질서를 흔들고 여성의 욕망과 쾌락을 보여준다.

마네 교도들과 페미니스트의 위상 사이의 가치적 절충의 시도한 작가로 디 브란트(Di Brandt, b. 1952)가 있다. 그녀는 매니토바(Manitoba)의 윈클러(Winkler)에서 태어나 마네교도들의 농촌 마을에서 자라났다. 브란트는 마네교도들의 서술에 깊은 관심이 있었으며, 작품 속에서 마네교도로서의 위상과 페미니스트로서의 위상은 서로 교차된다. 브란트는 페미니스트 작가로 『엄마에게 물어본 질문들』(*Questions I asked my mother*, 1986)로 시작해서 『하늘의 아그네스』(*Agnes in the sky*, 1990), 『다른 자가 아닌 엄마』(*Mother, not other*, 1992), 『사랑의 예루살렘』(*Jerusalem, beloved*, 1995), 『이제 당신이 관심을 갖고』(*Now You Care*, 2003), 『세상은 이러하고 나는 여기 있네』(*So this is the world & here I am in it*, 2006) 등의 시집을 출간했다. 그녀의 시는 가족, 정치, 에로티시즘에 관한 내용들로서 엄마와 딸 사이의 관계가 주제를 이루고 있다. 엄마와 딸 사이에는 아버지의 법칙이 끼어들어 문제의 삼각관계가 형성된다. 여기에서 아버지는 실재 아버지이기도 하지만 동시에 기독교의 가부장적 담론이기도 하다. 엄마와 딸의 관계를 가로막는 것은 아버지의 법칙이다. 아버지의 법칙은 어린 딸의 성적 욕구를 규정하려 한다. 여성의 누드를 범죄로 단죄하는 것도 서양의 종교적 명령이다. 그녀의 시에는 여성의 섹슈얼리티와 욕망에 대한 자각이 발견된다. 비평서로는 1993년에 출간한 『와일드 마더 댄싱, 캐나다 문학의 여성 내러티브』(*Wild Mother Dancing: Maternal Narrative in Canadian Literature*)가 있다.

캐나다 동성애 문학의 시발점

캐나다의 동성애 문학에 대한 연구는 21세기 들어서는 길목에서 활발하게 전개되었다. 1999년 출간된 피터 디킨슨(Peter Dickenson)의 『여기 퀴어가 있다, 국민주의, 섹슈얼리티, 캐나다 문학』(*Here is Queer: Nationalisms, Sexualities, and the Literature of Canada*)을 시발점으로 테리 골디(Terry Goldie)의 『핑크 스노우, 캐나다 소설의 호모섹슈얼의 가능성』(*Pink Snow: Homosexual Possibilities in Canadian Fiction*, 2003)과 스콧 레이터(Scott Rayter)의 『퀴어 캐나다 문학, 영어로 쓰여진 캐나다 레즈비언, 게이, 바이섹슈얼, 트랜스젠더 문학』(*Queer CanLit: Canadian Lesbian, Gay, Bisexual, and Transgendered Literature in English*, 2008)이 연달아 출간되었다. 20세기 중반만 까지만 하더라도 게이와 레즈비언은 동성애에 대한 표현으로 대중들이나 문단에서 널리 사용되었으나, 이제는 LGBTTIQ2SA(Lesbian, Gay, Bisexual or transsexual, Transgender, Intersex, Queer, Questioning, Two-Spirited and Allies)라는 용어가 보여주듯이 동성애에 대한 개념이 정교해졌다.

호모섹슈얼리티가 명확하게 드러나지는 않지만 1832년 출간된 존 리차드슨(John Richardson, 1796-1852)의 『와코우스타 예언, 캐나다의 이야기』(*Wacousta, or The Prophesy: A Tale of the Canadas*, 1832)는 호모에로티시즘으로 동성애 연구자들의 주목을 받는다. 여성의 동성애에 관해서는 몽고메리(L. M. Montgomery, 1874-1942)로 논의가 시작되는 경우가 많다. 몽고메리는 『빨강머리 앤』(*Anne of the Green Gables*, 1908)에서 볼 수 있듯이 결혼을 통한 이성애를 강조했지만, 그녀의 저널에는 여성과 여성 사이의 애정 또한 목격된다. 1923년에 출간된 엘사 기드로(Elsa Gidlow, 1898-1986)의 『회색 실 위에서』(*On a Grey Thread*)는 북아메리카 최초의 레즈비언 시로 자주 인용된다. 그러나 그녀가 잉글랜드 태생이며, 21살에 미국으로 건너가기 전 유년기와 청소년기만 캐나다에서 보낸 이유로 캐나다 작가라 불리울 수 있는지에 대한 논쟁은 남아있다. 도로시 라이브세이(Dorothy Livesay, 1909-1996) 또한 첫 캐나다 주요 레즈비언 시인인지에 대한 논란이 있는 작가이다. 그녀의 첫 시집 『그린 피쳐』(*Green Pitcher*, 1928)는 괄목할 만한 작품이지만, 그녀는 말년에 적극적으로 레즈비언 관계를 가졌기 때문이다.

공식적으로 캐나다에서 게이 시(gay poetry)라는 이름 아래 출간된 작품은 2007년 존 바톤(John Barton)과 빌레 니커슨(Billeh Nickerson)에 의해 편집된 『정액의, 캐나다 게이 남성 시인들 시선집』(*Seminal: The Anthology of Canada's Gay Poets*)에 소개된 프랭크 올리버 콜(Frank Oliver Call, 1878-1956)로 거슬러 올라간다. 물론 이전에도 남성들 간의 동성애가 표출된 작품들은 많았다. 캐나다의 모더니즘 현대시 운동에 결정적인 역할을 한 패트릭 앤더슨(Patrick Anderson)은 『에로스, 남성들의 우정집』(*Eros: An Anthology of Male Friendship*, 1961)을 자신의 남성 연인인 알리스테어 수더란드(Alistair Sutherland)와 함께 썼다. 앤더슨 세대에서 주목할 만한 게이 작가로 로버트 핀치(Robert Finch, 1900-1995)와 존 글라스코(John Glassco, 1909-1981)를 들 수 있다. 핀치는 미국에서 태어나 토론토에서 성장하였으며, 1936년 『뉴 프라빈스』를 주도하는 멤버가 되었다. 존 글라스코는 캐나다에서 문학적 포르노그래피로 성공한 거의 유일무이한 작가로 평가되고 있다. 에드워드 레이시(Edward A. Lacey, 1938-1995) 또한 게이 시 전통에서 빠지지 않고 언급되는 작가인데, 『상실의 형식』(*The Forms of Loss*, 1975)은 캐나다의 대표적인 게이 시집이다.

캐나다에서 20세기 중반에 이르기까지 게이나 레즈비언 소설이라 불리울만한 작품은 등장하지 않는다. 싱클레어 로스(Sinclair Ross, 1908-1996)의 『나와 나의 집에 대해』(*As for Me and My House*, 1941)와 이후 작품에서 호모섹슈얼적인 요소가 발견되기도 하지만, 호모섹슈얼이라고 본격적으로 지칭할 수 있는 첫 캐나다 소설은 스콧 시몽(Scott Symons, 1933-2009)의 1967년 작품 『아르메스 처소』(*Place d'Armes*)이다. 주인공 휴(Hugh)는 아내와 아이를 내버려두고 몬트리올로 소설가가 되기 위해 떠나와 젊은 허슬러들과 관계를 맺는데, 이 작품은 호모에로티시즘과 당혹스러운 내러티브 구조로 인해 캐나다 소설의 정전에서 제외되어 왔다. 제인 룰(Jane Rule, 1931-2007)은 미국 태생의 캐나다 이주민으로 레즈비언 소설의 큰 물줄기를 개척한 작가이다. 1964년 소설 『마음의 사막』(*Desert of the Heart*)에서 이블린(Evelyn)은 대학 교수로서 바이섹슈얼인 앤(Ann)과의 결합을 원하고, 이혼하는 과정에서 죄책감을 느낀다. 이 소설은 전통적인 펄프 픽션과 같이 잠정적인 해피엔딩으로 마무리된다. 룰은 작가로서 명성도 획득했고, 그녀의 소설은 대중들에게 널리 읽혔다. 1976년에는 『육체의 정치』(*Body Politics*)를 통해 그녀는 섹슈얼리티, 젠더, 검열, 아이들의 성, 포르노그래피 등의 문제에 대한 대중적 토론에 참여한다. 동시대에 작품 활동을 한 티모시 핀들리(Timothy Findley, 1930-2002)는 캐나다에서 인기 있는 게이 작가였다. 그의 세 번째 소설 『전쟁들』(*The Wars*)은 1977년 발표되었고, 발표되자마자 큰 성공을 거두었다. 로버트 로스(Robert Ross)의 이야기는 아일랜드 극작가 오스카 와일드(Oscar Wilde, 1854-1900)의 캐나다의 연인의 이름을 따서 지어진 것이다. 그는 이 소설에서 1차 대전 중 남성성과 젊은 캐나다인의 성적 관심에 대해 탐구한다. 『항해에 불필요』(*Not Wanted on the Voyage*, 1984)는 노아의 방주 현대판 버전으로, 이 작품에서는 루시(Lucy)라는 인물을 통해 게이 문화의 단면을 탐구한다. 핀들리와 룰은 커가는 게이와 레즈비언 대중 시장에서 인기를 얻었고, 특히 범죄 소설(crime fiction)에서 강한 영향력을 발휘하였다. 캐서린 포레스트(Katherine Forrest, b. 1939) 또한 레즈비언 경찰에 대한 작품을 포함한 범죄 소설로 큰 인기를 누렸다.

캐나다 동성애 문학의 전개

앤 마리 맥도널드(Ann-Marie MacDonald, b. 1958)는 『당신의 무릎에 쓰러져』(*Fall on Your Knees*, 1996)라는 소설을 쓰는데, 이 작품의 중앙부에는 근친상간적인 강간이 위치해 있다. 이 작품은 가부장주의적 통제가 아이들을 지켜낼 수 없음을 보여준다. 맥도날드의 소설은 좁은 의미에서 레즈비언이라 하기는 힘들지만, 다양한 성적 모호성을 탐구한다. 엠마 도나후(Emma Donaghue, b. 1969)는 빅토리아조나 그 이전의 시대 상황을 배경으로 다양한 성적 정체성과 젠더 문제를 탐구한다. 그녀의 가장 인기 있는 소설 『방』(*Room*, 2010)은 젊은 엄마와 그녀를 유괴하여 감금하고 성적으로 능욕한 노인 사이에 태어난 아이에 관한 작품이다. 다프네 말렛(Daphne Marlatt, b. 1942)은 퀘벡의 레즈비언 페미니스트들과 연관된 또 다른 문학 전통을 구축한다. 그녀는 남성적인 글쓰기에 대항하여 시적인 산문으로 모든 장르적 위계를 무너뜨리면서 레즈비언적 글쓰기(lesbian writing)의 전통을 구축한다. 『애나 히스토릭』(*Ana Historic*, 1988)에서는 여성적 글쓰기(écriture féminine)를 넘어서 여성들의 커뮤니티를 창조하려는 시도를 하였다.

게이 작가 웨이슨 초이(Wayson Choy, b. 1939)의 1999년작 『종이 음영』(*Paper Shadows*)에는 노골적인 호모섹슈얼리에 대한 장면은 별로 없다. 동성애는 암시되어 있으며 그는 게이라기보다는 중국계 캐나다 작가로 구분된다. 샴 셀바두라이(Shyam Selvadurai, b. 1965)의 『퍼니 보이』(*Funny Boy*, 1994)는 스리랑카에서 게이가 커나가는 성장소설인데, 국제적으로 베스트셀러가 되었고 대학 실러버스에 자주 등장하는 작품이다. 『배고픈 유령들』(*The Hungry Ghosts*, 2013)은 게이 스리랑카인의 토론토에서의 경험을 그려낸 것이다. 동성애적인 경험을 직접적으로 드러낸 작품으로는 그레고리 스코필드(Gregory Scofield, b. 1966)의 『싱잉 홈 더 본즈』(*Singing Home the Bones*, 2005)를 들 수 있다. 그의 작품은 시적이면서 동시에 상호텍스트적이며, 메티스인들의 영성을 표현해준다. 톰슨 하이웨이(Tomson Highway, b. 1951)의 극작품에는 퀴어 캐릭터들이 포함되어 있으며, 그의 소설 『모피 여왕의 키스』(*Kiss of the Fur Queen*, 1998)에는 기숙사가 원주민들의 섹슈얼리티에 어떤 영향을 미쳤는지 기술되어 있다.

캐나다에서 게이들이 직면한 문제를 본격적으로 다룬 작품의 출현은 상대적으로 늦다. 캐나다에서의 LGBTQ극장(lesbian gay bisexual transgendered questioning Theatre)의 출현도 주목할만하다. 20세기 말 상당수의 아티스트들이 이 그룹에 속해 있었다. 댄서이자 극작가인 존 허버트(John Herbert, 1926-2001)는 1967년에 이미 『운과 인간의 눈』(*Fortune and Men's Eyes*)이라는 작품을 통해 게이 인물과 주제에 대해 다룬 바 있다. 허버트는 캐나다의 청소년 감옥을 배경으로 권력의 남용, 성적 폭력, 동성애에 대한 범죄적인 시각을 무대에 올렸다. 캐나다에서 게이와 레즈비언 연극은 버디즈 인 배드 타임즈 극장(Buddies in Bad Times Theatre)을 중심으로 상연되었다. 1978년 온타리오에 만들어진 이 극장은 매트 왈쉬(Matt Walsh), 제리 시코리티(Jerry Ciccoritti), 스카이 길버트(Sky Gilbert) 주도로 설립되었으며 세계에서 가장 오래되고 가장 큰 퀴어 극장이며, 토론토 연극 발전에 큰 기여를 한 극장의 하나이다.

1900년대에는 다수의 게이 극작가들이 배출되는데, 켄 간험(Ken Garnhum), 브라이든 맥도널드(Bryden MacDonald, b. 1960), 티모시 핀들리(Timothy Findley, 1930-2002), 브래드 프레이저(Brad Fraser, b. 1959) 등을 그 대표적인 작가로 들 수 있다. 스카이 길버트(Sky Gilbert, b. 1952)는 많은 작품을 배출한 게이 극작가로서 『재판에 회부된 여장 남자』(*Drag Queens on Trial*, 1985)와 『살인 행각』(*Play Murder*, 1993)이 대표작이다. 브래드 프레이저(Brad Fraser, b. 1959)의 『신원 미상의 유해와 사랑의 본질』(*Unidentified Human Remains and the Nature of Love*, 1989), 『푸어 수퍼맨』(*Poor Superman*, 1994)에는 현대 게이들의 삶이 기술되어 있다. 게이 작가 중 1990년 일인 쇼 『밥이 달리는 걸 봐』(*See Bob Run*), 『황야에 내버려져』(*Wild Abandon*)로 주목을 받은 다니엘 매클버(Daniel MacIvor, b. 1962)는 1997년 병적인 거짓말쟁이를 다룬 『여기 헨리가 있다』(*Here Lies Henry*)를 발표하고, 같은 해 자서전적 연극 『군인의 꿈』(*The Soldier Dream*)을 무대에 올린다. 그는 배우이자, 극작가, 영화감독으로 활약하였으며, 시트콤 『트위치 시티』(*Twitch City*)로 대중들에게 널리 알려졌다. 그는 2001년 『당신의 현 위치』(*You are Here*)를, 2006년에는 『아름다운 경관』(*A Beautiful View*)을 발표하였다.

『굳나잇 데스데모나, 굳모닝 줄리엣』(*Goodnight Desdemona, Good Morning Juliet*, 1989)을 발표한 앤 마리 맥도널드(Ann-Marie MacDonald, b. 1958) 또한 레즈비언 극작가이다. 이 작품은 셰익스피어의 『로미오와 줄리엣』(*Romio and Juliet*)과 『오셀로』(*Othello*)를 레즈비언 여성 작가의 시각으로 다시 탄생시킨 것이다. 로리 밀란(Lorri Millan)과 샤와 뎀프세이(Shawa Dempsey)는 1989년 작 『욕망의 객체/주체』(*Object/Subject of Desire*)와 1994년 작 『성장 스위트룸 I, II』(*Growing Up Suites Part I and II*)을 제작하였다. 2006년 로자린드 커(Rosalind Kerr)는 『레즈비언 연극, 캐나다의 다가오는 시기』(*Lesbian Plays: Coming of Age in Canada*)라는 모음집을 통해 레즈비언 작품을 선별하고 책으로 엮어냈다. 알렉 버틀러(Alec Butler)는 『메두사 라이징』(*Medusa Rising*, 1995)을 통해 자신의 원주민적 유산을 토대로 성적 정체성을 담는다. 이 연극은 남성과 여성을 이분법적으로 구분하는 고정관념에 도전하는 작품이다. 연기자이자 프리랜서 작가인 니나 아스놀트(Nina Arsenault, b. 1974)는 성과 섹슈얼리티를 탐구한다. 아스놀트는 자기 자신이 남성으로 태어났어야 한다고 생각한 트랜스 우먼(Trans-woman)이었다. 그녀는 성전환 수술을 했으며, 2009년 『실리콘 일기』(*The Silicone Diaries*)를 통해 성이 전환되는 과정을 작품으로 구현하기도 했다. 그녀는 이 책에서 트랜스젠더와 퀴어의 정체성을 탐구하면서 인간의 복잡한 심리와 페미니스트로서의 윤리 문제를 다루었다.

9

캐나다 문학의 다변화

(Diversity of Canadian Literature)

1967년 캐나다는 연방 탄생 100주년을 자축하였으며, 세인트 로렌스의 두 섬에서 국제 전시회를 개최한다. 엑스포 67과 100주년 기념은 캐나다 역사의 기념비적인 이벤트였고, 이 행사를 통해 캐나다 문화와 문학 또한 새로운 전기를 마련한다. 엑스포에서 미디어는 캐나다의 과거와 미래를 연결 짓고 결합하는 역할을 하였다. 마샬 맥루한(Marshall McLuhan, 1911-1980)의 『구텐베르크 은하계』(*The Gutenberg Galaxy*)가 1962년 출간되었고 모든 미디어는 이 엑스포를 맥루한의 전시회(McLuhan's Fair)라고 불렀다. 일련의 작가들이 엑스포의 비전을 만드는데 기여하였다. 엑스포는 캐나다의 가장 영향력 있는 인물들에게 대중성을 부여하기도 하였다. 메티스 시인 듀크 레드버드(Duke Redbird, b. 1939)는 「인디언 파빌리온」("Indian Pavilion")이라는 시를 썼다. 미셸 라롱드(Michèle Lalonde)는 오라토리오 『인간의 대지』(*Terre des hommes*)의 스크립트를 썼고, 이 오라토리오는 몬트리올의 예술의 전당 오프닝 갈라에서 상영되었다. 레너드 코헨(Leonard Cohen, 1934-2016)은 첫 앨범을 1967년 발

캐나다 문학의 다변화 283

간하여 공연했다. 위베르 아캥(Hubert Aquin, 1929-1977)은 자신의 영화를 퀘벡 파빌리온(Quebec Pavilion)에 헌사했고, 마가렛 애트우드(Margaret Atwood, b. 1939)는 1967년 100주년 위원회 시 경진대회에서 수상하였다. 로버트슨 데이비스(Robertson Davies, 1913-95)가 100주년 위원회 행위 예술 분과에 초대되어 지역의 극작가들과 공동 작업을 하였다. 또한 백주년 연극들이 오타와 소극장(Ottawa Little Theatre)에서 상연되었다.

 1967년 캐나다 연합 100주년 기념 조직위는 캐나다의 사회적, 정치적, 인종적 갈등을 해소하고 더 큰 통합을 이루는 프로젝트를 기획하였으며, 많은 예술가들이 이 작업에 참여하였다. 100주년 행사가 지난 뒤 일련의 예술가들은 통합에 대한 노력을 계속하였다. 그러나 이와 같은 일치를 이루는데 어느 정도의 열정과 시간이 들어가는지, 그리고 과연 일치를 이루는 것이 가치가 있는지에 대한 진지한 질문이 이어졌다. 예술가들은 캐나다의 초기 역사를 향수적으로 바라보기보다는 비판적으로 바라보기 시작하였다. 1960년 이후 캐나다 문학에 등장하는 "유령의 역사"(ghost history)는 캐나다인들이 이전에는 간과했던 원주민들에 대한 새로운 인식의 상징적 표현이라 할 수 있다. 다니엘 데이비드 모제스(Daniel David Moses, b. 1952)는 자신의 연극 『브레베우프의 유령』(*Brébeuf's Ghost*, 2000)의 부제를 『맥베스』(*Macbeth*)를 염두에 두고 "공포 이야기"(A Tale of Horror)라고 붙였다. 오늘날 원주민들의 입장에서 그들의 문학을 조명하고 창작하는 다문화적 글쓰기와는 달리 당시 작가들은 원주민들에 "대해" 초점을 맞추었다.

지역사회에 대한 관심과 역사의식

1960년대와 70년대 캐나다의 저명한 문인들은 자신들이 지역 사회에 무지한 상태로 성장해 온 것을 한탄하였다. 캐나다 여성 작가의 대모로 여성글쓰기의 전범이 된 마가렛 로렌스(Margaret Laurence, 1926-1987)는 캐나다 문학의 다양성과 지역사회에 대한 관심에 대한 논의에서도 빠지지 않고 언급되는 작가이다. 그녀는 모톤(W. L. Morton)의 1957년 저서 『매니토바, 역사』(*Manitoba: A History*)를 처음 읽고 난 뒤 자신의 국가 캐나다에 대해 가르쳐 준 책이라는 강한 정서적 반응을 보였다. 1970년 이후 캐나다의 식민주의 상황의 복잡성을 다룬 역사 소설이 다수 출간되었고, 이 중 마가렛 로렌스 외에도 로버트 크로엣쉬(Robert Kroetsch, 1927-2011)와 루디 위비(Rudy Wiebe, b. 1934)는 주목할 만하다.

마가렛 로렌스(Margaret Laurence, 1926-1987)는 1950년대 아프리카에서 거주하였으며, 두 가지 형태의 제국주의를 두 대륙에서 살펴보는 기회를 얻을 수 있었다. 캐나다에 돌아온 뒤 로렌스는 자신의 통찰력을 통해 캐나다의 과거를 성찰하고 이를 1974년 작 『예언자들』(*The Diviners*)에 담았다. 작품의 배경으로는 마나와카(Manawaka)가 설정되었는데, 이곳은 로렌스의 고향인 네파와(Nepawa)를 모델로 만들어진 가상적인 공간이다. 옛 사진과 성인이 된 주인공의 과거에 대한 회상을 통해 작가는 과거와 현재를 연결지으면서 캐나다의 역사를 다시 기술한다. 『예언자들』은 모라그(Morag)가 그녀의 뿌리를 스코틀랜드에서 찾다가 자신이 태어난 곳은 스코틀랜드의 하이랜드가 아니라 캐나다임을 깨닫는 이야기를 통해 공공의 역사와 개인의 역사 사이의 간극에 다리를 놓는다. 가난한 하이랜드인들이 겪는 고통과 메티스인들이 겪는 고통은 식민주의와 연관 속에서 재조명된다. 하이랜드인들은 잉글랜드인들이 주도한 스코틀랜드 멸절 정책에 의해 자신이 살던 마을을 버리고 캐나다로 이민을 왔고, 캐나다에 살던 원주민들은 스코틀랜드 정착민들에 의해 자기가 살던 곳을 빼앗기고 갈 곳이 없게 된 것이다.

메논 교도로서 메티스와 이누이트족의 유산에 깊은 관심이 있었던 대표적인 캐나다 작가로 루디 위비(Rudy Wiebe, b. 1934)가 있다. 특히 그는 캐나다 소설에서 인디언들을 경멸하는 시각에 대해 강한 거부감을 보였다. 그는 1966년 북온타리오에 있는 오집와 지역사회(ojibwa community)를 배경으로 한 소설 『최초의 핵심적인 촛불』(*First and Vital Candle*)을 출간한다. 곧이어 『이방인의 발견』(*A Discovery of Strangers*, 1994)에서 강한 의지의 옐로우나이프(Yellowknife) 여성을 그려내고, 빅베어(Big Bear)의 후손인 이본느 존슨(Yvonne Johnson)과 함께 『도둑 맞은 삶, 크리 여인의 여행』(*Stolen Life: The Journey of a Cree Women*, 1998)을 저술하면서 원주민들에게 공감과 강한 존중을 보였다. 위비는 메티스의 시각에서 『빅 베어의 유혹』(*The Temptations of Big Bear*, 1973)과 『불에 탄 숲의 사람들』(*The Scorched-Wood People*, 1977)을 썼는데, 이들은 각각 북미 대초원의 1876년과 1888년, 그리고 1869년과 1885년을 배경으로 하고 있다. 『빅 베어의 유혹』에서는 주인공을 통해 원주민들의 목소리를 복원시키고자 하는 시도가 이루어졌고, 『불에 탄 숲의 사람들』은 노스웨스트 반란(Northwest Rebellion, 1885)과 정치지도자 루이 리엘(Louis Riel)을 소재로 한 작품이다. 캐나다 정부에 대한 메티스인의 봉기를 지휘한 릴은 광신적 반역자가 아니라 자신의 민족을 위해 스스로를 희생하는 현명한 선지자로 그려지고 있다. 릴은 맥도널드경(Sir John A. Macdonald, 1815-1891)과 대조를 이루는데, 전통적으로 맥도널드는 프랑스 연방의 아버지이자 캐나다에서 가장 오래 수상을 역임한 영예로운 지도자이지만, 이 소설에서는 도덕을 모르는 천박한 정치인으로 기술되고 있다. 위비 작품의 상당수는 메노파교도(Mennonite)를 배경으로 하고 있다. 『평화는 많은 것들을 파괴하니』(*Peace shall Destroy Many*, 1962)는 2차대전이 평화주의자들에게 던져준 도전에 관한 작품이며, 『중국의 블루 마운틴즈』(*The Blue Mountains of China*, 1970)는 러시아 가정이 종교적 박해를 받아 세계 각지로 흩어지는 내용을 담고 있다. 1983년 작 『나의 사랑스런 적』(*My Lovely Enemy*)은 패배한 9세기 크리 족장의 이야기를 탐구하는 메노파교도에 관한 텍스트이다. 위비의 서술은 16세기 자신의 신념을 지키다 화형에 처해진 웬켄 위브(Weyenken Wybe)에서 엘리자벳 카타리나 위비(Elizabeth Katarina Wiebe)의 트라우마적 경험에 이르기까지 다양하다. 위비는 끊임없이 과거와 현재를 결합하였고, 역사란 파편적이고 지역적일 뿐 아니라 싸이클을 이루고 있다고 인식하였기에 원형적인 구도를 사용하기도 하였다. 그의 담론은 급격한 변화와 간극으로 가득 차 있어서, 정보를 알려줄 뿐 아니라 감추기도 한다. 말 형태의 언어와 글 형태의 언어 사이의 긴장 또한 존재한다. 글로 쓴 기록 행위는 필연적으로 편견이 있는 관점을 포함하기 마련이므로 사실을 정확하게 기술하는 것은 불가능하다. 역사의 단일한 버전이나 절대적인 진리를 위비는 거부한다. 그러나 그는 종교적 신념을 통한 인간의 논리를 넘어선 곳에 존재할 수 있는 진리의 가능성을 열어두었다.

루디 위비(Rudy Wiebe)와 마찬가지로 로버트 크로엣쉬(Robert Kroetsch, 1927-2011)는 북미 대평원을 캐나다의 과거를 다루는 소재로 사용하지만, 위비와는 역사에 다르게 접근한다. 클로엣쉬는 근본적으로 순수한 역사의 가능성에 대해 믿지 않았다. 서술이란 본래 의미로부터 시작하는 것이지 의미를 발견하는 것이 아니라는 믿음이 바로 그것이다. 크로엣쉬는 대신 신화를 통해 역사에 접근한다. 초월적인 신화창조자로서 작가는 고전적인 신화를 재구성한다. 1969년 작 『스터드호스 맨』(The Studhorse Man)은 캐나다 감독상 수상작으로서, 이 작품에서 크로엣쉬는 2차 대전이 끝날 시기 알바타의 상황을 호머와 버질을 패러디함으로써 그려낸다. 그는 『오딧세이』(The Odyssey)에 탄복하지만, 율리시스의 방랑을 패러디한다. 1975년작 『배드랜즈』(Badlands)는 공룡의 뼈를 찾아 레드 디어 리버(Red Deer River)와 알바타 배드랜즈(Alberta Badlands)를 탐색하는 소설이다. 이 작품은 과거는 영원하다는 것과 과거는 사라지는 것이라는 서로 다른 두 관점을 제시해 준다. 코로엣쉬는 1978년 『까마귀가 말했던 것』(What Crow Said)에서 빅 인디언(Big Indian)이라 불리우는 초원 마을의 신화를 이야기로 만들어내고, 이년 뒤 매직 리얼리즘의 영향 아래 『까마귀 저널』(The Crow Journals, 1980)이란 제목으로 이 소설을 다큐멘터리화 한다.

역사기술와 윤리

온타리오의 토론토에서 태어나 티피(Tiffy)라는 닉네임으로 알려진 티모시 핀들리(Timothy Findley, 1930-2002)는 역사를 기술하는 윤리에 깊은 관심을 가지고 포스트모던적 양상으로 캐나다의 역사를 서술하였다. 1967년에 출간된 『마지막 광인』(The Last of the Crazy People)에서 그는 과거의 이야기를 복원시키기 시작하였다. 1977

년 출간된 『전쟁들』(*The Wars*)의 화자는 회의적인 역사가인데, 역사를 복원하는 어려운 과제를 해결하기 위해 증거를 찾아 과거의 자료를 검토한다. 이 역사가는 결국 자신이 검토한 자료들이 신화와 혼재되어 있다는 것을 발견한다. 1981년 작품 『저명한 마지막 말』(*Famous Last Words*)은 파시즘과 파시즘의 동조자를 조명하면서 에즈라 파운드(Ezra Pound, 1885-1972)의 시에 등장하는 휴 셸윈 모버리(Hugh Selwyn Mauberley), 에드워드 8세(Edward VIII), 월리스 심슨(Wallis Simpson), 아돌프 히틀러(Adolf Hitler) 등 허구적 인물과 역사상의 실재 인물을 혼재시키면서 전체주의의 유혹이라는 문제를 탐구한다. 탐정소설 『거짓말하기』(*The Telling of Lies*, 1986)에는 진실과 허구의 문제가 다루어지고 있는데, 히로시마와 나와사키 폭탄 투하의 이미지와 생태적 재난이 텍스트를 지배하고 있다. 1984년 작 『항해에 불필요』(*Not Wanted on the Voyage*)는 영국의 포스트모던 소설가 줄리안 반즈(Julian Barnes, b. 1946)의 『10과 1/2 챕터의 세계사』(*History of the World in 10 1/2 Chapters*)를 변형시킨 작품으로 홍수의 이미지로 이 세상의 종말, 대재앙의 비전을 표현한다. 이 작품은 창세기 홍수를 매직 리얼리즘적인 포스트모던 서술로 재구성하였다.

안소니 밍겔라(Anthony Mingella) 감독의 영화로 우리에게 널리 알려진 『잉글리시 페이션트』(*The English Patient*)는 마이클 온다체(Michael Ondaatje, b. 1943)의 1992년 동명 소설을 영상화한 것이다. 『잉글리시 페이션트』 또한 역사에 대한 새로운 시각을 제시해 주는 작품이다. 온다체는 이 작품에서 부와 정치적 힘에 초점을 맞추면서 2차대전과 전후를 이탈리아의 빌라에 버려진 사람들의 관점에서 바라본다. 온몸에 화상을 입은 사람, 모핀 중독자 등의 작중 인물들은 심리적으로나 육체적으로 상처를 받은 사람들이다. 온다체가 마스터 내러티브를 거부함으로써 범주화가 불가능할 정도의 텍스트를 쓴 반면, 모데카이 리칠러(Mordecai Richler, 1931-2001)는 유럽의 유대인으로서 캐나다 도시에 이주한 자신의 배경에 초점을 둔 작품을 썼다. 이는 특정 인종 그룹의 작가로 못박히기를 거부한 온다체와 뚜렷한 대조를 이룬다.

경제공황기 세인트 어반 가(St. Urban Street)의 노동자들을 이웃으로 자라난 모데카이 리칠러(Mordecai Richler)는 20세기 몬트리올에 거주하는 유대인들의 삶을 풍자적으로 표현하였다. 『여호수아 그때와 지금』(Joshua Then and Now, 1980)과 『바니의 버전』(Barney's Version, 1997)은 세인트 어반 거리에서 태어나 유럽에서 청년기를 보낸 뒤 백인 청교도 여성과 결혼하고 몬트리올에서 명성과 부를 얻은 자신의 모습이 투사된다. 중년의 위기를 맞은 두 작품의 등장인물들은 과거를 추적해 들어간다. 갱단의 아들인 여호수아 샤피로(Joshua Shairo)는 소년이었을 때 스페인 내란에 대해 알게 된다. 그는 스페인에 매료되어 자신의 인생에서 가장 중요한 여행이 되는 스페인을 찾아간다. 리칠러의 작품에는 사실과 환상이 유머스럽게 병치되어 있다. 그는 골름의 신화를 『세인트 어바인의 기수』(St. Urbain's Horsemen)에서 차용하여 악당 조이 하쉬(Joey Hersh)를 전설적인 어벤저로 캐스팅한다. 지적인 과감성과 위트로 인해 그의 작품은 흔히 논란을 불러일으키곤 하였다. 유대인 사회는 『더디 크레이비츠의 견습기』(The Apprenticeship of Duddy Kravitz, 1959)의 묘사가 유대인들의 삶과는 무관하다고 항의하였고, 1992년에 출간된 『오 캐나다! 오 퀘벡! 분열된 나라의 진혼곡』(Oh Canada! Oh Québec!: Requiem for a Divided Country)은 프랑스계 캐나다인으로부터 강력한 비판을 받았다.

전쟁은 캐나다 작가들로 하여금 역사 소설에 관심을 갖게 만들었다. 다프네 말렛(Daphne Marlatt, b. 1942)은 1996년작 『점유』(Taken)에서 2차 대전 동안 수마트라(Sumatra)의 포로수용소를 다루었다. 이 작품은 걸프전을 배경으로 하고 있는데, 작가의 주요 관심사는 역사에서 배제된 여성의 음성이다. 주인공 주잔(Suzanne)은 애인 로리(Lori)와 전쟁에 대해 논쟁을 벌인다. 텔레비전에 제시되는 이미지들은 현대인들의 삶에 침입하여 혼돈을 준다. 강간, 굶주림, 가정의 파괴 등은 전쟁의 영웅적 내러티브에서 부수적인 상처 정도로 다루어졌다. 말렛은 가부장과 식민주의를 한 동전의 다른 면이라고 간주하였으며, 말렛의 레즈비언 페미니즘은 지금까지 여성을 존중한다는 것에 대한 다른 개념을 제시하고 있다. 1988년 출간된 『애나 히스토릭』(Ana Historic)에서 여성이 역사적인 담론에서 제외되어왔음을 주인공 애니(Annie)가 리차즈 부인(Mrs Richards)의 삶의 파편을 발견함으로써 보여준다. 남편의 고고학적 리서치를 수행하면서 발견되는 이 파편은 역사에서 여성을 되받다 쓰는 상상적인 프로젝트의 토대가 된다. 이 프로젝트는 애니가 자신의 어머니의 삶을 복원시키는 것을 포함한다. 『애나 히스토릭』은 동시대 화자인 애니와 그녀의 죽은 엄마 이나(Ina), 그리고 젊고 예쁜 미망인 미시즈 리챠즈 세 여성의 삶을 다시 평가한다. 다른 시간과 장소들이 층을 이루면서 직선적인 전기 쓰기의 관행은 전복된다. 말렛에게 있어 전쟁은 온 세계에 퍼진 글로벌한 것이었으며, 그녀는 개인의 역사를 더듬으면서 새로운 캐나다의 정치적 지형을 다시 쓰는 시도를 하였다.

말렛과 같이 당대의 서술과 역사적인 서술을 서로 엮는 방법을 사용한 작가로 기 반더하에게(Guy Vanderhaeghe, b. 1951)가 있다. 그의 1996년 소설 『영국인의 소년』(The Englishmen's Boy)에서 화자는 서로 다른 두 세팅을 연결 지으면서 리얼리스트 전통에 기댄다. 작가는 1920년대 할리우드의 영화 산업과 1873년 서스캐쳐원의 사이프레스 언덕(Saskatchewn's Cypress Hills)의 어시니보인(Assiniboine) 대학살을 연결 짓는다. 이 소설의 연장선상에서 출간된 2002년 작 『라스트 크로싱』(*The Last Crossing*)에서 반더하에게는 캐나다 서부의 대중적 신화를 점검하면서 빅토리조의 잉글랜드와 대조시킨다. 반더하에게에 있어서 캐나다의 서부는 알려진 바와 같이 거칠고 혼돈스럽지 않고, 19세기 영국 또한 그렇게 질서가 있고 온화하지만은 않았다. 얼핏 보기에는 법이 없어 보이는 개척지가 고도로 문명화된 영국보다 더 도덕적이며, 영국의 신사가 소녀를 강간하고 타인의 목을 조른다.

지역사회 현실의 탐색

기 반더하에게와 마찬가지로 데이비드 아담스 리챠즈(David Adams Richards, b. 1950)는 소위 말하는 지역주의를 거부하였지만, 그의 작품은 대부분 뉴브런즈윅(New Brunswick)의 어두운 사회적 현실을 기술하였다. 뉴브런즈윅의 북부 도시 미라미치(Miramichi)를 배경으로한 삼부작 『스테이션 스트리트 아래의 밤들』(*Nights Below Station Street*, 1988), 『저녁에 내리는 눈이 가져온 평화』(*Evening Snow will Bring such Peace*, 1990), 『부상자를 사냥하는 자를 위해』(*For Those who Hunt the Wounded Down*, 1993)는 모두 가난한 노동자 계층의 삶의 현실을 다루고 있다. 『상심한 자들의 강』(*River of the Brokenhearted*, 2003)은 제대로 자신의 음성을 내지 못하고, 잘 교육받지 못하고, 경제적으로 결핍된 소외된 인물들을 사랑과 존중감이 있게 기술하는데, 그 이면에는 로마 가톨릭의 믿음이 존재하고 있다. 미국 소설가 윌리엄 포크너(William Faulkner, 1897-1962)의 요크나파토파 마을(Yoknapatawpha County)과 마찬가지로 리챠즈는 험난한 날씨와 메마른 환경, 그리고 가난, 폭력과 절망에 지배당하는 사회 추방자와 하층민들이 삶을 유지하는 소세계를 통해 보편적인 인간의 투쟁을 보여준다.

알리스테어 맥레오드(Alistair MacLeod, 1936-2014)는 반더하에게의 추종자였지만, 그의 작품은 더 정교하고 우아한 어조를 띤다. 캐나다 남서부 서스캐쳐원(Saskatchewan)에서 태어나고 어린 시절을 알바타에서 보낸 그는 케이프 브레톤(Cape Breton)으로 이주한 캐나다인들의 소외를 포함한 극한 상황을 기술하였다. 광부와 어부들로 구성된 지역 사회의 구성원들이 직장을 찾아 먼 도시로 이주하고, 당국은 이들의 고통에 무관심하였다. 이와 같은 상황이 『별 손실 없으니』(No Great Mischief, 1999)에 잘 드러나 있다. 이 소설의 제목은 제임스 울프 장군(General James Wolfe, 1727-1759)이 쓰러져 죽어봐야 별 손실이 없으니 하이랜드 군인들이 아브라함 평야 전투(Battle of the Plains of Abraham)의 선봉에 서야한다고 말한 것에서 끌어 온 것이다. 맥레오드 작품의 예술성은 언어적 정교함과 서정적 강렬함, 구어적 전통에 토대를 두고 있다.

또 다른 해양작가로 뉴펀들랜드인인 웨인 존스톤(Wayne Johnston, b. 1958)이 있다. 그의 소설의 기교는 리차즈나 맥레오드보다 더 혁신적이었다. 『바비 오마레이의 이야기』(The Story of Bobby O'Malley, 1985), 『그들의 삶의 시간』(The Time of Their Lives, 1987), 『디바인 라이런즈』(The Divine Ryans, 1990)에서 존스톤은 뉴펀들랜드의 역사를 캐나다 연방에 강렬하게 저항한 라이언(Ryan) 가문 삼대에 걸쳐 살펴본다. 존스톤의 첫 역사소설은 뉴펀들랜드의 고립된 마을에서 1960년대 토론토로 장소를 바꾸어 텔레비전 프로그램이 실재 인간을 하나의 신화로 만드는 형상을 다룬 작품인 『휴먼 어뮤즈먼트』(*Human Amusements*, 1994)이다. 곧이어 존스톤은 『혼자만의 꿈을 꾼 식민지』(*The Colony of Unrequited Dreams*, 1998)라는 타이틀 아래 조셉 조에이 스몰우드(Joseph R. Joey Smallwood, 1900-1991)의 허구적 전기를 만들었다. 존스톤은 스스로 "유령의 역사"(ghost history)라고 부르는 것에 관심을 두었다. 유령의 역사라는 구절은 미국 시인 로버트 프로스트(Robert Frost)의 시 "가지 않은 길"(The Road not Taken)의 주제로서 1948년 투표에서 캐나다 연방보다는 뉴펀들랜드의 독자 노선에 더 많은 표가 나왔더라면 하는 상황을 살펴보는 것이다. 그는 영국, 미국, 그리고 캐나다의 다른 부분들로부터 가해진 정치, 경제, 심리적 식민지화에 대한 뉴펀들랜드 지역의 상황을 지역민들에게 일깨워주었다.

고딕적 요소과 캐나다의 역사

뉴펀들랜드 지역에 대한 유령적인 접근 방식은 앤 마리 맥도널드(Ann-Marie MacDonald, b. 1958)의 고딕 소설 『당신의 무릎에 쓰러져』(*Fall on Your Knees*, 1996)의 케이프 브레통(Cape Bretton)이라는 배경과 연관된다. 아버지에 의해 학대되는 딸들, 미혼모로서 아이들로부터 격리된 여성 등 세대를 걸쳐 숨겨져 온 비밀은 캐나다라는 국가와 가정의 구축을 위협한다. 작가는 자신의 이야기에서 캐나다 국가 건설의 신화와 다인종적 갈등과 긴장 양자 사이에 충돌이 있다고 지적한 바 있다.

앤 마리 맥도널드가 해양 고딕(Maritime gothic)을 사용한 것은 바바라 가우디(Barbara Gowdy, b. 1950)가 남부 온타리오 고딕의 세계를 탐험한 것과 맥을 같이한다. 가우디의 경우에는 좀 더 극단적인 고딕적 요소가 목격된다. 그녀는 괴팍스러운 인물들을 창조하는데, 여기에는 『우리는 사랑을 잘 바라보지 못해』(We So Seldom Look on Love, 1992)에 등장하는 자해한 뒤 두 개의 머리를 지니고 살아가는 인물과 여성 노출증 환자, 『미스터 샌드맨』(Mister Sandman, 1995)에 등장하는 벽장에 감금된 뇌손상된 아이, 『속수무책』(Helpless, 2007)에 등장하는 자기 자신을 공격자가 아니라 구조자로 간주하는 아동학대자가 있다. 2003년에 출간된 『로만틱』(The Romantic)에서는 자기 파괴적인 아벨(Abel)과 열정적인 루이스(Louise)가 1960년대판 중세의 로망스를 만들어 간다.

나이지리아 폭포의 신화를 통한 과거의 탐색은 제인 어쿠하트(Jane Urquhart, b. 1949)가 『소용돌이』(The Whirlpool, 1986)에서 다룬 주제이다. 이 소설의 제목은 소용돌이치는 폭포수가 미치는 곳만이 전적으로 캐나다적임을 의미하는데, 이때 소용돌이는 서로 강렬하게 적대적인 지리를 뜻하는 것으로 한쪽은 질서를 다른 한쪽은 혼돈을 상징한다. 1889년 여름 나흘간의 몽상의 기록을 통해 시인 페이트릭(Patrick)과 군역사가 데이비드 맥도갈(David McDougal)은 나이지리아 폭포를 찾아간다. 폭포의 소용돌이는 역사가 한 곳에서 다른 곳으로 반복하면서 끊임없이 움직인다는 점을 시사해준다. 자연 풍경은 신화시적 모드(mythopoeic mode) 아래 인간의 행위를 표상한다. 어쿠하트의 온타리오에 대한 생생한 묘사는 잠자는 거인(Sleeping Giant)과 같은 오집와(Ojibwa) 전설을 포함하고 있다. 『언더페인터』(The Underpainter, 1997)에서는 인간 형상의 바위가 수페리어 호수(Lake Superior)의 북쪽 해안에 놓여있다. 『유리 지도』 (*A Map of Glass*, 2005)에서는 역사적 기억이 희미해지는 것이 모래 아래로 호텔이 묻히는 것으로 상징적으로 표현되고 있다. 이 작품에서 아일랜드 태생 조셉 우드맨즈(Joseph Woodmans)는 캐나다 온타리오 호수의 동쪽 끝에 위치한 팀버 아일랜드(Timber Island)로 이주한다. 브란웰(Branwell), 모리스(Morris), 앤드루(Andrew)를 거쳐 가문의 역사는 이어져 오고, 실비아 브래들리(Sylvia Bradley)가 앤드루와 은밀한 정사를 나눈다. 그녀가 앤드루의 저널을 사진기사인 제롬(Jerome)에게 건네주면서 묻혀있던 과거의 삶이 드러난다.

어쿠하트는 『나는 그의 상상의 궁전 정원을 걷는다』(*I'm Walking in the Garden of his Imaginary Palace*, 1982)라는 시집을 통해 문단에 데뷔한다. 그녀의 첫 소설 『소용돌이』의 배경인 나이지리아 폭포는 서로 다른 시대를 살아오고 다른 이벤트를 경험한 19세기 캐나다인들을 연결지어준다. 커다란 물줄기 속에서 다른 곳으로 움직이는 것이 아니라 끊임없이 반복되는 폭포와 같이 역사 또한 반복된다. 1993년 소설 『어웨이』(*Away*) 또한 제목이 작품의 핵심을 제시해 주고 있다. 현실로부터 추방당한다는 의미와 일상적인 삶의 경험에서 벗어나 초자연적인 영역으로 들어간다는 또 다른 의미가 작품의 제목에 암시되어 있다. 어쿠하트는 기근으로 인해 아일랜드를 떠나 온타리오에 정착한 집안에서 태어났다. 역사, 지리, 그리고 신화가 그녀의 서술에 서로 엮여있다. 한편으로는 아일랜드 가톨릭인들이 아일랜드와 캐나다에서 겪은 억압과 압제가 기술되어 있고, 동시에 루틀린 섬(Ruthlin Island)의 요정과 죽은 난파 선원의 주술과 같은 초자연적 요소들이 텍스트의 다른 한 면을 차지하고 있다.

신화를 통한 역사의 재구성

제인 어쿠하트(Jane Urquhart)와 바바라 가우디(Barbara Gowdy)의 과거에 대한 탐색은 대부분 어둡고 불길한 자질과 연관되어 있다. 이와 대조적으로 잭 호긴즈(Jack Hodgins, b. 1938)의 과거에 대한 이야기는 마술적 힘을 지니고 있으며, 물질적인 것과 영적인 것을 상호작용하도록 유도한다. 호긴즈의 등장인물에게는 진지하건 코믹하건 다소 기괴한 과장이 발견된다. 그러나 그들은 결코 위협적이지는 않다. 브리티시 컬럼비아의 아름다운 자연 경관과 온화한 날씨를 배경으로 호긴즈의 작품은 낙관적인 색채를 띤다. 코목스 계곡(Comox Valley)의 농경 사회와 그의 아일랜드 선조들의 구어적 전통은 사실적이고 상상적인 지리에 의해 형성되어 있다. 그의 첫 소설 『세상의 발견』(*The Invention of the World*)은 세상이 창조되었다기보다는 만들어진 것임을 암시한다. 구전 역사가이자 지리학자인 스트라보 벡커(Strabo Becker)는 설화와 사실적 지식을 결합함으로써 밴쿠버 아일랜드의 역사적 진실을 추구하였다. 이 섬의 신화적 창시자는 도날 케네알리(Donal Keneally)인데, 그는 아일랜드의 메시아로서 소녀 농부와 괴물 같은 검정 황소 사이에서 잉태되었다. 케네알리는 성서, 고전 신화, 켈트족 신화의 혼합물이지만, 실재 구세주가 아니라 허구의 영웅으로 이 세상을 구제해 주지 못한다. 이와 같은 회의주의적인 시각이 호긴즈의 후기작인 『조셉 본의 부활』(*The Resurrection of Joseph Bourne*, 1979)에서도 드러난다.

과거의 신화를 재구성한 또 다른 작가로 아리타 반 허크(Aritha van Herk, b. 1954)가 있다. 반 허크는 성서와 고전 신화에서 여주인공의 모델을 선택하여 『주디스』(*Judith*, 1978)와 『텐트 말뚝』(*The Tent Peg*, 1981),

『고정되지 않은 주소』(No Fixed Address, 1986)에서 작가가 생존한 동시대 인물들을 신화 속의 주인공으로 재구축한다. 『주디스』에는 대초원의 돼지를 키우는 여성 농부가, 『텐트 말뚝』에는 극지까지 탐험을 감행하는 요리사 제이엘(JL)이, 『고정되지 않은 주소』에서 여성 속옷을 파는 떠돌이 세일즈우먼 아라쉰(Arachne)이 있다. 여성의 에너지와 대초원과 북쪽 공간의 탐험이 결합되는데, 이때 지리는 물리적인 것이라기보다는 문화적이고 역사적이며 가상적이다. 대초원의 사실주의와 신화의 경계를 끊임없이 허물어지는 가상적인 지리가 형성된다. 『주디스』에서 여주인공은 자신의 돼지 농장을 경영하려 캐나다의 시골 마을로 되돌아간다. 그녀는 모든 것들을 지시했던 아버지의 기억으로부터 탈출하여 애인을 발견하면서 자신의 삶을 영위한다. 그러나 이와 같은 그녀의 행동은 시골 지역 사회에서 허용되지 않고, 그녀는 마을에서 스캔들이 된다. 남녀가 가정을 이루면서 함께 새로운 땅을 개척한 캐나다 개척민들의 내러티브는 여성 홀로 단호하게 독자적으로 행동하는 주디스의 담론으로 대체된다. 그녀의 존재, 그녀의 육체는 캐나다를 다시 점유하는 공간이 된다. 남성 중심의 공간이 여성들에 의해 다시 코드화되고 새롭게 점유되는 것이다. 『텐트 말뚝』에서의 제이엘, 『고정되지 않은 주소』에서 아라쉰 만테이아, 그리고 『불안』(Restless, 1998)에서 주인공 도카(Dorca)의 행적은 가정이라는 테두리 안에서 살아갈 뿐 집 밖에서 적극적인 역할을 수행하지 못한 여성들이 남성 중심의 공간을 재구성하는 행위이다. 반 허크는 캐나다의 서부와 북부를 배경으로 소설과 비평을 혼합하는 새로운 장르를 개척하였는데, 『엘레스미어로부터 떨어진 장소, 지오픽션에어』(Places far from Ellesmere: A Geofictionaire, 1990)에서 시작하여, 소설, 회상록, 시, 비평을 혼합한 『보이는 잉크 안에서』(In Visible Ink, 1991)와 『얼어붙은 혀』(A

Frozen Tongue, 1992)를 통해 새로운 문예공간을 구축하였다.

저평가된 모더니스트 작가들

캐나다 문학사에서 몰리 칼라한(Morley Callaghan, 1903-1990)은 초기 모더니스트로 평가된다. 1928년에 출간된 첫 소설 『수상한 탈주자』(*Strange Fugitive*)는 미국 자연주의 소설가 테오도르 드라이저(Theodore Dreiser, 1871-1945)의 흔적을 강하게 지닌 작품으로서 초기 모더니즘의 형식적인 실험을 시도하였다. 칼라한은 어니스트 헤밍웨이(Ernest Hemingway, 1899-1961)와 함께 『토론토 스타』(*Toronto Star*)에서 작품 활동을 하였고, 스콧 핏제랄드(Scott Fitzgerald, 1896-1940)와 제임스 조이스(James Joyce, 1882-1941)를 프랑스에서 만나면서 모더니스트로서 성장한다. 1963년에 출간된 『파리에서의 그때 여름』(*That Summer in Paris*)은 1961년 헤밍웨이의 자살에 대한 회고를 포함하고 있는데, 이 작품은 모더니즘의 기원을 가장 잘 표현했다고 평가받고 있다. 그의 후기 작품인 『유다의 시간』(*A Time for Judas*, 1983)과 『노상의 격한 노인』(*A Wild Old Man on the Road*, 1988)은 자기 반영성이 강하게 드러난 작품들로서 헨리 제임스(Henry James)와 같은 모더니스트 작가가 보여주는 인간 심리의 내면 묘사에 강한 관심을 드러내어 준다.

마비스 갈란트(Mavis Gallant, 1922-2014)는 몬트리올에서 화가인 아버지에게서 태어난다. 어린 나이에 아버지가 병으로 죽자 어머니는 재혼하여 딸을 보호인에게 맡기고 뉴욕으로 떠나버린다. 갈란트는 20대에 저널리즘계에서 일하면서 단편소설을 쓰기 시작하며, 1950에 전업 작가의 길로 들어선다. 그녀는 잠깐 스페인에 머무른 뒤 파리에서 정착하는데, 이후에도 대부분 파리에 머무른다. 갈란트는 100개 이상의 이야기들을 『뉴요커』(The New Yorker)에 투고하였는데, 이와 같이 활발한 작품 활동은 엘리스 먼로(Alice Munro, b. 1931)와 마가렛 애트우드(Margaret Atwood, b. 1939)에 견줄 수 있다. 그러나 갈란트의 문학적 역량은 상대적으로 평가 절하되었다. 캐나다 문학사에서 그녀가 평가 절하된 것은 그녀가 캐나다가 아니라 국외에서 작품 활동을 하였기 때문이다. 마가렛 애트우드와 앨리스 먼로가 1970년대에 캐나다에서 널리 알려진 반면, 갈란트의 작품은 거의 읽히지 않았다.

갈란트는 수많은 단편소설을 썼고, 『또 다른 파리』(The Other Paris, 1953), 『내 마음이 무너져』(My Heart Is Broken, 1964), 『페그니즈 정션』(The Pegnitz Junction, 1973), 『세상의 종말과 다른 이야기들』(The End of the World and Other Stories, 1974), 『15번가 지역으로부터』(From the Fifteenth District, 1978), 『풍선 안의 오버헤드, 파리 이야기』(Overhead in a Balloon: Stories of Paris, 1985), 『수송 중에』(In Transit, 1988), 『다리를 가로질러』(Across the Bridge, 1993) 등의 작품집이 출간되었다. 갈란트의 문학 세계를 관통하는 주제는 고립감과 죽음의 문제였다. 그녀의 이야기는 어디에 속하는가의 문제가 아니라 우연한 만남이나 고립에 관한 것이었다. 그녀는 전후 유럽의 정치와 역사에도 깊은 관심을 갖고 있었고, 2차대전 이후 심리 상태에 대해서도 깊은 통찰력을 보여주었다. 갈란트는 다른 문화에 대한 개인의 경험과 현대 사회를 지배하고 있는 소외라는 보편적인 문제를 천착하였다. 갈란트는 등장인물들의 깊은 무의식적 행위에 관심을 두었으며, 이와 같은 갈란트의 성향은 마르셀 프루스트(Marcel Proust, 1871-1922)와 윌리엄 제임스(William James, 1842-

1910)의 작품을 연상시킨다. 그녀의 작품에서 직접적으로 말해지는 것은 거의 없으며, 커뮤니케이션은 정교한 말없는 의식으로 전락한다. 갈란트의 인물들은 초연한 입장을 견지해서 솔직한 판단을 내리지 못하고 현대인들이 겪고 있는 보편적인 문제점들을 공유하고 있다. 도시의 사회적 역사에 관한 그녀의 관심은 유럽의 도시뿐 아니라 그녀의 고향인 몬트리올에도 주어졌다. 특히 『다리를 건너』(Across the Bridge)에서 갈란트는 다인종주의적 몬트리올 사회를 재구축하는 작업을 진행시켰다. 그녀는 두 편의 소설을 썼는데, 『그린 워터 그린 스카이』(Green Water, Green Sky, 1959)과 『좋은 시간』(A Fairly Good Time, 1970)은 인간 내면을 탐구하면서 의식이 붕괴되는 순간을 포착해 낸다. 어둡고 부조리한 인간의 상황을 탐구하는 마비스 갈란트의 작품 세계는 캐나다에 한정된 지역적인 프레임을 넘어선 글로벌한 독자층을 겨냥한 것이었다.

이주민의 홀로코스트

일련의 작가들은 소수 백인 이주민들의 의식과 경험을 작품에 담았다. 1996년 안느 마이클즈(Anne Michaels, b. 1958)의 『덧없는 시편들』(Fugitive Pieces)은 캐나다적 문맥의 홀로코스트 소설로서, 영상화되어 2007년 토론토 국제 영화 축제에 첫 상영되었다. 이 작품에서는 제이콥 비어(Jakob Beer)라는 이름의 일곱 살 난 유대인 아이가 나치들부터 벗어나 탈출하는 이야기와 대학살 이후 캐나다에서 태어난 유대인 벤(Ben)의 이야기가 이어진다. 유대인 부모 아래에서 우크라이나에서 자라나 종교적 억압을 피해 캐나다 몬트리올로 이주해온 클라인(A.M. Klein, 1909-1972)의 소설에는 새로운 안식처를 찾아 헤매는 유대인들의 방황이 엿보인다. 이와 같은 유대인들의 유산은 매트 코헨(Matt Cohen, 1942-1999)의 작품 『스페인 의사』(*The Spanish Doctor*, 1984)에서도 찾아 볼 수 있다. 마이클 온다체(Michael Ondaatje, b. 1943)의 『잉글리시 페이션트』(*The English Patient*, 1992)에서도 주인공들의 삶은 캐나다라는 국가의 국제적인 문맥에 위치된다. 이와 유사하게 큐리크 키퍼(Kulyk Keefer, b. 1952)의 1996년 작 『초록 도서관』(*The Green Library*)은 전후 우크라이나 캐나다인의 심리적 경험을 국제적인 경계선 아래 구축하였다. 같은 해 앤 마리 맥도널드(Ann-Marie MacDonald, b. 1958)는 『당신의 무릎에 쓰러져』(*Fall on Your Knees*, 1996)에서 스코틀랜드 파이퍼스(Pipers) 가문과 레바논의 마흐모즈(Mahmouds)라는 두 가문 사이의 금지된 사랑, 가족사의 비밀을 통해 인종, 성, 민족성의 문제를 고딕 소설의 전통 안에서 다루었다.

파편화된 세계와 전복적 역동성

　　　　　브리티시 컬럼비아 출신의 작가 쉐일라 왓슨(Sheila Watson, 1909-1998)에 와서는 사실적인 세부 묘사와 명확한 구문은 조각난다. 최초의 캐나다 출신 모더니스트로 평가되기도 하는 그의 1959년 작 『더블 후크』(*The Double Hook*)는 반복과 생략, 시각적인 사인과 파편화된 언어 등 잃어버린 세대(Lost Generation)란 용어를 처음 사용한 미국 작가 거트루드 스타인(Gertrude Stein, 1874-1946)의 작품을 연상시키는 텍스트이다. 다양한 형식적 실험이 텍스트에 드러나는데, 왓슨은 모더니스트 작가 중 문단에서 인정받은 몇 안 되는 작가의 하나이다. 시인인 클라인(A.M. Klein, 1909-1972)이 1951년에 출간한 유일한 소설인 『두 번째 스크롤』(The Second Scroll) 또한 제임스 조이스(James Joyce)나 엘리엇(T.S. Eliot)의 작품에서 엿보이는 신화적인 리듬, 인용, 말장난으로 가득 차 있다. 잉글랜드 출신인 모데카이 리칠러(Mordecai Richler, 1931-2001)의 첫 작품은 스페인 내란을 다룬 헤밍웨이(Hemingway)나 핏제랄드(Fitzerald) 풍의 『곡예사들』(The Acrobats, 1954)이다. 1959년에는 앵글로색슨 신교도와 프랑스 가톨릭 주민들 사이에서 유대인 노동자 계층이 경험하는 유머로 가득 찬 『더디 크레이비츠의 견습기』(The Apprenticeship of Duddy Kravitz)를 출간한다. 1957년 작 『적들의 선택』(A Choice of Enemies), 1963년 『비길데 없는 할아버지』(The Incomparable Atuk), 1968년 『독단적인』(Cocksure)과 같은 희화적인 작품을 통해 리칠러는 맥카시즘에서 캐나다 민족주의에 이르기까지의 신화를 깨뜨린다. 그의 후기 소설인 『그 당시와 지금의 여호수아』(Joshua Then and Now, 1980)와 『바니의 버전』(Barney's Version, 1997)은 광범위한 문화적 배경과 서로 엉킨 내러티브로 독자들에게 호소한다.

마가렛 애트우드(Margaret Atwood, b. 1939)가 현대 캐나다 소설의 길을 내었다고 평가한 모더니스트 소설가로 어니스트 벅클러(Ernest Buckler, 1980-1094)가 있다. 벅클러는 마샬 맥루한(Marshall McLuhan, 1911-1980), 노스럽 프라이(Northrop Frye, 1912-1991)와 같은 사상가들과 함께 교류를 나누었지만, 국가의 경계를 가로지르는 모더니티의 진수를 보여준다. 1952년에 출간된 첫 작품 『산과 계곡』(The Mountain and the Valley)은 헤밍웨이(Hemingway)의 『노인과 바다』(The Old Man and the Sea, 1952)와 견주어 손색이 없다는 찬사를 받았다. 1963년 작 『가장 잔인한 달』(*The Cruelest Month*)과 1968년 작 『쇠 종과 반딧불이』 (*Ox Bells and Fireflies*)는 자서선적 요소와 산문지, 일화, 스케치가 혼재되어 있으며, 까뮤(Albert Camus), 조이스(James Joyce), 루시디(Salman Rushdie)의 세계를 연상시키는 작품 세계를 보여준다.

　1970년에 들어서면서 캐나다 문학은 일련의 포스트모더니즘 계열의 작가들이 등장하면서 새로운 활력을 찾는다. 헬렌 바인즈베이그(Helen Weinzweig, 1915-2010)의 1973년 작 『통과 의식』(*Passing Ceremony*)과 1980년 작 『진주가 있는 베이직 블랙』(*Basic Black with Peals*)은 모더니즘과 포스트모더니즘의 경계선에 놓여 있는 작품들이다. 포스트모더니즘은 모더니즘의 연장선상에 있지만 불연속성, 파편성 등 이전의 주도적인 문화를 전복시키고자 하는 강력한 동력이 있다. 린다 허체언(Linda Hutcheon)이 적절히 지적한 바와 같이 포스트모더니즘은 미국의 후기 자본주의 논리와는 다른 개혁적인 맥락이 있다. 캐나다의 포스트모더니즘은 미국의 후기 자본주의 논리와는 다르게 사회를 바꾸는 정치적 역동성을 지닌 개념이 포함되어 있다. 일련의 작가들이 전통적이고 안정적인 내러티브를 전복시키고자 하는 일련의 시도를 하였는데, 앨리스 먼로(Alice Munro)의 『소녀와 여인들의 삶』(*Lives of Girls and Women*, 1971), 마이클 온다체(Michael Ondaatje)의 『잉글리시 페이션트』(*The English Patient*, 1992), 캐롤 쉴즈(Carol Shields)의 『스톤 다이어리』(*The Stone Diaries*, 1993)와 『래리의 파티』(*Larry's Party*, 1997), 미리암 토우즈(Miriam Toews)의 『복잡한 친절』(*A Complicated Kindness*, 2005), 마이클 레드힐(Michael Redhill)의 『위안』(*Consolation*, 2006)을 들 수 있다. 자서전과 소설, 산문과 시, 심지어 문학 이론과 비평이 소설과 혼합되기도 하였다. 레너드 코헨(Leonard Cohen)의 『아름다운 패배자』(*Beautiful Losers*,

1966)와 마가렛 애트우드(Margaret Atwood)의 『눈 먼 암살자』(*The Blind Assassin*, 2000)는 팝송, 광고, 코믹 북스, 영수증 등 대중문화와 포스트모던 소설과의 접점을 잘 보여주는 작품들이다.

탈주변화된 음성과 현대 캐나다 연극

1980년대 들어서 주변화된 지역 사회로부터 재차용된 극작법(re-appropriative dramaturgy)이 확고하게 뿌리를 내리기 시작한다. 연극의 정전에 속하지 못했던 이야기들과 등장인물들이 주변부로부터 문화적 권위를 획득하기 위해 자기 목소리를 낸다. 앤 마리 맥도널드(Ann-Marie MacDonald, b. 1958)의 『굳나잇 데스데모나, 굳모닝 줄리엣』(*Goodnight Desdemona, Good Morning Juliet*)은 자신을 둘러싼 상황을 오셀로, 로미오와 줄리엣 이야기를 차용하여 전체를 무운시(blank verse)로 표현한 독창적인 작품이다. 제인(Jane)이라는 이름을 사용하면서 LGBT 연극의 활성화에 기여한 게이 작가인 스카이 길버트(Sky Gilbert, b. 1952)도 『파소리니, 페로시』(*Pasolini/Pelosi*, 1983)와 『테네시와 밤을』(*My Night with Tennessee*, 1992), 『더 신적인, 롤랑 바르뜨를 위한 공연』(*More Divine: A Performance for Roland Barthes*, 1994)을 출간하면서 문단 주변의 영역에서 벗어나 주류로 들어선다. 페미니스트 작가들도 캐나다 극작의 역사에서 주변화된 위치에서 벗어나 목소리를 내기 위한 도전을 하였다. 잭키 크로스랜드(Jackie Crossland)의 작품 『표적외 손상』(*Collateral Damage*, 1994)과 데보라 포터(Deborah Porter, b. 1958)의 『미디어는 이제 그만』(*No More Media*, 1994)은 미디어를 페미니즘적 시각에서 재구성한 것이다. 마에나드 씨어터(Maenad Theatre)에서 상연된 『아프라』(Aphra)는 17세기 영국의 최초의 여성 극작가인 아프라 벤(Aphra Behn, 1640-1689)의 삶을 여성적인 시각에서 바라본 것이다. 샐리 클락(Sally Clark, 1964-2007) 또한 여성의 삶을 다시 쓰는 도발적인 연극을 만들었는데, 『마녀 잔다르크』(Jehane of the Witches, 1990)는 잔다르크(Joan of Arc)의 삶을 통해 마녀라는 이름으로 억압된 여성의 신화를 재조명하면서 15세기 가부장 문화의 여성에 대한 억압을 드러내었다.

원주민 예술가들 또한 서구의 주류 극작 형식에 도전하여 괄목할 성과를 거두어 내었다. 톰슨 하이웨이(Tomson Highway, b. 1951)는 『아리아』(Aria, 1987), 『레즈 자매들』(The Rez Sisters, 1988), 『드라이 립스는 카푸카싱으로 가야』(Dry Lips oughta move to Kapukasing, 1989)에서 서구의 오페라 아리아, 소나타, 그리스 코러스 등의 장치를 통해 원주민들의 경험을 그려내었다. 이벳 노란(Yvette Nolan, b. 1961)의 2008년 작 『요리사의 죽음』(Death of a Chef)은 셰익스피어의 『줄리아스 씨저』(Julius Caesar)를 원주민의 시각으로 재구성한 것이다. 특히 20세기 말 21세기 초에 많은 캐나다 극작가들이 셰익스피어를 극작기법으로 재구성하는 시도를 하였다. 1997년 출간된 자넷 시어즈(Djanet Sears. b. 1959)의 『햄릿의 두엣』(Hamlet Duet)은 『오셀로』(Othello)에 등장하는 오셀로의 첫 아내 빌리(Billie)에 초점을 맞추어 북아메리카 흑인여성의 문화적 정체성 문제를 부각시켰다. 2013년에는 조셉 조모 피에르(Joseph Jomo Pierre)가 『셰익스피어의 흑인』(Shakespeare's Nigga)을 출간하였는데, 오셀로와 『타이투스 앤드로니쿠스』(Titus Andronicus)의 등장인물 아론(Aaron)을 차용하여 셰익스피어의 정전에 도전한다. 아론에게 자신의 이야기를 다시 쓸 기회를 제공함으로써 주변부의 음성은 주도적인 위치를 점하게 된다.

백인 중심의 연극 문화에서 소외되었던 인종이 두각을 드러내는 것 또한 20세기 말, 21세기 캐나다 연극계에서 두드러지게 목격되는 현상이다. 자넷 시어즈(Djanet Sears, b. 1959)는 아프리카계 캐나다 연극을 대변하는 인물로 성장한다. 그녀의 첫 작품은 1990년에 상연된 『아프리카 솔로』(Afrika Solo)인데, 이 연극은 제목이 시사하는 바와 같이 한 명의 여인에 의해 공연되었다. 2002년에 출간된 『흑인 소녀가 신을 찾아가는 모험』(Adventures of a Black Girl in Search of God)은 큰 성공을 거두었고, 이와 같은 성공으로 인해 2000년과 2003년에는 캐나다 연극출판사(Playwrights Canada Press)에서 『증언, 현대 아프리카계 캐나다 연극』(Testifyin': Contemporary African Canadian Drama)이라는 제목으로 첫 아프리카 후손들의 연극 작가 선집이 출간되기에 이르렀다.

아시아계 캐나다인과 라틴 아메리카계 캐나다 연극인들도 주목을 받기 시작하였다. 윈스턴 크리스토퍼 칸(Winston Christopher Kan), M.J. 강(M.J. Kang), 진 윤(Jean Yoon), 마조리 챤(Marjorie Chan), 레온 아우레스(Leon Aureus), 데이비드 리(David Lee)와 같은 아시아계 작가들, 알베르토 쿠라펠(Alberto Kurapel), 베아티즈 피자노(Beatiz Pizano), 카멘 아구이레(Carmen Aguirre)와 같은 라틴계 작가도 주목을 받고 있다.

1980년 이후 원주민 드라마 작가들이 연극계에 다수 등장하는데, 이들 중 벤 카디널(Ben Cardinal), 셔리 체쿠(Shirley Cheechoo), 그레그 다니엘즈(Greg Daniels), 마고 케인(Margo Kane), 드루 하이엔 테일러(Drew Hayen Taylor), 플로이드 파벨(Floyd Favel), 이벳 노란(Yvette Nolan), 마리 클레망(Marie Clements) 등이 연극계에서 주목을 받았다. 21세기 들어서 케빈 로링(Kevin Loring), 타라 비간(Tara Beagan) 등이 여기에 가세하여 활발하게 작품 활동을 하고 있다. 다니엘 데이비드 모제스(Daniel David Moses)는 1991년 『올마이티 보이스와 그의 아내』(*Almighty Voice and His Wife*)를 통해 고상한 야만인의 흔적을 지닌 비극적인 영웅을 그려낸다. 일련의 타인의 음성을 통해 텍스트는 과거의 권위적인 재현을 불안정하게 만들며, 원주민의 역사를 다시 그려낸다. 토론토의 원주민 대지 행위 예술(Native Earth Performing Arts)의 창립 멤버인 모니크 모지카(Monique Mojica)는 역사와 신화의 주술적이고 수행적인 형식을 통해 새로운 가능성을 모색한다. 그녀의 1990년 작품 『포카혼타스 프린세스와 블루 스포츠』(*Princess Pocahontas and the Blue Spots*)는 다양한 쟝르의 카니발적인 불협화음을 만들어 낸다. 이 불협화음은 기록이라는 안정적인 기반을 해체하고 유동적인 흐름 아래에서 문화적 기억을 재생산해 낸다. 또한 역사, 소설, 신화의 경계를 무너뜨리고 물리적, 정치적, 언어적 경계선을 가로지르며, 음악, 춤, 연극, 수행 예술이 혼재된 공간을 만들어 낸다. 2011년에 출간된 『초콜릿 여인이 은하수를 꿈꾸다』(*Chocolate Women Dreams the Milky Way*)에서 모지카는 원주민들의 수행 문화 뿐 아니라 스토리를 엮어내는 방법(storyweaving methodology)을 사용하여 드라마의 프레임을 구축한다. 그녀의 텍스트에서 이로쿼이(Iroquois)와 구나(Guna) 족의 이야기들이 루이스 캐롤(Lewis Carroll)의 『이상한 나라의 앨리스』(*Alice in Wonderland*)나 제퍼슨(Jefferson)의 『에어플레인』(*Airplane*)이나 페리 코모(Perry Como)의 음악 레코딩과 함께 짜여져 나가는데, 텍스트의 심층부에는 구나인의 우주관과 그림문자, 이들의 지식 체계가 깊숙이 자리하고 있다.

포스트 모더니즘 소설의 시발점

『루트리지 간추린 캐나다 문학사』(*The Routledge Concise History of Canadian Literature*)의 저자 리차드 레인(Richard J. Lane)은 캐나다의 포스트모더니즘에 대한 개관을 마가렛 애트우드(Margaret Atwood, b. 1939)에 대한 논의에서 시작한다. 애트우드의 소설『떠오름』(*Surfacing*, 1972)에 등장하는 믿을 수 없는 화자는 캐나다 초기 포스트모더니즘의 표상으로 간주될 수 있다. 이름 없는 여주인공은 퀘벡에서 자신의 아버지를 찾아 헤매면서 끊임없이 패턴을 찾으려 하며, 그녀의 소설에 등장하는 다양한 음성들은 하나의 안정적인 서술의 관점을 허물어뜨린다. 린다 허체온(Linda Hutcheon)은 페미니스트적이고 반소비자주의적인 비전이 1969년에 출간된 애트우드의 첫 소설인『먹을 수 있는 여자』(*The Edible Woman*)에서부터 목격된다고 지적한 바 있다. 이 소설에서 가부장적인 이분법은 탈구축된다, 특히 결혼을 소유하는 것, 틀에 가두는 것, 소비하는 것이라는 사고는 도전의 대상이 된다.

애트우드는 포스트모던 자기 반영성(postmodern self-reflexity)을 보여준다. 그녀의 소설은 대중문화의 담론을 차용하여 만들어 졌다.『하녀 이야기』(*The Handmaid's Tale*, 1985),『오릭스와 크레이크』(*Oryx and Crake*, 2003),『홍수의 해』(*The Year of the Flood*, 2009)에서 볼 수 있듯이 그녀의 디스토피아적인 작품들은 과학 소설에 뿌리를 두고 있다. 그녀의 글쓰기는 로망스나 사실주의와 같은 확고한 틀을 유희로 전복시키며, 전기, 자서전, 역사적 서술물을 토대로한 주관성(subjectivity)에 대한 전통적인 사고를 탈구축한다. 포스트모던 자기 재현성은 개개의 텍스트가 자아와 역사에 대한 더 넓은 사고로 확장될 수 있음을 보여주는데, 허체

온은 히스토리오그래피컬 메타픽션(historiographical metafiction)이라는 용어로 포스트 모더니즘 작품들이 지닌 혁신적인 속성을 표현한 바 있다.

애트우드의 『수잔나 무디의 저널』(The Journals of Susanna Moodie, 1970)과 『알리아스 그레이스』(Alias Grace, 1996)는 서로 다른 포스트모던 히스토리오그래픽 메타픽션의 기법으로 탈구축되고 재구성된다. 『수잔나 무디의 저널』은 수잔나 무디가 개척 시대 캐나다의 풍경과의 만남을 시적인 꼴라주 형태로 상상력을 발휘한 작품이고, 『알리아스 그레이스』는 그레이스 마크스(Grace Marks)라는 여성에 대한 다양한 담론들을 퀼트로 엮어 재구성한 것이다. 애트우드가 소설을 법원의 기록, 스케치, 살인 사건 현장에 대한 발라드, 신문 기사 등 다양한 담론들을 포스트모던 기억 서술(memory-narrative)을 통해 엮어낸 것이다.

장르적 불안정성과 신화 구축

포스트모던 픽션의 특징 중 하나는 전통적인 장르의 구분이 사라진다는 점이다. 장르적 불안정성은 1960년대 이후 캐나다 소설에서 두드러지게 나타나기 시작하였다. 장르적 실험은 크게 두 가지 형태로 나타나는데, 서정시를 소설 기법과 결합시키는 것이 첫 번째 형식이며, 극적인 장치를 소설에 도입하는 것이 두 번째 형식이다. 레너드 코헨(Leonard Cohen, 1934-2016)은 첫 저서인 『신화 비교해보기』(Let Us Compare Mythologies, 1956)에서 자신의 선조로 클라인(A.M. Klein, 1909-1972)과 어빙 레이튼(Irving Layton, 1912-2006)을 언급하면서, 시인으로서 정체성을 찾아가는 과정에서 이들의 영향을 받은 점에 감사를 표한다. 1940년대에 들어 브라운(E.K. Brown)은 『캐나다 시에 대하여』(*On Canadian Poetry*)를 출간하는데, 여기에는 국민적인 시적 정서에 대한 고민이 담겨져 있다. 노스럽 프라이(Northrop Frye, 1912-1991)는 브라운이 맡았던 『토론토 대학 쿼터리』(*University of Toronto Quarterly*)의 캐나다 시 파트를 맡아 시를 통해 캐나다의 정체성에 대한 탐구를 계속하였다. 제임스 레이니(James Reaney, 1926-2008)와 같은 시인은 온타리오의 퍼스 카운티(Perth County)를 중심으로 신화의 세계를 구축하기도 하였다.

코헨의 신화에 대한 관심은 개인의 자유와 자기 파괴에 대한 낭만적 몰입, 마약과 성적 탐닉을 추구하는 보헤미안적인 생활양식과 같은 새로운 사회적 실험을 추구한 미국의 비트 운동(beat movement)과 연관이 있다. 『신화 비교해보기』에서 코헨은 단순히 사회적 아웃사이더로서 비트의 위치를 설정한 것이 아니라 적극적으로 신화를 만들어 가는 역할을 한다. 과거의 신화와 전설이 더 이상 적절하지 않은 현대 사회에서 의미를 줄 수 있는 새로운 신화를 찾는 작업이다. 이 작업에는 그의 유대교 혈통과 어린 시절 몬트리올에 거주할 때 프랑스 노동 계층의 가톨릭적 신앙이 큰 영향을 미쳤다. 그의 두 번째 소설인 『아름다운 패배자』(*Beautiful Losers*, 1966)에서 성인이 되는 것(sainthood)이 가장 핵심적인 주제가 되는 것도 이와 같은 배경과 연관이 있다.

『좋아하는 게임』(*The Favorite Game*, 1963)에서 코헨은 로렌스 브리브만(Lawrence Breaveman)이 유대인들이 모여 사는 웨스트마운트 거주지로부터 벗어나고자 하는 시도에 대해 기술한다. 브리브만은 퀘벡에 거주하는 앵글로색슨 백인 여성에게 접근하여 미국으로 이주하면서 자신의 유대적 유산을 조롱한다. 코헨은 아이들의 게임에 토대를 둔 상호교

환적 접촉을 상상한다. 여기에는 눈에 특징적인 모양을 만들어 비교하는 게임이 포함되어 있다. 이 게임의 기능은 서로 다른 것의 가치를 존중하는 것인데, 『좋아하는 게임』에서는 이미지스트들의 시적 관행을 소설 속에 끌어들임으로써 게임을 만들어 내는 역동성을 성취해 내었다. 제임스 조이스(James Joyce)의 『젊은 예술가의 초상』(*Portrait of the Artist as a Young Man*)의 영향을 받은 이 작품은 코헨이 처음으로 광기(madness)에 진지한 관심을 표명한 작품이다.

광기는 1966년에 출간된 『아름다운 패배자』에서 보다 본격적으로 탐구되는데, 자기 파괴적인 디오니소스의 광기(Dionysian madness)가 성인(saint)의 모델을 추구하면서 제시된다. 다양한 장르가 게임의 사회적이거나 에로틱한 기능을 드러내는 복수의 화자들을 차용함으로써 혼재되어 제시된다. 이 작품은 퀘벡 분리주의자, 앵글로색슨계 역사가, 모하크 여인의 삼각 구도 아래 진행되는데, 이들은 모하크족의 성인(聖人)인 캐서린 테카크위타(Catherine Tekakwitha)의 성인전을 함께 기술한다. 몬트리올이 서사적 장르의 새로운 국가의 중심지 역할을 하고 있지만, 코헨은 이 서사를 유럽의 파시즘과 북미 이로쿼이 원주민에 대한 폭력적인 식민주의와 연관짓는다. 코헨은 자아와 지역 사회에 대해 복수(複數)의 정체성을 부여함으로써 한 장르의 관습이 전체 작품을 지배하지 못하게 하였다.

『아름다운 패배자』가 처음 출간되었을 때 아무런 제약도 없는 섹스와 뒤섞여 있는 글쓰기로 인해 논란을 일으켰다. 많은 평론가들이 당혹감을 표명했고, 일부 비평가들만이 이 작품이 알렌 긴즈버그(Allen Ginsberg, 1926-1977)나 잭 케루악(Jack Kerouac, 1922-1969)과 같은 미국의 비트 작가들과 연관되어 있다는 점을 파악하였다. 이 작품에는 플롯이나 내러티브의 일관성이 부재하고 시간의 흐름도 큰 의미가 없다. 역사적 서술물, 기괴한 사건들, 정치, 종교, 감정적인 에피퍼니, 성적 집착이 뒤엉켜 있으며, 모하크족에 관한 글, 고문, 캐나다의 역사, 퀘벡의 분리주의, 고대 그리스, 섹스, 성인들에 관한 산문시로 마감되었다. 텍스트의 유희와 장르의 혼재가 두드러지는 이 작품은 캐나다 감독상 수상에 지명되었으나, 코헨은 수상을 거부하고 작곡가로서 큰 성공을 거둔다. 그의 앨범은 〈레너드 코헨의 노래들〉(Songs of Leonard Cohen, 1968), 〈사랑과 증오의 노래〉(Songs of love and hate, 1971), 〈라이브 송즈〉(Live songs, 1973), 〈레이디즈 맨의 죽음〉(Death of a ladies' man, 1977), 〈미래〉(The Future, 1992) 등이 있다. 소설 뿐 아니라 코헨의 노래와 시는 매우 인기가 있었으며, 특히 고등학생들과 대학생들의 큰 호응을 얻었다.

마이클 온다체(Michael Ondaatje, b. 1943)가 쓴 저서 중 유일한 문학 비평서는 1970년에 발간된 레너드 코헨에 관한 저서였다. 온다체의 작품 세계에서 특히 초기 소설에서는 코헨의 영향력이 지배적이었다. 시인, 소설가, 음악가로 영역을 넘어선 예술인으로서 코헨은 캐나다로 이주 온 젊은 온다체에게 모델이 되었다. 온다체의 첫 소설 『살육을 거쳐』(Coming Through Slaughter, 1976)는 뉴올리언즈의 재즈 음악가 버디 볼든(Buddy Bolden)과 사진사 벨로크(Bellocq)의 우정에 관한 소설로서, 인종과 예술의 벽을 넘는 장편시로 읽힐 수 있다. 이와 같은 텍스트의 구도는 코헨의 소설 『좋아하는 게임』과 맥을 같이 하는 것으로서, 예술적인 혁신은 한 문화에서 다른 문화, 한 매체에서 다른 매체로 전환될 때에만 생겨날 수 있다는 메시지를 전달하고 있다. 『집안 내력』(Running in the Family, 1982) 또한 캐나다의 현재를 과거와 화해시키면서 의도적으로 장르에 대해 이름 붙이기를 거부하고 한 장르에서 다른 장르로 전환하는 유희를 즐

기고 있다. 1987년 온다체는 『길가메시의 서사시』(*Epic of Gilgamesh*, c. 1700 BC)를 다시 쓴 『사자의 피부에서』(*In the Skin of a Lion*)에서 토론토인으로서의 정체성을 보다 직접적으로 드러낸다. 쉐리안 시에서 신은 길가메시의 전횡에 대항할 새로운 종류의 영웅을 만들어내야한다. 온다체는 패트릭 루이스(Patrick Lewis)와 암브로스 스몰(Ambrose Small) 사이의 대립을 통해 서사시 장르의 권력 투쟁을 재현하는 듯하다. 그러나 온다체는 영웅적 인물을 여성, 이주민, 도시의 노동자 등 여러 인물들로 다변화하여 궁극적으로는 서사시의 모델을 전복시킨다. 코헨의 작품과 마찬가지로 온다체의 내러티브도 다양한 게임과 유희에 토대를 두고 있다.

온다체의 소설은 서정시를 역사적 파편물과 결합시켜 이탈리아의 파시즘의 패배와 히로시마와 나가사키의 원자 폭탄 투하 사건을 통해 인종, 기억, 문화적 지리의 문제를 다루었다. 그의 소설 『잉글리시 페이션트』와 『아닐의 유령』(*Anil's Ghost*, 2000)은 스리랑카의 내란이 1990년대 애국자와 방랑자들에 미친 영향을 다루었다. 온다체는 서정적 음성을 아포칼립스적인 사건들을 파편적으로 드러내는데 사용하였다. 2007년에 발간된 『조망대』(*Divisadero*)에서도 전형적인 캘리포니아 가정이 혼외정사와 폭력적인 반응에 의해 파괴되는 것을 그려내었는데, 작품의 등장인물들은 항상 다음 장소로 옮겨간다. 다만 이 움직임은 어떤 곳을 향하는 것이 아니라 무엇인가로부터 도피하는 모습을 띤다. 소설의 파편들을 통합시킬 에피퍼니는 찾아볼 수 없으며 안정감의 부재가 강조된다.

포스트모던 프릭쇼

　　　　　　　20세기 말에 접어들면서 기형적인 포스트모던 프릭쇼를 보여주는 일련의 작가들이 등장하는데, 수잔 스완(Susan Swan, b. 1945)과 잭 호긴즈(Jack Hodgins, b. 1938)가 대표적인 문인들이다. 수잔 스완은 온타리오의 미들랜드에서 태어나 토론토 대학의 인문학 교수로 재직하면서 지엽적인 위치에 있던 것들을 재발견하고 탐구하는 작품들을 남겼다. 『세상에서 가장 거대한 현대의 여성』(*The Biggest Modern Woman of the World,* 1983), 『마지막 골든 걸』(*The Last of the Golden Girls*, 1989), 『바스의 아내들』(*The Wives of Bath*, 1993)은 성이 사회적으로 어떻게 구축되어 있는지 살펴보면서, 여성의 몸과 섹슈얼리티에 대한 억압적인 사고에 저항한다. 『세상에서 가장 거대한 현대의 여성』은 노바 스코샤의 여자 거인 애나 스완(Anna Swan, 1846-88)이라는 실존 인물을 염두에 둔 작품으로 앤의 자서전 형식을 빌려 남성과 여성, 정상적인 것과 거대하게 큰 것, 미국적인 것과 캐나다적인 것의 이분법 문제를 탐구하면서 기존의 종속적이고 주변화된 관계를 재설정한다. 『마지막 골든 걸』은 주드(Jude)와 그녀의 친구들인 바비(Bobby), 셸리(Shelly)가 성적으로 각성하는 문제를 다루고 있다. 『바스의 아내들』은 섹슈얼 고딕이라고 작가가 규정한 혼합장르에 속하며, 1960년대 바스여대(Bass Ladies College)의 학생이 여성에게 부여된 역할에 저항하는 갈등을 다루었다. 수잔 스완의 괴팍한 하이브리드 형식의 담론들은 하나의 진리를 전달하는 단일한 음성에 대한 고정 관념을 깨뜨리게 구축되어 있다.

　사실주의와 우화를 결합하여 기괴한 형식의 성격을 지닌 스토리를 만들어 낸 작가로 잭 호긴즈(Jack Hodgins, b. 1938)가 있다. 단편소설 모음집인 『스핏 데라네이의 섬』(*Spit Delaney's Island*, 1976)에는 상상력으로 물리적인 것들을 초월하는 주제가 반복적으로 설정되어 있다. 텍스트에는 자신이 보는 세계에 한정되어 불행해 하는 자들과 관습적인 행위를 거부하는 자들이 함께 등장하면서 밴쿠버 아일랜드의 지리학적 정서적 공간을 탐색한다. 곧이어 『세상의 발견』(*The Invention of the World*, 1977)과 『조셉 본의 부활』(*The Resurrection of Joseph Bourne*, 1979)이라는 유머스럽고 혁신적인 작품들이 출간된다. 밴쿠버 아일랜드의 유토피아적인 지역사회를 패러디한 작품인 『세상의 발견』에는 매직 리얼리즘(magic realism)이 지역 문화의 괴기함과 함께 구현되어 있다. 이 작품에는 두 개의 플롯이 있다. 토마스 케널리(Thomas Keneally)가 주도한 아일랜드의 식민지 역사를 밝히는 시도에 관한 플롯과 케널리가 사망한 뒤 현재 아일랜드에 살고 있는 지역사회의 삶에 관한 플롯이다. 스트라보 베커(Strabo Becker)는 강박관념적인 사가로서 자신이 수집한 자료들을 논리적으로 일관되게 구축하고자 하지만 실패한다. 이 소설에서 가장 혁신적인 장면은 스크랩북을 역사, 저널, 가십, 스토리텔링, 자서전으로 변환시키려는 시도이다. 스크랩북은 뉴스의 컷, 사설, 편집자에 보낸 편지, 구술 타이핑 자료를 포함하고 있으며, 브리티시 컬럼비아의 작은 마을에서 벌어지는 지역의 언어로 채워져 있다. 『세상의 발견』이 유토피아적인 지역사회의 부정적인 면을 다룬 반면, 『조셉 본의 부활』은 지역 사회의 부활과 희망의 가능성을 탐색한 작품이다. 인간 정신에 대한 믿음을 강하게 시사하는 이 작품은 패러디, 로망스, 미스테리, 성서적 알레고리, 캐나다 지역 사회의 유머로 가득 차 있다. 그의 히스토리그래피컬 메타픽션은 『명예 대사』(*The Honorary Patron*, 1987)와 『순수한 도시들』(*Innocent Cities*, 1990)로 이어진다. 1998년에 출간된 『갈라진 땅』(*Broken Ground*, 1998)은 1차 세계 대전과 캐나다의 농촌 지역 사회가 결합되어 공포스러운 지형을 만들어 낸다.

기존의 가치관과 권위에 대한 도전

조지 바우어링(George Bowering, b. 1935)은 밴쿠버의 시잡지 『티쉬』(Tish) 운동을 주도한 문인으로 캐나다인들에게 기억되고 있지만, 포스트모던 소설 분야에서도 괄목할 만한 작품을 남겼다. 『티쉬』는 올슨(Olsen)이 주도한 블랙 마운틴 시인들(Black Mountain poets)의 미적 실험에 뿌리를 두고 있는데, 올슨은 1951년 루이즈 마츠(Louiz Martz)에게 보낸 편지에 포스트모던(postmodern)이라는 용어를 처음 사용한 미국 시인이다. 조지 바우어링은 자신의 시와 산문에서 서양과 동양 사이의 충돌과 인종 문제를 핵심적으로 다루었다. 1977년작 『짧은 슬픈 책』(A Short Sad Book)은 시적인 유희를 통해 지역의 편견을 전복시키려는 캐나다 동부의 신화에 대한 백과사전적인 패러디이다. 바우어링의 『타오르는 바다』(Burning Water, 1980)는 메타픽션적 화자가 1792년 조지 밴쿠버에서 브리티시 컬럼비아까지 여행한 것에 대한 내러티브이다. 이 작품은 사무엘 테일러 코울리지(Samuel Taylor Coleridge, 1772-1834)와 허먼 멜빌(Herman Melville, 1819-1891)의 바다 여행 이야기와 같이 캐논화된 작품이지만, 바우어링은 바다이야기를 자기 자신에 대한 패러디를 포함한 텍스트로 발전시킨다. 바우어링은 자신의 1970년대 작품 『조지, 밴쿠버, 발견의 시편들』(George, Vancouver: A Discovery Poems)을 패러디하여 이 작품을 만들었다고 프롤로그에서 밝힌 바 있다.

시집에서의 항해가 서정적지도 않고 극적이지도 않아서 소설로 재구성한 것이다. 일련의 시편들은 역사 소설로 재구성되면서 밴쿠버의 식민주의적 프로젝트의 권위를 허물어뜨린다. 패러디화된 작품에서 바우어링은 유머를 통해 진지한 우스꽝스러움(serious ridiculousness)을 만들어낸다. 바우어링에게 있어 역사는 신화이며, 이 신화를 『타오르는 바다』, 『변덕스러움』(Caprice, 1987), 『슛!』(Shoot!, 1994) 삼부작으로 구현하였다. 이 과정에서 점차 더 많은 패러디와 메타픽션적인 요소가 가미되었다. 『바우어링의 BC, 스와쉬버크링 역사』(Bowering's B.C.: a Swashbukling History, 1996), 『이기주의자와 독재자, 캐나다의 수상들』(Egotists and Autocrats: the Prime Ministers of Canada, 1999), 『스톤 컨트리, 캐나다의 공인되지 않은 역사』(Stone Country: an Unauthorized History of Canada, 2003)는 객관성, 중립성을 거부하면서, 상상력, 일화, 유머로 공인되지 않은 역사를 기술한 논픽션 작품들이다. 2001년 출간된 『까치의 삶, 작가로 자라기』(The Magpie Life: Growing a Writer)는 알파벳전기(Alphabiograpy)인데, A는 그의 사별한 아내 안젤라(Angela), B는 탄생(birth)과 같은 형식의 26개의 알파벳으로 구성되어 있다.

『티쉬』(Tish) 그룹의 남성 동료들을 포함한 가부장적 가치 아래 억눌려온 리즈비언 섹슈얼리티 문제를 제기한 대표적인 작가로 다프네 말렛(Daphne Marlatt, b. 1942)을 들 수 있다. 그녀는 1970년대 긴 시편을 쓰는 것으로부터 소설로 전환하면서 여성의 욕망과 행위에 대한 전통적인 관습에 저항한다. 그녀의 첫 소설 『애나 히스토릭』(Ana Historic, 1988)에서 신화 역사 사진에서 여성에게 부가된 제한에 대한 문제를 탐구하면서 말렛은 레즈비언 아이덴티티를 탐구할 공간을 만들어 낸다. 말렛은 애니그램, 패러디, 자기 반성적 비평, 언어유희를 통해 주요 장르가 이성적이고 가부장적 기준으로 부과한 프레임을 해체시킨다. 그녀는 『유령 작』(*Ghost Works*, 1933)의 서문에서 경계, 장르를 가로지르는 작업을 캐나다 이주민들의 상황과 연관 짓는다. 다프네 말렛은 문학에서 위대한 아버지적 존재들의 영향으로부터 벗어나 여성의 모국어(mother-tongue)를 발견하고자 하였다. 그녀의 두 번째 소설 『점유』(*Taken*, 1966)는 일본의 말레이시아 침략을 작가가 생활하는 시기 걸프전(Gulf War)의 상황과 병치시키면서 여성의 복잡한 위상을 탐구하였다.

새로운 정치적 지형의 모색

일련의 작가들은 포스트모던이라는 꼬리표 아래 기존의 공식적인 문화적 지형에 저항하여 새로운 지형을 모색하였다. 조이 코가와(Joy Kogawa, b. 1935)의 1981년 작품 『오바산』(*Obasan*, 1981)은 일본계 캐나다인들의 경험에 초점을 맞추어 개인의 공간과 공적 공간의 관계를 탐구한 소설이다. 2차대전 직후 이만이천여 명의 일본계 캐나다인들은 재산이 몰수된 채 브리티시 컬럼비아에서 살아갈 권리를 박탈당한다. 이 작품에는 서른여섯 살의 알바타 학교 교사 나오미 나카네(Naomi Nakane)가 2차대전 직후 다섯 살 때 강제추방당한 자신의 경험을 회상한다. 그녀의 어머니는 일본에서 캐나다로 되돌아오지 못하며, 아버지는 공사장에서 되돌아오지 못한다. 나오미는 아주머니 오바산과 아저씨 이사무(Isamu)가 돌보아 성장하며, 에밀리(Emily)의 도움을 받아 과거를 다시 조명한다. 이 과정에서 나오미는 일본계 캐나다인들이 학대당한 역사뿐 아니라 개인적으로 자신이 어린 시절 성적으로 학대당한 개인사 또한 되집어낸다. 트라우마의 기억을 통해 정치 사회적 지형이 탐색된다. 그녀의 세 번째 소설인 『레인 어센즈』(*The Rain Ascends*, 1995)는 온타리오의 킹스톤(Kingston)에서 벌어진 실재 상황을 토대로 앵글리칸 목사가 자신의 성가대원을 성적으로 학대하는 사건을 다루었다. 1992년에 출간된 『잇수카』(*Itsuka*)와 함께 코가와는 일본계 캐나다인들의 폭력에 대한 문제를 제기한다. 대중들에게 소설가로 널리 알려지기는 하였지만, 조이 코가와는 『꿈의 선택』(*A Choice of Dreams*, 1974)에 실린 「유클리드에게」("Dear Euclid")라는 시에서 달의 상징을 사용하여 아포칼립스적인 이미지를 만들어 내기도 하였다. 코가와는 시를 산문 속에 다시 배치하고 서정주의를 역사 소설의 다큐멘타리적 기술과 접목시킴으로써 질서, 좋은 정부와 같은 공식적인 신화로부터 벗어나 유럽의 장르적 구분을 넘어선 새로운 세계를 구축했다.

영국 식민지의 중앙부에서 북미의 다양한 인종이 함께하는 공간이라는 21세기 온타리오의 불일치된 모습을 구현한 대표적인 작가로 로버트슨 데이비스(Robertson Davies, 1919-1995)가 있다. 데이비스는 문화적 국민주의자였고 캐나다만의 예술적 형태를 추구한 작가이다. 데이비스의 작품은 전환기에 있는 캐나다의 양면성 위에 구축되어 있다. 데이비스의 소설은 심리적인 원형을 사용하여 멜로드라마적 구도를 구축하는데, 주요 작품에서 서로 상반되는 관점이 함께 공존한다. 그의 소설은 귀족주의적 세계관을 지지하지만, 동시에 관습적으로는 영웅적이라 할 수 없는 인물들에게 공감을 보인다. 『제5의 사업』(*Fifth Business*, 1970)의 중심인물인 더스탄 람세이(Dustan Ramsay)는 핵심적인 일에서 중요한 역할을 해내지 못한다. 데이비스 작품에는 포스트모던적인 유희, 카니발적인 혼돈이 엿보인다. 그렇지만, 그는 모더니스트적인 절대적 열망을 소중히 여겼으며, 궁극적으로는 초월적인 가치를 긍정하였다.

데이비스와 인간이 근본적으로 직면한 패러덕스를 공유한 당대의 작가로 티모시 핀들리(Timothy Findley, 1930-2002)가 있다. 두 소설가는 모두 더 이상 허용되지 않는 사상, 인물, 역사적 세부 사항들을 기술한다. 핀들리 또한 사실주의적인 기술을 서술 바깥쪽으로 끌어내는 대화와 혼합함으로써 극적인 순간을 만들어 낸다. 핀들리는 이 순간을 "항상 지금"(always now)이라고 주장한 바 있다. 핀들리는 독백, 극화, 구술된 내용을 글로 옮긴 기록 등을 통해 언어화된 이벤트로 바꾸어 놓는다. 신랄한 일화를 강조하거나 하나의 무드를 만들어 내는 온다체(Michael Ondaatje, b. 1943)와는 달리, 핀들리는 구어를 스토리텔링의 수단으로 사용한다. 그의 작품에는 이야기와 연결된 인물들로 가득 차 있다. 그의 1984년작 『항해에 불필요』(Not Wanted on the Voyage)에서의 루시(Lucy)는 성서의 홍수 이야기에 사로잡힌 인물로서 텍스트에 제시된 다양한 음성을 재구성한다. 이들이 만들어 내는 것은 하나의 공연과도 같다. 핀들리는 데이비스의 소설을 언급하면서 작품은 언어적 행위로 구성된 연극과 같다고 지적한 바 있다. 이와 같은 점에서 핀들리의 작품은 등장인물과 형식적인 기교면에서 데이비스의 작품과 연관된다. 그러나 핀들리는 데이비스보다는 극장의 마술이 지닌 힘에 대해 더 비판적이었다. 핀들리는 힘, 카리스마, 동의 등의 상호 작용에 큰 관심을 두었다. 할리우드 스타 시스템에 대한 평가를 비판한 『버터플라이 플래그』(The Butterfly Plague, 1969)에서 시작하여 『스패이드워크』(Spadework, 2001)에서 게이 감독이 결혼한 연기자를 유혹하는 장면을 묘사하는 데 이르기까지 그의 관심은 언어적 행위의 힘이 어떻게 작용하는가였다. 데이비스가 새로운 영웅적 남성성을 정의하면서 캐나다의 저명한 인사들을 조롱한 반면,

핀들리는 데이비스가 회피한 온유함(gentleness)의 가치를 추구한다. 핀들리에게 있어서 온유함이란 폭력과 공모의 역사로부터 생겨난다. 욕망은 권력 추구와 필연적으로 연관되어 있다는 인식 아래 핀들리는 이성적 남녀 관계가 주도적인 문단에서 게이로서 자신의 위상을 설정한다. 그는 게이 작가의 전복적인 힘에 대해 관심을 가졌으며, 그의 담론은 독자들로 하여금 등장인물들의 양면적인 행위를 해석하도록 유도한다.

하이브리드 형식의 구성

포스트모던 소설의 특징의 하나는 장르가 혼재된 하이브리드 형식이다. 앤 카슨(Anne Carson, 1950)의 작품은 장르의 혼재가 두드러진다. 그녀의 1998년 작품 『붉은 자서전, 운문으로 쓴 소설』(*Autobiography of Red: A Novel in Verse*)은 책 제목에서도 드러나 있듯이 자서전, 소설, 시의 혼재물이다. 시를 읽는 작업을 통해 혼재된 장르로서의 소설을 구축함으로써 전통적인 북셀러에 도전하려는 시도가 이루어진다. 그녀의 소설은 고대 그리스 시인 스테시코러스(Stesichorus c. 650-555 BC), 파편적인 시구의 번역물, 서정시 게리오네이스(Geryoneis)를 다시 쓴 게이 서정시, 인터뷰 등으로 구성되어 있다. 소설의 중앙부에 위치한 로망스(Romance)는 중세 문학에 기원을 둔 로만(*roman*)을 연상시키지만, 카슨은 더 광범위한 시각으로 텍스트를 재구성한다. 이 작품에서는 호머(Homer), 스테시코러스와 같은 고대 그리스 작가들, 에밀리 디킨슨(Emily Dickinson), 거투르드 슈타인(Gertrude Stein), 파블로 피카소(Pablo Picasso)와 같은 하이 모더니스트 문화, 그라피티(graffiti)나 비행기소설(airplane novel)과 같은 포스트 모더니스트 팝 컬쳐가 혼재되어 있다. 카슨은 리얼리스트 소설의 모방주의적 전제를 무드, 사상, 감각 등 현상학적인 연결을 구축함으로써 허물어뜨린다. 작품의 배경이 지중해에서 북아메리카로 급격히 전환되는 등 리얼리스트들이 기반을 두었던 시간과 공간의 연속성은 현상학적인 세계 속에서는 더 이상 유지되지 못한다. 또한 어떤 수단도 다양한 표현의 층위에 접근하는 것이 불가능하다. 현대 비주얼 아트가 하나의 프레임을 거부하듯이, 글로 쓰여진 예술 또한 하나의 틀을 넘어서려는 시도를 앤 카슨의 작품은 보여주고 있다.

앤 마이클즈(Anne Michaels, b. 1958)는 또 다른 의미에서 전통적인 프레임에 도전하였다. 1996년에 출간된 대표작 『덧없는 시편들』(*Fugitive Pieces*)은 클라인(A.M. Klein, 1909-1972)과 레너드 코헨(Leonard Cohen, 1934-2016)의 선례를 따라 리얼리스트 모드에서 벗어나 역사적인 기록에 대한 침묵을 시적 표현을 통해 탐구하였다. 이 작품에서 코헨은 유대인의 관점에서 대학살을 바라보면서 유대인들의 의식에 의해 영감을 받은 시적 형식을 사용한다. 특히 유대인과 다문화적 지역사회를 카디시(the kaddish) 전통과 연관지어 텍스트를 구축한다. 유대 신비주의 전통(kabbalistic tradition)에 토대를 둔 메시아적 시간은 현재와 유토피아적인 순간을 연결 짓고 선형적인 시간에 토대를 둔 전통적인 프레임을 와해시킨다.

페미니스트로서의 패러디를 통해 문학의 전통적인 관례에 도전한 레즈비언 작가로 앤 마리 맥도널드(Ann-Marie MacDonald, b. 1958)가 있다. 셰익스피어적인 관례를 전복시킨 『굳나잇 데스데모나, 굳모닝 줄리엣』(*Goodnight Desdemona, Good Morning Juliet*, 1989)은 『로미오와 줄리엣』(*Romeo and Juliet*)과 『오셀로』(*Othello*)에 대한 패러디이다. 그녀의 첫 소설 『당신의 무릎에 쓰러져』(Fall on Your Knees, 1996)는 복잡한 구문으로 구성된 수 세대에 걸친 가족 사가이다. 이 작품은 파이퍼(Piper) 가문의 근친상간과 죽음의 비밀을 중심으로 플롯이 짜여져 있고, 고딕 소설과 유령 이야기가 혼재된 모습을 보여준다. 맥도널드는 부친에 의해 성적으로 학대당하는 레즈비언 오페라 가수 캐서린(Kathleen)을 통해 가정 내의 폭력, 원죄, 죄의식, 구원의 추구라는 주제를 제시함으로써 전형적인 장르의 관습을 넘어선다. 장르적, 문화적 표현을 확장시키려는 시도는 음악적인 요소에서도 발견된다. 휴 맥레난(Hugh MacLennan, 1907-1990)과 같은 작가는 『두 고독』(Two Solitudes, 1945)을 통해 두 문화 사이의 화해를 찾는 원칙을 음악 속에서 추구한 바 있다. 이와 대조적으로 맥도널드는 『당신의 무릎에 쓰러져』에서 아일랜드 민요, 아랍 민요, 프랑스 가톨릭 찬송가, 하람 재즈, 케이프 브레톤 피들 음악 등을 통해 고전적인 음의 균형을 무너뜨린다. 의도적으로 그녀는 인종적, 국가적, 언어적 구분을 넘어서서 새로운 공간을 추구한다.

아프리카계 캐나다인의 노동 문제에 관심을 보인 작가로 맥도널드를 떠 올릴 수 있지만, 이 문제를 본격적으로 다룬 작가는 "아프리카디언"(Africadian)이라는 신조어를 만들어 낸 조지 엘리엇 클락(George Elliott Clarke, b. 1960)이다. 아프리카디언은 "아프리카"와 "아카디언"이라는 용어를 결합한 것으로서 미국독립전쟁 이후 미국에서 건너온 로열리스트와 노예가 되는 것을 피하기 위해 북쪽으로 도망친 아프리카인들을 지칭하는 말이다. 클락은 아프리카디언을 "서사시인"(epic people)이라고 불렀으며, 『화일라 폴즈』(Whylah Falls, 1990)는 아프리카디아의 서사시를 쓰려는 시도였다고 말한 바 있다. 클락의 서사 모델은 서정시에 토대를 두고 있으며, 다양한 상징주의, 이미지스트, 사회적 리얼리스트 등의 시적 형태가 그의 작품에 엿보인다. 마이클 온다체(Michael Ondaatje)의 신화적 서술이나, 진 투머(Jean Toomer), 토니 모리슨(Tony Morrison) 등 아프리카계 미국인 작가들의 서정적 산문 또한 그의 작품에 영향을 미쳤다. 『화일라 폴즈』는 흑인들의 구어 전통과 역사를 복원시키기 위해 노래 사이클(song cycle)을 사용한다. 찬송가, 블루즈, 재즈, 오페라, 신문 클립에 이르기까지 다양한 노래들이 아프리카디언 혼성을 위해 차용된다. 클락은 서구 문화에 등장하는 셰익스피어의 오셀로(Othello), 할아버지가 무어인이었음에 자부심을 느꼈던 푸쉬킨(Puskin), 아프리카의 가면에 매력을 느꼈던 피카소를 연상시키는 파블로(Pablo)와 같은 인물을 통해 아프리카적 요소를 투영하였다. 『화일라 폴즈』는 시적 언어 리듬, 구어적 스토리텔링의 전통을 통해 웨이마우스 폴즈(Waymouth Falls)의 아프리카디언 지역사회에서 벌어진 인종 박해에 대해 투쟁하고자 했다. 클락의 구어전통에 대한 강조는 『비아트리스 챈시』(*Beatrice Chancy*, 1999)에서도 나타나며, 그의 2005년 작 『조지와 루』(*George and Rue*)는 뉴브런즈윅에서 벌어진 살인을 이야기하면서 아프리카디언 영어와 전통 영어를 혼재시키켰다. 『조지와 루』에는 시골 아카디아에 사용되는 스토리텔링에 대한 관심이 본격적으로 드러나 있다.

 캐나다의 포스트모던 문학은 형식적이고 문화적인 하이브리드성을 수용한다. 또한 서로 갈등이 되는 문화적 요소들을 정반합의 과정을 통해 융합하는 것이 아니라, 모더니스트 고전에 이미 드러나있는 틈을 추적한다.

디지털과 하이퍼리얼 캐나다

캐나다의 포스트모더니즘이 탐구한 아이러니의 하나는 현대의 새로운 기술이 사람들을 함께 모으는 한편, 구성원들의 소외를 불러일으키고 가상현실 속에서 아바타처럼 자신의 실체를 감추고 살아가게 한다는 점이다. 커뮤니케이션 기술이 캐나다의 독자적인 문화의 형성에 부정적인 영향을 미친다는 사고가 캐나다인들을 지배해왔다. 그런데 아이러닉하게도 발화자의 얼굴을 감춘 형태의 광범위한 의사소통의 수단이었던 전화기를 발명하였고, 1877년에는 벨 전화 회사(Bell Telephone company)를 만든 알렉산더 그레이엄 벨(Alexander Graham Bell, 1847-1922)은 캐나다인이었다.

캐서린 부시(Catherine Bush, b. 1961)는 『마이너스 타임즈』(*Minus Times*, 1993)에서 파괴적인 과학기술의 실재를 산업체의 오염 물질이 캐나다의 호수를 파괴하고 식수원을 오염시키는 장면을 통해 구현해 낸다. 그러나 과학기술은 여성들에게 새로운 경력을 쌓을 기회를 제공하는 순기능을 보여주기도 한다. 바바라(Barbara)는 우주 정거장에서 우주비행사로 일하며, 바바라의 딸인 헬렌(Helen)은 지구에 남아 토론토에서 근무한다. 캐서린 부시의 첫 소설인 이 작품의 첫 장면에서 헬렌과 폴 우리(Paul Urie)는 자신들의 어머니가 우주선을 타는 것을 목격하기 위해 플로리다로 차를 몰고간다. 바바라는 인간이 우주에서 살아갈 수 있는 곳을 찾아 우주로 나가는데, 작품의 제목인 마이너스 타임은 우주선 발사 직전의 긴장된 순간을 일컫는 것이다. 헬렌은 스크린을 통해 구축된 자신과 자신의 가족들의 모습이 복제품이었음을 깨닫는다. 영상에 보여지는 모습이 실제로 벌어진 일이었음에도 불구하고 그 허상은 성공적으로 유지된다. 헬렌은 기술과 가족의 붕괴에 대해 의구심을 가지며, 자신의 자아가 붕괴되었음을 감지한다. 헬렌은 정신분열적인 자아의 모습으로 모조품적인 삶을 살아간다. 2000년에 출간된 『교전 규칙』(Rules of Engagement)은 사랑과 전쟁의 폭력이라는 상반된 감정을 보여주는 포스트모던 소설로서, 아카디어 헌(Arcadia Hearne)이라는 자기중심적이고 외고집적인 인물의 삶을 통해 허구적인 자아상을 그려내었다.

사우스 캐롤라이나 출신으로 밴쿠버에 정착하면서 하이퍼 리얼리티를 구현하는 수편의 포스트모던 과학 소설을 남긴 작가로 윌리엄 깁슨(William Gibson, b. 1948)이 있다. 그의 초기 소설과 단편에는 사이버공간(cyberspace) 넷서페이싱(netsurfacing), ICE, 재킹 인(jacking in), 넷 의식(net consciousness), 버철 인터액션(virtual interaction), 매트릭스(the matrix)와 같은 용어들이 등장한다. 플롯 중심의 사건 전개에서 벗어나 테크노 시나리오의 생생한 기술에 초점을 맞춘 작품이 출간되는데, 이 중 『이도루』(Idoru, 1966)는 문학사상 가장 흥미롭고 독자들에게 즐거움을 주는 텍스트의 하나로서 일본, 홍콩, 러시아 등 가장 넓은 영역을 가로질러 하이테크로 가득 찬 장면으로 서구의 도덕을 신랄하게 비판한다. 멀티미디어 포스트모던 세대를 대변하는 괄목할 만한 텍스트로 『뉴로맨서』(Neuromancer, 1984)가 있다. 뉴로맨서란 사이버 공간에서 이루어지는 인간과 인간 사이의 커뮤니케이션을 지칭하는 용어로서, 이 작품에서 그는 사이버공간(cyberspace)이라는 용어를 만들어 내기도 하였다. 『뉴로맨서』는 형식상 새로운 실험을 가하고 있지는 않지만 과학 소설 장르가 지닌 모든 레벨의 내용들을 컴퓨터 정보 시스템과 인간의 결합을 통해 전 세계적으로 광범위하게 구축하였다. 이 작품에서 사이버 공간은 사이버펑크(Cyberfunk)인데, 이 장소는 사회에서 이방인 취급당하는 아웃사이

더, 사회 부적응자, 사이코패스들이 모이는 외부인들의 공간이다. 『뉴로맨서』의 주인공인 케이스(Case)는 사이버 공간의 해커로서 두뇌의 신경계가 손상된 인물로 등장한다. 단순한 고기덩어리 육체만 지닌 존재로 생활하던 케이스는 아미타지(Armitage)에 의해 손상된 조직을 복구하는데 이 복구 작업은 단순히 오늘날 의학의 발전과 컴퓨터 기술의 진보의 경계를 가로지르는 것을 의미하는 것이 아니라 정보화 시대에 성공적으로 살아남기 위해서는 정보에 의존할 수 밖에 없다는 점을 알려준다. 몰리(Molly)의 경우 외과 수술을 통해 이식된 렌즈로 인해 사이보그의 지위가 부여되는데, 부착된 렌즈는 인공 기관이 그녀의 몸에 첨가되었음을 의미하는 것이 아니라 그녀의 정체성에 가장 핵심적인 부분이 된다. 아미타지의 배후에는 윈터뮤트(Wintermute)라는 인공지능이 존재하고 있고, 이들은 사이버공간의 넷워크 데이터를 초월한다.

    깁슨의 예술적 혁신은 1986년 출간된 단편선 『타오르는 크롬』(*Burning Chrome*)에서 두드러진다. 「홀로그램 장미의 조각」("Fragments of Hologram Rose"), 「조니 연상 기호코드」("Johnny Mnemonic"), 「건스백 연속체」("The Gernsback Continuum"), 「내륙지역」("Hinterlands") 등의 단편들이 이 책에 실렸다. 이 중 「조니 연상 기호코드」는 영화로 재창작되기도 하였고, 같은 책에 실린 「겨울 시장」("The Winter Market")은 밴쿠버를 배경으로 하고 있지만, 밴쿠버를 "북쪽에 있는 할리우드"(North Hollywood)로 간주하고 있다는 점에 주목할 필요가 있다. 이 작품에서 밴쿠버는 다양한 멀티미디어를 만들어 내는 장소이다. 이 단편에는 케세이(Casey)라는 엔지니어가 등장하는데, 그의 일은 심리적 비전을 미디어 프로젝트로 편집하는 일이다. 여기에는 음악, 가상현실, 꿈의 세계, 욕망과 텔레비전과 영화 기술들이 혼재되어 제시된다. 리즈(Lise)라는 사이보

그의 몸을 지닌 인물은 외골격으로 자신의 쇠퇴해가는 육체를 지탱하는데, 결국에는 완전 컴퓨터화되어 가상의 존재로 변모한다. 이와 같은 사이버 펑크의 중심에는 인간 존재의 모든 면이 상품화되어 소멸하는 현상에 대한 반문화적이고 반자본주의적인 긴장이 존재한다. 깁슨의 작품 세계에서 『뉴로맨서』(*Neuromancer*, 1984)는 『카운트 제로』(*Count Zero*, 1986), 『모나리사 오버드라이브』(*Mona Lisa Overdrive*, 1988)로 연장, 확장된다. 깁슨은 브루스 스털링(Bruce Sterling)이나 데니스 애쉬버로(Dennis Ashbough)와 같은 다른 작가와 함께 작품을 쓰기도 하였는데, 깁슨의 작품세계는 이와 같은 과정을 통해 과학 소설에서 포스트모던 소설 쪽으로 축이 옮겨진다. 1993년에 출간된 『가상의 빛』(*Virtual Light*), 일본의 미디어와 가상 문화를 탐구한 『이도루』(*Idoru*), 1999년 작 『모든 내일의 파티들』(*All Tomorrow's Parties*), 2003년에 출간된 『패턴 인식』(*Pattern Recognition*)은 모두 이와 같은 경향을 보여준다. 『패턴 인식』은 현대 미디어의 바이러스적 측면을 컬트 인터넷 이미지와 사이트 블로그와 연관지은 작품으로, 상업화된 이미지에 대한 냉소주의와 예술적인 이미지에 대한 경외심을 오간다. 『유령의 나라』(*Spook Country*, 2007)는 현실에서의 지리적 위치가 사건이 투사된 가상현실에 겹쳐지면서 해독되는데, 이로 인해 플롯은 고도로 복잡해지고 혼합되어 상호 얽힌 구도를 갖게 되었다. 깁슨은 이를 처소격 기술(locative art)이라고 불렀다.

스탄 더글라스(Stan Douglas, b. 1960) 또한 자신의 작품 속에 하이퍼 리얼 캐나다를 구축하였다. 그의 2002년 작 『공포로의 여행』(*Journey into Fear*)은 사진, 평론, 스크린 플레이 등 멀티미디어의 총 집산지라 할 수 있다. 이 작품의 서술은 허먼 멜빌(Herman Melville, 1819-1891)의 『신용 사기꾼, 그의 가장』(*The Confidence-Man: His Masquerade*, 1857)

과 에릭 앰블러(Eric Ambler, 1909-1998)의 서스펜스 스릴러 『공포로의 여행』(*Journey into Fear*, 1940)과 밀접한 상호텍스트성이 있다. 뿐만 아니라 이 작품은 1943년 오손 웰즈(Orson Wells)가 제작하고, 1975년 다니엘 만(Daniel Mann) 감독에 의해 리메이크된 두 편의 영화 버전과 상호텍스트적인 관계 속에 있다. 위에 언급된 텍스트는 모두 불확정성 (indeterminacy)이 엿보인다. 멜빌의 소설에서는 신념 있는 인간들이 다양하게 위장된 모습으로 등장하는 반면, 앰블러의 소설에서는 엔지니어이자 무기상인 주인공 그라함(Graham)이 주도적인 역할을 담당한다. 더글라스의 영화는 주인공들에 대한 치환적인 정체성이 부여되어 있고, 앰블러의 소설에는 폐쇄공포적인 여정이 설정되어있다. 멜빌과 앰블러는 모두 자신이 통제하기 힘든 외부 상황에 직면한 인간 존재에 대한 형이상학적 질문을 던진다. 더글라스의 텍스트에서 초월적이고 보편적인 진리는 시장의 힘에 의해 훼손되고 형이상학과 자본주의가 서로 교차한다. 스탄 더글라스와 더불어 캐나다의 포스트모던 멀티미디어 텍스트를 구축한 작가로 더글라스 코플랜드(Douglas Coupland, b. 1961)와 마이클 터너(Michael Turner, b. 1962)가 있다.

엑스세대(X generation)라는 용어를 탄생시킨 예술가로 더글라스 코플랜드(Douglas Coupland, b. 1961)는 캐나다의 아방가르드적인 포스트모던 소설을 대표하는 인물이다. 그의 첫 소설 『엑스 세대, 가속 문화의 이야기들』(*Generation X; tales for an accelerated culture*, 1991)은 실험적 기법을 통해 현대 문화를 신랄하게 풍자한다. 소비문화에 중독된 중산층의 허영을 풍자하는 그의 작품에서 주된 도구는 모토와 신조어의 주석 작업이다. 그의 정교한 은유와 직유는 하이픈으로 서로 연결된 모양새로 코믹스럽게 현대인의 삶을 조망한다. 월터 벤야민(Walter Benjamin)

의 표현을 따르자면 포스트모던 시대에 이미지를 토대로한 생산물은 텍스트의 서술 그 자체만큼의 권위가 있다. 마샬 맥루한(Marshall McLuhan, 1911-1980) 또한 자신의 저서 『구텐베르크의 은하수, 타이포그래픽 인간의 형성』(The Gutenberg Galaxy: The Making of Typotraphic Man, 1962)에서 이미지를 토대로한 생산 이론을 전개한 바 있다. 코플랜드는 이와 같은 이론을 소설에 구현하고 있다. 『엑스 세대』 각 챕터의 첫 페이지에는 그래픽적 블록이 존재하며, 『씨』(C), 『패럴로그램』(Parallelogramme), 『낙하산』(Parachute), 『뱅가드』(Vanguard)와 같은 잡지는 새로운 미디어의 문자적 표층을 탐구하는 중요한 출판물이 된다. 1994년 작 『신 이후의 삶』(Life after God)은 브리티시 컬럼비아로 여행을 떠난 밴쿠버인의 고백이자 코믹 풍자물이다. 중년이 된 화자는 어린 시절 추억이 있는 향수의 장소로 다가서지만 발견하는 것은 신이 부재하는 세대의 모습이다. 1995년 출간된 『마이크로서프스』(Microserfs)는 온라인 일기의 형식으로 마이크로소프트에서 근무하는 다니엘 언더힐(Daniel Underhill)이 받은 이메일과 컴퓨터에 입력한 기록들로 가득 차 있다. 코드화된 말들, 컴퓨터의 버즈워드로 가득 찬 텍스트를 통해 코플랜드는 하이 테크 기술에 마비되어 있는 기계적인 삶을 희화하였다. 『죽은 자의 포라로이드』(Polaroids from the Dead, 1996)는 역사와 소설의 경계선을 허문 작품으로 일련의 단편적인 이야기들이 페이지 하나를 가득 채운 사진들과 함께 제시되어 있다. 코플랜드는 이 작품에서 정보화 시대에 있어서 새롭게 선택된 뉴스거리 이벤트들이 순식간에 의미 없는 스냅숏이 되는 현대의 모습을 그려내었다.

▍작가군의 다변화

20세기 말에 이르러서 캐나다인 중 20% 가까운 수가 외국에서 출생했고, 이와 같은 현상은 이전의 세대와 질적으로 다른 것이었다. 영국이나 프랑스 계열의 인구가 98%에 달했던 1867년과 비교해 볼 때 인구 구성 또한 큰 차이를 보였다. 이 추세가 계속된다면 2030년대에는 인구 절반이 외국 태생일 것으로 추산되며, 아시아인들이 이 주민들의 절반을 넘을 것으로 예측된다. 율리시즈 삼부작(The Ulysses Trilogy, 1988)을 쓴 사드 엘크하뎀(Saad Elkhadem)은 아랍어로 작품 활동을 하였고, 대부분 영어와 같이 출간되었다. 이태리계 캐나다 작가로는 니노 리치(Nino Ricci), 캐리비언 계 디온 브랜드(Dionne Brand), 닐 비순다스(Neil Bissoondath)가 있고, 동남아시아 계 작가로 마이클 온다체(Michael Ondaatje), 로힌턴 미스트리(Rohinton Mistry), 벤 베가무드레(Ven Begamudré), 샴 셀바두라이(Shyam Selvadurai), 아니타 라우 바다미(Anita Rau Badami)가 있다. 중국계 캐나다 작가로는 스카이 리(SKY Lee), 웨이슨 초이(Wayson Choy), 에블린 라우(Evelyn Lau), 라리싸 라이(Larissa Lai)가, 일본계 캐나다 작가로 조이 코가와(Joy Kogawa), 히로미 고토(Hiromi Goto), 케리 사카모토(Kerri Sakamoto)와 같은 작가들이 활동하고 있다.

이들 작가들의 작품에서는 흔히 자서전적인 성장 이야기가 목격된다. 사회 문제에 대한 관심, 중요한 사회적 사건을 통한 개인의 성장과 같은 주제가 큰 축을 이루고 있다. 트리니다드(Trinidad) 태생 디온 브랜드(Dionne Brand, 1953-1999)의 작품 『이곳이 아니라 다른 곳에서』(*In Another Place, Not Here*, 1966)는 캐리비안과 토론토 사이에서 겪는 여성으로서의 경험에 관한 내용이며, 『달이 꽉 차고 변할 때』(*At the Full and Change of the Moon*, 1999)는 19세기 캐리비안 수수 농장에서 노예 생활을 하던 선조들과 그들의 후손들의 삶을 추적한 소설이다. 이들 작가들에게서 인종과 계급이 중요한 문제로 다루어지고 있다.

국경을 가로지르는 창작 활동을 보이는 작가군들도 목격된다. 일본에서 태어난 이탈리아계 캐나다인 피터 올리바(Peter Oliva, 1964)는 1999년 작 『예스의 도시』(*The City of Yes*)에서 캐나다와 일본을 배경으로 아웃사이더의 시각으로 문화를 가로지르는 텍스트를 선보였다. 자넷 터너 호스피틀(Janette Turner Hospital, b. 1942)은 호주와 캐나다를 넘나들며 30여 년간 작품 활동을 하였고, 그녀의 작품 『제스쳐 게임』(*Charades*, 1989)과 『마지막 음악가』(*The Last Musician*, 1992)는 호주가 부여한 문학상을 시상하기도 하였다. 낸시 휴스톤(Nancy Huston, 1953)은 알바타에 거주하면서 파리를 오가며 작품 활동을 하였고 『골드베르크 변주곡』(*The Goldberg Variations*, 1989), 『어둠의 도구들』(*Instruments of Darkness*, 1997), 『돌체 아고니아』(*Dolce Agonia*, 2001), 『단층선』(*Fault Lines*, 2007)을 썼다. 2012년 작 『적외선의』(*Infrared*, 2012)는 프랑스어로 출간된 뒤 영어로 재출간되었다.

코믹 아트와 그래픽 소설

코믹 아트가 캐나다에서 본격적으로 모습을 드러내기 이전에는 희화적인 만화(satrical cartooning)가 그와 비슷한 기능을 하였다. 1849년 몬트리올에 등장한 『캐나다에서의 펀치』(*Punch in Cana-*

da)는 그리 오래가지 않았지만, 이후 많은 유머스러운 저널들을 남겼다. 19세기 말 저명한 캐나다 카툰 예술가로 앙리 쥴리앙(Henri Julien, 1582-1908)이 있다. 그는 미국과 프랑스 정기간행물에 기고하고 1888년 몬트리올의『스타』(*Star*)에 고용되어 최초의 전문 카툰 예술가가 되었다. 20세기에 들어서서 아서 레이시(Arthur G Racey), 핏즈모리스(J.B. Fitzmaurice), 밥 에드워즈(Bob Edwards) 등 재주 있는 카툰 작가들이『스타』,『밴쿠버 데이리 프로빈스』(*The Vancouver Daily Province*),『캘거리 아이 오프너』(*Calgary Eye-Opener*)에 투고하였다. 코믹 책들의 황금기는 누구도 예측하지 못하는 상황에서 다가왔다. 캐나다가 1840년대 세계 대전에 참전하면서 극단적으로 애국적인 대중문화가 형성되었다. 1971년 출간된 허쉬(M. Hirsh)와 루버트(P. Loubert)의 연구『위대한 캐나다의 코믹북즈』(*The Great Canadian Comic Books*)에서 지적한 바와 같이 전후 세대들에게 있어 코믹책들이 그들의 국민적인 유산이었다는 점을 캐나다인들은 간과했다.

1960년대에 들어 코믹책 시장에 변화가 생겨난다. 20세기 초기부터 코믹책들은 전통적으로 주류 문화에 반하는 문화를 표현하는 수단으로 사용되어 왔다. 비교적 싼 가격에 접할 수 있고, 베이비 부머들에게 호소력이 있었기 때문이다. 비피 니콜(bp Nichol, 1944-1988)은 토론토의 실험적인 잡지『그롱크』(*grOnk*)를 통해 구체시(concrete poems)를 연재하였다. 그가 평생 매료되었던 것의 하나가 1960년에 시작된 "고양이 밥"(Bob the Cat)이라는 코믹 스트립이었다. 이 고양이는 1965-1968년 캡틴 시편("Captain Poetry")의 주인공으로 다시 태어나며 1971년 출간된다. 니콜은 코믹형태의 시를 다수 창조하였는데, 그의『알레고리』(*Allegory*) 시리즈『지갈』(*Zygal*),『순교자열전 제 6권』(*The Martyrology Book 6*),『선물,

순교자열전 제 7&』(Gifts: The Martyrology Book[s] 7&)가 있다. 1970년 대에도 사회 전반에 퍼진 반문화는 예술적이라기보다는 정치적인 것이었고, 캐나다의 현실과 정치인들을 비판하고 풍자하는데 초점이 맞추어졌다. 코믹책이 반문화의 형성에 기여한 바가 크지만, 때때로는 국가적 담론을 형성하는 도구로 사용되기도 하였다. 로버트 라바일(Robert Lavaill)의 코믹 스크랩이 그 단적인 예가 될 수 있다. 캐나다의 첫 번째 주요 언더그라운드 신문 중 코믹스를 실은 신문은 몬트리올의 『로고스』(Logos)와 밴쿠버의 『조지 스트레이트』(George Straight)였다. 이즈음 노바 스코샤 출생인 랜드 홈즈(Rand Holmes, 1942-2002)가 캐나다의 코믹 아티스트로 각광을 받았다.

미국의 상황과 마찬가지로 코믹스가 정점에 이른 해는 1970년에서 1973년 사이이다. 미국에서는 베트남전 미국 철수와 글로벌 경기 약화 조짐이 반문화 운동을 약화시키는 결과를 가져왔다. 랜드 홈즈 외에도 캐나다는 탁월한 코믹스 작가들을 배출하였는데, 데이브 기어리(Dave Geary), 밴쿠버의 브랜트 보아츠(Brent Boates)와 조지 멧저(George Metzger)를 들 수 있다.

영국계 캐나다의 급진주의는 코믹스와 큰 관계가 없었지만, 주목할 만한 예외는 콜렉티브 코렉티브(Corrective Collective)에서 제작한 『그렇게 불렸기 때문에 캐나다라 이름 붙여졌다』(She named it Canada because that's what it was Called)라는 여덟 페이지 분량의 캐나다의 페미니스트 역사에 대한 핸드 아웃이다. 이 프린트물은 1971년 밴쿠버에서 열린 여성학 학회를 위해 준비한 것이었으며, 수정 후에 두 번 재출판되었다. 1970년도 후반 정치적 풍자로는 코믹북스보다는 토론토 출판사의 『이 잡지』(This Magazine)에 소개된 풍자적 카툰 스크립트가 대중들에게 더 호소력이 있었다. 마가렛 애트우드(Margaret Atwood, b. 1939) 또한 이 잡지에 정기적으로 투고하였는데, 바트 게라드(Bart Gerrad)라는 필명으로 "Kanadian Kutchur Komics"라는 조롱조의 카툰 원고를 쓰고 그래픽 기술이 탁월하지는 못했지만 직접 만화를 그리기도 하였다.

1970년대 중반에서부터 1990년대 중반에 이르기까지 북아메리카의 코믹 북스는 두 가지 변화를 보인다. 첫째는 코믹북스가 지닌 지하(Underground)적 속성에서 벗어나 대안(Alternative)을 제시하는 위치로 진화한다. 수퍼히어로, 환타지, 과학 소설 등 주류 장르와 대체할 수 있고, 청소년과 막 성인이 된 젊은 층을 위한 성적 어필 또한 첨가되기도 하였다. 두 번째 변화는 독자층의 연령이 이전 세기보다 높아졌다는 점이다. 이로써 청소년기 독자들이 용돈으로 사보는 것보다 더 고가의 소비가 가능해졌다. 1970년대 수많은 출판사들이 생겨났다. 토론토의 오브(Orb), 안드로메다(Andromeda), 피터 다코(Peter Dako), 캘거리의 CKR, 몬트리올의 매트릭스 그래픽 시리즈(Matrix Graphic Series), 밴쿠버의 짐 맥퍼슨(Jim McPherson)과 같은 출판사들이 생겨났다. 1980년대 중반에 이르러서는 코믹북 시장이 버블에 처했다. 존 맥로드(John MacLeod)의 『접시닦이』(*Dishman*), 체스터 브라운(Chester Brown, b. 1960)의 『맛있는 털』(*Yummy Fur*) 시리즈, 콜린 업톤(Colin Upton, b. 1960)의 『콜린 업톤의 대물』(*Colin Upton's Big Thing*, 1990), 『콜린 업톤의 다른 대물』(*Colin Upton's Other Big Thing*, 1991), 『콜린 업톤의 검정 대물』(*Colin Upton's Big Black Thing*, 1990)과 같은 단명한 수많은 책들이 출간되었다.

정기간행물 아웃렛이 아니라 서점 판매를 염두에 두고 구상된 코믹즈인 그래픽 소설(graphic novel) 또한 캐나다에서 성공을 거두었다. 그래픽 소설은 1964년 미국인 비평가 리차드 카일(Richard Kyle)이 이십여 페이지 이상 되지 않는 네 색의 팜플렛을 넘어서는 진화된 형태의 코믹 내러티브를 위해 만든 신조어이다. 데이브 심(Dave Sim, b. 1956)은 16권 6000페이지의 『셀러버스』(Cerebus)를 만들어 캐나다의 위대한 그래픽 소설가로 자리매김되었다. 『셀러버스』는 조이스의 『율리시스』(Ulysses)가 레오폴드 블룸의 하루에 더블린의 모든 것들을 압축한 것과 비견될 수 있다. 1977년에서 2004년에 이르기까지 간행된 『셀러버스』는 주목할만하고 에너지를 필요로 하는 작업이었다. 코믹북 팬들이 자가 출판을 통해 창작가로 발전되는 계기가 1979년 데이브 심에 의해 주도되기도 하였다.

『셀러버스』는 1980년대에도 영국계 캐나다 코믹스를 주도하였다. 스냅스틱, 멜로드라마, 환상, 매직 리얼리즘, 자서전적 글, 팜플렛을 포함한 광범위한 형태를 취했으며, 맥스 브라더즈, 롤링 스톤즈, 워너 브라더즈를 포함한 대중문화도 포괄하였다. 데이브 심은 자신이 접한 대상에 시각적 특징을 부여하여 텍스트 이미지로 바꾸는 탁월한 재능이 있었다. 그는 페이지 디자인과 디테일 등을 통해 텍스트와 이미지와 관계를 재설정함으로써 창조적인 실험을 감행하였다. 데이브 심은 1990년대 초에도 여전히 북미 코믹스 출간에 주도적인 인물이었다. 캐나다 출판자 중 크리스 올리버로스(Chris Oliveros)는 D&Q를 만들었다. 몬트리올에 기반을 둔 이 출판사는 1990년 북미와 유럽의 변화를 반영하여 예술작품을 제작할 목적으로 만들어졌고, 국제적으로 큰 명성을 얻었다. 올리버로스는 일군의 작가들을 발굴해 내었는데, 여성의 삶을 의식의 흐름을 통해 작품으로 구현한 줄리 도셋(Julie Doucet, b. 1965)이 주목할만하고, 세스(Seth, 1962), 체스터 브라운(Chester Brown, b. 1960)이 그 뒤를 이었다.

세스는 그레고리 갈란트(Gregory Gallant)라는 필명을 사용하였는데, 『뉴요커』(New Yoker)의 영향 아래 단순한 스타일의 그래픽 소설을 만들어내었다. 『약해지지만 않는다면 괜찮은 인생이야』(*It's a Good Life, if You don't Weaken*, 1996)는 얼핏 보기에 자서전적 성장 소설의 형식을 갖추고 있는데, 이 작품에서 작가는 뉴요커의 카툰제작자가 되는 것에 대한 탐구를 한다. 체스터 브라운(Chester Brown, b. 1960)은 매우 특별한 작가였는데, 논쟁적인 작품을 만든 것도 아니고, 데이브 심처럼 스타일적으로 탁월한 것도 아니었다. 『행복한 광대 에드』(*Ed the Happy Clown*, 1992)는 초현실적 자동 기술을 코믹 스트라이프 서술에 접목한 것이었다. 1986년 『맛있는 털』(*Yummy Fur*)이 보텍스에서 채택된 뒤에 브라운은 『플레이보이』(*The Playboy*, 1992)와 『너 좋아한 적 없어』(*I never liked You*, 1994)를 출간한다.

D&Q가 만들어낸 코믹 작가들 중 모리스 베레쿠프(Maurice Vellekoop, b. 1964)라는 토론토 출신의 게이가 있는데, 그의 일류스트레이션이 『벨레비젼, 코믹스와 그림의 칵테일』(*Vellevision: A Cocktail of Comics and Pictures*, 1997)에 실렸다. 데이비드 콜리어(David Collier, b. 1963)는 단편소설가로서 『사실만을』(*Just the Facts*, 1998), 『생존하는 새크래툰』(*Surviving Sackatoon*, 2000), 『인생의 초상』(*Portraits from Life*, 2001)을 썼고, 기 들릴(Guy Delisle, b. 1966)은 아시아 애니메이션 감독의 경험을 살려 『심천, 중국으로부터의 여행』(*Shenzhen: A Travelogue from China*, 2000)과 『평양, 북한에서의 여정』(*Pyongyang: A Journey in North Korea*, 2003)을 프랑스에서 출간했다. 데이브 쿠퍼(Dave Cooper, b. 1957)는 그래픽 소설을 남성의 성적 편집증과 연관지어 『썩클』(*Suckle*, 1997), 『크럼플』(*Crumple*, 2000), 『리플』(*Ripple*, 2003)을 출간했다.

코믹책은 아이들을 위한 책이라는 오명을 극복하고 그래픽 소설은 소설과 자서전을 서로 연결지으면서 새로운 영역을 개척해왔다. 코믹책은 캐나다인들이 특히 탁월한 영역이며, 세계적으로 널리 인정받은 영역이기도 하다.

10

문화를 가로지르는 삶에 대한 글

(Transcultural Life Writing)

1980년 이후 삶에 대한 글쓰기(life-writing)는 캐나다에서 주목할 만한 장르로 주목받기 시작하였다. 여기에는 전통적인 글쓰기인 자서전, 메모, 저널, 전기 뿐 아니라 충고 칼럼, 편집자에게 보내는 편지, 부고, 비디오테이프, 온라인 기록물 등 서브 장르를 포함한 다양한 글쓰기가 포함된다. 20세기 초반만 하더라도 이와 같은 주제는 대부분 국가와 공식적 언어에 한정되는 경향이 있었다. 그러나 모던에서 포스트모던 시대로 전환되면서 하나의 문화에 동화되는 것에 대한 거부와 문화적 차이에 대한 긍정적인 인식이 확대되고, 오랫동안 지탱되었던 사회의 단일적 문화 모델이 다문화쪽으로 자리를 내어주었다. 캐나다는 이민자들의 문화적 유산을 공식적으로 인정하는 몇몇 안 되는 나라의 하나이다. 1988년 국회는 다문화주의 법령(Multiculturalism Act)을 제정함으로써 캐나다에서 다문화주의는 공공정책의 핵심으로 자리매김한다. 삶에 대한 글은 이와 같은 사회적 문화적 분위기 속에서 형성되기 시작하였고, 삶에 대한 글쓰기는 문화적 협상의 형태를 띠기 시작했다.

캐나다에서 가장 흔한 자서전의 형태는 새로운 나라에 정착하면서 실험적인 삶을 살아가는 것을 기술하는 것이다. 여기에 자신이 속했던 나라와의 관계를 유지하는 것이 추가될 수 있다. 유럽에서는 계몽주의 사상가들에 의해 구축된 통합된 자아에 대한 믿음이 강했던 반면, 상대적으로 캐나다에서는 가변적이고 다문화적 경험을 토대로 한 유연성 있는 자아의 개념이 도출되었다. 문화를 가로지르는 작가들은 단일 국가에 대한 충성이나 확연한 지리적 구분을 거부하고 도전하였다. 캐나다의 자서전 작가들은 다인종의 민주주의 사회에서 환경과 새로운 관계를 맺으면서 상호작용하는 역동적 위치에 선다.

전후 20세기 초반과 중반의 삶에 대한 글

캐나다의 삶에 대한 글에서 이주는 중요한 부분을 차지한다. 이주의 이유는 전쟁, 추방, 인종 청소, 가난과 경제적 궁핍으로부터의 탈출 등 다양하다. 이 중 전쟁은 유럽에 배경을 둔 다수의 작가들이 캐나다로 이주한 가장 큰 이유이다. 1차 대전 이후 유럽의 다문화적 틀은 오스트리아 헝가리 제국에 토대를 두었다. 아나 포터(Anna Porter)의 『이야기꾼, 기억, 비밀, 마술, 그리고 거짓말』(*The Storyteller: Memory, Secrets, Magic and Lies*, 2000), 모드리스 에크쉬타인즈(Modris Eksteins, b. 1943)의 『동튼 이후로 걷기, 동유럽 세계 2차대전, 그리고 우리 세기의 중심 이야기』(*Walking since Daybreak: A Story of Eastern Europe, World War II, and the Heart of our Century*, 1999), 자니스 쿨리크 키퍼(Janice Kulyk Keefer, b. 1952)의 『단맛과 쓴맛, 가족 이야기』(*Hon-

ey and Ashes: A Story of a Family, 1998), 한나 스펜서(Hanna Spencer)의 『한나의 일기, 1938-1941, 체코에서 캐나다로』(*Hanna's Diary, 1938-1941: Czchoslovakia to Canada*, 2001)는 개인의 전기적 이야기를 역사적인 파노라마와 상호 엮인 글쓰기를 보여준다. 『이야기꾼, 기억, 비밀, 마술, 그리고 거짓말』에서 아나 포터의 가족사는 1899년 할아버지 빌리(Vili)로부터 시작되고 이후 헝가리에서 뉴질랜드를 거쳐 작가가 태어난 토론토로 삼대의 역사를 추적해 들어간다. 여기에 1456년에서 1990년대까지 14대에 걸친 헝가리의 역사가 추가된다. 이와 같은 가족 내 역사의 파노라마는 문화적, 정치적 지형과 함께 기술된다. 1969년 캐나다로 이주한 뒤 앤 포터는 결혼하고 두 딸과 함께 진정한 캐나다인이 된다. 모드리스 에크쉬타인즈(Modris Eksteins, b. 1943)의 저서 『동튼 이후로 걷기, 동유럽 세계 2차 대전, 그리고 우리 세기의 중심』(*Walking Since Daybreak: A Story of Eastern Europe, World War II, and the Heart of Our Century*, 1999)에서도 정치적 역사적 배경과 함께 개인의 역사가 전개된다. 에크쉬타인즈는 토론토 대학의 역사학자로서 자신의 가족사를 분석하는데 전문 지식을 이용한다. 1943년 라스비아에서 태어난 에크쉬타인즈는 할아버지의 탄생에서 가족의 역사 기술을 시작한다. 그의 할아버지는 1874년 라트비아의 하녀와 발트 남작 사이에서 태어났다. 그의 가족사는 발트국(Baltic States)과 발트국이 게르만족에 의해 식민화되는 상황으로 거슬러 올라간다. 발트국은 1991년 독립을 쟁취하지만, 곧이어 나찌와 소련에 의해 점령당한다. 그의 어린 시절의 삶이 북독일의 난민 캠프의 비참한 날들에서 시작하여 캐나다로 향한 배에 올라타는 것에 이르기까지 생생하게 기록되어 있다. 한편 자니스 쿨리크 키퍼(Janice Kulyk Keefer, b. 1952)의 이야기는 할머니가 1902년에 오스트리아 헝가리 제

국에서 태어나는 것으로 시작된다. 20년 뒤 어머니가 때어날 때 폴란드 공화국(Polish Republic)이 생겨난다. 작가는 가정 안에서도 여성들에게 초점을 맞추어 유럽의 지형 변화를 시적으로 기술한다. 1935년 그녀의 가족이 캐나다에 도착한 직후 이들은 어려운 시기에 직면한다. 『단맛과 쓴맛, 가족 이야기』에는 백인청교도 중심의 무리로부터 소외되어 힘겨운 나날을 보냈던 인생 역정이 생생하게 기록되어 있다.

이레나 카라필리(Irena F. Karafilly)는 2000년에 출간된 『깃털 있는 모자를 쓴 이방인, 회고록』(*The Stranger in the Plumed Hat: A Memoir*)에서 자신의 어머니를 회고한다. 그녀는 1920년대에 러시아에 머무르다 2차대전 동안 폴란드로 건너가 알츠하이머 병에 걸린다. 폴란드 유대인과 결혼한 뒤 구년간 이스라엘에 거주하고 몬트리올에 건너와 초기 정착 단계에 숱한 어려움을 겪고, 1990년대 세인트 메리스 병원에 환자로 고립되고 침대에 묶여 생활하는 카라필리 모친의 삶이 딸에 의해 회상 형태로 기록된다. 전쟁의 참화로부터 벗어나려는 경험과 기록은 특히 대학살을 경험한 유대인들에게 의미 있게 다가온다. 리사 아피그나네시(Lisa Appignanesi, b. 1946)는 유대계 유럽인들의 경험을 『사자를 잃고』(*Losing the Dead*, 1999)에 기록하였다. 그녀의 아버지가 런던의 병원에서 사망할 때 폴란드에서의 과거를 되뇌고, 어머니가 알츠하이머 병으로 인해 과거 폴란드에서의 삶으로 회귀하자 작가는 이 모든 경험을 기록으로 남긴다. 딸은 모친의 경험을 통해 폴란드적 기원을 재구성하는데, 바르소바의 유대인 감금지역에서 도망쳐 나와 프랑스로 도주하고, 캐나다에서 새로운 삶을 살아왔던 18세기 이후 유대인으로서 삶을 20세기 다문화된 캐나다의 현재 삶과 동화시킨다. 잭 쿠퍼(Jack Kuper)의 『대학살의 아이』(*Child of the Holocaust*, 1967)는 일곱 살 난 제이콥 쿠퍼블룸(Jakob

Kuperblum)이 폴란드에서 겪은 생존의 이야기이다. 한나 스펜서(Hanna Spencer)의 『한나의 일기』는 일기의 형식으로 오스트리아 헝가리 제국이 무너진 뒤 체코슬라비키아에서 자신의 생존을 기록한 것이며, 1938년 수데텐랜드(Sudetenland)에서의 정치적 변화와 뒤 이은 영국과 캐나다로의 도피가 서술되어 있다.

프랭크 오벌(Frank Oberle, b. 1932)의 독일에서 캐나다로의 이주 또한 그가 브리티시 컬럼비아에서 정치적으로 성공한 뒤 자서전에서 부각시킨 주제의 하나이다. 2004년에 출간된 『집 찾기, 전시의 아이의 평화를 찾은 여행』(*Finding Home: A War Child's Journey to Peace*)에서 화자는 1932년에 자신이 태어난 포시하임(Forchheim)을 찾아간다. 히틀러가 전쟁을 일으켜 가족이 폴란드로 옮겨가고 히틀러 청소년 학교에 다닌 경험, 그리고 군대에서 탈출한 뒤 전후 독일의 삶에 만족하지 못하고 1951년 캐나다로 이주하여 아내 조안(Joan)과 결혼하여 딸을 낳고 살아가는 이야기가 전개된다. 과거가 재구축되는 과정에서 흔히 부모와 그 윗대 가족들의 경험이 기술된다. 잭 쿠퍼와 한나 스펜서와 같은 작가에서는 자신이 안주할 집을 찾은 캐나다에 대한 감사가 포함되기도 한다. 엑쉬타인즈(Eksteins)는 동부 유럽과 북미를 역사적으로 병치하여 표현하기도 한다. 그에게 있어서 1945년은 과거의 독재로부터 새로운 민주 사회로 전환점이 된 중요한 해였다. 그래서 그는 유럽에서 파시즘과 공산주의의 몰락을 캐나다에서의 삶의 관점에서 바라보고 자신이 다문화적이고 포스트모던적 세계의 일부가 되었음에 안도감을 느끼면서 새로운 안식처를 찬양한다.

주위의 도움을 통해 과거 유럽에서의 삶을 되찾는 이야기들도 있다. 리사 아피그나네시(Lisa Appignanesi, b. 1946)의 『사자를 잃고』(*Losing the Dead*, 1999)는 부친이 사망하고 모친이 알츠하이머 병에 걸리자 유대인으로서의 과거를 탐구하고자 폴란드로 여행을 떠난 딸의 이야기이다. 여주인공은 1988년 첫 여행에서 폴란드에 대한 지식 부족과 공무원들의 비협조적인 태도로 큰 수확을 거두지 못하고 돌아온다. 1997년 두 번째 여행에서는 폴란드어를 구사하는 뉴욕의 친구를 동반하는데, 이 여행에서 전쟁 기간 동안 겪은 유대인들의 경험과 역사를 재구성하면서 동시에 모친의 이야기를 자신의 상상력으로 채워 넣는다. 이 여행은 그녀에게 발굴(excavations)이 되며 폴란드를 떠날 때 과거를 다시 회복했다는 느낌을 갖게 된다.

20세기 공산주의의 몰락으로 인해 유럽계 캐나다인들은 자연스럽게 다시 유럽의 옛 고향으로 되돌아갈 기회를 갖게 되었다. 특히 반강제적으로 이주를 택해야했던 작가들에게는 유럽으로의 여행이 큰 의미가 있었다. 제니스 키퍼는 1993년과 1997년 우크라이나로 귀환 여행을 떠나고, 앤 포터도 1996년과 1998년 헝가리를 방문한다. 동유럽을 떠나 북미에 성공적으로 정착한 작가들, 예술가들, 정치가들은 전쟁으로 산산조각난 유럽과는 달리 정치적인 자유가 보장된 캐나다의 시스템을 선호했다. 동유럽 이주민들은 캐나다에 대해 국가 없는 국가(terra incognita, a nation-less state)라는 인식을 가지고 있었다. 캐나다는 점차 새로운 관계를 맺는 토대가 되어가고 있었다.

캐나다와 유럽의 경계를 가로지르면서 상호관계의 넷워크를 구축함에 있어 이사벨 허간(Isabel Huggan, b. 1943)은 주목할 만한 위치를 차지하고 있다. 그녀는 2003년 『머무르는 곳, 집을 떠난 집』(*Belonging: Home Away from Home*)을 통해 문화를 가로지르는 방향을 뒤집는다. 허간은 중산층의 백인 캐나다 여성이 캐나다를 떠나 프랑스에 정착하는 이야기를 만들어 내었다. 이 단편소설에서 그녀는 결국 얼마 가지 않아 캐나다에 대한 향수를 느끼고, 고향으로 돌아갈 수 없는 사람들과는 다른 자신의 위치를 지각하고 스스로를 부끄러워한다.

유럽 외의 캐나다 이주민의 삶에 관한 글

캐나다는 유럽 뿐 아니라 일본과 중국을 포함한 아시아와도 문화적 교류가 있었고, 19세기 말에는 아시아 노동자들이 캐나다에 이주하기 시작하였다. 유럽의 이주자들과는 달리, 대부분의 아시아 국가에서는 가장 먼저 도착하고 그 뒤에 가족들이 뒤따라오는 형태의 이주가 대부분이었다. 대부분의 아이들은 캐나다에서 태어나 부모의 언어를 배우지 않고 영어로 교육을 받으며 자라났다. 그들의 출신 고국에 관한 지식은 대부분 가족이나 가끔씩 이루어지는 고국으로의 여행을 통해 습득되었다.

마이클 데이비드 콴(Michael David Kwan, 1934-2001)의 『잊혀져서는 안 되는 것들, 전시 중국에서의 어린 시절』(Things that must not be Forgotten: A Childhood in Wartime China, 2000)은 1930년대 중반, 1940년대 초반 작가의 체험을 토대로 만들어졌다. 영향력 있는 부친 덕분에 케임브리지에서 수학하면서 물질적 어려움이 없이 성장한 데이비드 콴은 일본의 중국 침략이나 장재석과 모택동 사이의 이데올로기적 갈등과는 별 관계없이 외국에서 편안하게 성장했다. 콴의 문제는 정서적 문화적 연대의 문제였다. 중국인 아버지와 이혼 후 가정을 버린 스위스 어머니 사이에서 그는 자신이 혼혈인이라는 위치에 있음을 깨닫는다. 혼재된 문화적 정체성은 그가 영어와 중국어를 섞어 사용하는 것에서도 드러나 있다.

그는 1963년 중국과 홍콩 사이의 전쟁을 목격한 뒤 캐나다로 귀화하였고, 비록 그의 내러티브에 캐나다는 나오지 않지만 밴쿠버에서의 삶은 이야기 전개의 배후에 암묵적으로 설정되어 있다.

이주민들의 삶의 이야기들은 흔히 출신 국가의 역사와 엮여있다. 웨이슨 초이(Wayson Choy, b. 1939)는 1999년에 출간된 『종이 음영, 차이나타운에서의 어린 시절』(Paper Shadows: A Chinatown Childhood)에서 밴쿠버의 중국 이민자 삼세대의 삶에 대해 이야기 한다. 그는 자신의 인생을 캐나다에 이주한 중국인들의 역사와 연관지어 이야기한다. 제한적인 캐나다의 이민 정책, 중국과 진주만에 대한 일본인들의 무력 공격 등이 기억을 통해 그려지며, 그의 서술은 1945년 일본의 항복에서 정점을 이룬다. 비록 차이나타운의 문화 속에서 성장했지만, 그는 중국 문화와는 다른 문화 시스템에 익숙해 있었으며 중국 오페라를 미국의 카우보이 영화와 병치시킨다. 그는 자신을 중국의 신화적 인물과 동일시하는 대신 카우보이나 로빈 훗과 대조시킨다. 또한 중국어 학습을 강요하는 어머니에 저항하고, 칭글리시(Chinglish)를 쓰면서 상호 문화적 관계를 발전시킨다. 그는 중국인 학교를 그만두면서 캐나다인임을 확인한다. 성인으로서 토론토에서 교육을 받으면서 초이는 가족의 비밀에 대해 알게 된다. 자신이 입양된 아들이며, 부친이 밴쿠버의 중국 오페라 단원이었을 것이라고 추측한다. 비록 어렸을 때 중국 문화를 거부했지만, 중국과 캐나다의 상호문화적 관계는 그로 하여금 두 나라의 관계를 탐험하는 동기가 되었다. 소설 『옥빛 작약』(The Jade Peony, 1995)과 『중요한 모든 것은』(All that Matters, 2004)은 그 탐구의 결과물이다. 비디오 전기 『웨이슨 초이, 나비 펼치기』(Wayson Choy: Unfolding the Butterfly, 2003)와 중국으로의 여행 다큐멘터리 『공자를 찾아』(Searching for Confucius, 2005)는 중국계 캐나다인이라는 소수 민족의 정체성에 관한 것이다.

일본계 캐나다인으로서의 경험을 보여주는 대표적인 작품으로 데이비드 스즈키(David Suzuki, b. 1936)의 자서전적 작품 『변형, 삶의 단계들』(*Metamorphosis: Stages in a Life*, 1987)과 『데이비드 스즈키 자서전』(*David Suzuki: The Autobiography*, 2006)이 있다. 스즈키는 처음부터 자신이 1936년 밴쿠버에서 태어나 캐나다 단일어를 사용하는 시민이라고 밝힌다. 일본계 캐나다인의 경우 진주만 공격 이후 차별되는 관행이 많았으며, 일본계 캐나다인을 추방하려는 캐나다 정부의 노력도 진행되었다. 그는 『변형, 삶의 단계들』에서 파괴적인 문화동화 과정을 그려내었다.

다문화주의 시대의 실험적 글쓰기

1970년 이후 더욱 자유로운 다문화 사회가 형성되면서 아시아계 캐나다인들은 자신의 문화적 뿌리를 찾는 시도를 하였다. 클라크 블라이스(Clark Blaise), 바라티 무커르지(Bharati Mukherjee), 바싼지(M.G. Vassanji), 마이클 온다체(Michael Ondaatj)와 같은 작가들과 저널리스트 얀 옹(Jan Wong)과 이선경(Yi Sun-Kyung)도 이와 같은 작가에 포함된다. 얀 옹(Jan Wong, b. 1952)은 1955년 몬트리올에서 중국계 캐나다 부모로부터 출생하였다. 그녀의 『레드 차이나 블루즈, 모택동에서 지금까지의 나의 먼 여행』(*Red China Blues: My Long March from Mao to Now*, 1996)에서 자신이 1960년대 과격한 사상을 가지고 모택동주의를 북아메리카와 유럽에서 반베트남전 운동에 적용하려 했으며, 그녀의 가족들이 캐나다에서 적응하는데 고통을 주었다고 회고하고 있다. 얀 옹은 자신을 몬트리올의 모택동주의자(a Montreal Maoist)라고 호칭하는데, 그녀는 맥길 대학 학생 당시 북경대학(Peking University)으로 유학을 선택한 극소수 학생의 하나였다. 1972년에서 1994년까지 얀 옹은 14년간 중국에 머문다. 처음에는 학생으로 중국에서 공부하고 미국 컬럼비아 대학을 졸업한 뒤 다시 중국을 방문할 때에는 저널리스트로 그곳에 머물렀다. 책 제목이 시사하듯 옹은 자신의 신념의 변화를 이 책에서 기술하고 있는데, 책의 구도는 영국 시인 존 밀턴(John Milton, 1606-1674)의 『실낙원』(*Paradise Lost*, 1667)에서 끌어오고 있다. 모택동의 천국이라는 환상에서 벗어나 공산주의의 몰락과 캐나다의 부상에 대한 강한 믿음이 텍스트에 구현되어 있다.

비슷한 이데올로기적 변화가 이선경(Yi Sun-Kyung)의 작품에서도 엿보인다. 그녀는 한국계 캐나다인의 라이프 스토리로 『은둔자 왕국의 내부에서, 비망록』(*Inside the Hermit Kingdom: A Memoir*, 1997)을 출간하는데, 1975년 서울은 여덟 살의 어린 아이에게 사악한 공산주의자인 북한과는 달리 미국에 의해 보호되는 장소로 비추어졌다. 이와 같은 흑백 시각은 그녀가 할리우드 영화를 통해 얻은 북미의 이미지에 의해 강화되었다. 1994년 북한을 방문한 뒤 그 다음해 남한을 방문하는데, 이때 그녀의 생각에 변화가 생긴다. 김일성 사후 이루어진 북한 방문에 이어 서울을 방문하면서 서구화된 사회의 모습과 정치적 부패를 목격한다. 캐나다로 돌아온 뒤 리포트를 편집하면서 토론토 한국 대사관 직원의 저지를 받고 표현의 자유가 억압당하는 것을 한탄한다. 비무장지대의 남쪽에서 북을 바라보면서 화자는 분단이 극복되지 못할 것이라고 느낀다. 그리고 한반도의 분단된 상황과 같이 자기 자신이 정서적 마비 속에서 분단되는 것을 느낀다. 이때의 분단은 이성적으로 캐나다를 수용하는 것과 환상에 의해 정서적으로 애착을 갖는 것이다.

클라크 블라이스(Clark Blaise, b. 1940)와 바라티 무커르지(Bharati Mukherjee, 1940-2017)는 1973년부터 이년간 인도에 머무른 뒤 『캘큐타에서의 낮과 밤』(*Days and Nights in Calcutta*)을 공동 집필하였다. 이 책에는 미국에서 자란 캐나다 남편과 인도에서 태어난 캐나다 아내의 서로 상반된 관점이 결합되어 있다. 블라이스에게 있어서 이 프로젝트는 아내의 인디언 세계, 그녀의 선조와 가족의 역사를 직면한 것이고, 무커르지는 인도의 어린 시절과 다시 연관되는 것을 표상한다. 블라이스의 저널은 14년간 부재한 뒤 되돌아 온 사람의 느낌을 잘 전달하고 있다. 미국인의 공적인 삶과 인도의 공적인 삶 사이의 차이에 주목한 그녀는 시민권은 쉽게 획득될 수 있지만, 문화적 뿌리는 쉽게 얻을 수 없음을 깨닫고 혼돈스러워한다. 블라이스는 양자 사이에 낀 위치에 대해 언급하면서 추방자라기보다는 이주자라는 것을 느끼면서, 옛 이미지를 가상적인 이미지로 바꾼다. 그래서 그녀는 인도의 상상력을 미국의 소설 기법과 결합시킨다. 한편 무커르지는 캐나다에서의 다문화주의 수사학에 의문을 제기하면서 캐나다 시민권을 버리고 캘리포니아 대학에서 경력을 쌓았다.

『캘큐타에서의 낮과 밤』과 달리 바싼지(M.G. Vassanji, b. 1950)의 『내부의 장소, 인도 재발견』(*A Place Within: Rediscovering India*, 2008)은 단일한 관점에서 서술된다. 작가는 인도가 아닌 곳에서 수십년을 보낸 뒤 지나온 삶에 대해 이야기 한다. 바싼지는 인도에 대한 개인적 기억을 학자적 탐구와 결합시킨 담론으로 구축한다. 바라티 무커르지와 바싼지의 글이 포스트식민주의와 상응하는 것이라면, 아룬 무커르지(Arun Mukherjee)는 자신의 전문적 삶에 초점을 맞춘다. 『포스트콜로니얼리즘, 나의 삶』(*Postcolonialism: My Living*, 1998)은 1946년 인도에서 영국인으로 태어난 여성이 1947년 인도 시민권자가 되고, 궁극적으로는 토론토에서 남아시아계 캐나다인이 되는 삶을 기술하였다. 일련의 논문과 연설을 통해 그녀는 포스트식민주의의 상황과 정치적 자유의 중요성을 알렸다.

마이클 온다체(Michael Ondaatje, b. 1943)는 1954년 스리랑카를 떠난 뒤 1878년과 1980년 자신의 가족 친지들과 연대를 회복하기 위해 두 차례 스리랑카를 방문한다. 그리고 1982년 포스트모던, 포스트식민주의적 자서전 『집안 내력』(Running in the Family)을 출간하여 스리랑카에서의 자신의 과거와 재결합하려는 시도를 하였다. 그는 30대 중반이 되어 어렸을 때 이해하지 못했던 과거 주변 세계를 지도와 자료들을 통해 살펴본다. 여기에는 아랍인, 중국인, 포르투갈인, 네덜란드인 등 다양한 국적의 사람들과 교류가 포함되어 있고, 다양한 음성들이 혼재되어 있다.

백인 캐나다인과 유색인종의 결합으로 인한 어려움을 기술하는 것은 캐나다 문학의 흔한 소재이다. 로렌스 힐(Lawrence Hill, b. 1957)은 아프리카계 미국인 아버지와 백인 미국인 어머니 사이에 태어났다. 이들은 결혼 후 1950년대에 토론토로 이민을 왔는데, 로렌스 힐의 자서전적 내러티브 『블랙 베리와 스윗 주스, 캐나다에서 백인과 흑인인 것은』(Black Berry, Sweet Juice: On Being Black and White in Canada, 2001)에서 책 제목 블랙 베리와 스윗 주스는 백인과 흑인을 의미한다. 이 책은 자신의 경험과 서른네 명의 혼혈 캐나다인의 인터뷰로 구성되어 있는데, 로렌스 힐에게 있어 사회화는 사회적 구축물로서 인종을 수용하고 다양한 인종과 문화에 두려움 없이 자신을 노출시키는 것을 의미한다.

혼종이라는 이유로 시민권을 상실당하는 사회적 문제를 다룬 소설로 벨마 데머손(Velma Demerson, b. 1920)의 『치유불가』(Incorrigible, 2004)가 있다. 1939년 중국인 남성과 관계를 맺은 것으로 인해 데머손은 체포된다. 열달간 토론토의 여자 교도소에 감금되었다 풀려난 다음 그녀는 중국인과 결혼한다. 이로 인해 그녀는 캐나다 시민권을 박탈당한다. 그녀는 자신과 그녀의 가족이 겪었던 난관을 회상하는데, 캐나다 사회에서 백인이 아닌 구성원들에 대한 차별은 그녀가 겪은 일련의 사건들을 통해 생생하게 기록된다. 동양인과 교재에 대한 부친의 강한 반대, 동의 없이 이루어진 의약 실험, 의료진이 일방적으로 성병이라고 주장하며 치료 행위를 하면서 태중의 아들이 위기에 처한 사건들이 소설 속에 기술되어 있다.

캐나다 사회에서 원주민들의 특별한 역할은 문화를 가로지르는 삶을 기술하는 장르의 핵심적인 부분을 차지한다. 체스터 브라운(Chester Brown, b. 1960)이 쓴 19세기 메티스 투사의 코믹 스트립 전기인 『루이 리엘』(*Louis Riel*, 2003)에서부터 시작하여 흑인과 아시아계 이주민들과 원주민들 사이의 동일시, 환경 보전을 위한 투쟁 등 광범위한 영역의 문제들이 텍스트에서 다루어진다. 매기 드 브리스(Maggie de Vries, b. 1961)가 쓴 자신의 누이에 대한 전기『실종된 사라, 밴쿠버의 여인이 사라진 누이를 기억하며』(*Missing Sarah: A Vancouver Women Remembers her Vanished Sister*, 2003)에서는 생후 약 일 년쯤 뒤 입양된 사라가 같이 입양된 마크(Mark)와는 달리 가족의 일원이 되지 못한 사연에 대해 이야기한다. 사라와 마크의 결정적인 차이는 인종이다. 흑인, 원주민, 멕시칸 인디언들은 가족 내에서 검은 양과 같은 존재였다. 양육을 떠맡은 부모가 이혼하면서 사라는 정서적 불안감으로 고통 받았고, 열네 살에 집을 뛰쳐나와 마약 중독자가 되고 몸 파는 여인으로 전락한다. 그녀는 두 아이를 낳은 뒤 1998년 행방불명되는데 살해된 것으로 추정된다. 매기 드 브리스의 책은 개인적으로는 죽은 자신의 누이를 더 잘 이해하려는 노력이었고, 공적으로는 캐나다 사회에 대한 사회학적 탐구였다. 드 브리스의 관심은 범죄에 대한 탐구로 이어진다. 서로 다른 인종 간의 연결은 캐나다 국내의 문제를 넘어서 국가 차원으로 확대된다.

디온 브랜드(Dionne Brand, b. 1953)의 『돌아올 수 없는 문으로의 지도』(*A Map to the Door of No Return*, 2001)는 블랙 디아스포라의 실체를 드러내어 준다. 흑인들은 세계 각지에 흩어져 살아가면서 그들의 관습과 규범을 유지하는 공동체를 이룬다. 이들은 밴쿠버의 사리쉬 인디언(Salish indian)과 같은 캐나다의 원주민들과 문화적으로 연결되고 교류한다. 원주민들은 아프리카 혈통일 수도 있고 중국계 이주민일 수도 있다. 데이비드 스즈키(David Suzuki, b. 1936)는 세계 대전 전후 일본인 차별에 시달려 왔으며, 오크 리지(Oak Ridge) 리서치에서 아프리카계 미국인들을 지지하였다. 미국인들이 흑인을 대하는 것과 캐나다인들이 원주민들을 대하는 것이 서로 유비되어 원주민들과 아시아 이주민들 사이에 공유하는 문화적 유산이 형성된다. 이와 같은 유비는 작품 『변형』(*Metamorphosis*, 1987)의 핵심적인 주제이다.

『슬픔과 공포, 에어 인디아 비극의 유산』(*The Sorrow and the Terror: The haunting legacy of the Air India Tragedy*, 1987)에서 클라크 블라이스(Clark Blaise, b. 1940)와 브하라티 무커르지(Bharati Mukherjee, 1940-2017)는 1985년 유월 발생한 에어 인디아의 비극을 탐구하였다. 캐나다에서 인도로 향하던 비행기가 대서양에 추락하면서 329명이 사망한다. 대부분의 탑승객들이 캐나다인이었지만, 당국은 이들의 국적을 인정하지 않고 인디언들의 후손들이라고 호칭했다. 인도 비행기였으므로 사고 수습과 법적 문제는 인도가 담당했고, 아일랜드는 구제 작업과 희생자들의 신원을 확인하는 역할을 했다. 캐나다는 이들의 죽음을 자국 시민의 사망으로 공식적으로 인정하지 않았으며, 2007년이 되어서야 밴쿠버에서 죽은 자들을 위한 기념제가 열렸다. 1970년대 캐나다에서는 이 사고가 입양을 포함한 다문화적 사회의 채택을 입은 테러리스들의 행위라고 근거 없이 추측하였다. 당시 캐나다에서 교육받지 못하고 직장도 없으며, 종교적으로 근본주의자인 젊은이들은 사회를 위협하는 테러리스트와 같은 존재였다. 21세기 초가 되어서야 캐나다 사회는 현실 세계에서 소수인종을 받아들이고 통합시키는 다문화 사회를 구축하는 틀이 세워질 수 있었다.

제임스 바틀만(James Bartleman, b. 1939), 루디 위비(Rudy Wiebe, b. 1934), 데이비드 스즈키(David Suzuki, b. 1936)는 정치가, 작가, 과학자로서 성취한 경력을 기술하였다. 제임스 바틀만(James Bartleman)은 자신의 저서 『라이신 와인, 다른 무스코카에서의 소년기』(*Raisin Wine: A Boyhood in a Different Muskoka,* 2007)에서 포스트인종주의적 입장을 넘어서 지구를 보호하기 위한 범세계적 협동의 중요성을 강조한다. 이 작품은 온타리오 인디언 보호구역에서 원주민 여성과 백인 남성이 가정을 꾸리고 네 아이를 키운 바틀만 부모의 이야기이다. 바틀만은 이 저서에서 소년으로 등장하며, 현대 기술 문명에 의해 침해당하지 않은 자연환경 안에서 살아간다. 어린 시절은 그에게 안전하고 매력적인 것이었다. 바틀만의 모친은 가족들을 돌보고, 그의 부친은 낙천적인 태도로 라이진 와인을 손수 만든다. 바틀만은 백인이 캐나다에 도착하기 이전의 원주민들의 권리를 주장한다.

루디 위비(Rudy Wiebe, b. 1934)는 『이 대지에 관하여, 보리얼 숲에서의 메노파교도의 소년기』(*Of This Earth: A Mennonite Boyhood in the Boreal Forest,* 2006)에서 사스캇체완 메노파교도 이주민의 아들로 15년간 어린 시절을 보낸 경험을 이야기한다. 위비는 캐나다의 광활한 지형에 애착을 갖았고, 자신을 캐나다의 대지와 동일시하였다. 이와 같은 태도는 메노파 선조의 종교 문화의 유산이다. 프리스랜드(Fliesland)와 홀란드의 반침례교도들의 역사를 거슬러 올라가면서 위비는 캐나다인의 뿌리를 프리스랜드의 선조 아담 위비(Adam Wiebe, b. 1584-1653)로부터 찾는다. 수많은 반대에도 불구하고 이 러시아 메노파 지역 사회는 자신들의 신념과 언어를 지키고 살았다. 위비의 대지에 대한 찬사는 데이비드 스즈키의 생태계 프로그램에 대한 헌신과 맥을 같이 한다.

　인종적 차이에 대한 거부가 환경 보전을 위해 모든 인간이 협동하는 데 얼마나 큰 성과가 있는지 잘 드러내어주는 저서로 데이비드 스즈키(David Suzuki, b. 1936)의 자서전을 들 수 있다. 열 세 챕터로 구성된 『자서전』(*Autobiography*) 중 여덟 챕터가 생태학적 프로젝트에 관한 기술이다. 스즈키는 잉글랜드에서 이주한 타라 컬리스(Tara Cullis)라는 여성과 결혼할 때 포스트인종주의적 자세를 취한다. 그들은 인간과 자연을 존중한다는 토대 아래에서 유전학을 전공하는 교수로 첫 만남을 갖았다. 캐나다 이주민들과 환경론자들은 더 큰 문화적 영적 필요성을 간과해왔다고 스즈키는 주장한다. 자연을 숭상하는 일본의 전통을 부친으로부터 물려받은 스즈키는 도쿄 기후 협약과 같은 정치적 결정과 프로그램에 영향력을 미쳤다. 지구 위의 모든 인간은 인종이나 민족과 관계없이 상호 의존적이며, 이는 다인종 사회의 공공복리를 위한 필연적인 선결조건이라고 스즈키는 믿었다. 현재 존재하는 국가의 모델을 넘어서 포스트국가 세계(post-national world)에 대한 비전이 초문화적 삶의 글(transcultural life-writing) 속에 드러나 있다.

11

다문화주의와 글로벌리즘

(Multi-culturalism and Globalism)

20세기 말 캐나다 문학은 영국, 프랑스, 미국뿐 아니라 그 외의 다양한 세계와 더 깊은 관련을 맺었고, 이와 같은 포괄적 관계없이 캐나다 문학을 정의하기 어렵게 되었다. 캐나다에서 다문화주의는 1971년 이후 공식적으로 국가에 의해 장려되기 시작했으며, 1988년에는 국회에 의해 법령으로 추인을 받아 대중적으로나 학문적으로 캐나다를 정의하는 데 있어서 핵심적인 용어로 자리하였다. 국적, 인종, 성별, 계급, 나이와 관계없이 모든 사람이 보편적인 권리를 갖고 각각의 삶의 방식이 존중된다는 의미를 지니고 있지만, 특히 캐나다의 다문화주의는 소수의 문화의 발전을 지원하고 문화 인종의 교류와 소통에 초점을 둔다는 점에서 그 특색이 있다. 캐나다는 출신 국가의 독자성을 보전하면서 서로 공존하고 이주민을 삶의 주체로 간주하고 이들의 권리를 적극적으로 인정한다. 문학에서 다문화주의는 포스트식민주의와 해체주의, 문화연구와 함께 이론적으로 정립되기 시작하였으며, 제국의 지배문화나 엘리트 문화가 정전으로 받아들여져 왔던 비서구 소수 인종 작가들의 연구와 더불어 큰 영향력을 발휘한다. 캐나다의 다문화주의 텍스트는 서로의 차이를 인정하고 동시에 어떻게 연결되어 있는지 살펴보는 탐색의 장이 되고 있다.

글로벌리즘의 지형

『케임브리지 캐나다 문학사』(*The Cambridge History of Canadian Literature*)에서는 글로벌리즘이라는 용어를 다음과 같은 두 가지 의미로 해석한다. 첫째는 영어권 캐나다와 퀘벡이 다른 장소나 문화적 전통과 어떤 관계를 맺는가 하는 의미이고, 둘째는 세계의 문화가 점차 동질화되어 영어와 국제 자본 아래 종속된다는 의미이다. 같은 글로벌이라 하지만 첫 번째 의미와 두 번째 의미는 서로 대립되는 면이 있으므로, 양면 모두 고려하면서 다문화주의와 글로벌리즘의 지형을 살펴볼 필요가 있다.

다문화주의는 캐나다를 차별화시키는 중요한 용어이며 캐나다인들이 강한 자부심을 느끼는 개념이다. 퀘벡의 경우 때로는 다문화주의가 프랑스중심의 문화를 희석시킬 가능성에 대한 두려움이 있었지만, 퀘벡 또한 영어권 캐나다의 다문화적 글쓰기를 포용했고 이것은 캐나다 문화의 코스모폴리타니즘과 힘의 상징이라 할 수 있다. 아시아, 아프리카, 지중해 출신의 작가들은 캐나다의 문학을 다문화적으로 만드는데 큰 기여를 하였다. 캐나다는 싼 임금으로 일할 수 있는 이주민들을 영입해 왔고, 이주는 캐나다를 정의하는 핵심 용어의 하나이다. 캐나다 문학은 소수 인종들의 작품을 포함해왔다. 포스트식민주의 운동이 활발하게 전개되고 다문화가 국가의 정체성으로 자리하면서 영어와 프랑스어로 된 문학뿐 아니라 다른 언어로 말하는 사람들의 경험에 대한 관심도 높아지고 있다. 차이를 인지하는 것을 통한 다면적 아이덴티티의 발견이 핵심적인 관심사가 되었고, 캐나다의 안과 밖에서 캐나다 문학의 중심은 무엇인가에 대한 생각은 시대에 따라 바뀌어 왔다.

캐나다 문학에서 사용되는 두 주도적인 언어는 영어와 프랑스어이다. 이 외의 언어를 사용하여 활동한 작가로 스테판 스테판손(Stephan Stephansson, 1853-1927)은 아이스랜드어를, 사드후 비닝(Sadhu Binning)은 펀잡(Panjab)어로, 예후다 엘버그(Yehuda Elberg, 1912-2003)와 챠바 로센파브(Chava Rosenfarb, 1923-2011)는 이디시(Yiddish)어로 작품 활동을 하였다. 영어와 프랑스어 외의 다른 언어로 작품 활동을 하는 작가들이 건재하는 한 캐나다의 저명한 비평가 린다 허체온(Linda Hutcheon)의 "다른 고독"(other solitude)이란 말은 21세기에 접어든 현재 더 이상 캐나다의 문학을 표현하는 적절한 용어가 아닐 수 있다.

캐나다 이주의 두 물결

캐나다의 이주는 크게 두 개의 커다란 물결로 이해할 수 있다. 첫 번 째 이주는 영어나 프랑스어 외의 언어를 사용하는 사람들의 이주이다. 19세기 말, 그리고 20세기의 첫 60여 년간의 이주는 주로 남부와 동유럽으로부터 이루어졌고, 북유럽, 중국, 일본으로부터의 이주도 있었다. 그들은 대부분 노동자 계층이었고, 여러 면에서 주변부에 속해있었다. 1923년에 출간된 로라 굳맨 살버손(Laura Goodman Salverson, 1890-1970)의 『바이킹 하트』(*The Viking Heart*, 1923)가 영어로 쓰여진 최초의 민족 소설(ethnic novel)이다.

첫 번째 물결에 해당되는 작가들은 유대인으로는 클라인(A.M. Klein), 어빙 레이튼(Irving Layton), 모데카이 리칠러(Mordecai Richler), 아델 바이즈만(Adele Wiseman), 레너드 코헨(Leonard Cohen), 노만 레빈(Norman Levine), 매트 코헨(Matt Cohen), 앤 마이클즈(Anne Michaels) 등이 있다. 메노교도들로는 루디 위비(Rudy Wiebe), 패트릭 프리센(Patrick Friesen), 샌드라 버드셀(Sandra Birdsell), 미리암 토우즈(Miriam Toews), 디 브란트(Di Brandt)를 들 수 있다. 이탈리아인으로 피에르 조지오 디 시코(Pier Giorgio di Cicco), 프랭크 파씨(Frank Paci), 메리 디 미셸(Mary di Michele), 니노 리치(Nino Ricci)가 있고, 우크라이나인으로 베라 리센코(Vera Lysenko), 앤드루 수크나스키(Andrew Suknaski), 조지 리가(George Ryga), 자니스 쿨리크 키퍼(Janice Kulyk Keefer)가 있다. 일본인 로이 키유카(Roy Kiyooka), 조이 코가와(Joy Kogawa), 로이 미키 게리 쉬카타니(Roy Miki Gerry Shikatani), 히로미 고토(Hiromi Goto), 루이 우메자와(Rui Umezawa), 케리 사카모토(Kerri Sakamoto)가 있고, 중국인으로는 프레드 와(Fred Wah), 짐 웡추(Jim Wong-Chu), 스카이 리(SKY Lee), 웨이슨 초이(Wayson Choy), 주디 퐁 베이츠(Judy Fong Bates) 등이 있다. 퀘벡의 프랑스 문학에서 첫 물결의 영향력은 비교적 미미하다 할 수 있다.

1950년 이후 유럽의 인구가 감소하면서 외부로부터 노동력을 수입하기 시작하였고, 이후로 영국, 프랑스, 캐나다는 이주 정책에서 인종적인 문제를 완화시키면서 다양한 국가로 이민을 확대시켰다. 아시아와 캐리비안 국가들이 주 이민의 대상이 되었고, 한국, 베트남, 소말리아계 캐나다인들의 글들이 캐나다 문학에서 모습을 드러내기 시작하였다. 이 시기 중산층이나 영어나 프랑스어를 알고 있어서 중산층으로 들어올 수 있는 층들이 이주를 하였고, 캐나다의 문예는 다문화성을 띤다. 인도로부터 로힌턴 미스트리(Rohinton Mistry), 바라티 무커르지(Bharati Mukherjee), 아니타 바다미(Anita Badami), 수니티 남조쉬(Suniti Namjoshi), 샤나 싱 발드윈(Shauna Singh Baldwin), 라훌 바르마(Rahul Varma), 스리랑카로부터 리엔지 크루즈(Rienzi Crusz), 마이클 온다체(Michael Ondaatje), 샴 셀바두라이(Shyam Selvadurai), 동 아프리카로부터 바싼지(M. G. Vassanji), 조지 세렘바(George Seremba), 트리니다드로부터 클레어 아리스(Claire Harris), 라빈드라나트 마하라이(Rabindranath Maharaj), 디온 브랜드(Dionne Brand), 샤니 무투(Shani Mootoo), 닐 비순다스(Neil Bissoondath), 라마바이 에스피네트(Ramabai Espinet), 자메이카로부터 릴리안 알렌(Lillian Allen), 올리브 세니어(Olive Senior), 아푸아 쿠퍼(Afua Cooper), 바바도스로부터 오스틴 클락(Austin Clarke), 세실 포스터(Cecil Foster), 가이아나로부터 시릴 다비딘(Cyril Dabydeen) 등이 있다. 이 외에도 영국에서 아프리카 캐리비안 다이포라 작가로 디아네트 시어즈(Djanet Sears), 캐리비안 국가들에서 성장한 나로 홉킨슨(Nalo Hopkinson)이 있다. 이들 중 최초로 캐나다로 온 작가는 1955년에 캐나다로 온 오스틴 클락(Austin Clarke)이고 최근에 캐나다로 온 작가는 1991년 아니타 바다미(Anita Badami)이다. 대부분의 작가들은 1960년대와 70년대 캐나다로 건너왔다.

퀘벡에서도 이와 같은 물결에 상응하는 작가들의 이주가 목격된다. 이들은 대부분 성인이 되어 캐나다로 건너왔고 프랑스어에 능숙했다. 프랑스인으로 애티앙 에밀 올리비에(Haitians Émile Ollivier), 제라르 에티엔(Gérard Étienne), 마리-쎄씰 악낭(Marie-Célie Agnant), 다니 라페리에르(Dany Laferrière)가 있고, 이집트인으로 안느 마리 알롱조(Anne-Marie Alonzo)와 모나 라티프 가타스(Mona Latif-Ghattas), 레바논의 나딘 르테프(Nadine Ltaif), 와이디 무아와드(Wajdi Mouawad), 이라크의 나임 카탄(Naïm Kattan), 모로코의 다비드 벤다얀(David Bendayan), 세팔딕 주(Sephardic Jew)가 캐나다에서 활발하게 작품 활동을 하였다.

첫 물결의 이주 작가들이 유럽, 일본, 중국 등 영국이나 프랑스 식민주의와 관련이 없는 작가들이었다는 점과 대조적으로 이 제이의 물결 그룹은 이전에 영국이나 프랑스 제국에 속했던 나라 출신이 다수를 차지한다. 캐나다 문학에서 다문화주의는 포스트식민주의의 연장선상에 있다. 아프리카와 아시아의 식민지화는 영어나 프랑스어로 말하고 쓸 수 있는 엘리트층을 만들어 내었으며, 이들이 캐나다로 이주하면서 작가 그룹을 이루게 된 것이다.

캐나다로 이주한 작가 중 상당수는 중간거점을 거쳐 캐나다로 왔다. 린지 크루즈(Rienzi Crusz)와 마이클 온다체(Michael Ondaatje)는 영국을, 바라티 무커르지(Bharati Mukherjee, 1940-2017), 릴리안 알렌(Lillian Allen), 바싼지(M.G. Vassanji), 샤우나 싱 볼드윈(Shauna Singh Baldwin)은 미국을, 클래어 아리스(Claire Harris)는 나이지리아를 경유했고, 퀘벡에 머무른 대부분의 작가들은 프랑스를 경유했다. 신세대들은 부모로부터 물려받은 유랑적인 성향을 보였다. 아일랜드에서 태어난 샤니 무투(Shani Mootoo)는 트리니다드에서 성장하였다. 몬트리올 태생 샤우나 싱 볼드윈(Shauna Singh Baldwin)은 인도에서 자라났다. 몬트리올과 토론토의 인종주의를 비난한 바라티 무커르지(Bharati Mukherjee)는 캐나다의 다문화주의를 비판하면서 미국으로 떠나갔다. 브라이언 무어(Brian Moore)는 몬트리올에 거주하는 아일랜드계 작가로 캘리포니아에서 자신의 경력을 쌓았으며, 다니 라페리에르(Dany Laferrière)는 최근 10년 이상 마이애미에서 살았다. 바싼지(M.G. Vassanji), 샤우나 싱 볼드윈(Shauna Singh Baldwin), 바라티 무커르지(Bharati Mukherjee) 등 미국에서 공부를 한 몇몇 작가들을 제외하면 대부분의 제이 물결의 작가들은 캐나다에서 공부하였다. 이들은 정부 지원을 받고 캐나다에서 부여하는 상을 수상하였으며, 캐나다 외 다른 지역에서 문학적 경력을 쌓은 캐나다인들보다 더 성공을 거두었다.

캐나다를 배경으로 하지 않고 작품 활동을 한 작가들도 있다. 마이클 온다체(Michael Ondaatje, b. 1943)가 쓴 소설 중 유일하게 캐나다를 배경으로 한 소설은 1987년 작 『사자의 피부에서』(*In the Skin of a Lion*)이다. 온다체는 이 작품에서 토론토를 자신의 이상에 맞는 이미지로 이주민들에 의해 건설된 코스코폴리탄 도시로 그려내었다. 첫 번째 물결의 작가들은 주도적으로 몬트리올 출신이었으며, 작은 마을이나 시골에서 태어났다. 토론토 출신은 이탈리아 캐나다 시인인 메리 디 미셸(Mary di Michele, b. 1949), 자니스 쿨리크 키퍼(Janice Kulyk Keefer, b. 1952), 앤 마이클즈(Anne Michaels, b. 1958), 일본계 캐나다 소설가 케리 사카모토(Kerri Sakamoto, b. 1960) 정도 밖에 없다. 이들은 마이클 온다체보다 몇 년 더 어릴 뿐이고 경력은 이주 두 번째 물결과 겹친다.

조이 코가와(Joy Kogawa, b. 1935)의 『오바산』(*Obasan*, 1981)과 마찬가지로 히로미 고토(Hiromi Goto, b. 1966)의 『버섯의 합창』(*Chorus of Mushrooms*, 1994)은 알바타를 배경으로 하였고, 웨이슨 초이(Wayson Choy, 1939-2019)의 『옥빛 작약』(*The Jade Peony*, 1995)은 1930년대와 40년대 밴쿠버의 차이나타운을 배경으로 하고 있다. 주디 퐁 베이츠(Judy Fong Bates, b. 1949)의 『드래곤 까페에서의 한밤중』(*Midnight at the Dragon Café*, 2003)은 1950년대 온타리오의 작은 마을을 배경으로 하고 있다. 이 작품들은 모두 어린아이의 관점에서 사건들을 전개시킨다는 공통점이 있다. 어린아이의 시각으로 작품을 전개시키는 기법은 두 번째 물결의 자서전적 소설에서 두드러지게 나타난다. 캐리비안 작가 중 오스틴 클락(Austin Clarke, 1934-2016)의 『가시나무와 엉겅퀴 사이에서』(*Amongst Thorns and Thistles*, 1965), 『영국 국기 아래에서 바보로 자라기』(*Growing Up Stupid Under the Union Jack*, 1980), 세실 포스터(Cecil Forster)의 『아무도 없는 집』(*No Man in the House*, 1991)이 이 부류의 작품에 해당된다. 라이첼 맨리(Rachel Manley, b. 1947)는 자메이카에서 자라난 기억을 토대로 만들어진 『드럼블래어』(*Drumblair*, 1996)와 『슬립스트림』(*Slipstream*, 2000)을 썼다.

첫 번째 물결의 작가들에게 있어서 가족은 자신의 정체성을 찾는 저장고이자 차이의 근원이다. 주인공은 과거를 관통해 현재에 이어지는 비밀을 찾아냄으로써 자아의 진실을 밝혀낸다. 이 비밀은 흔히 섹스와 결부되어 있고 죽음을 요구할 정도로 강한 위력을 발휘한다. 이와 대조적으로 두 번째 물결의 작가들에게 있어서 다른 곳으로의 여행은 연결이라기보다는 되돌이킬 수 없는 단절을 의미한다. 유년기는 과거에 확고하게 자리하고, 향수의 대상이 된다. 두 번째 물결의 작가 중 이주는 어린 시절을 완전히 제거하기도 한다.

이차 물결에 속하는 캐나다 이주 작가들은 자신의 원래 정체성을 유지하고 다른 나라 국민 문학에 속하고 있음에도 불구하고 캐나다 문학으로 수용되고 있다. 트리니다드(Trinidad) 출신인 라마바이 에스피네트(Ramabai Espinet, b. 1948)와 동아프리카 출신의 바싼지(M.G. Vassanji, b. 1950)는 그들의 선조들의 땅인 인도에서 출판을 하였다. 그리고 바싼지는 하이네만(Heinemmann) 출판사 아프리카 작가 시리즈의 가장 영향력 있는 작가의 하나이다. 닐 비순다스(Neil Bissoondath, b. 1955)는 트리니다드를 공식적으로 거부하고 캐나다를 선택한 작가이지만, 그의 작품은 거의 모든 캐리비안 소설 전집에 실리고 있다. 로힌턴 미스트리(Rohinton Mistry, b. 1952)의 소설은 전적으로 봄베이나 인도의 도시를 배경으로 1971년 이후의 인도의 역사를 다루고 있지만, 캐나다인들은 그의 작품을 캐나다 문학으로 간주하고 있으며, 캐나다 감독인 스툴라 구나르손(Sturla Gunnarsson, b. 1951)은 1998년에 미스트리의 소설을 토대로 〈그토록 먼 여행〉(*Such a Long Journey*)이라는 영화를 만들기도 하였다. 바싼지의 『비밀의 책』(*The Book of Secrets*, 1994)과 『비크람 랄의 중간 세계』(*The In-Between World of Virkram Lall*, 2003)는 아프리카를 배경으로 하고 있지만, 토론토를 배경으로 한 『새 땅이 아닌』(*No New Land*, 1991) 보다 더 많은 찬사를 받았다.

성인이 된 후 영국, 미국, 호주, 또는 남아프리카에서 캐나다로 건너온 일군의 작가들에게 이와 대조되는 경향 또한 발견된다. 캐롤 쉴즈(Carol Shields, 1935-2003), 다프네 말렛(Daphne Marlatt, b. 1942), 제넷 터너 호스피털(Janette Turner Hospital, b. 1942)과 같은 작가들은 다문화적이거나 이민자로 간주되지 않는다. 즉 캐나다 시민권이나 언어는 이들이 캐나다 작가라는 충분한 조건이 되지 못한다. 루이스 데소토(Lewis DeSoto, b. 1954)의 소설 『풀잎의 날』(*A Blade of Grass*, 2003)은 전적으로 남아프리카를 배경으로 설정되어 있는데, 캐나다 문학으로 받아들여지지 않고 있다. 플로라 발자노(Flora Balzano, b. 1951)를 포함하여 퀘벡으로 온 다수의 프랑스, 벨기에 작가들은 외부인의 시각을 지닌 이민자로 간주되어 캐나다 문학으로 포함되지 않는다.

오스틴 클락(Austin Clarke, 1934-2016)의 경력은 다문화주의 붐을 선도했다는 점에서 주목할만하다. 그는 바바도스(Barbados)에서 토론토로 유학을 와서 『횡단 생존자』(Survivors of the Crossing, 1964)로 작품 활동을 시작한다. 그가 수상을 한 것은 2002년 『광이 나는 괭이』(The Polished Hoe)를 출간하고 나서이다. 68세의 나이에 캐나다 문학 정전에 속하게 된 것이다. 클락이 캐나다에서 인정받기에 오랜 기간이 걸린 이유 중의 하나는 그가 캐나다 시민이 되기까지 26년이나 걸린 점을 들 수 있다. 캐나다를 받아들이기까지는 긴 시간이 걸렸던 것이다. 그는 캐리비언 문학에서도 확고한 위치를 점하지 못했다. 서인도제도 독자들에게 있어서 토론토는 런던만큼 상상력을 발휘할 수 없었다. 그의 첫 토론토 삼부작인 『만남의 장소』(The Meeting Point)는 1967년에 출간되었는데, 이 작품은 웨스트 인디언 가정의 여성 노동에 관한 것이다. 클락은 이 소설을 출간한지 35년쯤 지난 후에야 문학사에서 인정을 받기 시작한다. 클락은 이때 보스와 거의 백병전을 하며 살아가는 여성의 관점에서 책을 쓰는데, 그 배경은 캐나다가 아니라 허구적인 장소인 빔샤이어(Bimshire)를 설정했다. 캐나다 독자들은 캐나다의 어느 특정 지역보다 국가를 넘어선 공간을 선호했으며, 『광이 나는 괭이』는 그가 쓴 소설 중 캐나다 독자들에게 가장 현실적으로 다가온 소설이었다.

이차 물결에서 주목할 점은 작가들은 첫 번째 물결의 작가들이 표상한 그룹보다 더 크고 국가를 넘어선 집단을 대변하고 있다는 점이다. 사실 두 번째 물결의 작가들은 자신들을 이주민(immigrant)이나 민족적(ethnic)이라는 말로 표현하지 않았다. 이들은 자신들의 경험을 표현하는 용어로 도착이나 정착이라는 말보다는 "여행"(travel)을 선호하였다. 또한 문화적 상실감보다는 문화 교류를 선호하였다. 이들은 민족적이라는 말이 지니는 함축적 의미를 벗어나기 위해 끊임없이 움직이기를 선호하였다. 첫 번째 물결 이후 20년이 지난 뒤 로힌턴 미스트리(Rohinton Mistry, b. 1952)와 마이클 온다체(Michael Ondaatje, b. 1943)의 성공에 필적할 만한 성과를 내기 위해 캐나다 작가들이 배운 점은 그들은 캐나다의 지역이 아닌 다른 어떤 곳을 상상해야 한다는 것이다. 케리 사카모토(Kerri Sakamoto, b. 1960)와 자니스 쿨리크 키퍼(Janice Kulyk Keefer, b. 1952)는 그들의 부모가 떠났던 땅으로 되돌아가는 작품을 썼다. 니노 리치(Nino Ricci, b. 1959)의 첫 소설 『성인들의 삶』(Lives of the Saints)은 전적으로 자신의 부모가 살았던 시골 이탈리아를 배경으로 하고 있는데, 1990년 캐나다 감독상을 수상했고 흥행에도 크게 성공했다. 이와 대조적으로 리치가 쓴 남부 온타리오를 배경으로 한 성장소설은 성공적이지 못했다. 캐나다에서 성공의 열쇠는 민족적(ethnic)이라는 개념에 한정되어 스스로 주변화되지 않는 것이다.

퀘벡과 영어를 사용하는 캐나다의 글쓰기에는 주목할 만한 차이가 있다. 퀘벡에 이민 온 작가들은 프랑스뿐 아니라 전 세계에서 온 것이다. 아리스 프리조(Alice Prizeau)는 폴란드인이고, 레진 로뱅(Régine Robin)과 모니크 보스코 아쉐크나지 주(Monique Bosco Ashkenazi Jew)는 동유럽으로 피난 간 가정에서 태어났고, 세르지오 코키스(Sergio Kokis, b. 1944)는 라트비아계 부모로부터 태어난 브라질인이며, 이들은 모두 프랑스를 거쳐 작가가 되었다. 일본의 아키 쉬마자키(Aki Shimazaki, b. 1954)와 같이 프랑스를 거치지 않은 작가도 있다. 현대 다문화 글쓰기를 이해하기 위해서는 국제적 교류 없이도 문학 정전에 진입한 첫 번째 물결의 작가들과 비교해 볼 필요가 있다. 클라인(A. M. Klein), 어빙 레이튼(Irving Layton), 모데카이 리칠러(Mordecai Richler), 레너드 코헨(Leonard Kohen) 모두 몬트리올 출신이며, 몬트리올은 항상 외부인들에게 매력적인 곳이었다. 이들은 몬트리올이 퀘벡보다 더 코스코폴리탄적인 도시라고 느꼈다.

퀘벡은 1995년 독립 투표를 실시할 정도로 국민주의가 강한 도시였다. 그런데 퀘벡의 국민주의는 민족성보다는 언어에 더 강한 토대를 두고 있다. 1996년 모니크 라루(Monique LaRue, b. 1948)는 땅측량사와 네비게이터를 구분한 바 있다. 땅 측량사는 땅의 권리를 주장하기 위해 끊임없이 지형에 마크를 한다. 반면 네비게이터는 경계와 관계없이 움직인다. 라루는 인종 문제로부터 자유롭고 더 코스모폴리탄적이며, 퀘벡 중심보다는 몬트리올 중심의 문학이 활성화되는 것을 선호하였다. 퀘벡과 퀘벡의 문화를 위한 유일한 전략은 프랑스어로 쓰여진 모든 글을 환영하고 받아들이는 것이다. 퀘벡의 역사는 전체적으로 반셈족(anti-Semitic)이었고, 민족을 토대로 한 국민주의는 배제를 내포할 수밖에 없었다.

중국계 캐나다 이주민들 사이에 중국계 캐나다 문학(Chinese Canadian Literature)을 정립해 보고자 하는 시도가 일어났고, 곧이어 이탈리아계 캐나디언, 일본계 캐나디언, 흑인 캐나디언 등 자신들의 독자적인 글쓰기 전통을 찾고 수립하고자 하는 노력들이 이어졌다. 캐나다 문단에서 이들의 위상도 높아져서 1997년 재발간된 2판 『캐나다 문학 옥스퍼드 컴퍼니언』(Oxford Companion to Canadian Literature)에 이탈리아계 캐나다 문학과 우크라니아계 캐나다 문학이 처음으로 삽입되었다. 2004년 몬트리올에서 테스 프레거우리스(Tess Fragoulis)가 편집한 『그리스계 캐나다 문학 모음집』(An Anthology of Greek Canadian Literature)이 출간되면서 그리스계 캐나다 문학 또한 확실하게 자리매김을 하고 있다. 다문화 문학 연구에서 핵심적인 개념의 하나는 정착자(settler)와 이민자(immigrant)를 구분하는 것이다. 프랑스인과 영국인의 후손들은 나라를 만들고 그들 자신과 후손들의 이미지를 구축하고 말할 능력이 있었다. 이들을 정착자라 호칭할 수 있다. 이와 대조적으로 다른 사람들에 의해 만들어진 나라로 건너온 사람들도 있다. 이들은 개척자나 탐험자가 아닌 이주민들이다.

닐 텐 코테나(Neil Ten Kortenaar)가 제안한 이주민들의 첫 번째 물결과 두 번째 물결이라는 구분은 머지않아 더 이상 영국계 캐나다 문학과 프랑스계 캐나다 문학의 특질을 설명해주지 못할 것이라고 코테나 스스로 말한 바 있다. 캐나다에 뿌리를 둔 아시아, 아프리카, 캐리비안계 작가들의 수가 늘어날 것이며, 지금까지의 기원을 토대로 한 그룹 구분이 무너지고, 새로운 구분이 생겨날 것이다. 아프리카 캐나다인에 대한 구분은 더 정교화되고 있다. 로렌스 힐(Lawrence Hill, b. 1957)은 토론토에서 미국인 부모에게서 태어난 아프리카계 캐나다인데, 아버지는 흑인이고 어머니는 백인이다. 데이비드 낸디 오드히암보(David Nandi Odhiambo, b. 1965)는 열두 살에 케냐에서 왔으며, 『해프 블러드 블루즈』(Half-Blood Blues, 2011)로 널리 알려진 에시 에두그얀(Esi Edugyan, b. 1978)은 가나(Ghana)인 부모 아래에서 태어났다. 이와 같은 다양성을 토대로 현재의 사회적 규준을 대체하고 다시 써나가는 작업이 계속될 것이며, 캐나다 문학에서 새 지형을 만드는 형식들이 끊임없이 등장하게 될 것이다.

다문화주의 문학의 성격

이주민들의 안정되지 않은 상황으로 인해 작품들은

혼재성, 제한성, 유동성을 가지며, 이와 같은 자질들은 고착된 정체성을 거부하고 자유로운 공간을 갈구하는 포스트모던적 가치와 일맥상통한다. 캐나다에 이주한 뒤 작품 활동을 하는 작가들이 캐리비안이나 남아시아 고국에서 작품을 쓰는 작가들보다 호모섹스에 대해 더 솔직하고 자유분방한 모습을 보이는 것 또한 이와 같은 문맥에서 이해될 수 있다. 디온 브랜드(Dionne Brand, b. 1953)와 샤니 무투(Shani Mootoo, 1957)의 작품에서 이와 같은 자유분방한 기질이 엿보이며, 스리랑카계 샴 셀바두라이(Shyam Selvadurai, b. 1965)의 『퍼니 보이』(Funny Boy, 1994)는 캐나다에서 대중적으로도 큰 인기를 얻었다. 캐나다가 성 문제에 있어 더 호의적인 환경을 제공해 주었다고 말할 수 있지만, 성적 성향 차별에 대한 작가들의 저항이 더 큰 문맥에서 이주민들의 성적 억압에 대한 저항으로 간주된다는 점도 고려되어야 할 것이다.

작품에 제시된 이주민들의 민족 문제에 대해 공유점이 없는 캐나다 독자들은 캐리비안 작가들보다는 남아시아 작가들에 더 관심을 보이는 경향이 있다. 남아시아 작가들은 상대적으로 정치에는 둔감하다. 남아시아 작가들 중 캐나다에서 널리 읽히는 미스트리, 온다체, 바싼지의 성공은 독자들이 공감할 수 있는 완벽한 세계를 만들어내는 능력과 연관이 있다. 이들의 소설에서 등장인물들이 어떤 언어를 사용하는지는 그리 중요하지 않다. 이와 대조적으로 캐리비안 텍스트에서 언어 문제는 중요하며, 캐나다의 다문화 시(詩) 중 상당수가 웨스트 인디언으로 쓰여진 것 또한 이와 같은 각도에서 이해될 수 있다. 이슬람계 작가들은 영국계나 프랑스계 캐나다인들의 작품에서 크게 두각을 드러내 보이지 않는다. 바싼지(M.G. Vassanji, b. 1950)는 샴시스(Shamsis)라는 가상의 공간을 만들었는데, 이곳은 동아프리카의 허구적 유토피아이다. 2007년에 출간된 그의 소설

『아싸신의 노래』(The Assassin's Song)는 인도에 배경을 두고 있고 종교에 대한 관심을 보인다. 이 작품은 근본주의자들의 믿음을 무너뜨리는 이슬람과 힌두이즘이 결합된 수피즘에 관해 기술하고 있다.

이 책에서는 아시아계, 아랍계, 아프리카계 캐나다 문학을 살펴보겠지만, 이 외에도 유대인과 메노 교도 작가들이 캐나다 문학에서 다수를 차지하는 것은 주목할 만하다. 유대인 작가가 주목을 받는 것은 미국 문학사에서 이들이 다문화나 소수민족에 대한 존중을 의미하는 시금석으로 작용하는 것과 유사하다. 오스틴 클락(Austin Clarke, 1934-2016)의 토론토 삼부작에 나오는 집안의 하인들은 유대인과 함께 살고 유대인들을 위해 일한다. 유대인들은 흔히 부를 성취한 성공자로 다루어지거나 인종차별을 겪는 소수민족으로 그려진다. 캐나다 문학의 특징의 하나는 마노교도들의 작품이 주목을 받는 전 세계적으로 거의 유일한 문학이라는 점이다. 유대인들과 마노교도들은 다른 이주민들과는 달리 오랜 역사를 통해 소수민족이었으며 고통을 받는 것을 스스로 선택했던 집단이다. 두 번째 물결 중 일련의 작가들이 소수 민족 출신이다. 마이클 온다체(Michael Ondaatje, b. 1943)는 버거(Burgher), 로힌턴 미스트리(Rohinton Mistry, b. 1952)는 파시교도(Parsi), 바싼지(M.G. Vassanji, b. 1950)는 시아파의 한 종파인 이스마일파(Ismaili)였고, 캐나다 이주는 작가들의 인종적 특수성에 의미를 부여할 기회를 제공했다.

아시아계 캐나다 문학

캐나다에서 아시아 캐나다인의 비중은 2000년대에

들어 전체 인구의 10%를 넘어섰고, 3세대를 거치면서 그 인구가 지속적으로 증가하고 있다. 아시아계 캐나다인의 이주는 중국인들이 골드러시로 브리티시 컬럼비아로 건너온 것으로 시작하여 19세기 중반 대륙 철도를 건설하기 위한 인력을 위해 본격화된다. 이주의 첫 물결은 대부분 중국, 일본, 인도로부터 건너온 남성 노동자들로서, 이들은 캐나다의 서해안 연안에 정착하여 철도, 광산, 임업, 농업, 수산업에 종사하였다. 19세기말 노동력의 공급이 수요보다 많아지자 캐나다는 1923년 중국인의 이민을 줄이기 위한 중국 이민 법령을 통과시켰다. 일본인들은 그들의 탁월한 능력에 대한 두려움 때문에 차별을 경험했으며, 세계 2차 대전 동안에는 일본인 격리 정책이 시행되었고 1988년이 되어서야 공식적인 복원이 이루어졌다. 1967년 언어와 기술 등을 고려하여 이민을 결정하는 포인트 제도가 실행되어 새로운 이민 시스템이 확립되었다. 캐나다 이민의 패턴은 영국과 유럽 국가로부터 아시아계로, 특히 필리핀계 캐나다인으로 이동되었다. 필리핀계 아시아인은 아시아 캐나다 국가 중 중국과 남아시아에 이어 세 번째 규모를 형성하고 있다. 최근에는 베트남인들의 이민 증가가 두드러진다. 21세기에 접어든 상황에서 아시아계 캐나다 이주민 전체 인구는 중국, 필리핀, 인도의 순으로 집계되고 있다.

아시아계 캐나다 문학은 이톤(Eaton) 자매인 에디트 모드(Edith Maude, 1865-1914)와 위니프레드(Winnifred, 1875-1954)로 거슬러 올라간다. 이들은 중국과 영국 부모 사이에서 태어났으며, 수이 신 파(Sui Sin Far)와 오노토 와타나(Onoto Watanna)라는 필명으로 작품 활동을 하였다. 위니프레드의 소설 『일본의 나이팅게일』(*Japanese Nightingale*, 1901)은 200,000부 이상 팔려나갔고, 브로드웨이 연극과 영화로 만들어지기도 하였다. 그러나 아시아계 캐나다 문학이 본격적으로 캐나다 문학사에서 두각을 드러내기 시작한 것은 스카이 리(Sky Lee, b. 1950), 데니스 총(Denise Chong, b. 1953), 리차드 펑(Richard Fung, b. 1953), 그리고 웨이슨 초이(Wayson Choy, 1939-2019)가 문단에 등장하면서 부터이다. 스카이 리(Sky Lee)는 브리티시 컬럼비아에서 태어나 1990년 첫 소설 『사라지는 달 카페』(Disappearing Moon Cafe)에서 1892년에서 1980년대 후반까지 4대에 걸친 웅(Wong) 가의 여인들의 삶을 밴쿠버 차이나타운의 성장과 함께 조명한다. 1994년 출간된 『밸리 댄서』(Bellydancer)는 남성에 의해 학대당한 여인이 밸리 댄싱을 배우는 과정을 통해 동료 여인으로부터 사랑과 치유를 받는 과정을 그려내었다. 데니스 총(Denise Chong)의 소설 『첩의 아이들』(The Concubine's Children, 1994)은 찻집에서 서빙을 하고 몸을 팔면서 캐나다에 있는 남편과 아이들을 부양하고 중국에 남겨진 남편의 둘째 아내와 두 딸들까지 보살핀 여성에 관한 이야기이다. 1800년대에서 1940년대에 이르기까지 후대에 알려지기 부끄러울 정도의 절박한 삶들이 기억과 트라우마와 함께 작품에 드러나는데, 이와 같은 면은 조이 코가와(Joy Kogawa, b. 1960)의 『오바산』(Obasan, 1981)과 케리 사카모토(Kerri Sakamoto, b. 1960)의 『전기장』(The Electrical Field, 1998)에서도 드러나 있다. 웨이슨 초이(Wayson Choy, b. 1939)는 밴쿠버 태생으로 『옥빛 작약』(The Jade Peony, 1995)에서 고대 중국의 가치를 캐나다인들의 경험을 통해 드러낸다. 이 작품은 1930,40년대 밴쿠버의 차이나타운을 배경으로 하고 있으며, 작약은 세키(Sekky)의 할머니가 남겨준 조각된 장식물이며 옥빛은 그녀의 정신을 반영하는 색이다.

주디 퐁 베이츠(Judy Fong Bates, b. 1949)는 20세기 중반 온타리오의 작은 마을에서 살아가는 중국인 가족의 고립을 다루었다. 『차이나 독과 중국 세탁소에서의 다른 이야기들』(*China Dog and Other Tales from a Chinese Laundry*, 1997)과 『드래곤 까페에서의 한밤중』(*Midnight at the Dragon Café*, 2004)은 문화적 갈등 뿐 아니라 인종적 갈등이 드러나 있다. 이 작품에는 아시아인과 유럽계 캐나다인들 사이의 갈등 뿐 아니라 이민 첫 세대와 1.5세대 간의 갈등 또한 생생하게 기술되어 있다. 밴쿠버 태생의 조이 코가와(Joy Kogawa, b. 1935)의 소설 『오바산』(*Obasan*, 1981)은 예술이 현실의 부당한 상황을 바꾼 작품이다. 2차대전 후 가족과 고향, 지역 사회를 떠나 강제로 타지로 이주해야했던 과거가 학교 선생의 시각에서 조명된 이 작품은 일본계 캐나다인들의 침묵을 깨고 치유의 경험을 제공해주었다.

   에블린 라우(Evelyn Lau, b. 1971)의 『탈주자, 길거리 아이의 일기』(*Runaway: Diary of Street Kid*, 1989)에서 여주인공은 중국 이민자들의 가치를 거부하고 집을 뛰쳐나와 밴쿠버의 거리에서 몸을 팔고 마약을 하면서 생활한다. 1980년대 베스트셀러가 된 이 작품은 한국계 캐나다인 샌드라 오(Sandra Oh)를 캐스팅하여 1993년 CBC 텔레비전에서 영화로 방영되기도 하였다. 1990년대에 주목할 만한 아시아계 작가로서 일본계 캐나다인 히로미 고토(Hiromi Goto, b. 1966)와 중국계 캐나다인 라리싸 라이(Larissa Lai, b. 1967)를 꼽을 수 있다. 두 작가 모두 페미니스트적인 관점에서 다양한 관점의 여러 화자를 사용하여 민속과 민담을 엮어 매직 리얼리즘적 세계를 구현하였다. 히로미 고토의 1994년 소설 『버섯의 합창』(*Chorus of Mushrooms*)은 삼 세대에 걸쳐 일본계 캐나다인의 언어와 정체성, 문화적 침묵과 개인의 침묵에 대한 문제를 탐구하는데, 이들은 음식을 일본의 문화와 연관지어 이해한다. 다양한 관점, 유희로 가득 찬 대화, 식료품 리스트, 사인들, 신문 기사 등 다양한 것들이 혼재되고 환상과 현실이 중첩되는 포스트모더니즘 소설이다.

라리싸 라이(Larissa Lai, 1967)는 1980년 후반과 1990년대 문화 정체성 운동을 주도하였으며, 『여우가 천년이 될 때』(*When Fox is a Thousand*, 1995)의 주인공인 아테미스 옹(Artemis Wong)를 통해 지역사회의 아이덴티티의 중요성을 보여주고자 하였다. 이 작품은 신화적인 여우를 사용하여 9세기 중국의 여자 시인을 트릭스터적인 인물로 등장시키는데, 아테미스는 중국계 캐나다인 다이안(Diane)과 레즈비언적인 관계를 맺으면서 그녀의 문화를 다시 되찾는다. 2002년 출간된 『바다 물고기 소녀』(*Salt Fish Girl*)에서 2022년의 말을 배경으로 후기 자본주의 개개인의 몸이 상품화되고 소비되는 디스토피아적인 상황을 1900년 중국과 병치를 통해 그려낸다.

복수의 장소와 다중의 스토리 라인, 파편화된 내러티브를 통해 마더리인 씬(Madeleine Thien, b. 1974)은 『확실성』(*Certainty*, 2007)에서 국경을 가로질러 존재하는 인간의 욕망, 정치적 경제적 야망을 드러내어준다. 작품은 캐나다에서 시작되지만, 곧바로 보르네오(Borneo)로 장소가 옮겨지고, 가족의 미스테리에 대한 답을 얻기 위한 네덜란드 여행으로 소설이 전개된다. 그녀의 두 번째 소설 『외주의 개들』(*Dogs at the Perimeter*, 2011)은 아시아계 캐나다인에 대한 캄보디아 대학살의 무시무시한 결과를 탐구하였다. 마더리인 씬과 같이 국가를 가로지르는 대표적인 작품으로 다시 타마이오스(Darcy Tamayose)의 『오도리』(*Odori*, 2007)나 미구엘 시유코(Miguel Syjuco, b. 1976)의 포스트모던 소설 『일루스트라도』(*Illustrado*, 2008)가 있다. 최근에는 통속 장르를 사용하는 경향이 증가하고 있다. 마리코 타마키(Marico Tamaki, b. 1975)와 질리안 타마키(Jillian Tamaki, 1980)는 『스킴』(*Skim*, 2008)에서 십대 일본 소녀의 퀴어 섹슈얼리티, 낙담과 자살을 포함한 성장과 성 문제를 클로우즈업, 패널 사이즈의 변화, 빛과 어둠의 이미지 등의 시각적인 기법으로 기술한 그래픽 소설을 선보였다.

많은 아시아계 캐나다 작가들에게 아시아계 캐나다인(Asian Canadian)이라는 정체성이 확립되기 시작된 것은 1960년과 1970년 초 『양도할 수 없는 쌀』(*Inalienable Rice*), 『입이 많은 새』(*Many-Mouthed Bird*), 『구름을 삼키기』(*Swallowing Clouds*)와 같은 인종에 토대를 둔 시집이 편집되면서부터이다. 이전에도 프레드 와(Fred Wah, b. 1939)나 로이 키유카(Roy Kiyooka, b. 1926)와 같은 시인들은 자신의 시집을 출간하였다. 80년대와 90년대 이들은 아시아계 캐나다라는 고정된 틀로 쉽게 구분되는 것에 저항하기는 했지만, 그럼에도 불구하고 키유카의 『마더톡』(*Mothertalk*, 1997)과 와의 『다이아몬드 그릴』(*Diamond Grill*, 1996)은 아시아계 캐나다인의 대표적인 작품으로 구분된다. 21세기에 들어 로이 미키(Roy Miki, b. 1942)는 2001년 『서렌더』(*Surrender*)로 캐나다 감독상을 수상한다. 페미니스트 이슈와 인종, 집단 저항에 열정적인 관심을 보이는 리타 옹(Rita Wong, b. 1968)은 2007년 작 『포레이지』(*Forage*)로 주목을 받았고 CBS 캐나다 독선(Canada Reads)의 목록에 오르기도 하였다.

니나 리 아퀴노(Nina Lee Aquino)의 『사랑 + 관계』(*Love + Relationships*)는 첫 번째 아시아 캐나다 드라마 선집이다. 여기에는 시오미(R.A. Shiomi), 마티 챤(Marty Chan), 베티 콴(Betty Quan), 니나 리 아퀴노(Nina Lee Aquino), 나딘 비라신(Nadine Villasin), 마조리 챤(Marjorie Chan), 레온 아우레스(Leon Aureus) 등의 작품들이 실렸다. 1982년 토론토에 세워진 CBT(Carlos Bulosan Theatre)는 필리핀계 캐나다인 지역사회의 이슈를 다룬 작품을 창작하고 공연하기 위한 극장으로 설립되었으며, 『미스 오리엔티드』(Miss Oriented, 2003), 『피플 파우어』(People Power, 2008), 『음영의 코끼리 안에서』(In the Shadow Elephants, 2013) 등의 작품을 상연하였다. 2002년에는 토론토에 푸젠 아시아 캐나다 극장사(Fu-Gen Asian Canadian Theatre Company)가 설립되었고, 이곳을 통해 레온 아우레스(Leon Aureus)의 『바나나 보이즈』(Banana Boys, 2005), 캐서린 헤르난데즈(Catherine Hernandez)의 『싱킬』(Singkil, 2007), 데이비드 리(David Lee)의 『붉은 옷을 입은 숙녀』(Lady in the Red Dress, 2009) 등이 상연되었다.

사우스 아시아계 캐나디언(South Asian Canadian)에 대한 관심은 피에르 엘리엇 트뤼도(Pierre Elliot Trudeau)의 자유당 정부가 이민 정책을 유럽에서 벗어나 아시아를 포함한 다른 국가로 폭을 확대한 1960년대 이후의 현상이다. 다문화주의가 공식적으로 법제화된 1971년 이후 많은 작가들이 캐나다 문학사에 이름을 올리는데, 대표적인 작가들로 히마니 바너지(Himani Bannerjee), 리엔지 크루즈(Rienzi Crusz), 시릴 다비딘(Cyril Dabydeen), 서제트 칼세이(Surjeet Kalsey), 수니티 남조쉬(Suniti Namjoshi)를 들 수 있다. 1990년대 들어 첫세대 작가군들이 등장하는데, 아니타 라우 바다미(Anita Rau Badami), 로힌턴 미스트리(Rohinton Mistry), 샤니 무투(Shani Mootoo), 마이클 온다체(Michael Ondaatje), 샴 셀바두라이(Shyam Selvadurai)와 같은 작가들이 있다. 그리고 1992년에는 『목소리의 지리학, 남아시아 디아스포라 캐나다 문학』(The Geography of Voice: Canadian Literature of the South Asian Diaspora)이라는 제목의 시편집서가 발간되었다.

인도 뭄바이(Mombai)에서 태어난 로힌턴 미스트리(Rohinton Mistry, b. 1952)는 1995년 작 『적절한 균형』(A Fine Balance)을 출간하여 오프

라 윈프리 북 클럽에 채택된 후 가장 있기 있는 캐나다 작가의 한 명이 되었다. 케냐에서 태어난 바싼지(M.G. Vassanji, b. 1950)는 1994년과 2003년 길러 상(Giller Prize)을 두 번이나 수상한 최초의 작가가 되었다. 이와 같이 상당수의 주요 캐나다 작가들은 캐나다에서 태어난 것이 아니라 해외에서 태어났으며, 다른 나라와의 관계를 떠나서는 생각하기 힘든 작가들의 수가 늘어나고 있다.

남아시아 캐나다 작가 중 우리에게 가장 널리 알려진 작가는 스리랑카 콜롬보에서 태어난 마이클 온다체(Michael Ondaatje, b. 1943)이다. 그는 1954년 어머니와 함께 캐나다로 이주하여 1992년 『잉글리시 페이션트』(*The English Patient*)로 부커 상을 수상했고, 이 소설은 영화화 되어 아카데미 최고 영상상을 수상하였다. 그가 스리랑카에 대해 쓴 『집안 내력』(*Running in the Family*, 1882)은 자신이 스리랑카로 복귀한 것에 대한 기억을 토대로 하고 있다. 스리랑카를 식민지화한 네덜란드인의 후손들, 신할리즈 타밀(Singhalese Tamil)로부터 생겨난 계급, 버거파(Burgher) 등 정치, 종교, 경제적 특수성 등이 작품에 드러난다. 그러나 주도적인 문화에서 벗어나 문학적 상상력을 발휘하는 것은 위험 요소가 있다는 점을 온다체는 잘 알고 있었다. 첫 번째 이주 전통 아래에서 작품 활동을 한 루시디(Rushdie), 이쉬구로(Ishiguro), 미스트리(Mistry)와 마찬가지로 온다체는 소수인의 경험으로부터 작품 활동을 한 것이 아니라 코스모폴리타니즘이라고 할 수 있는 이주민의 지위에서 작품 활동을 했다. 아시아계 캐나다 문학은 역동적이며 포스트식민주의적 인종의 담론만으로서가 아니라 페미니스트, 퀴어, 도시, 일상의 삶 등 캐나다의 다층의 문화적 장르에 기여하고 있다.

아랍계 캐나다 문학

아랍계 캐나다 문학(Arab-Canadian literature)은 자신의 근원이 직접적으로나 간접적으로 아랍 국가라고 믿고 있는 기독교, 유대교, 이슬람교를 신봉하는 1970년대 캐나다 이민 일세대에 의해 출현되었다. 아랍계 캐나다 문인 중 약 65%가 프랑스어를 사용하였고, 20% 정도는 영어를, 그 외의 문예인들은 아랍어로 작품 활동을 하였다. 아랍계 캐나다 문학은 대략 세 시기로 나눌 수 있다. 1970년도에서 80년도가 제1기, 1980년대 후반부터 1990년 중반까지가 제2기, 1990년 말부터 21세기 현재 진행형이 제3기이다. 제1기는 고국과 이슬람 문화에 대한 향수, 재구축으로 특징지어질 수 있다. 제2기는 전쟁과 트라우마, 과거에 대한 화해의 시기로 구분 지을 수 있으며, 제3기는 초월과 결단, 자기 자신을 주변화 하는 작업으로 볼 수 있다. 일부 작가들은 수십 년에 걸쳐 작품 활동을 하면서 이 세 시기 중 두 시기 이상을 지나치면서 작품 세계의 변화를 보이기도 하였다. 나임 카탄(Naïm Kattan, b. 1928)은 캐나다의 아랍 작가로서 이 모든 세기를 지나쳐 온 작품 세계를 보여주고 있다.

아랍계 캐나다 문학 1기는 바스코 바루정(Vasco Varoujean, b. 1936)이 시리아의 아마니안 마을 케삽(Késsab)에서 보냈던 어린 시절의 행복한 기억을 토대로 만든 단편 소설집 『악마의 제분기』(*Le Moulin du diable*, 1972)로 거슬러 올라간다. 앙드레 다앙(Andrée Dahan)의 소설 『봄이 기다릴 수 있다』(*Le Printemps peut attendre*, 1985)에서 주인공 마야(Maya)는 이집트에 있었을 때에는 진정으로 존경받는 교사였는데, 캐나다로 건너온 뒤 퀘벡에서 보조교사로 일하면서 자존감의 상처를 받는다. 마야는 두 나라에서 경험한 타인의 시선에 대해 초점을 맞춘다. 나디아 갈렘(Nadia Ghalem)의 1981년 소설 『크리스탈 정원』(*Les Jardins de cristal*)에서 주인공 샤피아(Chafia)는 알제리에서 파리로 탈출하는데, 파리에 도착해서도 알제리 독립전쟁으로 인한 트라우마로 고통받는다. 아랍계 캐나다 문학 제1기 나임 카탄(Naïm Kattan, b. 1928)의 『안녕, 바빌론』(*Adieu, Babylone*, 1975)은 2005년에는 영어로 "*Farewell Babylon*"으로 번역되었으며, 2007년에는 유대인의 바그다드의 시대(Coming of Age in Jewish Baghdad)라는 부제로 큰 이정표를 세웠다. 그는 1947년 이라크를 떠나 프랑스로 건너가고, 1954년 캐나다로 이주한 아랍계 작가이다. 온타리오에 기반을 둔 작가 에디 부라위(Hédi Bouraoui)는 『방콕 블루즈』(*Bangkok Blues*, 1994), 『파라오』(*La Pharaone*, 1998), 『티나로 귀환』(*Retour à Thyna*, 1996), 『CN 타워는 이렇게 말합니다』(*Ainsi parle la tour CN*, 1999)를 썼다.

카탄의 초기 자서전적 소설에서 볼 수 있듯이 제1기 아랍계 캐나다인들의 작품이 고국에 대한 애정과 그리움으로 채워져 있다면, 1980년 말과 1990년대 작품은 모국의 잔인한 독재나 전쟁에 대한 작가들의 의식이 주를 이룬다. 1950년대와 1960년대 나싸(Nasser)의 이집트에서의 독재정치, 1975년에서 1990년까지 만연했던 레바논의 내란과 같은 혼돈상이 작가들에 의해 그려진다. 사드 엘크하뎀(Saad Elkhadem, 1932-2003)은 제 2기 아랍계 캐나다 문학을 대표하는 작가로서 고국에서 겪었던 잔인한 독재의 경험이 작품의 핵심을 구성한다. 그의 이집트 탈출기 3부작은 『비행하는 이집트인의 캐나다 모험』(*Canadian Adventures of the Flying Egyptian*), 『비행하는 이집트인의 캐나다 연대기』(*Chronicle of the Flying Egyptian in Canada*), 『비행하는 이집트인의 불시착』(*Crash Landing of the Flying Egyptian*)으로 1990년에서 1992년까지 요크 출판사(York

Press)에서 출간되었다. 이 시기에 고국을 탈출해 캐나다로 이주하는 주인공을 그린 또 다른 작가로 레바논 출신의 마완 하싼(Marwan Hassan, b. 1950)이 있다. 마완 하싼은 1989년 노벨라 『돌들의 혼돈』(*The Confusion of Stones*)과 『지성』(*Intelligence*)을 출간하는데, 『돌들의 혼돈』의 주인공 아즐람(Azlam)은 팔레스타인 농부로 가족의 생존을 위해 전쟁에 찌든 고향을 떠나 베이루트를 거쳐 캐나다로 이주한다. 아즐람을 에워싼 돌은 차갑고 냉담한 새로운 환경에 직면한 상황을 상징적으로 보여준다. 『지성』은 캐나다 이민 3세대 아부레제크(Abourezk)가 레바논의 고향땅을 방문한 뒤 캐나다로 돌아오는 길에 몬트리올 경찰에게 마약 밀수로 의심받고, 레바논에서는 출국 전에 비밀 첩보원으로 의심받는 상황을 그려내었다. 이 작품은 아랍과 캐나다 두 국가 모두에서 불안정한 위치에 처한 이주민들의 상황을 보여주고 있다. 아블라 파르우(Abla Farhoud, b. 1945)는 1975년에서 1990년까지의 레바논 내란의 공포에 대한 공동체적 경험을 극화하였다. 파르우는 퀘벡 지방의 슬랭, 정통 프랑스어, 영어, 레바논의 아랍어를 혼용하여 작품을 만들었다. 그녀의 대표작으로는 『인내심 게임』(*Jeux de patience*, 1997), 『행복에는 미끄러운 꼬리가 있다』(*Le Bonheur a la queue glissante*, 1998), 『화려한 고독』(*Splendide solitude*, 2001), 『악어의 거리』(*Les Rues de l'alligator*, 2003), 『오마르의 미치광이』(*Le Fou d'Omar*, 2005), 『유태인 소녀의 미소』(*Le Sourire de la petite juive*, 2011)가 있다.

제3기 아랍계 캐나다 문학은 국적을 가로지르는 도시 몬트리올에 초점이 맞추어진다. 등장인물들의 자아는 추방의 기억과 광기로 가득찬다. 레바논 작가 와즈디 무아와드(Wajdi Mouawad, b. 1968)의 『화재』(*Incendies*, 2005)에서 주인공 나왈(Nawal)은 숨을 거두면서 그녀의 두

쌍둥이 잔(Jeanne)과 시몽(Simon)을 위탁한다. 이들이 성장하여 어머니의 삶을 추적하는데, 나왈은 1970년, 80년대 레바논 반군으로 감옥에 수감되어 있었다. 이스라엘이 남부 레바논에서 철수하면서 그녀는 감옥에서 고문을 가하는 아부 타렉으로부터 반복적으로 강간을 당하는데, 이 남성은 나왈이 열네살 때 갓 나온 아이를 강제로 빼앗겨 고아원으로 보내진 그녀의 아들이었으며, 이와 같은 사실이 시몽에 의해 발견됨으로써 근친상간이라는 어머니의 고통스러운 삶이 재조명된다. 아블라 파르우(Abla Farhoud, b. 1945)의 소설 『오마르의 미치광이』(Le Fou d'Omar, 2005)는 네 명의 등장인물에 의해 쓰여진 개인의 일기 형식으로 구성되어 있는데, 레바논 내란 당시 수천명의 학살을 목격하고 정신적으로 문제가 생긴 주인공들을 통해 전쟁의 참상을 보여준다. 그녀의 후기작 『화려한 고독』(Splendide solitude, 2001)에 이르러서는 특정 인종의 경험과 전쟁의 참사를 넘어서 고통이 보편화되었음을 막 이혼을 경험한 이름 없는 몬트리올의 여성을 통해 전달한다. 2011년에 출간된 『유태인 소녀의 미소』(Le Sourire de la petite juive)는 몬트리올의 허친슨가에 거주하는 주민의 묘사를 통해 홀로코스트의 기억을 불러일으킨다. 몬트리올은 파아우드 뿐 아니라 카탄(Kattan)이 선호한 도시이기도 하다. 카탄의 소설 『생일』(L'Anniversaire, 2000)에서 주인공 셈즈(Shems)는 몬트리올을 소중히 여긴다. 『동생의 보호자』(Le Gardien de mon frère, 2003)의 주인공 또한 모든 것이 익숙한 몬트리올로 되돌아온다. 몬트리올은 새로운 휴머니티의 공간으로 작용한다. 몬트리올에 대한 긍정적인 관점은 라위 하즈(Rawi Hage, b. 1964)에게서는 찾아볼 수 없다. 하즈의 주인공들은 베이루트 뿐 아니라 몬트리올이라는 지역 사회에서 전쟁을 하듯 치열하게 살아가야만 한다. 『오마르의 미치광이, 바퀴벌레』(Le Fou d'Omar, Cock-

roach, 2008)에 그려진 몬트리올은 겉으로는 아름답고 매력적이어 보일 수 있지만, 맥길 대 근처의 판자촌에는 주변화된 이란인들의 신음소리가 끊이지 않는다. 베이루트가 전쟁의 참화에 에워싸여 있듯이, 몬트리올 또한 소수민들에게는 생존을 위한 힘든 노역과 계급적 차별과 같은 견디기 어렵고 벗어날 수 없는 벽으로 에워싸여 있다.

  1970년 이후 아랍계 캐나다 문학은 프랑스어나 영어로 풍요롭고 다양한 작품들이 생산되고 있다. 나임 카탄(Naïm Kattan)과 사드 엘크하뎀(Saad Elkhadem)으로부터 시작된 아랍 캐나다 문학의 전통은 마완 하싼(Marwan Hassan), 앙드레 다앙(Andrée Dahan)을 거쳐 와즈디 무아와드(Wajdi Mouawad), 아블라 파르우(Abla Farhoud), 라위 하즈(Rawi Hage)로 이어지면서 무의식적인 집단 인식을 공유하면서 캐나다 문학을 풍요롭게 하고 있다.

아프리카계 캐나다 문학

  비록 시기는 늦었지만, 블랙 캐나디언 문학(Black Canadian Literature) 또는 아프리칸 캐나다 문학(African Canadian Literature)의 위상은 아시아계 캐나다 문학(Asian Canadian Literature)이나 원주민 문학(the First Nations literature)과 같이 확고하게 정립되어 있다. 아프리카의 후손들이 인종문제와 관련된 법령과 문화에 대한 논쟁을 주도한 미국과는 달리, 캐나다에서 아프리카인들은 상대적으로 그 수가 적고 문화적으로 파편화되어 있다. 이들은 역사적으로 인종에 대한 캐나다 담론의 이질성에 기여해 왔다. 블랙 캐나디언 문학은 1990년대 들어 리놀도 왈콧(Rinaldo Walcott, b. 1965)과 캐나다 계관시인 조지 엘리엇 클락(George Elliott Clarke, b. 1960)이 블랙아메리칸 문학과 문화에 대한 토론을 주도하면서 정립되어 학제적인 연구 대상이 되었다. 클락은 로렌스 힐(Lawrence Hill, b. 1957)의 문학을 캐나다 흑인들의 역사와 문학적 성취에서 찾는다. 로렌스 힐의 『니그로의 책』(The Book of Negroes, 2007)은 캐나다에서만 60만부 이상 팔리면서 상업적으로 큰 성공을 거두었다. 힐의 성공으로 문화 시장에서 블랙 캐나다 문화가 그 가치를 인정받으면서 작가를 발굴하고 블랙 캐나다 문학에 대한 관심이 높아지기 시작하였다. 캐나다 흑인 문학은 의미 있는 흑인들의 역사적 실재를 공유하지 않은 작가들이라는 점에서 그 특징을 찾을 수 있다. 현대 블랙 캐나다 문학의 아버지로 인정받는 오스틴 클락(Austin Clarke, 1934-2016)은 1967년에 『만남의 장소』(The Meeting Point)를 출간한다. 이 소설은 캐나다에서 출판된 최초의 블랙 캐나다 문학 작품으로, 백인이 아닌 인종이 캐나다에 이주하는 것을 제한하는 정책이 폐기되기 이전에 토론토로 이주한 웨스트 인디언 계층의 삶을 기술한 것이다.

아프리카나 캐리비안 출신의 두 번째 물결에 속하는 작가들은 남아시아 작가군에 비해서 자신의 경험뿐 아니라 선조들의 유산의 일부를 공유하는 경향이 있다. 바싼지(M.G. Vassanji, b. 1950)의 『거니 색』(The Gunny Sack, 1989)과 『비밀의 책』(The Book of Secrets, 1994)은 영국이 지배하는 동아프리카에 인도인들이 온 여정을 추적한 소설이다. 『비크람 랄의 중간 세계』(The In-Between World of Virkram Lall, 2003)에서 케냐에서 태어난 아시아인은 케냐 독립 전후로 자신과 자신의 누이 그리고 유년기 친구들이 행한 일들을 기억하면서 죄책감과 수치심에 사로잡힌다. 이 소설은 보통 데이비드 오드히암보(David Odhiambo, b. 1976)의 『키프리가트의 기회』(Kipligat's Chance, 2003)와 같이 읽히는데, 작품에서도 화자는 작가 오드히암보가 경험한 것과 같이 아프리카로부터 달아나 밴쿠버로 온 뒤 평화를 찾는다. 두 번째 물결의 작가들이 자신이 선호하는 지도를 제시하는 것과는 달리, 첫 번째 작가들은 자신의 가계도를 보여주는 경향이 있다. 스카이 리(Sky Lee, b. 1952)의 『사라지는 달 카페』(Disappearing Moon Cafe, 1990)가 그 단적인 예이다. 바싼지(M.G. Vassanji, b. 1950)의 『거니 색』(The Gunny Sack, 1989)은 지도와 가계도 모두를 보여준다. 디온 브랜드(Dionne Brand, b. 1953)의 『달이 꽉 차고 변할 때』(At the Full and Change of the Moon, 1999)에서 트리니다드 노예의 후손은 자신의 선조들이 사슬에 묶여 대서양을 가로지르는 여행을 반복한다. 19세기 초 이들의 선조들은 대규모 자살을 감행한다. 후손들 중 아무도 이들을 기억하지 못하며, 북미나 유럽으로의 이주는 또 다른 결박당한 노예 생활의 연장일 뿐이다.

디온 브랜드(Dionne Brand, b. 1953)의 『우리 모두가 갈망하는 것』(What We All Long For, 2005)의 주인공은 제2세대 아프리카인으로서 토론토에서 살아가는 청년이다. 브랜드의 소설에서 흑인뿐 아니라 아시아인이나 혼혈인들은 서로 이방인으로서의 우정을 나누며, 토론토는 코스모폴리탄적인 도시로 묘사된다. 제2세대 블랙 캐나다 작가와 주요 작품으로는 앙드레 알렉시(André Alexis, b. 1957)의 『절망 그리고 오타와의 다른 이야기들』(Despair, and Other Stories of Ottawa, 1994)과 『어린 시절』(Childhood, 1998), 에시 에두간(Esi Edugyan, b. 1978)의 『사무엘 타인의 두 번째 인생』(The Second Life of Samuel Tyne, 2004)과 『해프 블러드 블루즈』(Half-Blood Blues, 2011), 데이비드 챠리안디(David Chariandy)의 『소우코우얀트』(Soucouyant, 2007)가 있고, 연극으로는 앤드루 무디(Andrew Moodie, b. 1972)의 『반란』(Riot, 1998)이 있다.

캐나다 문학을 넘어서

　　　　　　　　캐나다의 정전을 탈식민주의적 시각에서 바라보는 작업은 캐나다 문학에 많은 가능성을 제공해 준다. 캐나다에서는 문학을 국가, 인종, 성, 종교적 아이덴티티와 연관지어 이해하고 이를 통해 텍스츄얼리티와 역사를 재조명하려는 노력이 활발하게 진행되고 있다. 아울러 다문화 포스트식민주의 시대에 맞추어 캐나다 문학의 글로벌화에 대한 논의도 진행되고 있다. 2005년 밴쿠버에서 트랜스 캐나다, 문학, 제도, 시민권(TransCanada: Literature, Institution, Citizenship)이라는 제목의 학술대회가 개최되고, 2007년에는 구엘프 대학(University of Guelph)에서 트랜스 캐나다 2(TransCanada Two), 2009년에는 뉴브런스윅의 마운트 알리손 대학(Mount Allison University)에서 트랜스 캐나다 3(TransCanada Three)가 개최되는 등 캐나다 지식 커뮤니티의 역할과 글로벌화, 시민권에 대한 논의가 활발하게 전개되었다.

　21세기에 들어와 전자 형태(e-form)의 문학 형태가 확산되면서 빠른 시간 내에 싼 가격으로 서로 다른 것과의 상호 관계를 통해 즉각적으로 자신의 의견과 선호를 표출하고 전세계적으로 작업을 함께하는 문예계의 디지털화가 진행되고 있다. 시나 퀘에이라스(Sina Queyras)는 블로그로 운영되는 저널 『레몬 하운드』(Lemon Hound)를 자신의 전자 퍼소나의 이름을 따서 붙였다. 2006년에는 같은 이름으로 책을 출간했으며, 디지털 기술을 활용하여 공동으로 시를 쓰는 작업의 선구적인 역할을 하고 있다. 인터넷 공간은 성, 인종, 계급, 그리고 리뷰와 출판을 포함한 다양한 형식의 스타일과 정치적 행태에 대해 토론하고 논쟁하는 장이 되고 있다. 인터넷을 통한 문예 활동은 조지 머레이(George Murray)가 2003년에서

2011년까지 운영했던 bookninja.com 블로그의 단순한 형태를 넘어서고 있다. 2001년 4월 NewPoetry.ca에서 머레이가 포스팅한 제목 "단일에서 다수"(From One, Many)가 상징적으로 보여주듯이 머레이는 경계와 서로 경쟁하듯 논쟁하는 것으로부터 함께 의미 있는 것을 창조하는 새로운 정신을 구가하고 있다.

캐나다 문학 작품의 글로벌화, 초국가적, 초문화적 성격은 디온 브랜드(Dionne Brand), 데이비드 챠리안디(David Chariandy), 라위 하즈(Rawi Hage), 로힌턴 미스트리(Rohinton Mistry), 마드렌 씨인(Madeleine Thien) 등의 작품에서 찾아볼 수 있다. 글로벌 시대에 내러티브의 중심인 물들은 국가간 문화간 경계를 넘나들고 다양성에 노출되고 서로 다른 것과 혼재한다. 글로벌화에 대해 논의할 때 탈규제와 정부의 간섭 배제, 자유 무역을 골자로 한 신자유주의(neoliberalism)는 이데올로기적 문제뿐 아니라 그 영향력에 있어서도 간과할 수 없다. 캐나다에서는 사빈 밀즈(Sabine Milz), 제프 더크센(Jeff Derksen), 임레 체만(Imre Szeman)은 현대 캐나다 문학의 상황을 신자유주의와의 관계 속에서 모색하려는 시도를 하였다. 이들이 주장하는 바와 같이 현대 캐나다 문학은 코스모폴리탄적, 다문화적이라는 이름 아래 점차 상업화되어가고 있으며, 여기에 대한 비판과 저항이 함께 공존하고 있다.

조지 베켓의 저서 『아방가르드 캐나다 문학』(*Avant-Garde Canadian Literature*, 2013)이 보여주듯이 실험정신은 캐나다 문학의 역사를 보여주고 있다. 리사 로버트슨(Risa Robertson), 마가렛 크리스타코스(Margaret Christakos), 레이첼 졸프(Rachel Zolf), 존 폴 피오렌티노(Jon Paul Fiorentino), 데렉 보리우(Derek Beaulieu), 나탈리 스테펜즈(Nathalie Stephens), 제프 더크센(Jeff Derksen), 시나 퀘이라스(Sina Queyras) 등

일련의 작가들은 서정적 모드를 포기하지 않으면서 새로운 형태와 구문의 실험을 통해 정치적인 시를 모색하고 있다. 언어 시(language poetry), 혁신적 시(radical poetry), 개념 시(conceptual poetry), 실험 시(experimental poetry) 등 다양한 이름으로 디지털 시대의 캐나다 문인들은 기존의 전통에 도전하면서, 새로운 유형의 자유를 탐색하고 있다. 니콜(Nichol)은 『순교론』(The Martyrology)에서 캐나다를 넘어서는 산문("Prose of the Trans-Canada")은 모든 것들이 영원히 함께 하는 세상 "every(all at(toge(forever)ther) once) thing:(n.pat.)을 구현하는 최상의 방법이라고 언급한 바 있다. 캐나다 문학이 캐나다를 넘어서야 한다는 니콜의 주장은 역설적으로 가장 캐나다적인 면을 보여준다 할 수 있다.

캐나다의 역사를 조망하는 학자들이 공통적으로 지적하는 점은 캐나다가 진행 중인 과정의 역사(a history-in-process)라는 점이다. 영국, 프랑스, 미국 문학을 포함한 모든 나라의 문학이 정전을 재구성하고 새로운 사회적 관심사에 반응하여 문학사를 재조명하겠지만, 캐나다 문학은 변화의 폭에 역동성이 있고 그 내용 또한 풍요롭다. 이는 캐나다는 만들어지고 있는 나라이고 캐나다 사회가 건강한 변화와 활력이 있음을 보여준다. 캐나다의 문학적 유산을 재구축하고 캐나다의 문화를 검토하는 작업은 단일한 역사를 거부하고 새로운 탐구를 위한 여정이라 할 수 있으며, 이 탐색의 여정은 캐나다의 역사와 함께 이어질 것이다.

12

프랑스어로 쓰여진 캐나다 문학

(Francophone Writing)

프랑스계 캐나다 문학의 개화와 성장은 대부분 퀘벡(Québec)을 중심으로 한 캐나다 동부를 중심으로 이루어졌다. 퀘벡주는 캐나다에서 가장 넓은 주로 독자적인 프랑스어권 문화를 구축하고 있고, 캐나다 연방으로부터 분리 독립의 요구가 가장 강한 곳이다. 1968년 만들어진 퀘벡당(Parti québécois) 주도로 캐나다 연방이 아닌 자주 국가 수립을 위해 두 차례 주민 투표가 이루어졌으며, 1995년 투표에서는 50.6% 대 49.4%라는 근소한 차로 독립안이 부결되기도 하였다. 프랑스인들의 북아메리카 진출은 16세기로 거슬러 올라간다. 1534년 자크 카르티에(Jacques Cartier, 1491-1557)는 벨아일 해협을 지나 가스페(Gaspé)에 상륙하여 이곳을 누벨 프랑스(Nouvelle France)라 부르고 프랑스의 영토임을 선언한다. 카르티에가 북아메리카에 식민지의 거점을 마련한 70여 년 뒤 사뮈엘 드 샹플랭(Samuel de Champlain)은 앙리 4세의 지원 아래 생로랑(Saint-Laurent) 강을 탐험하고 현재 퀘벡 지역을 교역과 식민지 건설의 중심지로 구축한다. 당시 프랑스인들은 모피 교역에 주 관심사가 있어서 새로운 식민지인 누벨 프랑스(영어로 New France)로의 이주사업은 활발하게 진행되지 못하였다. 1663년 루이 14세의 절대왕권 아래 누벨 프랑스가 프랑스의 영토로 편입되어 보다 활발한 이주가 시작되지만, 영국인들의 식민지 개척에 뒤처지는 입장에 놓이게 되었다.

누벨 프랑스의 건설자로 거론되는 사뮈엘 드 샹플랭은 1603년 북아메리카 탐험기의 최초 형태인 『야만인들, 브루아주에서의 사뮈엘 샹플랭의 여행』(*Des sauvages, ou voyage de Samuel Champlain, de Brouage*)을 저술하였는데, 탐험은 프랑스계 캐나다 문학에 반복적으로 등장하는 중심 주제이며 문예 활동에 지역적 다양성을 구축하는 토대를 제공해 주었다. 17세기 프랑스계 캐나다 문예의 또 다른 양상은 가톨릭 예수회(Jésuites) 선교사들에 의해 주도되었는데, 1610년에서 1673년까지 선교사들은 프랑스 본국에 수많은 편지와 보고서를 보냈다. 샹플랭과 그 동료들에게 누벨 프랑스는 교역의 중심지일 뿐 아니라 원주민 개종의 성지였던 것이다. 17세기 문예의 또 다른 부류로 캐나다에서 생활하면서 겪은 사회적 고뇌, 좌절된 사랑 등 자서전적 텍스트들이 있는데, 이와 같은 글들은 19세기에 이르러 문단의 큰 흐름을 이끌어 내었다.

영국과 프랑스 간에 7년 전쟁(The Seven Year's War)이 종결되면서 파리 조약이 1763년에 체결되었고, 이로 인하여 캐나다의 누벨 프랑스는 영국의 통치로 넘어갔다. 누벨 프랑스는 영국계 식민지인들에 비해 수적으로 부족한데다가 프랑스 본국으로부터 충분한 지원을 받지 못하여 전투에서 패배할 수밖에 없었다. 많은 프랑스계 거주민들이 생활하던 터전에서 쫓겨났고, 이들에게 남은 유일한 대안은 퀘벡으로 옮겨 생활하는 것이었다. 이들은 프랑스계 캐나다인(Canadien-français)이라 불리었고 특히 1960년대 이후로는 퀘벡인(Québécois)이라고 호칭되었다. 이들은 서정시, 논픽션 류의 연설, 자서전적 글들, 여행기를 남겼는데, 누벨 프랑스 문예의 역사는 마크 레스카르보(Marc Lescarbot, 1570-1642)로 거슬러 올라간다. 그는 1609년 『누벨 프랑스의 역사』(*Histoire de la Nouvelle-France*)를 파리에서 출간하고 곧이어 『누벨 프랑스의 뮤즈들』(*Les Muses de la Nouvelle-France*)을 출판한다. 가톨릭 교회가 드라마를 억눌렀으므로 연극은 공식적으로 무대에 오르지 않았다. 1825년에 와서야 처음으로 극장이 세워지고 공식적으로 공연이 이루어졌다. 프랑스계 캐나다 첫 시집은 1830년에 출간된 『서간시, 풍자, 샹송, 그리고 운문으로 된 다른 희곡들』(*Épîtres, satires, chansons, et autres pièces en vers*)이다. 미셸 비보(Michel Bibaud, 1782-1857)가 출간한 이 시집에는 신고전주의적 스타일로 도덕주의적인 내용의 시가 실려있다. 본격적인 퀘벡 문학은 19세기에 접어들면서 태동된다.

1. 프랑스어로 쓰여진 캐나다 시

19세기 중반의 프랑스계 캐나다 문예 작가 중 주목할 만한 세 시인들이 있다. 프랑스와-자비에 가르노(François-Xavier Garneau, 1809-1866), 옥타브 크레마지(Octave Crémazie, 1827-1879), 루이 프레쉐트(Louis Fréchette, 1839-1908)인데, 이 중 가르노는 캐나다 초기 역사를 다룬 국가적 사가(national historian)로 평가되고 있다. 그는 「여행자」("Le Voyageur")를 포함하여 서른여 편의 시를 남겼는데, 그의 시는 낭만적이고 정치적인 색채가 혼합되어 있다. 19세기 중반 로우어 캐나다 거주민들 중 영국의 통치에 저항하는 움직임이 일어났고 영국인들은 이 물리적인 실력행사를 반란(Rebellion, 1837-1838)이라고 여겼다. 로우어 캐나다를

민주화시키고자 하는 프랑스계 캐나다인들의 움직임으로 인해 영국군과 물리적인 충돌이 생겨난다. 영국은 더럼(Durham) 경을 파견하여 당시 북미식민지의 상황을 살펴보게 하는데, 프랑스인들을 폄하한 1839년에 작성된 더럼 보고서(Durham Report)로 인해 프랑스계 캐나다인의 정체성을 구축해야 하는 문제가 절박해졌다. 1844년에서 1848년까지 프랑스와-자비에 가르노는 『캐나다의 발견부터 오늘날까지의 역사』(*L'histoire du Canada depuis sa découverte jusqu'à nos jours*)를 출간하는데, 여기에는 누벨 프랑스의 역사뿐 아니라 문학도 실려있으며, 교회와 국가가 강하게 결합된 갈리아주의(Gallicanism)를 옹호한다.

옥타브 크레마지(Octave Crémazie, 1827-1879)는 일부 캐나다 문학서에서 최초의 캐나다 시인으로 언급되는 작가이다. 그는 문예인과 인문학적 지식인들의 모임을 주도하여 캐나다학사원(Institut Canadien, 1844-1885)을 만들기도 하였다. 크레마지는 서로 다른 두 면의 시인으로 평가되는데, 첫째는 프랑스계 캐나다인의 영광스러운 과거를 소재한 애국주의적 성향의 시로, 「캐나다 노병」("Le Vieux Soldat canadien"), 「카리옹의 국기」("Le Drapeau de Carillon")와 같은 시가 대표적인 작품으로 꼽힌다. 둘째는 죽음과 연관된 시편들로서 「죽은 자」("Les Morts")와 「세 죽은 자들의 산책」("Promenade de trois morts")과 같은 작품들이 있다. 그의 시에는 죽은 사람들이 다시 현세로 돌아와 자신들에게 연민을 갈구하는 모습을 보인다. 루이 프레쉐트(Louis Fréchette, 1839-1908)는 단편소설로 문학사에 이름을 남기기도 하였는데, 동시대인들의 반응에 실망하여 캐나다를 떠나 시카고에서 『추방자의 음성』(*La Voix de l'exilé*, 1866, 1868, 1869)을 출간하였다. 그의 대표작은 『민족의 전설』(*La Légende d'un peuple*, 1887)인데, 이 작품은 프랑스의 국민적인 낭만파 시인 빅토르 위고(Victor Hugo, 1859) 작 『세기의 전설』(La Légende des siècles)의 흔적을 지닌 야심작으로, 북아메리카인들의 전설을 기술하고자 하였다.

19세기 후반으로 접어들면서 18세기 중반의 혁명적이었던 기운은 억제되고 시인들도 종교와 국가, 자연을 노래하였으며, 연극에서도 아마추어뿐 아니라 전문 연기인들이 널리 작품 활동하기 시작하였다. 아돌프-바질 루티에(Adolphe-Basile Routhier, 1839-1920)가 1880년에 쓴 "오 캐나다"(O Canada)는 애국가가 되었고, 여기에는 종교적이고 애국적인 주제가 결합되어 녹아 있다. 1870년에 출간된 뱅자망 쉴트(Benjamin Sulte, 1841-1932)의 작품 『로랑티엔』(Les Laurentiennes) 또한 지역 사회의 소박한 삶을 시 속에 담았다는 점에서 주목할 만하다.

모더니즘 시의 출현과 시적 자유

19세기 말 퀘벡 문학의 역사에서 주목할 만한 변화를 이끌어 낸 일련의 시인들이 등장하는데, 에밀 넬리강(Émile Nelligan, 1879-1941), 샤를 질(Charles Gill, 1871-1918), 샤를 로조(Charles Lozeau, 1878-1924)는 이 중 가장 주목할 만한 인물들이다. 이들은 프랑스의 샤를 보들레르(Charles Baudelaire, 1821-1867), 폴-마리 베를렌(Paul-Marie Verlaine, 1844-1896)과 교분을 갖고 데카당스(décadence)의 전통을 캐나다에 파급시켰다. 퀘벡 문학의 역사에서 인식론적 전환점이 된다는 점에서 에밀 넬리강(Émile Nelligan, 1879-1941)은 의미가 있다. 그의 시는 1896년에서 1899년 사이에 창작되었는데, 정신 병원에 입원할 때까지 쓴 글들이 1904년 출간된다. 넬리강은 예술의 군림(règne de l'Art)을 갈망한다고 스스로 말했다. 성공적인 그의 시에는 감각, 동기, 열망, 꿈, 회한, 번뇌가 결합되어 강압적인 음악성을 보여준다. 넬리강과 동시대인인 샤를 로조(Charles Lozeau, 1878-1924)는 1907년과 1912년 각각 『고독한 영혼』(L'Âme solitaire)과 『나날의 거울』(Le Miroir des jours)을 출간하여 관습적인 형식과 개인적 표현의 정교한 병치를 이루어낸다. 작가의 표현을 빌자면 "나는 내가 본 것을 솔직하고 단순한 음성으로 말한 것"이다. 1900년을 전후하여 퀘벡 시의 모더니티에 기여한 시인으로 이색적인 시인(exotic poet)로 분류되는 쟝 오베르 로랑제(Jean Aubert Loranger, 1896-1942)가 있다. 당시 문단의 조류를 대변하는 "에놈"(ènome)이라는 용어가 반복적으로 등장하며 훗날 생-드니 가르노(Saint-Denys Garneau, 1912-1943)가 자신의 시학으로 차용할 평범한 산문적 스타일을 예견한다.

1900년 전후 퀘벡에는 순수하게 미학적인 시풍을 대변하는 로랑제(Loranger)류의 시인들과 쌍벽을 이루는 일군의 지역주의(regionalism) 시인들이 지역의 전통, 시골에서의 삶, 종교와 같은 캐나다적인 가치를 시에 담아내었다. 알프레드 데로쉐(Alfred DesRochers, 1901-1978)와 같은 지역주의 시인들은 시골의 풍경을 유리판을 통해 바라보는 것이 아니라 그 안에 자기 자신을 몰입시켰다. 실제 살아가는 삶 속에서 의미를 찾은 시인들로 팜필 르메이(Pamphile Lemay, 1837-1918), 내레 보슈맹(Nérée Beauchemin, 1850-1931), 알베르 페를랑(Albert Ferland, 1872-1943), 블랑쉬 라몽타뉴-보르가르(Blanche Lamontagne-Beauregard, 1889-1958) 등이 있다.

생-드니 가르노(Saint-Denys Garneau, 1912-1943)와 알랭 그랑부아(Alain Grandbois, 1900-1975)는 퀘벡 시의 모더니티를 언급할 때 쌍벽

을 이루는 인물로 평가되고 있다. 가르노는 『우주에서 보는 시각과 놀이』 (Regards et jeux dans l'espace)에서 퀘벡 시인들이 관습적으로 사용해 온 시어로부터 벗어나 리듬의 부재, 불규칙적인 시행의 길이, 산문적이고 평범한 구성, 파편적 리듬을 선보였다. 가르노는 『밤의 섬』(Les Iles de la nuit)이라는 시집에서는 자유로운 형식으로 이전 시대의 시인들과 차별되는 새로운 상상적 세계를 열어나갔다. 그랑부아는 강렬한 서정성, 육체적인 사랑, 그리고 1960년대를 관통하는 자유 정신을 구현하는 시를 썼다. 가르노와 그랑부아는 고독의 세대(generation of solitude) 또는 위대한 선배(great elders)라 불리우는데, 리나 라니에(Rina Lasnier, 1910-1997)와 안느 에베르(Anne Hébert, 1916-2000)도 같은 부류의 시인으로 분류된다. 리나 라니에는 『이미지와 산문』(Images st Proses, 1941)에서 『부재의 현존』(Présence de l'absence, 1992)에 이르기까지 이십여 권이 넘는 시집을 통해 관능적이고 영적인 찬양을 담은 폭넓은 서정시를 선보였다. 안느 에베르는 『왕의 무덤』(Le Tombeau des rois, 1953)에서 시인의 내적 동요와 퀘벡 사회의 외적 위협을 상징주의를 통해 구현하였다.

1948년 폴-마리 라푸엥트(Paul-Marie Lapointe, b. 1929)는 『불에 탄 처녀』(Le Vierge incendié)를 통해 초현실주의적이고 자동기술적인 문학적 실험을 감행한다. 종교에 대한 믿음이 무너지고 개개인들은 사회로부터 고립된 상황에서, 자유로운 사랑을 주장하는 모습이 구현된 이 시집은 1960년대와 70년대에 세간의 주목을 받았다. 1940년대와 50년대 퀘벡의 시는 한두 개의 주된 갈래가 목격되는 것이 아니라 다양한 성향의 시들이 공존하는 모습을 보인다. 알랭 그랑부아나 리나 라니에와 같은 위대한 선배 작가파, 테레 르노(Thérès Renaud), 질 에노(Gilles Hénault), 폴-마리 라푸엥트(Paul-Marie Lapointe), 클로드 고브로(Claude Gauvreau), 롤랑 기게르(Roland Giguère)와 같은 초현실주의 작가들, 장-기 필롱(Jean-Guy Pilon), 페르낭 우엘레트(Fernand Ouellette), 미셸 반 쉔델(Michel van Schendel)과 같은 헥사곤(The Hexagone) 멤버들, 그리고 지난 세대 작가인 알랭 그랑부아(Alain Grandbois)가 작품 활동을 하였다.

국민주의 문학과 독립 출판사의 출현

프랑스계 캐나다인들이 퀘벡을 차지한지 200주년이 되는 1959년 제16대 주지사 모리스 뒤플레시(Maurice Duplessis, 1890-1959)가 사망하고 자유주의 정부가 들어서면서 퀘벡은 완고한 전통주의로부터 벗어나기 시작하였다. 교회는 힘을 잃고 세속화되어갔다. 급변하는 시대를 살아가는 당시 시인들은 초자연주의 기법을 통해 성적이고 국민주의적인 주제를 폭발적으로 다루었다. 롤랑 기게르(Roland Giguère, 1929-2003)와 이브 프레퐁텐(Yves Préfontaine, 1937-2019)은 언어가 이 세상과 창조물을 만든다고 생각하였고, 이와 같은 생각은 일련의 작가들에 의해 공유되었다. 1960년대에 들어서 프랑스계 캐나다인들의 독립을 지지하는 국민주의 작품들이 출간된다. 징-기 필롱의 『국가 청원』(*Recours au pays,* 1961), 질 에노(Gilles Hénault, 1920-1996)의 『기억의 나라로 여행』(*Voyage au pays de mémoire,* 1962), 자크 브로(Jacques Brault, b. 1933)의 『기억』(*Mémoire,* 1965), 이브 프레퐁텐의 『말 없는 나라』(*Pays sans parole,* 1967), 피에르 페로(Pierre Perrault)의 『궁여지책으로』(*En désespoir de cause,* 1971) 등 앵글로 색슨들의 사회적 경제적 독점을 비판하고 억압받은 민족의 단결을 호소하는 작품들이 쏟아져

나왔다. 폴 샹베를랑(Paul Chamberland, b. 1939)은 『퀘벡의 땅』(*Terre Québec*, 1964)에서 선지자의 음성을 선택했고, 가티앙 라푸엥트(Gatien Lapointe, 1931-1983)는 퀘벡, 자아, 그리고 언어 사이의 밀접한 공감대를 추구하였다. 자크 브로는 초기 시집 『기억』(*Mémoire*, 1965)에서 퀘벡의 고통에 대해 명상하는데, 작품이 전개되면서 전쟁과 가족을 잃은 경험으로 인한 삶의 고통스러운 내면을 탐구한다.

1960년대 들어 프랑스계 캐나다 문인들에게 주목할 만한 성과는 뉴브런즈윅, 온타리오, 매니토바에 출판사가 생겨난 것이다. 뉴브런즈윅의 멍크턴(Moncton)은 아카디아의 르네상스를 이끌어내었다. 레이몽 기 르블랑(Raymond Guy LeBlanc, b. 1945), 에르메네질드 쉬아송(Herménégilde Chiasson, b. 1946), 제랄드 르블랑(Gérald Leblanc, 1945-2005)이 아카디아 르네상스의 주역들로 활동하였다. 온타리오 지역에서는 파트릭 드비앙(Patrick Debiens, b. 1948)이 주도하는 프랑코 온타리오 시들이 『남은 공간』(*L'Espace qui reste*), 『투명인간』(*L'Homme invisible*)에 실려 출간되었다. 파트릭 드비앙(Patrick Debiens)의 영향을 받은 프랑코 온타리오 시인들로 미셸 달레르(Michel Dallaire), 피에르 알베르(Pierre Albert), 기 리조트(Guy Lizotte), 자크 프와리에(Jacques Poirier)를 들 수 있다. 캐나다의 수도 오타와를 중심으로 네 세대의 시인들이 활동하였는데, 1920년대와 1930년대 출생 시인 가브리엘 풀랭(Gabrielle Poulin)과 자크 플라망(Jacques Flamand), 1940년대에 태어난 피에르 라파엘 펠레티에(Pierre Raphaël Pelletier), 질 라콤브(Gilles Lacombe), 앙드레 라셀(Andrée Lacelle), 1960년대에 태어난 앙드레 르뒥(André Leduc), 마가렛 미셸 쿡(Margaret Michèle Cook), 스테판 스낙(Stefan Psenak)이 있다. 1970년대 출생한 티나 샤를부아(Tina Charlebois), 앙젤 바솔레-우에

드라오고(Angèle Bassolé-Ouédraogo)가 프랑코 온타리오인의 정체성을 이어가고 있다. 프랑코-매니토바(Franco-Manitoba)의 정체성을 대표하는 시인으로는 레베예(J. R. Léveillé)가 있다. 그는 다양한 형태의 실험을 하였는데, 『몬트리올 시』(Montréal Poésie, 1987)과 『증거품』(Pièces à conviction, 1999)에는 꼴라주의 형태로 상업, 예술, 광고의 경계를 넘어서는 혁신적인 시편들이 실려있다.

현대의 퀘벡 시

20세기 중반 이후 퀘벡 문단은 형식주의(formalism), 반문화(counter-culture), 그리고 페미니즘이 주도하였다. 형식주의를 주도하는 시인들로 앙드레 루아(André Roy, b. 1944), 앙드레 제르베(André Gervais, b. 1947), 노르망 드 벨푀유(Normand de Bellefeuille, 1949), 로제 데 로슈(Roger Des Roches, b. 1950)를 꼽을 수 있는데, 이들은 시의 서정성을 거부하고 텍스트의 물질성을 탐구하는 시인들이다. 반문화주의를 표방하는 시인들은 크게 두 그룹으로 나눌 수 있는데, 첫 번째 그룹은 유희적이지만 주류 문화에 대해 반대의 목소리를 지니고 있는 시인들로, 클로드 펠로캉(Claude Péloquin), 라울 뒤게(Raoul Duguay)와 같은 시인들이 여기에 속한다. 두 번째 유형은 극단적인 성욕이나 도시에서의 방황에 완전히 탐닉해 들어가는 시인들로 루이 조프로아(Louis Geoffroy), 루시앙 프랑쾨르(Lucien Francœur), 조제 이봉(Josée Yvon), 데니 바니에(Denis Vanier)가 여기에 속한다. 대표적인 페미니스트 시인으로는 니콜 브로싸르(Nicole Brossard), 마들렌 가뇽(Madeleine

Gagnon), 쥬느비에브 아미요(Geneviève Amyot), 프랑스 테오레(France Théoret), 루이즈 뒤프레(Louise Dupré)가 있다.

새로운 내면주의(intimisme)로 독자들을 매료시킨 시인들도 있다. 앙드레 루아의 『강도 가속기』(*L'Accélérateur d'intensité*, 1987), 노르망 드 벨쾨유의 『얼굴 먼저』(*Un visage pour commencer*, 2001)와 같은 작품에서는 새로운 형태의 서정주의가 목격된다. 문단의 조류가 바뀌면서 시풍의 변화가 엿보이는 시인들도 있다. 폴 샹베를랑(Paul Chamberland, b. 1939)은 국민주의 시인에서 유토피아적인 인본주의로, 프랑스와 샤롱(François Charron, b. 1952)은 사회 비판으로부터 형이상학적인 탐구로 시풍이 변모한 것을 발견할 수 있다. 시인에 따라 변화의 방향과 정도의 차이가 있겠지만, 전반적으로는 서정적 시에서 텍스트로, 말에서 글로, 다양한 형식의 실험에서 스크립트의 다성성으로 축이 옮겨지고 있다. 자크 브로(Jacques Brault), 미셸 가르노(Michel Garneau), 질베르 랑주뱅(Gilbert Langevin), 피에르 모랑시(Pierre Morency), 미셸 보리외(Michel Beaulieu), 알렉시 케프그랑시(Alexis Kefgrançis), 마리 우구에(Marie Uguay), 로베르 멜랑쏭(Robert Melançon)과 같은 작가들은 퀘벡이 낳은 대표적인 현대 시인들이다.

불안정성이 만연한 포스트모던 상황에서 자신의 정체성을 찾으려는 시도는 미궁에 빠지기 마련이다. 아카디아의 시인 제랄드 르블랑(Gérald Leblanc, 1945-2005)이 시집 『존재의 어려움』(*Difficultés d'existence*, 2002)에서 보여주었듯이, 아카디아 언어의 소멸은 자아 소멸의 상징적 징후일 수 있다. 소멸되거나 탈중심화된 자아는 현대 프랑스계 캐나다 작가들이 직면하고 있는 현실이다.

2. 프랑스어로 쓰여진 캐나다 소설

프랑스계 캐나다 소설의 기원은 가톨릭 교회의 영향 아래 만들어진 낭만적인 모험 소설로 애국주의적 색채가 강하게 작용하고 있다. 1937년 첫 프랑스계 캐나다 소설이라 할 수 있는 두 작품이 출판되는데, 두 작품 모두 영국의 제국주의에 대항하는 애국적 반란과 연관되어 있다. 당시 무력항쟁을 주도했던 프랑스계 캐나다인들은 교수형에 처해졌고, 반란군들은 해외로 추방되었다. 죄, 폭력, 환상 등의 감성에 관심이 기울어지면서 당시 두 편의 괄목할 만한 소설이 출간된다. 프랑스와-레알 앙줴(François-Réal Angers, 1812-1860)는 범죄와 약탈을 소재로 한 『범죄의 폭로 혹은 캉브레와 그의 공범자들』(Les révélations du crime ou Cambray et ses complices)이라는 작품을 썼고, 필립-이냐스-프랑스와 오베르 드 가스페 2세(Pilippe-Ignace-François Auber de Gaspé fils, 1814-1841)는 『보물 탐험대, 혹은, 저서의 영향』(Le chercheur de trésors, ou, l'influence d'un livre)을 저술하였는데, 이 책의 서문에서 캐나다의 로망스라고 선언했듯이 환상과 전설을 토대로 초자연적인 이야기를 전개했다. 이 작품은 조셉 두트르(Joseph Doutre, 1825-1886)가 1844년에 쓴 『약혼자들 1812』(Les fiancés 1812)를 포함한 모험 소설에 영향을 미쳤다.

19세기 프랑스계 캐나다 소설은 두 방향으로 발전되어 가는데, 첫 방향은 프랑스와-자비에 가르노(François-Xavier Garneau, 1809-1866)의 뒤를 이어 역사 소설을 쓰는 것이다. 조르주 부셰 드 부셰르빌(George Boucher de Boucherville, 1814-1984)은 1849년에서 1851년과 1864년에서 1865년에 걸쳐 역사 소설 『한 명의 실종자, 두 명의 생존자』(Une de perdue, deux de trouvées)를 출간하는데, 첫 부분은 루이지애나에 기반을 둔 모험 소설류였고, 두 번째 부분은 애국자들의 헛된 반란에 관한 내용이었다. 두 번째 부분으로 전개되면서 작품은 낭만적인 고딕 판타지에서 프랑스계 캐나다인들의 태도를 대변해 주는 역사물로 전환된다. 『옛 캐나다인들』(Les anciens Canadiens, 1863)은 모험과 역사, 전설, 여행을 18세기 영국과 프랑스의 갈등 속에 담아낸 소설이다.

당시 소설이 전개된 두 번째 방향은 향토소설(roman du terroir)이라고 불리우는 것으로서, 스타일이나 주제 면에서 환상 문학이나 역사 소설과 다른 문예적 전통을 지니고 있다. 이 부류에 속하는 대표적인 소설가로 파트리스 라콩브(Patrice Lacombe, 1807-1863), 피에르-조제프-올리비에 쇼보(Pierre-Joseph-Olivier Chauveau, 1820-1890), 앙투완 제랭-라주아(Antoine Gérin-Lajoie, 1824-1882)를 들 수 있는데, 젊은이들이 캐나다 자본주의 경제의 속박에서 벗어나 농장을 일구는 이야기들이 주를 이루고 있다. 프랑스계 캐나다인들은 용기 있는 이주민들이 농경지를 일구면서 살아가는 삶을 찬양하는 작품들을 지속적으로 출간했다. 나무가 너무 많아 산채를 찾을 수 없는 캐나다의 캐빈(Canadian cabin)의 전설이 생겨나기도 하였다.

레옹-팡필 르 메이(Léon-Pamphile Le May, 1837-1918)는 1877년 『세인트 안느의 순례자』(Le pélerin de Sainte-Anne)와 다음 해 연작 『피쿠노, 저주받은 자』(Picounoc le maudit)라는 제목의 모험 소설을 출판하는데, 도덕적 결함에도 불구하고 프랑스와 퀘벡에서 큰 인기가 있었다. 조제프 마르메트(Joseph Marmette, 1844-1895)의 『비고, 관리인』(L'intendant Bigot, 1972)에서는 과거의 중요한 장면을 통해 국민적 정서를 형성해 가는 모습을 볼 수 있다. 미국 이민자인 쥘-폴 타르디벨(Jules-

Paul Tardivel, 1851-1905)은 공공연하게 퀘벡의 독립을 주장하는 소설을 썼다. 『조국을 위하여』(*Pour la patrie*, 1895)에는 종교적인 색채와 함께 퀘벡의 독립을 누르고자 하는 연방정부의 프리메이슨단을 색출하고자 하는 플롯이 있다. 자기희생과 신의 의지를 통해 연방정부를 파괴하고 퀘벡의 분리 독립을 성취하려는 프랑스계 캐나다인의 열망이 강하게 표출된 작품이다.

20세기 초 캐나다는 보어 전쟁, 영국과의 친밀한 연대감으로 주목의 대상이 된다. 보어전쟁의 제국주의적 성격은 앙리 부라사(Henri Bourassa, 1868-1952)를 중심으로 지식인들의 제국주의 비판과 강력한 국민적 정서를 자극하였다. 이 시기 주목할 만한 소설가로는 『우리 집에서』(*Chez nous*, 1914)와 『우리 사람들의 집에서』(*Chez nos gens*, 1918)를 쓴 아쥐토르 리바르(Adjutor Rivard, 1868-1945)와 『마리아 샵들렌』(*Maria Chapdelaine*, 1914)을 쓴 루이 에몽(Louis Hémon, 1880-1913)이 있다.

지역소설과 도시소설

20세기 초 캐나다 문예 비평에서 주도적인 음성을 낸 소설가로 아베 카미유 루아(Abbé Camille Roy, 1870-1943)가 있다. 루아가 주도한 문예 흐름은 지역주의(regionalism)라는 이름으로 후대에 영향을 미친다. 프랑스계 캐나다 문단에서 지역주의는 농작물을 경작하는 시골에서의 삶을 주제로 큰 흐름을 이어간다. 클로드-앙리 그리뇽(Claude-Henri Grignon, 1894-1976)은 프랑스의 소설가 발자크(Balzac, 1799-1850)와 레옹 블루아(Léon Bloy, 1846-971)의 영향 아래 리얼리즘과 멜로드라마를 혼합한 『남자와 그의 죄』(*Un homme et son péché*, 1933)로 큰 주목을 받았다. 사냥꾼과 벌채공들의 삶을 파괴하는 산업 자본주의의 공포는 펠릭스-앙투완 사바르(Félix-Antoine Savard)의 『뗏목인부 지배인 므노』(*Menaud, maître-draveur*, 1937)에 드러나 있다. 19세기 말부터 2차 세계대전 이브까지의 네 세대 캐나다 농부 랭게르(Ringuert)를 다룬 작품 『30 에이커』(*Trente arpents*, 1938)의 출간과 함께 지역주의 소설은 정점에 달한다. 이후 급격한 사회 변화로 인해 더 이상 농경 생활을 지탱할 수 없는 상황에 직면한다.

2차 대전이 끝나면서 도시 소설(urban novel)은 캐나다 문단에서 확고한 자리를 잡는다. 로제 르믈랭(Roger Lemelin, 1919-1992)의 『완만한 경사 아래』(*Au pied de la pente douce*)는 퀘벡 시에서 벌어진 거리 갱들의 사회적 주도권 싸움을 적나라하게 보여주고 있다. 또한 『플루프 가족』(*Les Plouffe*, 1948)에서는 교구 신부와 어머니와의 관계를 통해 노동자 계층 이웃의 삶을 그려나갔다. 퀘벡 문학을 대표하는 작가 가브리엘 루아(Gabrielle Roy, 1909-1983) 또한 몬트리올이라는 도시를 중심으로 프랑스계 캐나다인들의 삶을 소설 속에 담았다. 그녀는 첫 소설 『싸구려 행복』(*Bonheur d'occasion*, 1945)을 출간하면서 이른바 "몬트리올 소설"(Montreal novel)이라는 새로운 장르를 개척하였다. 이 작품에서 루아는 2차 대전 동안 몬트리올에서 생활하는 노동자 계층의 삶을 사실주의적 색채로 기술하였다. 프랑스의 페미나상을 수상한 이 작품은 산업화된 도시의 교외 지역에서 생활하는 노동자 가족의 소외감과 경제적 궁핍으로부터 벗어나고자 하는 문제를 다루었다.

가브리엘 루아는 퀘벡 출신의 아버지가 캐나다 중부 매니토바로 이주한 뒤 위니펙에서 성장하였다. 그녀는 매니토바에서 교사 생활을 한 뒤 프랑스와 영국에서 극작 수업을 하고 1939년 몬트리올에 정착하면서 본격적으로 작품 활동을 시작한다. 산업화와 도시로의 대규모 인구 유입이라는 모더니스트 문제를 다룬 대표적인 작품 『싸구려 행복』을 통해 가브리엘 루아는 문단에 데뷔하였다. 1947년에 『양철 프루트』(*The Tin Flute*)로 번역되어 영어권 독자들에게 소개된 이 소설은 퀘벡이 배출한 최초의 도시 리얼리스트 소설로 평가되고 있다. 생존을 위해 꿈을 접고 도덕적으로 타협하는 태도와 사회적 공감력은 그녀의 소설을 특징짓는 핵심적인 자질이다.

그녀의 후기 소설은 가난으로 고통받는 도시의 공간에서 자신이 자랐던 매니토바(Manitoba)의 시골 지역으로 관심이 옮겨간다. *Where Nests the Water Hen*으로 번역된 『물닭이 둥지를 트는 곳』(*La petite poule d'eau*, 1950), *Street of Riches*로 번역된 『데샹보 거리』(*Rue Deschambault*), *The Road past Altamont*로 번역된 『알타몽의 길』(*La route d'Altamont*, 1955)에는 단편 이야기가 서로 연결되어 매니토바에서 네 세대를 거쳐 살아온 소녀, 어머니, 할머니의 삶이 그려져 있다. 이 작품들에는 여성의 가난, 고통, 도주에 대한 갈망이 잘 드러나 있다. 1977년에 출간된 『내 생의 아이들』(*Ces enfants de ma vie*)로 루아는 『데샹보 거리』에 이어 두 번째 캐나다 총독상을 수상하였다. 이 작품은 매니토바에서 교사로 일했던 작가의 경험을 토대로 한 자서전적 소설로 궁핍한 이민자의 아이들과 사범대학을 막 졸업한 여교사 사이의 사랑과 행복을 그려내었다. 루아의 작품은 퀘벡 문학의 현대화, 캐나다 문학의 다변화에 큰 기여를 했을 뿐 아니라, 전 세계적으로 큰 감동을 주었으며 프랑스어로 쓰여진 캐나다 문학 중 가장 널리 알려진 걸작으로 평가되고 있다.

프랑스계 캐나다인들이 퀘벡에 정착한지 200주년이 되는 1959년 제

16대 주지사 모리스 뒤플레시(Maurice Duplessis, 1890-1959)가 사망하고 완고한 전통주의로부터 벗어나기 시작하였다. 제르멘 구에브르몽(Germaine Guèvremont, 1893-1968)은 『뜻밖의 방문객』(Le survenant, 1945)과 『마리 디다스』(Marie Didace, 1947)에서 동시대 작가들이 주로 다루었던 아버지의 역할이 무너지면서 지역 사회가 붕괴되는 문제를 다루었다. 교회와 국가가 함께 힘을 모아 과거의 권위와 질서를 유지하려하지만 이전에 지탱되었던 정체성은 더 이상 통하지 않는다. 교회는 힘을 잃고 세속화 되어갔다. 급변하는 시대를 살아가는 당시 작가들은 초자연주의 기법을 통해 성적이고 국민주의적인 주제를 폭발적으로 다루었다.

20세기 중반을 넘어서면서 작품에서는 교훈적인 요소가 현격하게 줄어들고 실존적인 요소가 두드러진다. 클레르 몽트뢰이(Claire Montreuil, 1914-2014)는 1960년에 출간된 소설 『달콤쌉쌀함』(Doux-amer)에서 남자들에게만 특권이 부여되어 있다고 생각하는 여성과 결혼한 남성의 서술을 통해 인간의 심리를 탐구한다. 제라르 베세트(Gérard Bessette, 1920-2005)는 『서적상인』(Le libraire, 1960)에서 뒤플레시가 통치하던 시기에 존재했던 검열에 대해 화자의 일기 형식을 통해 다룬다. 자크 페롱(Jacques Ferron, 1921-1985)은 퀘벡의 불확실한 미래를 전설, 우화, 초현실적 기법을 통해 다룬다. 더욱 어둡고 폭력적인 인간의 내면이 마리-끌레르 블레(Marie-Claire Blais, 1939)의 『에마뉴엘 인생에서의 한 계절』(Une saison dans la vie d'Emmanuel, 1965)에 드러나는데, 이 작품은 아이들의 성적, 육체적 학대의 고통을 영원한 겨울의 지옥으로 형상화하고 있다. 이차 대전 이후의 악몽과 같은 삶이 형상화된 작품으로 위베르 아캥(Hubert Aquin, 1929-1977)의 1965년 작품 『다음 에피소드』(Prochain épisode)를 들 수 있다. 이 작품은 드 허츠(H. de Heutz)를 암살하려다 실패하는 스파이 스릴러로서, 작품의 화자는 실재 세계와 상상의 세계의 경계가 무너지는 상황을 통해 혁명적인 주제를 전복시킨다. 레장 듀샤르므(Réjean Ducharme, 1941-2017)는 1966년 소설 『세상이 삼킨 여인』(*L'avalée des avalés*)에서 세인트 로렌스(St. Lawrence)에 있는 섬에서 언어를 통해 닫힌 자신만의 세계를 만들어내는 모습을 형상화시킨다. 영화 제작자이자 소설가 자크 고부(Jacques Godbout, b. 1933)는 혼돈스러운 이 세상에 벽을 치고 노트북에 기록하는 화자를 통해 자신을 지탱하려는 노력을 『안녕 갈라르노!』(*Salut Galarneau!*, 1967)에서 보여준다. 로슈 카리에(Roch Carrier, b. 1937)는 『전쟁, 예스 써!』(*La guerre, yes sir!*, 1968)에서 초현실주의적 이미지와 유희를 통해 언어의 신비를 풀어 헤치면서 삶의 괴귀한 면을 드러내어준다. 빅토르-레비 보리외(Victor-Lévy Beaulieu, 1945)는 『세상의 종』(*La race du monde*, 1969)에서 혼돈스러운 세계에서 소외되고 어쩔 바 몰라하는 소설가를 화자로 등장시켜 세상의 비참함을 드러내어 준다.

조용한 혁명기 이후의 소설가들

1960년 뒤플레시(Duplessis) 총리가 사망하고 자유당의 장 르사주(Jean Lesage, 1912-1980)가 총리로 당선되면서 조용한 혁명이 시작되었다. 새 총리는 퀘벡 사회 전 분야에 개혁을 불러일으켰다. 그는 가톨릭 교회를 대중들의 삶으로부터 분리시키며, 수력발전 에너지를 국유화하고, 건강 보험과 무상 교육 등 복지 국가의 원칙을 실현하였다. 사회 개혁과 경제적 발전을 토대로 몬트리올은 1976년 올림픽과

엑스포를 주최하면서 캐나다의 핵심적인 도시로 부상하였다. 1969년 캐나다 정부는 영어와 프랑스어를 공용어로 선포하여 보다 적극적으로 퀘벡을 끌어안으려는 노력을 하였으나, 1970년 퀘벡 독립 강성 단체인 퀘벡해방전선(Front de libération de Québec)이 테러를 감행하는 등 민족주의 운동은 더욱 강해졌다. 1970년 중반 사회 민주주의를 이념으로 하는 르네 레베크(René Lévesque, 1922-1987)가 퀘벡당의 당수가 되어 프랑스어를 퀘벡의 유일한 공용어로 선포하였다. 1990년 이후 퀘벡의 독립 분리파들은 퀘벡 연합(Bloc québécois)을 조직하여 퀘벡의 독립을 추진하고 있다. 이 시기 작가들은 퀘벡인(Le québécois)의 정체성에 대해 고민하고 이들의 정체성을 작품으로 구현하고자 하였다.

조용한 혁명 이후로 정치적, 문화적, 경제적, 언어적으로 급격한 변화가 나타나고, 전통과 권위에 기반을 둔 프랑스어권 캐나다인(Le Canadien français)이라는 정체성에서 벗어나 퀘벡인의 독립과 해방, 개인의 완성, 탈종교화와 예리한 사회의식을 주알(Joual)이라는 퀘벡 소시민의 언어로 담아내었다. 자크 고부(Jacques Godbout, b. 1933)의 1967년 작품 『안녕 갈라르노!』(Salut Galarneau!)에는 조용한 혁명 이후 퀘벡의 소시민들이 자유와 새로운 정체성을 추구하는 모습을 주인공인 갈라르노(Galarneau)를 통해 그려낸다. 캐나다 총독상을 수상한 이 소설에서 기존의 종교 사회적 가치관을 거부하고 새로운 퀘벡인의 삶을 추구하는 모습이 영어적 표현, 방언이 혼재된 주알을 통해 구현되었다.

페미니즘은 1970년대 퀘벡 독립을 주장하는 국민주의적 텍스트와 더 프랑스어 소설 영역에서 주도적인 목소리를 내었다. 니콜 브로싸르(Nicole Brossard, b. 1943)는 『프렌치 키스』(French Kiss, 1974)를 통해 육체의 언어에 대한 수용과 탐색을 시도하였고, 『쓰라린 경험으로서의 모성, 혹은 부서진 장』(L'amèr ou le chapitre effrité, 1977; Barbara Godard 번역 These our Mother; or, The disintegrating chapter, 1983)에서는 엄마와 딸 사이의 관계를 다루었다. 『담자색 사막』(Le désert mauve, 1987)에서 서술자의 이야기는 번역자의 주석과 함께 프랑스어로 번역된다. 아슬아슬하게 유지되던 실재와 허구의 선은 번역자가 마지막에 텍스트에서 사라지면서 주인공과 텍스트가 거의 동일하다는 점을 암시한다. 가부장주의적 언어의 사용을 허물어뜨리는 수단으로 형식주의에 대한 브로싸르의 관심은 루키 베르시아니크(Louky Bersianik, 1930-2011)나 프랑스 테오레(France Théoret, b. 1942)와 같은 다른 페미니스트들과 연관되어 있다. 루키 베르시아니크(Louky Bersianik)는 『르게리온느』(L'Euguélionne, 1976)와 『아크로폴리스에의 피크닉』(Le pique-nique sur l'Acropole, 1979)에서 신화와 성경을 차용하여 남근중심주의적 형이상학, 가부장적 본질주의를 제거하는 새로운 담론을 만드는 시도를 하였다. 프랑스 테오레(France Théoret)는 『현기증』(Vertiges, 1979)에서 자아가 붕괴되기 시작하는 지점으로 언어 문제를 제기한다.

1970년대 소설의 또 다른 특징은 대량 생산을 기반으로한 통속 소설적 요소가 확대된 점이다. 미셸 트랑블레(Michel Tremblay, b. 1942)는 연작 소설 『플라토 몽-루아얄 연대기』(Chroniques du Plateau Mont-Royal)로 대중들의 큰 호응을 얻었다. 『옆집 뚱뚱한 여자 임신하다』(La Grosse Femme d'à côté est enceinte, 1978), 『생 앙주 학교에의 테레즈와 피에레트』(Thérèse et Pierrette à l'école des saintes-anges, 1980), 『공작부인과 평민 남자』(La Duchesse et le routier, 1982), 『에두와르의 이야기들』(Des nouvelles d'Edouard, 1989), 『최초의 달빛 구역』(Le premier quartier de la lune, 1989), 『아름다움의 대상』(Un objet de beauté, 1997)의 여

섯 편의 시리즈를 통해 트랑블레는 복잡한 가족들의 네트워크를 분석하였다. 『플라토 몽-루아얄 연대기』에는 퀘벡인들의 사랑과 관용의 정신이 깃들어 있으며, 이 작품들로 인해 트랑블레는 1980년대 대표적인 소설가의 리스트에 자리매김된다. 트랑블레와 같은 시기에 이브 보슈맹(Yves Beauchemin, b. 1941)은 구어적인 전통에서 생겨난 사실주의의 깃발 아래 신화적인 서사의 세계를 업데이트하는 작업을 수행하였다. 루이 카롱(Louis Caron, b. 1942)의 삼부작 『원목 오리』(Le Canard de bois, 1981), 『안개 경계 고동』(La Corne de brume, 1982), 『주먹질』(Le Coup de poing, 1990)은 1837-1838년 혁명에서 희생당한 애국자들의 명예를 상기시키면서 대중들의 호응을 얻었고, 아를레뜨 쿠스뛰르(Arlette Cousture, b. 1948)의 『칼렙의 딸들』(Les Filles de Caleb, 1985-86)은 급격한 산업 발달로 파괴된 숲에서의 삶에 대한 잊혀진 기억을 불러일으켰다. 오트 모리시(Haute Mauricie), 보슈맹(Beauchemin), 카롱(Caron), 쿠스뛰르(Cousture), 루아(Roy)의 베스트셀러들은 영화로 각색되어 매스 미디어를 통해 대중들에게 널리 알려졌다.

국민투표 이후의 소설들

1980년대 퀘벡의 독립에 대한 투표가 실시된 이후 퀘벡의 소설은 새로운 방향으로 전개된다. 정치적인 목적을 지닌 국민적 담론들의 인식론적 해체는 포스트모던 소설과 오토픽션의 길을 열었고, 새로운 주체성에 대한 글을 탐구하는 경향이 생겨났다. 안느 에베르(Anne Hébert)의 『나무 방』(Les Chambres de bois, 1958)은 결혼의 소외에 대한 작품으로 소외 담론의 새로운 문을 연 작품으로 평가되고 있다. 1982년 출간된 『흰 가마우지』(Les Fous de Bassan)는 성경과의 상호텍스트성, 역사와 새로운 교차점 모색을 특징으로 하고 있으며, 광범위한 다성성으로 인해 대표적인 포스트모던 텍스트로 평가된다. 자크 풀랭(Jacques Poulin, b. 1937)은 『폭스바겐 블루스』(Volkswagen Blues, 1984)에서 퀘벡인들의 새로운 상상력을 탐구하였다. 젊은 메티스 여인을 동반하여 떠난 프랑스계 아메리카 탐험은 자신의 정체성에 대한 탐색이자 인종적이고 성적인 전형에 대한 도전이다. 레진 로뱅(Régine Robin)은 『라 퀘베쿠아트』(La Québécoite, 1983)에서 유대인 출신의 프랑스 여성을 통해 프랑스어로 말하는 퀘벡의 인구들이 지닌 인종적 혼합에 대한 두려움을 다루었다. 니콜라 디크네(Nicolas Dickner, b. 1972)의 자서전적 소설 『니콜스키』(Nikolski, 2005)는 잭이 직면한 상실에 대해 어떤 설명도 시도하지 않는다. 포스트모던 세계에서는 자기지시성을 넘어서는 어떤 공간이나 세계도 존재하지 않기 때문이다.

  조용한 혁명 이후에 태어난 퀘벡의 작가들은 이전 세대와는 다른 각도에서 자신들이 살아가는 세상을 바라보았다. 모니크 프루(Monique Proulx, b. 1952)는 『별들의 성』(Le Sexe des étoles, 1987)에서 트랜스젠더의 관점으로 정체성 문제를 탐구하였고, 1996년에 출간한 『몬트리올의 오로라』(Les Aurores montréales)에서는 몬트리올의 현대성과 지역성을 다루었다. 노마디즘과 정체성 탐구가 절망의 나이 어린 소설가들(the young novelists of despair)에 의해 이루어졌다. 크리스티안 미스트랄(Christian Mistral, b. 1964)은 『탕녀』(Vamp, 1988), 『독수리』(Vautour, 1990), 『발리움』(Valium, 2000)이라는 오토픽션 시리즈를 출간하여, 소위 "바로크와 하이퍼 리얼리스트"(baroque to hyperréaliste) 스타일을 만들어 내었다.

자기 지시성(self-referentiality)은 점차 퀘벡 소설의 주목할 만한 자질로 자리잡았다. 피에르 고베이(Pierre Gobeil, b. 1953)의 『마를롱 브랑도의 죽음』(La Mort de Marlon Brando, 1989)은 성적으로 능욕을 당하는 내용의 자신의 드라마를 기욤 비뇨(Guillaume Vignault, b. 1970)의 소설 『뜻밖의 방문객』(Le Survenant)과 영화 <아포칼립스 나우>(Apocalypse Now, 1979)의 플롯으로 다시 쓴 것이다.

아카디아, 매니토바, 온타리오와 서쪽 주들의 문학

캐나다의 프랑스계 지역 사회의 문학은 퀘벡의 문학과 맥을 같이 진화하는 부분도 있지만, 문화적인 동화를 거부하고 지역적으로 독자적인 문학 세계를 구축하였다. 이는 현대에 빠르게 확산된 포스트 아이덴티티 미학과 맥이 닿아있다. 뉴브런즈윅(New Brunswick)의 문예 전통은 루이 조제프 악뛰르 멜랑쏭(Louis Joseph Arthur Melanson), 1879-1941)의 『지구를 위해』(Pour la terre, 1918)로 거슬러 올라가는 대륙의 소설(novels of the land)의 유산과 아카디아 작가 중 가장 국제적으로 명성이 있는 앙토닌 마이에(Antonine Maillet, b. 1929)의 민담 이야기들의 영향을 받았다. 이후 아카디아의 작가들은 자신들의 정체성을 재구성하려는 일련의 시도를 하는데, 자크 사부아(Jacques Savoie, b. 1951)는 자신의 아카디아적 영웅들을 퀘벡에서부터 뉴욕에 이르기까지 재배치한다.

퀘벡에서 온타리오로 프랑스인들이 건너온 것이 비교적 최근 일이기에, 프랑스계 온타리오 소설은 아카디아 문학과 이데올로기적으로 공감이 부족했다. 엘렌 브로되르(Hélène Brodeur, b. 1923)는 1981년과 1986

년 사이 사실주의적 스타일로 온타리오의 북동쪽으로 이주해온 퀘벡인들의 희망과 드라마를 담은 삼부작 『새로운 온타리오의 연대기』(*Les Chroniques du Nouvel-Ontario*)를 출간하였다. 문화적 메티스(cultural Métis)로 널리 알려진 다니엘 폴리캥(Daniel Poliquin, b. 1953)은 1987년 작 『오봄사윈』(*L'Obomsawin*)에서 원주민들의 문맥에서 아버지같은 인물을 탈구축한다.

1987년 『치파육, 혹은 늑대의 길』(*Tchipayuk ou le chemin du loup*)이라는 작품을 쓴 로날드 라발레(Ronald Lavallée, b. 1954)는 1869년에서 1885년 사이에 있었던 리엘의 반란(Riel Rebellions)을 소재로 작품을 만들었다. 로날드 라발레는 매니토바 오집웨이(Manitoba Ojibway)에서의 어린 시절, 몬트리올에서의 교육, 그리고 서부로의 귀환을 통해 프랑스와 영국 혈통의 인종에 의해 지배당하는 세상에서 살아가는 혼혈인의 애환을 담았다. 모리스 컨스탄틴-웨어(Maurice Constantin-Weyer, 1881-1964)의 소설 『한 남자가 그의 과거에 관심을 가지다』(*Un homme se penche sur son passé*, 1928)는 매니토바 이주민으로서 자신의 삶의 연대기이다. 브리티시 컬럼비아의 해안의 풍경은 1948년 『카말무크 꿈』(*Le Rêve Kamalmouk*)을 출간한 마리우스 바르보(Marius Barbeau, 1883-1969)를 포함하여 프랑스계 캐나다 문인들의 영감을 자극하였다. 최근 작가로 모니크 제뉘스트(Monique Genuist)는 역사 소설 『누트카』(*Nootka*, 2003)를 통해 19세기 중반 황금 러시 이후 빅토리아를 건설한 역사에 대해 이야기한다.

아카디아에서 브리티시 컬럼비아에 이르기까지 작가들의 상이한 경험과 어휘는 서로 다른 지역색의 표현이라는 의미를 넘어서 프랑스계 캐나다 소설의 특징인 내러티브의 다중적 형식을 만들어 내었다. 지역적 다양성에도 불구하고 이들 작가들에게서 공통적으로 발견되는 맥점은 자신의 정체성에 대한 탐구와 언어적, 문화적 생존에 대한 절박감이라 할 수 있다.

이민자의 작품활동

이민자들의 문예 활동 또한 활발해졌다. 레진 로뱅(Régine Robin)은 폴란드계 유대인의 부모에게서 태어나 사회적 문맥 속에서 자아를 탐구하는 작품 활동을 하였다. 그녀의 소설 『라 퀘베쿠아트』(La Québécoite, 1983)는 이민자들의 목소리가 침묵되는 문제를 다룬 작품으로서, 자신의 목소리를 내기 위해 노력하는 자기 성찰적인 화자가 등장한다. 다니 라페리에르(Dany Laferrière, b. 1953)의 『어떻게 지치지 않고 흑인과 사랑을 할 수 있을까』(Comment faire l'amour avec un nègre sans se fatiguer, 1985)에 등장하는 화자 또한 소수 문화 속에서 자신의 정체성을 찾는 노력을 한다. 퀘벡 외의 지역에서 거주하면서 이민자로서 작품 활동을 한 프랑스계 작가로 다니엘 폴리캥을 주목할 수 있다. 1990년 출간된 『주드의 시선』(Visions de Jude)에는 젊은 과부, 과부의 딸, 딸의 음악 선생님, 그리고 주인공의 여주인이 화자로 등장하는데, 이들은 모두 한 때 영웅인 주드의 애인이었다. 주드는 항해자이자, 작가, 모험가, 지질학자이자 현학적인 돈 주안의 모습으로 등장하는데, 여성들의 이야기가 전개되면서 모험가로서의 신화가 깨어지고 이야기는 아이러닉한 톤을 띤다. 카트린 마브리카키(Catherine Mavrikakis, b. 1961)는 프랑스 모친과 알제리에서 성장한 그리스 부친을 둔 작가로 시카고에서 태어났다. 『가래침 꽃』(Fleurs de crachat, 2005)과 『스모키 넬슨의 마지막 날들』(*Les derniers jours de Smokey Nelson*, 2011) 등의 소설을 쓴 그녀는 1979년 이후 몬트리올에 정착하였지만, 퀘벡 문예인으로 분류되는 것에 대해 분노한 것으로 알려져 있다. 그녀는 최근 출간된 『프로펀디스의 오스카』(*Oscar de Profundis*, 2016)라는 작품으로 몬트리올에 치명적인 바이러스가 퍼지는 내러티브를 통해 디스토피아적인 비전을 보여주었다. 잉첸(Ying Chen, b. 1962)은 상하이 출신의 중국계 작가로 대표작으로 『물의 기억』(*La mémoire de l'eau*), 『중국 서한』(*Les lettres chinoises*), 『배은망덕』(*L'ingratitude*)이 있다. 『김치』(*Kimchi*, 2002)를 쓴 한국계 캐나다 작가로 정욱(Ook Chung, b. 1963) 또한 주목할 만한 퀘벡의 이주문학 작가 리스트에 포함된다.

3. 프랑스어로 쓰여진 캐나다 연극

프랑스계 캐나다 연극의 역사는 1606년 마크 레스카르보(Marc Lescarbot, 1570-1641)가 쓴 알레고리적 스펙터클인 『넵튠의 극장』(*Le Théâtre de Neptune*)으로 거슬러 올라간다. 또한 1640년 가톨릭 예수회는 퀘벡시에서 루이 14세의 탄생을 환영하는 연극을 상영한 기록이 있다. 이후 가톨릭은 부도덕적인 행위를 조장한다는 이유로 연극을 공식적으로 금지하였고, 프랑스의 제국주의적 지배가 풀릴 때까지 연극은 캐나다 식민지에서 활성화 되지 못하였다. 연극은 살롱이나 군대 막사에서 아마추어들이 연극을 공연하면서 그 명맥을 이어갔고, 애국자들의 반란(Rébellion des patriotes, 1837-1838) 시기를 거친 뒤 더럼 보고서(Durham Report)에 대한 응수로 본격적으로 활성화되기 시작했다.

국민극장의 탄생

더럼 경이 언급한 프랑스계 캐나다인들의 정체성 부재는 프랑스계 국립 극장 운동을 촉발하였다. 앙투완 재랭-라주아는 애국주의 역사극 젊은 라뚜르(*Le Jeune Latour*, 1844)를 상영하였다. 자크 코트낭(Jacques Cotnam), 존 아르(John Hare), 레오나르 두세트(Leonard E. Doucette), 잔느 모스(Jane Moss)와 같은 역사극 작가들이 정착민들의 생활, 예수회 선교사들, 애국주의 혁명, 메이츠 지도자 루이 리엘(Louis Riel, 1844-1885)의 교수형 등을 소재로 한 작품들을 선보여서 대중들의 찬사를 받았다. 19세기와 20세기 초 역사극은 종교적인 영감과 순교, 자유와 애국주의에 호소하는 영웅주의적 성격을 띠었다. 루이-오노레 프레쉐트(Louis-Honoré Fréchette, 1939-1909)의 작품 『펠릭스 푸트레』(*Félix Poutré*, 1862)는 미친척 가장하여 교수형을 면하는 내용을 담고 있는데, 이 작품은 19세기 프랑스계 캐나다 주민들에게 가장 인기 있는 연극이었다. 『파피노』(*Papineau*, 1880)와 『추방자의 귀환』(*Le Retour de l'exilé*, 1880) 또한 1837년과 1838년 사이의 애국자들의 반란(Rébellion des patriotes)을 다룬 작품으로서, 애국주의, 명예, 관용, 가족에 대한 충성심 등의 덕을 보여주고자 하였다. 1894년에서 1914년까지를 퀘벡 연극의 황금기라고 부른다. 이 시기에 수많은 극장들이 만들어지고 전문 연극회사들이 설립되었다.

2차대전과 조용한 혁명 이후의 연극

20세기 중반 리도 베르 극장(Théâtre du Rideau

Vert, 1949), 누보 몽드 극장(Théâtre du Nouveau Monde, 1952), 마법사의 제자(Apprenti-Sorciers, 1955), 에그레고르(Egrégore, 1959)와 같은 연극 전문사들이 생겨났으며, 새로운 예술적 형식의 작품들이 상연되었다. 특히 자동 기술과 초현실주의, 프랑스의 부조리 문학이 큰 영향을 미쳤다. 클로드 고브로(Claude Gauvreau, 1925-1971)의 『오렌지들은 초록색이다』(Les oranges sont vertes, 1958), 자크 랑기랑(Jacques Languirand, 1931-2018)의 『엉뚱한 것들』(Les insolites, 1956)과 『대출발』(Les grands départs, 1957), 자크 페롱(Jacques Ferron)의 『커다란 태양들』(Les grands soleils, 1958)과 같은 작품은 사실주의와 이성주의의 관습을 거부한 브레히트적인 기법의 실험작이었다.

반사실주의적 연극이 실험적으로 소개되기는 했지만, 사회적 사실주의는 1960년대까지도 캐나다 연극의 주된 흐름이었다. 그라씨앙 제리나(Gratien Gélinas, 1909-1999)의 『작은 수탉』(Tit-Coq)이 보여주듯 1960년대 연극의 주류는 평범한 프랑스계 이주민의 소외와 억압적인 퀘벡 사회의 제도에 관한 것이었다. 마르셀 뒤베(Marcel Dubé, b. 1930)는 퀘벡 사회를 비판하면서 조용한 혁명으로의 내적 성찰을 이끈 대표적인 작가이다. 그의 첫 히트작 『구역』(Zone, 1953)은 가난으로부터 벗어나기 위해 담배를 밀수하는 몬트리올 십대 갱의 비극적인 삶에 초점을 맞춘다. 뒤베의 부르주아적인 주인공과 같이 프랑스와즈 로랑제(Françoise Loranger, 1913-1995)의 『5분 더』(Encore cinq minutes, 1966)는 프랑스계 이주민들의 정신적 공허함과 실존적 번뇌를 집단적인 정체성 안에서 담아내고 있다. 연방주의자와 분리주의자들의 대립이 격화되면서 영국계 이주민과 프랑스계 이주민 사이의 역사적 반목을 표현하는 연극들이 연달아 만들어졌다. 자크 페롱(Jacques Ferron)의 『왕의 머리』(La Tête du roi, 1963),

마르셀 뒤베의 『아름다운 일요일들』(*Les Beaux Dimanches*, 1965)에서 볼 수 있듯이 정치적 논쟁은 가족들을 갈가리 찢어 놓는다. 1960년대 말에는 연극이 정치적인 패러디로 사용되었다. 로베르 귀릭(Robert Gurik)의 『햄릿, 퀘벡의 왕자』(*Hamlet, prince du Québec*, 1968), 프랑스와즈 로랑제의 『왕의 길』(*Le Chemin du roy*, 1968), 『미디엄 레어』(*Médium saignant*, 1969)와 같은 작품은 63 법안(Bill 63)이라 불리우는 "캐나다의 1969년 퀘벡에서 프랑스어를 권장하는 법안"(Loi pour promouvoir la langue française au Québec)과 1970년 10월 위기(October Crisis)를 무대에 올렸다.

조용한 혁명 이후 퀘벡의 연극은 사회적, 문화적 변형을 경험한다. 1960년대와 1970년대 "퀘벡인의 새로운 극장"(le nouveau théâtre québécois)이라는 명칭이 붙은 드라마들이 정치적인 주제, 지역의 언어 사용, 실험적인 기법으로 특징지어진다. 퀘벡 지역의 두드러진 문화를 만들어 내고자 하는 노력은 퀘벡 외의 다른 프랑스 지역 사회에 정체성 위기를 불러일으켰다. 미셸 트랑블레는 퀘벡의 프랑스 이주민들에게 있어 "퀘벡인의 새로운 극장"(le nouveau théâtre québécois)이라는 형태의 새로운 극작 시대를 연 대표적인 작가이다. 『의자매』(*Les Belles Sœurs*, 1965)가 처음 몬트리올의 리도 베르 극장(Théâtre du Rideau Vert)에서 상영된 뒤 대중들의 논쟁이 이어졌다. 몬트리올 동부에서 사용되는 주알과 퀘벡 노동자들의 삶에 대한 유머러스한 재현, 그리고 주알과 서정주의의 결합, 사실주의적 주제와 반사실주의적 무대 기법은 관객들에게 신선한 충격으로 다가왔다. 트랑블레와 더불어 1970년대 퀘벡인의 새로운 극장(le nouveau théâtre québécois) 작가로 언급되는 장 바르보(Jean Barbeau) 또한 토속적인 언어와 대중문화, 사실주의와 역행하는 기법들로 정치적 사회적 문제들이 평범한 퀘벡인들에게 어떤 영향을 미치는지 보여주었다. 『라크루아의 길』(*Le Chemin de Lacroix*, 1970)은 63 법안에 대한 저항 운동이 벌어졌을 때 잘못 체포된 주민에 대한 치욕, 그리고 경찰에 의한 폭행과 심문에 초점을 맞추고 있다. 1970년에 출간된 『마농 라스트 콜』(*Manon Lastcall*)과 『사랑에 대해 말해줘』(*Joualez-moi d'amour*)는 주알을 퀘벡인들의 생동감과 역동성의 상징으로 표상하고 있다. 유머와 브레히트적이고 부조리극의 무대 기법들, 문화적 국민주의의 혼합이 장 바르보 극의 정수이다.

페미니스트 극장과 게이 극장

1980년대 이후 페미니스트들과 게이 극장의 발전이 두드러지기 시작하였다. 모성이나 엄마가 되는 것에 관심을 둔 대표적인 작품으로 폴 펠레티에(Pol Pelletier)의 『하얀 빛』(*La Lumière blanche*, 1981), 루이제트 뒤소(Louisette Dussault)의 『모낭』(*Monan*, 1979)과 카롤 프레쉐트(Carole Fréchette, b. 1949)의 『베이비 블루스』(*Baby blues*, 1989), 마리즈 펠레티에(Maryse Pelletier)의 『물의 단절』(*La Rupture des eaux*, 1989), 섹슈얼리티와 개인의 행복에 대한 작품으로 마리즈 펠레티에의 『완고한 목소리를 위한 듀엣』(*Duo pour voix obstinées*, 1985), 엘리자벳 부제르(Elizabeth Bougert)의 『전화해』(*Appelle-moi*, 1995), 카롤 프레쉐트의 『엘리자의 피부』(*La Peau d'Elisa*, 1998)와 『장과 베아트리스』(*Jean et Béatrice*, 2002)가 있다. 엄마와 딸 사이의 관계를 다룬 작품으로 안느 마리 알롱조의 『빨간 오렌지 황토색의 편지』(*Une lettre rouge or-*

ange et ocre, 1984), 엘렌 페노(Hélène Pedneault)의 『증언』(*La Déposition*, 1988), 도미니크 파랑토 르뵈프(Dominick Parenteau Lebeuf)의 『공증인 앞에서의 폭로』(*Dévoilement devant notaire*, 2001)와 같은 연극이 있다. 1970년대 이후로 특정한 젠더 이슈보다는 사회적 문제에 관심을 갖는 여성 극작가들이 생겨났는데, 프레쉐트(Fréchette)의 『마리의 네 번의 죽음』(*Les Quatre Morts de Marie*, 1998), 『시몽 라브로쓰의 7일』(*Les Sept Jours de Simon Labrosse*, 1997), 쥬느비에브 비에트(Geneviève Billette)의 『인류에 대한 범죄』(*Crime contre l'humanité*, 1999)와 『무릎의 나라』(*Le Pays des genoux*, 2005), 에블린 드 라 슈넬리에르(Evelyne de la Chenelière)의 『1월의 딸기』(*Des fraises en janvier*, 1999)와 같은 작품들은 사회적 정의, 우정, 사랑의 문제를 다루었다.

미셸 트랑블레의 등장으로 여성 극장은 급격하게 바뀌어 나가는 사회적 태도를 반영하여 확장되기 시작한다. 트랑블레는 『의자매』(1968)에서 음악적 원칙의 구도 하에 부차적으로 종속되어 있는 여성의 억압에 대해 탐구하면서 몬트리올 동부 지역을 라디오 시리즈물, 애니메이션의 혼재를 통해 그리스 연극과 셰익스피어 시대로 확장시킨다. 트랑블레의 연극은 유년 시절의 꿈과 성인이 된 이후의 환상의 병치로 인한 고통스러운 면이 있지만, 유년기를 에너지와 영감의 원천으로 기술하고 이를 정치적 활동주의로 변환시키도록 독려한다는 점에서 역동적이다. 트랑블레의 작품에 발견되는 복장 도착증(transvestism)은 단순히 남녀가 옷을 바꾸어 입는 것이 아니라 비즈니스 상업이나 호모섹스의 의미를 지닌 핵심적인 주제이다. 그의 작품은 영어로 번역되어 상연되었고, 특히 스코틀랜드인들의 문화적 삶에 큰 변화를 가져왔다. 바우만(Bowman)과 핀들레이(Findlay)는 트랑블레의 작품을 스코틀랜드 방언으로 번역하여 상연하였는데, 이 중 『여름 보름달을 위한 성대한 미사』(Messe solennelle pour une pleine lune d'été, 2000)를 Mass for a full moon in summer로 번역하여 에딘버러 트래버스 극장(Traverse Theatre)에서 상연하였다. 열두 개의 짧은 막으로 구성된 이 연극에서 에이즈가 걸린 상대를 돌보는 남성 게이 커플, 중년의 두 레즈비언들, 팔이 잘린 아버지를 돌보는 딸, 아들이 게이가 된 엄마가 등장하여 대화를 주고 받고, 각 장의 끝은 탱고 춤으로 마감되었다.

앙드레 브라사르(André Brassard, b. 1946)는 미셸 트랑블레의 작품들 중 게이 나이트클럽을 다룬 작품 『내일 아침, 몬트리올』(Demain matin Montréal, 1972)을 통해 몬트리올의 하부문화를 탐구하고, 『영원히 너의 것, 너의 마리-루』(A toi, pour toujours, ta Marie-Lou, 1971)를 통해 개인관계가 무너진 지옥 같은 사회를 형상화하였다. 1980년대에는 노르망 쇼레트(Normand Chaurette), 르네-다니엘 뒤부아(René-Daniel Dubois), 미셸 마크 부샤르(Michel Marc Bouchard)와 같은 혁신적인 젊은 게이 작가들이 출현하여 사회적으로 구축된 성적 규범과 역할을 전복시킨다.

미셸 트랑블레(Michel Tremblay, b. 1942)

트랑블레는 퀘벡의 완전 독립을 주장한 조용한 혁명기의 대표적인 작가이다. 몬트리올의 플라토 몽-루아얄(Plateau Mont-Royal)에서 태어나 자라났으며, 그의 작품 또한 대부분 몬트리올을 배경으로 하고 있다. 『기차』(Le train, 1959)라는 작품이 캐나다 텔레비전 방송국 개최 컨테스트에서 수상하면서 문단에 들어선다. 진정한 작가로서 그의 첫 작품은 1968년 제작된 『의자매』라 할 수 있다. 이 작품으로 명성을 얻은 미셸 트랑블레는 같은 세계에서 일련의 사건들과 인물들을 다루는 사이클 연극들을 선보이는데, 일련의 작품들은 퀘벡인들의 고립된 삶을 주알로 잘 표출하였다. 『영원히 너의 것, 너의 마리-루』(*A toi, pour toujours, ta Marie-Lou*, 1971), 『랑제의 공작부인』(*La duchesse de Langeais*, 1968), 『저주받은 마농, 성녀 산드라』(*Damnée Manon, sacrée Sandra*, 1977)에는 퀘벡 소시민들의 삶의 애환이 생생하게 드러나 있다. 등장인물들은 사회적으로 인정을 받기 위해 투쟁하며 진정한 사랑을 갈구하는 현실의 몬트리올의 주민들이다. 그러나 이들은 다른 한편으로 성공이나 다른 사람들로부터 존중을 받기 위해 항상 타인의 정체성을 빌려와야만 하는 상징적인 인물이기도 하다. 퀘벡 사회의 문제를 고발하고 퀘벡의 독립에 적극적이었던 트랑블레에게 있어서 사실주의와 상징주의는 그의 초기 연극을 특징짓는 용어라 할 수 있다.

1980년에 출간된 『우트르몽에서의 즉흥극』(*L'impromptu d'Outremont*)은 트랑블레의 작품의 전환점이 되는데, 어려운 삶을 살아가는 퀘벡 소시민들의 사회적 문제를 다루는 리얼리즘과 퀘벡 독립을 향한 민족주의적 상징주의의 색채가 줄어들고, 좀 더 부르주아적인 이웃들의 삶에 초점을 맞추기 시작했다. 이는 1980년대 독립 주민 투표 이후 변화된 사회적 상황을 반영한 것이기도 하다. 『다섯 시기의 알베르틴』(*Albertine, en cinq temps*, 1984)과 『누가 진짜야?』(*Le vrai monde?*, 1987)에서 이와 같은 변화를 발견할 수 있다. 『다섯 시기의 알베르틴』은 알베르틴이라는 인물의 삼십대에서 칠십대까지의 다섯 시기에 대한 혁신적인 작품이며, 『누가 진짜야?』는 극작가가 자신의 가족의 삶을 기술하는 필란델리적인 자기 반영작이다. 그의 후기작 『살아있는 시선들』(*Les vues animées*,

1990), 『열두 번의 연극』(Douze coups de théâtre, 1992), 『금속 날개와 뿔을 지닌 천사』(Un ange cornu avec des ailes de tôle, 1994)에는 자서전적인 성향이 더욱 강하게 드러나 있다.

지역주의에 대한 관심

1970년대에서 시작하여 1990년대에 이르기까지 퀘벡 외의 지역에서 활동한 프랑스계 극작가들은 자신의 지역적 역사, 경제적 사회적 환경, 그리고 생존의 문제를 다룬 작품들을 무대에 올렸다. 앙드레 페망(André Paiement, 1950-1978)의 『모에, 나는 북쪽에서 왔어』(Moé, j'viens du Nord, s'tie, 1970), 장 막 델페(Jean Mac Delpé)와 브리지트 앵젠(Brigitte Haentjens)의 『헉스베리 까마귀들의 추방』(Hawkesbury Corbeaux en exil, 1991)과 『니켈』(Nickel, 1984), 미셸 우엘레트(Michel Ouellette)의 『까마귀들의 추방』(Corbeaux en exil, 1991)과 『프랑스 마을』(French Town, 1993)은 물질적으로 가난하고, 지리적으로 고립되고 적절한 교육을 받지 못한 온타리오 주민들의 소외되고 절망에 찬 분노와 폭력의 경험을 담아내었다. 서쪽의 프랑코 매니토바 극장에서는 사회적인 이슈를 중심으로 한 역사물을 주로 공연하였다. 클로드 도르쥬(Claude Dorge)는 루이 리엘(Louis Riel)의 반란을 재구성한 작품 『소국의 왕』(Le Roitelet, 1976), 프랑스 학교의 폐쇄를 다룬 작품 『기사 23』(L'Article 23, 1985)을 무대에 올렸다. 로제 오제(Roger Auger, 1949-)의 『나는 레지나로 떠나간다』(Je m'en vais à Régina, 1975)는 퀘벡의 독립주의자들에 의해 배신당하는 뒤샤르므(Ducharme) 가문을 무대에 올렸는데, 이 작품은 새로운 프랑코 매니토바의 극작의 시작을 알리는 작품으로 평가받고 있다. 아카디아(Acadia)에서는 앙토닌 마이에와 에르메네질드 쉬아송이라는 두 극작가들이 아카디아의 역사, 문화, 언어, 정체성을 보여주는 연극을 무대에 올린다. 마이에(Maillet)는 『불결한 여자』(*La Sagouine*, 1973), 『격분한 과부』(*La Veuve enragée*, 1977), 『미친 여자 마르고』(*Margot la folle*, 1987)와 같은 작품을 무대에 올렸는데, 동료 아카디아인들로부터 현대화되지 않은 아카디아의 낡은 이미지를 고착화시키는 것이라는 비판을 받기도 하였다. 쉬아송(Chiasson)은 모더니티의 세계로 들어가기 위해 아카디아의 정신을 탐구하는 『역사의 역사』(*Histoire en histoire*, 1980), 『르네상스』(*Renaissance* 1984), 『알렉사의 망명』(*L'Exil d'Alexa*, 1993), 『알리에노르』(*Aliénor*, 1997), 『한 번만』(*Pour une fois*, 1999) 등의 시리즈극을 통해 아카디아 지역의 정신을 무대에서 구현하였다.

포스트모던적 다양한 실험

프랑스계 캐나다 사회에서 기존의 권위가 해체되면서 포스트모던 형식의 언어와 연극적 형식의 실험들이 전면에 부각되기 시작하였다. 20세기에 들어서면서 언어의 유희가 연극에서 모습을 보이기 시작하였고 하나의 단일한 주도적인 텍스트라는 개념은 폐기되었다. 로베르 르빠주(Robert Lepage, b. 1957)는 『오타 강가의 일곱 개의 나뭇가지들』(*Les sept branches de la rivière Ota*, 1994)을 일곱 시간 동안 연극 무대에 올리는 과감한 시도를 하는데, 그의 연극은 고백적이기도 하지만 동시에 보편적이기도 한다. 연극에서 그는 프랑스 초현실주의자인 장 꼭또(Jean Cocteau, 1889-1963)나 재즈 음악가 밀 다비스(Miles Davies)를 드러내는 것을 주저하지 않는다. 1980년대 들어 드라마는 전통적인 자연주의적 극장에서 벗어나 유럽의 고급예술을 모델 삼은 아방가르드적 실험 쪽으로 기울기 시작하였다. 장-피에르 롱파르(Jean-Pierre Ronfard, 1929-2003)의 새로운 실험적인 극장(Nouveau Théâtre Expérimental)이나 질 마으(Gilles Maheu, b. 1948)의 카르본 14(Carbone 14), 로베르 르빠주의 랜드마크 극장(Le Théâtre Repère)과 같은 실험극장이 등장하였고, 새로운 실험극장은 부르주아 드라마의 사실주의적 미학을 거부하고 제스처와 움직임, 이미지와 사인으로 인과관계의 논리적 고리를 끊고, 등장인물들을 탈심리화하며, 메타담론과 자기반영적 담론으로 새로운 공간을 만들어내고자 하였다. 역사적인 인물이나 정전화된 작품들은 재해석을 통해 혁신적인 작품으로 재탄생되었는데, 롱파르(Ronfard)의 『돈키호테』(Don Quichotte, 1984)와 『1001일 밤』(Les Mille et une nuits, 1985), 마으(Maheu)의 『마라-사드』(Marat-Sade, 1984), 『햄릿-머신』(Hamlet-Machine, 1987), 르빠주(Lepage)의 『빈치』(Vinci, 1986), 『엘스너』(Elseneur, 1995)와 『앤더슨 프로젝트』(Le Projet Andersen, 2006) 같은 작품이 있다. 다양한 형식의 실험들이 이루어졌고, 일부 작가들이 닫힌 결말을 맺기를 거부하면서 공연된 작품들을 책으로 출간하지 않았다. 르빠주(Lepage)의 『구조지질학 판』(Les Plaques tectoniques, 1988), 마으(Maheu)의 『레일』(Le Rail, 1984)과 『공동 침실』(Le Dortoir, 1988)는 대중들의 찬사를 받았지만 책으로 출간되지 않은 대표적인 공연물이다.

  1990년대 이후 실험적인 극장의 등장으로 새로운 공연 스타일, 새로운 형식의 서술이 시도되고 있다. 노르망 쇼레트(Normand Chaurette, b.

1954), 르네-다니엘 뒤부아는 독백을 포함한 다양한 차원의 극적인 담론들을 연극에서 사용하였고, 다니엘 다니(Daniel Danis, b. 1962), 라리 트랑블레(Larry Tremblay, b. 1954), 이반 비앙브뉘(Yvan Bienvenue, b. 1962)와 같은 극작가들도 범죄, 폭력, 죽음과 같은 주제를 다루면서 시적 언어와 독백, 멜로드라마와 맥이 닿는 정서가 충만한 언어들을 사용하여 작품 활동을 하였다. 대표적인 작품들로 다니(Danis)의 『자갈의 재』(*Cendres de cailloux*, 1993)와 『저것』(*Celle-là*, 1993), 라리 트랑블레의 『치쿠티미의 잠자리』(*The Dragonfly of Chicoutimi*, 1997), 비앙브뉘(Bienvenue)의 『단편소설의 규칙들』(*Règlements de contes*, 1995)과 『공개와 미공개』(*Dits et inédits*, 1997)가 있다. 1990년대 이후 국민주의와 지역적 관심사를 극복하는 움직임이 활발해졌으며, 퀘벡의 연극은 과감한 실험 정신을 통해 경계를 넘어 코스모폴리탄 문학으로 발전하고 있다.

프랑스계 캐나다인들의 문학의 현대적 의미

프랑스어로 쓰여진 문학이 캐나다 문학에서 존중받는 이유는 예술적 가치 외에도 캐나다의 정체성과 밀접하게 연관되어 있다. 프랑스계 이주민들의 협조가 없었다면 캐나다라는 나라는 이미 미국의 영토에 흡수되었을 것이다. 프랑스인들은 영국인들보다 먼저 북미대륙에 진출했으며, 캐나다는 자신의 생존을 위해서는 프랑스계 이주민들의 문화적, 정신적 유산을 끌어안아야 했다. 이들이 북미대륙에서 정착하는 과정에서의 갈등과 치열한 삶은 가브리엘 루아나 미셸 트랑블레와 같은 성공적인 작가들을 통해 예술적으로 형상화되었다. 클라인, 레이튼,

리칠러, 러너드 코헨 등 상당수 작가들이 몬트리올 출신이다. 프랑스어로 쓰여진 문학 작품들을 간과할 수 없는 이유의 하나로 아랍계 캐나다 문학의 존재감을 무시할 수 없다. 시리아, 알제리, 레바논 등에서 이주한 아랍계 캐나다 문학가의 65% 정도가 프랑스어로 작품 활동을 하고 있다. 특히 몬트리올은 캐나다 문학의 핵심이 되는 범세계적인 도시로 부각되고 있다. 퀘벡의 자주성과 독립성 외에도 다양성과 범세계성이라는 측면에서도 프랑스어로 쓰여진 캐나다 문학은 캐나다의 정체성 형성에도 주역을 담당하였으며, 캐나다 문학사에서 큰 축을 차지하고 있다.

부록

캐나다의 생태주의 문학 (Canadian Literary Ecology)

캐나다 문학을 읽는 어느 독자나 캐나다의 문학은 잠재적으로 생태주의나 에코그린과 연관되어 있으리라 느낄 것이다. 그러나 독자들의 예상과는 빗나가게 1996년에 미국에서 출간된 『생태비평 리더, 문학적 생태학적 이정표』(*The Ecocriticism Reader: Landmarks in Literary Ecology*)에는 캐나다 작가가 거의 들어가 있지 않다. 생태 비평 제1기의 정점에 서 있는 저서로 평가되는 이 선집에 실린 극소수의 캐나다 작가들은 모두 미국에서 작품을 출간했으며, 이와 같은 점은 생태학 연구에 있어서의 국경의 벽을 절감하게 한다. 우리가 흔히 접하는 생태학은 미국을 중심으로 미국인의 시각으로 이루어지고 있음을 보여주는 단면이라 할 수 있다. 미국에서 출판된 이 선집에 글을 실은 유일한 캐나다인이 캐나다의 생태학을 논하는 것이 아니라 인도에 관심을 두고 글을 쓴 점 또한 캐나다 문학이나 문화 연구자 입장에서는 아이러닉하다. 문학 텍스트가 자연이라는 주제를 어떻게 다루는지 학제간 관점에서 살펴보는 환경과 문학에 대한 연구인 생태학은 캐나다가 탐구해온 가장 큰 이슈 중의 하나였고, 캐나

다 문학의 두드러진 특징이기 때문이다. 주류 생태학이 미국 출판자본의 전폭적인 지원과 미국적인 기획 아래 이루어지고 있는 현실을 감안하여, 영미권 문예에서 하나의 가지 정도로 캐나다 생태 문학이 이해되는 것으로부터 벗어나 캐나다 문학의 지형중심주의(topocentrism of Canadian literature)라는 개념 아래 캐나다의 문학을 재조명할 필요가 있다.

캐나다 문학의 생태주의에 대한 연구는 이 저서에 소개한 원주민작가들에 대한 연구, 여성작가 연구, 다문화주의와 글로벌리즘 연구와 함께 캐나다 문학의 성격을 규정하는데 있어서 핵심적인 요소라 할 수 있다. 현실 세계와 문예 비평이 거부하는 세계 사이의 관계를 보여주고자 하기에 대부분의 에코비평가들은 리얼리즘 작품을 선호하는 경향이 있다. 캐나다의 문예 사조는 1980년을 전후로 지역주의(regionalism)에서 도시 다문화주의(urban multi-culturalism)로 선회하는 경향이 있으며, 캐나다의 지역주의는 신비평(New Criticism)과 프라이(Frye)류의 주제 비평이 선도했다. 북아메리카의 에코비평에서는 프랑스의 포스트구조주의 이론이 깊이 침투되지 않은 경향이 있다. 캐나다에서 생태비평이 처음 언급된 것은 1990년대 들어오면서부터이며, 캐나다 서부 역사가, 저널리스트, 영문과 교수들이 모여 1998년 『새로운 트랙, 서부 지형의 글』(*Fresh Tracks: Writing the Western Landscape*)을 출간한다. 2013년 두 편의 책이 출간되면서 생태비평은 캐나다 문학사에서 그 위상을 잡아간다. 캐나다 판 에코크리티시즘 리더로 2013년 캘거리 대학에서 출판된 『단풍나무를 푸르게, 문맥 속에서의 캐나다 에코비평』(*Greening the Maple: Canadian Ecocriticism in Context*)과 맥길 퀸즈 대학 출판부에서 편집한 『물과 함께 생각하기』(*Thinking with Water*) 모두 캐나다 문학의 생태주의적 속성을 집약적으로 보여준다. 본 저서에서는 찰스 로버트(Charles Roberts, 1860-1943)와 어니스트 톰슨 시튼(Ernest Thompson Seton, 1860-1946)의 사실주의적 야생 동물 이야기를 작품의 내용과 함께 분석하면서 소개하였다. 그 외의 부분들은 생태주의 비평에서 언급되는 작품의 리스트를 소개하는 선에서 마무리짓고자 한다.

캐나다의 에코크리티시즘 문학 리스트에 자주 오르는 작품으로 돈 맥케이(Don McKay, b. 1942), 팀 릴번(Tim Lilburn, b. 1950), 얀 즈위키(Jan Zwicky, b. 1955)의 시와 산문을 들 수 있다. 이 외에도 본 저서에서 비교적 상세히 살펴본 찰스 로버트(Charles Roberts, 1860-1943)와 어니스트 톰슨 시튼(Ernest Thompson Seton, 1860-1946)의 사실주의적 야생 동물 이야기들, 그리고 논픽션 부분에서 그레이 아울(Grey Owl, 1888-1936), 앤디 러셀(Andy Russell, 1915-2005), 파리 모왓트(Farley Mowat, 1921-2014)가 캐나다의 생태주의 문학 리스트에 자주 오르는 작가들이다. 돈 도만스키(Don Domanski), 존 화이트(Jon Whyte), 필립 케빈 폴(Philip Kevin Paul), 엘리자벳 필립스(Elizabeth Philips)의 시집 『토치 리버』(*Torch River*, 2007), 디 브란트(Di Brandt, b. 1952)의 『이제 당신이 관심을 갖고』(*Now You Care*, 2003), 앤 심프슨(Anne Simpson), 올리브 세니어(Olive Senior), 브라이언 바틀렛(Brian Bartlett), 수 고예트(Sue Goyette)의 『바다』(*Ocean*, 2013), 그레고리 스코필드(Gregory Scofield)와 크리 로버트(Clea Roberts)의 『여기가 우리가 짐을 풀 곳이다』(*Here is Where We Disembark*, 2010), 샤론 테슨(Sharon Thesen), 안젤라 롤링즈(Angela Rawlings), 매튜 헨더슨(Mathew Henderson)의 『임차권』(*The Lease*, 2012)는 캐나다 에코크리티시즘에서 주목할 만한 작품으로 평가되고 있다.

마가렛 애트우드(Margaret Atwood, b. 1939)의 『떠오름』(*Surfacing*,

1972)과 아포칼립스 삼부작 중 첫 작품인 『오릭스와 크레이크』(*Oryx and Crake*, 2003)에 대한 생태학적 논의가 이루어졌다. 특정 지역을 대상으로 생태학적 지형이 구축된 작품들도 있다. 마가렛 로렌스(Margaret Laurence, 1926-1987)의 마나와카(Manawaka) 시리즈, 데이비드 아담스 리차즈(David Adams Richards, b. 1950)의 미라미치(Miramichi) 소설들은 단순히 지역주의(regionalism) 소설이 아니라 생태주의와 연결된 바이오 지역 서술(bio-regional narrative)로 주목을 받았다. 토마스 와톤(Thomas Wharton, b. 1963)의 소설 『아이스필즈』(*Icefields*, 1995)의 빙하가 보여주듯 지리학과 지질학은 생태비평적 관점에서 중요한 의미가 있다. 생태학적 관점에서 시골이나 지역 사회가 반드시 관심의 대상으로 설정되는 것은 아니다. 알리싸 요크(Alissa York, b. 1970)의 소설 『동물상』(*Fauna*, 2010)은 토론토를 배경으로 하고 있지만, 이 작품에는 인간과 야생 동물과의 관계가 깊숙이 자리하고 있다.

특정 동물의 관점으로 실험적인 글쓰기를 시도한 작품들로 프레드 보드워드(Fred Bodsworth, 1918-2012)의 『마지막 마도요』(*Last of the Curlews*, 1955)를 비롯하여 바바라 가우디(Barbara Gowdy, b. 1950)의 코끼리의 시각으로 기술한 소설 『흰 뼈』(*The White Bone*, 1998), 곰의 시각을 통한 논픽션물로 시드 마티(Sid Marty, b. 1944)의 『위스키 개울의 검은 그리즐리 곰』(*The Black Grizzly of Whiskey Creek*, 2008), 마리안 엔젤(Marian Engel, 1933-1985)의 소설 『곰』(*Bear*, 1976) 등이 있다. 왈리스 스테그너(Wallace Stegner, 1909-1993)의 자서전인 『늑대 버드나무, 마지막 대평원 프론티어의 역사, 이야기, 기억』(*Wolf Willow: A History, a Story, and a Memory of the Last Prairie Frontier*, 1955)은 이후 서부 작가들인 로버트 크로치(Robert Kroetsch, 1927-2011)나 루디 위비

(Rudy Wiebe, b. 1934)에게 큰 영향을 미쳤지만, 캐나다에서는 별로 알려져 있지 않다. 이 외에도 자연과 인간의 명상, 자연 속에서의 삶에 대한 회상을 담은 작품들로 샤론 버탈라(Sharon Butala, b. 1940)의 『아침을 완성하기, 자연의 도제』(*The Perfection of the Morning: An Apprenticeship in Nature*, 1994)나 사스카췌완(Saskatchewan)에서의 삶에 대한 와렌 카리우(Warren Cariou)의 회상록인 『대평원의 호수』(*Lake of the Prairies*, 2002)나 트레버 해리옷(Trevor Herriot)의 『건조한 땅의 강, 대평원의 통로』(*River in a Dry Land: A Prairie Passage*, 2000), 프린 프론(Flin Flon)에서 자라난 버크 스프록스톤(Birk Sproxton, 1943-2007)의 기록인 『유령의 호수, 북위 54』(*Phantom Lake: North of 54*, 2005) 등이 있다.

숲과 나무, 인간의 관계에 대한 탐구 또한 캐나다 에코크리티시즘 접근이 제시하는 하나의 큰 흐름이다. 이사벨라 발란시 크라우포드(Isabella Valancy Crawford, 1846-1887)의 장시 「말콤 케이티, 사랑 이야기」("Malcolm's Katie: A Love Story, 1884), 수잔나 무디(Susanna Moodie, 1803-1885)의 개척지에서의 삶을 다룬 『미개척지에서 버텨내기』(*Roughing it in the Bush*, 1852), 마가렛 애트우드(Margaret Atwood, b. 1939)의 시 「개척자의 진보의 광기」("Progressive Insanities of a Pioneer"), 얼 버니(Earle Birney, 1904-1995)의 시 「덤불로 덮인」("Bushed"), 해리 로빈슨(Harry Robinson)의 「너는 그루터기라 생각하지만 그건 내 할아버지야」("You Think it's a Stump, But That's My Grandfather"), 존 바이란트(John Vaillant, b. 1962)의 『금빛 가문비나무, 신화, 광기, 탐욕의 실화』(*The Golden Spruce: A True Story of Myth, Madness and Greed*, 2005), 샬로트 길(Charlotte Gill)의 논픽션 『흙 먹기, 깊은 숲, 큰 나무와 나무 심는 부족의 삶』(*Eating Dirt: Deep Forests, Big Timber, and Life with the*

Tree-Planting Tribe, 2011), 바바라 클라(Barbara Klar, b. 1966)의 시집 『삼나무』(*Cypress*, 2008), 돈 도만스키(Don Domanski, b. 1950)의 『우리의 모든 놀라움은 앙갚음받지 않아』(*All Our Wonder Unavenged*, 2007)에 실린 일련의 시들, 앤드루 니키포루크(Andrew Nikiforuk)의 논픽션물 『딱정벌레의 제국, 인간의 어리석음과 작은 벌레가 어떻게 북아메리카의 녹색 산림을 죽이는가』(*Empire of the Beetle: How Human Folly and a Tiny Bug are Killing North America's Green Forests*, 2011), 펄 룩(Pearl Luke, b. 1958)의 화재 탐사 타우어에서 일하는 동안의 여성과의 섹슈얼리티 문제를 다룬 소설 『타오르는 대지』(*Burning Ground*, 2000), 조셉 보이든(Joseph Boyden, b. 1966)의 전쟁 소설 『사흘간의 여정』(*Three Day Road*, 2005), 리차드 와가메즈(Richard Wagamese, 1955-2017)의 『인디언 호스』(*Indian Horse*, 2012), 데이비드 아담스 리챠즈(David Adams Richards, b. 1950)의 벌목에 관한 소설 『재산 없는 친구들』(*The Friends of Meager Fortune*, 2007) 등의 작품들이 숲과 연관된 캐나다 생태문학에 속한다.

 보다 큰 스펙트럼으로 볼 때 캐나다 문학사의 생태주의적 탐구는 캐나다 환경사 연구와의 상호 관계 속에서 조망되어야 한다. 2006년 토론토에서 출간된 『캐나다 환경사』(*Canadian Environmental History*)는 캐나다 환경 연구의 믿음직한 가이드를 제공해 준다. 여성의 역사, 게이와 레즈비언의 역사, 캐나다 원주민들의 역사와 같이 새로운 시각으로 캐나다를 조망하려는 연구의 일환으로 1970년대 이후 환경의 역사는 캐나다 사회와 문화를 조명하는 하나의 특징적인 접근법을 제공해 주었다. 특히 인류 사회의 역사적 진화에서 환경적인 요소를 강조한 프랑스의 아날학파(Annales)의 영향으로 환경에 관한 역사를 기술하는 문제는 지식인들의 큰 관심의 대상이 되었다. 캐나다 지역 사회의 시각 예술인들 또한 생태주의에 관심을 갖고 다양한 활동을 전개하고 있다. 브리티시 컬럼비아의 경우 『호수, 예술과 환경 저널』(Lake: A Journal of Art and Environment)을 매년 출간하는 등 생태학을 기반으로 한 새로운 언어, 윤리, 관행을 만들어내기 위한 캐나다인 예술인들의 노력은 계속되고 있다. 생태주의는 캐나다인들의 역사와 함께했고, 그들의 정서에 잘 맞으며, 캐나다인들의 문학과 문화의 두드러진 특징이다.

후기

캐나다 문학사를 쓰는 작업은 미국 문학사나 영국 문학사, 프랑스 문학사를 쓰는 작업과는 다른 도전을 요구한다. 프랑스어와 영어가 공용어로 사용되는 국가에서 문학사는 프랑스어로 쓰여진 작품과 영어로 쓰여진 작품 양자를 이해하고 해석하고 그려내는 지적 노력과 상상력, 그리고 협업을 필요로 한다. 이 저서 또한 이와 같은 지적 노력과 협동 작업의 산물이다.

캐나다의 문학사(Canadian Literature)를 쓰는 작업은 또 다른 의미에서의 지적 도전을 요구한다. 캐나다라는 나라가 지닌 독특한 역사와 멘탈리티를 살리기 위해서는 캐나다 "에서의" 문학(Literature in Canada)의 역사를 고려하면서 기술할 필요가 있기 때문이다. 많은 캐나다인들이 희망하거나 또는 걱정하거나 부정하는 통합된 하나의 역사보다는 중층적이고 다원적인 문학사를 기술할 필요가 있는 것이다. 특히 이 책이 상징적으로 채택한 프라이(Northrop Frye)의 『덤불정원』(The Bush Garden) 이후의 캐나다의 문화적 지형은 캐나다 동부 지역을 중심으로 하는 단일한 캐나다의 비전에서 벗어나 보다 열려 있고 다양한 지형을 모색하는 비정형의 모습을 띠고 있다. 캐나다 문학사는 영국, 프랑스, 독일의 문학사와 차별화된 지형을 지니고 있는 것이다.

캐나다 문학사는 캐나다 "문학"이라는 개념으로 인해 다른 나라의 문학사 기술과 차별화되는 지적 작업을 필요로 한다. 캐나다 문학은 캐나다인들의 삶의 일부(Canadian life)로 간주될 수 있다. 다른 나라 문학도 삶과 글쓰기의 연관 관계가 있겠지만, 삶에 대한 글쓰기(Life Writing)가 캐나다 문학의 두드러진 특색의 하나이기 때문이다. 이와 같은 이유로 전통적으로 캐나다 문학은 프라이식의 주제 비평이 큰 흐름을 이루어 왔다. 그러나 프라이 이후 문예 지형이 캐나다 서쪽으로 확장되면서 탈중심화되고, 주제 뿐 아니라 상대적으로 형식을 강조하는 문예 흐름이 강조되고 있다. 본 저서는 덤불정원 앞과 뒤라는 부제 아래에서 이와 같은 흐름을 보여주고자 시도하였다.

하나의 권위적인 비전에서 벗어나 서로 다른 상세한 문화적 지형을 구축하고 전통적인 문학의 영역을 넘어서 개인의 삶이나 신화의 영역으로 문학의 범위를 확장하여 캐나다 문학사를 살펴보는 작업은 큰 의미가 있어 보인다. 이 저서에서는 전통적인 캐나다 문학사가 출간되어 있지 않은 우리나라의 상황과 전통적인 문학사에 익숙한 독자들을 고려하여 캐나다의 특색에 맞게 캐나다 문학사를 전폭적으로 확장하고 재구성하는 시도는 하지 않았다. 후학들로부터 캐나다"에서의" 문학(Literature *in* Canada)을 전통적 담론을 넘어서는 확장된 의미의 캐나다 "문학"으로 다루는 혁신적인 연구서의 출간을 기대해 본다.

참고문헌 (Reference Works)

❗ Historical and General

Duke, David Freeland. *Canadian Environmental History*. Toronto: Canadian Scholar' Press, 2006.

Gleason, Mona, Tamara Myers, and Adele Perry. *Rethinking Canada. The Promise of Women's History*. 1997. 6th ed. Oxford: Oxford UP, 2011.

Lét our neau, Jocelyn. *A History for the Future: Rewriting Memory and Identity in Quebec*. Montreal: McGill-Queen's UP, 2000.

Morton, Desmond. *A Short History of Canada*. 1989. 6th ed. Toronto: McClelland & Stwart, 2008.

❗ Literary Companions and Literary History Books

Benson, Eugend, and L.W. Conolly. eds. *The Oxford Companion to Canadian Theatre*. Toronto: Oxford UP, 1989.

Blodgett, E.D. *Five-Part Invention: A History of Literary History in Canada*. Toronto: U of Toronto P, 2003.

Brown, Russell and Donna Bennett. eds. *An Anthology of Canadian Literature in English*. Vol. I. Toronto: Oxford UP, 1982.

Brown, Russell and Donna Bennett. eds. *An Anthology of Canadian Literature in English*. Vol. II. Toronto: Oxford UP, 1991.

Klinck, Carl F., et al., eds. *Literary History of Canada: Canadian Literature in English*. 1965. 2nd ed. 3 vols. Toronto: U of Toronto P, 1976.

Kröller, Eva-Marie. *A Cambridge Companion to Canadian Literature*. 2004.

2nd ed. Cambridge: Cambridge UP, 2017.

Lane, Richard. *The Routledge Concise History of Canadian Literature.* New York: Routledge, 2011.

Moses, Daniel David, Terry Goldie, and Armand Garnet Ruffo. eds. *An Anthology of Canadian Native Literature in English.* 1992. 4th ed. Oxford: Oxford UP, 2013.

New, W. H. *A History of Canadian Literature.* 1989. 2nd ed. Montreal. McGill-Queen's UP, 2003.

Sugars, Synthia. *The Oxford Handbook of Canadian Literature.* Oxford: Oxford UP, 2016.

Toye, William. ed. *The Concise Oxford Companion to Canadian Literature.* 2001. 2nd ed. Oxford: Oxford UP, 2012.

Literary Criticism

Atwood, Margaret. *Survival: A Thematic Guide to Canadian Literature.* Toronto: Aransi, 1972.

Bessette, Gérard, Geslin, Lucien and Charles Parent. *Histoire de la littérature canadienne-française par les textes: des origines à nos jours.* Montréal: Centre éducatif culturel, 1968.

Betts, Gregory. *Avant-garde Canadian Literature: The Early Manifestations.* Toronto: U of Toronto P, 2013.

Biron, Michel, Dumont, François and Elisabeth Nardout-Lafarge. *Histoire de la littérature québécoise.* Montréal: Boréal, 2007.

Bradly, Nicholas, and Ella Soper. eds. *Greening the Maple: Canadian Ecocriticism in Context.* Calgary: U of Calgary P, 2013.

Dahab, Elizabeth. *Voices of Exile in Contemporary Canadian Francophone Literature.* Lanham: Lexington, 2009.

Dudek, Louis, and Michael Gnarowski. eds. *The Making of Modern Poetry in Canada: Essential Articles on Contemporary Canadian Poetry in English*. 1967. 3rd ed. Toronto: McGill-Queen's UP, 2017.

Frye, Northrop. *The Bush Garden: Essays on the Canadian Imagination*. Toronto: Anansi, 1971.

Godard, Barbara. ed. *Gynocritics: Feminist Approaches to Canadian and Quebec Women's Writing*. Toronto: ECW, 1987.

Hamel, Réginald. *Panorama de la Littérature Québécoise Contemporaine*. Montréal: Guérin, 1997.

Hutcheon, Linda. *The Canadian Postmodern: A Study of Contemporary English-Canadian Fiction*. Toronto: Oxford UP, 1988.

Kamboureli, Smaro. *Scandalous Bodies: Diasporic Literature in English Canada*. 2000. Waterloo: Wilfred Laurier UP, 2009.

Macfarlaine, Heather, and Armand Garnet. eds. *Introduction to Indigenous Literary Criticism in Canada*. Peterborough: Broadview, 2016.

Mailhot, Laurent. *La litterature québécoise: depuis ses origines: essai*. Montréal: Typo, 2003.

Moss, Laura. ed. *Is Canada Postcolonial? Unsettling Canadian Literature*. Waterloo: Wilfrid Jaurier UP, 2013.

Nischik, Reingard M. ed. *History of Literature in Canada: English-Canadian and French-Canadian*. Rochester: Camden House, 2008.

Rak, Julie. ed. *Auto/biography in Canada: Critical Directions*. Waterloo: Wilfred Laurier UP, 2005.

Riegal, Christian, and Herb Wyil. eds. *A Sense of Place: Reevaluating Regionalism in Canadian and American Writing*. Edmonton: U of Alberta P, 1997.

Rubin, Don. ed. *Canadian Theatre History: Selected Reading*. Toronto: Copp, 1996.

Verduyn, Christi. ed. *Literary Pluralities*. Peterborough: Broadview, 1998.

Warwick, Jack. *The Long Journey: Literary Themes of French Canada.* U of Toronto Romance Series. 12. Toronto: U of Toronto P, 1968.

Wyile, Herb. *Anne of Tim Hortons: Globalization and the Reshaping of Atlantic-Canadian Literature.* Waterloo: Wilfrid Laurier P, 2011.

찾아보기 (Index)

ㄱ

가넷 루포(Garnet Ruffo) ········ 26, 40, 71
- 『게로니모의 무덤에서』(At Geronimo's Grave) ········ 71
- 『하늘에서의 개막』(Opening in the Sky) ········ 71
- 『회색 올빼미, 아치 베라니의 미스테리』(Grey Owl: The Mystery of Archie Belaney) ··· 71

가브리엘 루아(Gabrielle Roy) ········ 162, 409-410, 431
- 『내 생의 아이들』(Ces enfants de ma vie) ········ 410
- 『데샹보 거리』(Rue Deschambault) ········ 410
- 『물닭이 둥지를 트는 곳』(La petite poule d'eau) ········ 410
- 『싸구려 행복』(Bonheur d'occasion) ········ 162, 409-410
- 『알타몽의 길』(La route d'Altamont) ········ 410

가브리엘 풀랭(Gabrielle Poulin) ········ 403
가티앙 라푸엥트(Gatien Lapointe) ········ 403
게리 고트프리드슨(Garry Gottfriedson) ········ 55
게일 스콧(Gail Scott) ········ 189
그라씨앙 젤리나(Gratien Gélinas) ········ 422
- 『작은 수탉』(Tit-Coq) ········ 422

그레고리 스코필드(Gregory Scofield) ········ 72, 277, 435
- 『싱잉 홈 더 본즈』(Singing Home the Bones) ········ 277
- 『여기가 우리가 짐을 풀 곳이다』(Here is Where We Disembark) ········ 435

그레그 다니엘즈(Greg Daniels) ········ 307
그레이 아울(Grey Owl) ········ 435
그웨타린 그라함(Gwethalyn Graham) ········ 163
- 『대지와 지고한 하늘』(Earth and High Heaven) ········ 163
- 『스위스 쏘나타』(Swiss Sonata) ········ 163

그웬덜린 맥에원(Gwendolyn MacEwon) ········ 242
- 『내세』(Afterworlds) ········ 243

- 『달의 부대』(The Armies of the Moon) ··················· 243
- 『마법사 줄리안』(Julian the Magician) ··················· 243
- 『불을 먹는 연기자』(The Fire Eaters) ··················· 243
- 『쉐도우 메이커』(The Shadow-Maker) ··················· 243
- 『이방인을 위한 아침밥』(A Breakfast for Barbarians) ··················· 242
- 『이집트의 왕, 꿈의 왕』(King of Egypt, King of Dreams) ··················· 243

기 리조트(Guy Lizotte) ··················· 403

기 반더하에게(Guy Vanderhaeghe) ··················· 291
- 『라스트 크로싱』(The Last Crossing) ··················· 292
- 『영국인의 소년』(The Englishmen's Boy) ··················· 291

기욤 비뇨(Guillaume Vignault) ··················· 417
- 『뜻밖의 방문객』(Le Survenant) ··················· 417

길버트 파커(Gilbert Parker) ··················· 139
- 『삐에르와 그의 백성들, 최북단의 이야기』(Pierre and His People: Tales of th Far North) ··················· 139
- 『힘있는 자의 자리』(The Seats of the Mighty) ··················· 139

ㄴ

나디아 갈렘(Nadia Ghalem) ··················· 383
- 『크리스탈 정원』(Les Jardins de cristal) ··················· 384

나딘 르테프(Nadine Ltaif) ··················· 366

나딘 비라신(Nadine Villasin) ··················· 380

나로 홉킨손(Nalo Hopkinson) ··················· 365

나임 카탄(Naïm Kattan) ··················· 366, 383-384, 387
- 『안녕, 바빌론』(Adieu, Babylone) ··················· 384

내레 보슈맹(Nérée Beauchemin) ··················· 400

내리 코노야(Nelly Cournoyea) ··················· 66

낸시 휴스톤(Nancy Huston) ··················· 333
- 『골드베르크 변주곡』(The Goldberg Variations) ··················· 333
- 『단층선』(Fault Lines) ··················· 333
- 『돌체 아고니아』(Dolce Agonia) ··················· 333
- 『어둠의 도구들』(Instruments of Darkness) ··················· 333

- 『적외선의』(Infrared) ··· 333
노라 베네딕트(Nora Benedict) ··· 43
노르망 드 벨푀유(Normand de Bellefeuille) ··························· 404-405
- 『얼굴 먼저』(Un visage pour commencer) ································· 405
노르망 쇼레트(Normand Chaurette) ··································· 426, 430
노만 레빈(Norman Levine) ··· 364
노베세 필립(M. NourbeSe Philip) ··· 244
노스럽 프라이(Northrop Frye) ···· 6, 175, 183, 187, 193, 196-197, 227, 234, 238, 259, 303, 311
- 『덤불 정원, 캐나다인의 상상력에 관한 에세이』(Bush Garden: Essays on the Canadian Imagination) ·· 196
- 『비평의 해부』(Anatomy of Criticism) ·· 196
니나 리 아퀴노(Nina Lee Aquino) ·· 380
니나 아스놀트(Nina Arsenault) ··· 279
- 『실리콘 일기』(The Silicone Diaries) ··· 279
니노 리치(Nino Ricci) ·· 332, 364, 371
- 『성인들의 삶』(Lives of the Saints) ··· 371
니콜라 디크네(Nicolas Dickner) ·· 416
- 『니콜스키』(Nikolski) ·· 416
니콜 브로싸르(Nicole Brossard) ······················ 188, 271, 404, 413
- 『그림 이론』(Picture Theory) ·· 271
- 『담자색 사막』(Le désert mauve) ··· 414
- 『쓰라린 경험으로서의 모성, 혹은 부서진 장』(L'amér ou le chapitre effrité) ········· 413
- 『우리의 어머니들, 해체의 챕터』(These Our Mothers, Or The Disintegrating Chapter) ·· 271
- 『프렌치 키스』(French Kiss) ··· 413
닐 비순다스(Neil Bissoondath) ·· 332, 365, 369

ㄷ

다니 라페리에르(Dany Laferrière) ······································ 365, 367, 419
- 『어떻게 지치지 않고 흑인과 사랑을 할 수 있을까』(Comment faire l'amour avec un nègre sans se fatiguer) ·· 419

다니엘 다니(Daniel Danis) ··· 431
다니엘 데이비드 모제스(Daniel David Moses) ······ 27, 35, 42, 45, 51, 66, 222, 284, 308
 - 『꿈꾸는 미녀』(The Dreaming Beauty) ································· 46
 - 『브레베우프의 유령』(Brébeuf's Ghost) ······························· 284
 - 『빛의 위대함에 대한 작은 에세이와 다른 시편들』(A Small Essay on the Largeness of
   Light and Other Poems) ······································· 46
 - 『열여섯 예수들』(Sixteen Jesuses) ······································ 46
 - 『올마이티 보이스와 그의 아내』(Almighty Voice and His Wife) ············ 46, 222, 308
 - 『정교한 몸』(Delicate Bodies) ·· 46
 - 『코요테 도시』(Coyote City) ······································· 46, 222
 - 『흰 라인』(The White Line) ·· 46
다니엘 매클버(Daniel MacIvor) ··· 278
 - 『군인의 꿈』(The Soldier Dream) ······································ 278
 - 『당신의 현 위치』(You are Here) ······································ 278
 - 『밥이 달리는 걸 봐』(See Bob Run) ··································· 278
 - 『아름다운 경관』(A Beautiful View) ··································· 278
 - 『여기 헨리가 있다』(Here Lies Henry) ································· 278
 - 『트위치 시티』(Twitch City) ··· 278
 - 『황야에 내버려져』(Wild Abandon) ···································· 278
다니엘 폴리캥(Daniel Poliquin) ··· 418-419
 - 『오봄사윈』(L'Obomsawin) ·· 418
 - 『주드의 시선』(Visions de Jude) ······································ 419
다니엘 하몬(Daniel Harmon) ·· 86
다비드 벤다얀(David Bendayan) ·· 366
다시 타마이오스(Darcy Tamayose) ·· 379
 - 『오도리』(Odori) ·· 379
다프네 말렛(Daphne Marlatt) ··········· 188, 227-228, 244, 270, 276, 291, 318-319, 369
 - 『스티븐슨』(Stevenson) ··· 227
 - 『애나 히스토릭』(Ana Historic) ································ 277, 291, 318
 - 『유령 작』(Ghost Works) ·· 319
 - 『이중 부정』(Double Negative) ·· 270
 - 『점유』(Taken) ·· 291, 319
더글라스 르판(Douglas LePan) ·· 240

- 『네트 앤 스워드』(The Net and the Sword) ······················· 240
- 『마카리스터, 어둠 속에서의 임종』(Macalister, or Dying in the Dark) ··············· 240
- 『부상당한 왕자와 다른 시편들』(The Wounded Prince and Other Poems) ············ 240
- 『아직도 발견해야 할 어떤 것』(Something Still to Find) ··················· 240
- 『탈영병』(The Deserter) ······································ 240

더글라스 코플랜드(Douglas Coupland) ···················· 194, 330
- 『마이크로서프스』(Microserfs) ································ 331
- 『신 이후의 삶』(Life after God) ································ 331
- 『엑스 세대, 가속 문화의 이야기들』(Generation X; tales for an accelerated culture) · 330
- 『죽은 자의 포라로이드』(Polaroids from the Dead) ···················· 331

더스틴 하비(Dustin Harvey) ······························· 224
- 『랜드라인, 할리팩스에서 밴쿠버까지』(LANDLINE: Halifax to Vancouver) ······· 224

덩칸 메크레디(Duncan Mercredi) ································ 53
- 『늑대와 음영들』(Wolf and shadows) ······························· 53
- 『늑대의 영혼, 너의 음성』(Spirit of the Wolf: Your Voice) ·················· 53
- 『도시에서의 늑대의 꿈』(Dreams of the wolf in the city) ·················· 53
- 「신이 움찔하고 등을 돌리다」("god shrugged and turned his back") ··········· 53
- 『윈저의 백작, 늑대가 블루스를 노래하다』(The Duke of Windsor-Wolf Sings the Blue)
  ··· 53
- 「큰 곰」("big bear") ··· 53

덩칸 캠벨 스콧(Duncan Campbell Scott) ············ 110, 113, 117, 128-129, 145
- 『노동과 천사』(Labour and the Angel) ··························· 117
- 『덩칸 캠벨 스콧 이야기 선집』(Selected Stories of Duncan Campbell Scott) ········· 129
- 『마법의 집과 다른 시편들』(The Magic House and Other Poems) ············ 117
- 『비거의 마을에서』(In the Village of Viger) ························ 128
- 「숯」("Charcoal") ·· 129
- 『엘스피의 마법, 이야기집』(The Witching of Elspie: a Book of Stories) ········ 129
- 『출간되지 않았던 덩칸 캠벨 스콧 단편들』(Uncollected Stories of Duncan Campbell Scott) ··· 129

데니 바니에(Denis Vanier) ··································· 404
데니스 리(Dennis Lee) ····························· 231, 240, 241-244
- 『신들』(The Gods) ·· 241
- 『추상적인 조화가 아니라』(Not Abstract Harmonies But) ················ 241

- 『해럴드 라두의 죽음』(The Death of Harold Ladoo) ············· 241
데니스 총(Denise Chong) ····················· 377
- 『첩의 아이들』(The Concubine's Children) ············· 377
데로스 화이트 비들(Delos White Beadle) ············· 122
- 『캐나다의 과일, 꽃, 그리고 부엌 정원사』(Canadian Fruit, Flower, and Kitchen Gardner) ············· 122
데보라 포터(Deborah Porter) ····················· 305
- 『미디어는 이제 그만』(No More Media) ············· 305
- 『아프라』(Aphra) ····················· 306
데이브 심(Dave Sim) ····················· 337-338
- 『셀러버스』(Cerebus) ····················· 337
데이브 쿠퍼(Dave Cooper) ····················· 338
- 『리플』(Ripple) ····················· 338
- 『썩클』(Suckle) ····················· 338
- 『크럼플』(Crumple) ····················· 338
데이비드 다우슨(David Dawson) ············· 228
데이비드 리(David Lee) ····················· 307, 381
- 『붉은 옷을 입은 숙녀』(Lady in the Red Dress) ············· 381
데이비드 비스리(David Beasley) ············· 100
- 『에카르테, 배제된 파리의 스론들』(Ecarté: or The Slons of Paris) ············· 100
- 『캐나다의 돈키호테』(The Canadian Don Quioxte) ············· 100
- 『캐나다의 형제들』(The Canadian Brothers) ············· 100
- 『테컴세, 서부의 전사』(Tecumseh; or, The Warrior of the West) ············· 100
데이비드 스즈키(David Suzuki) ············· 351, 356-358
- 『데이비드 스즈키 자서전』(David Suzuki: The Autobiography) ············· 351
- 『변형, 삶의 단계들』(Metamorphosis: Stages in a Life) ············· 351
- 『변형』(Metamorphosis) ····················· 356
- 『자서전』(Autobiography) ····················· 358
데이비드 아담스 리챠즈(David Adams Richards) ············· 292, 438
- 『부상자를 사냥하는 자를 위해』(For Those who Hunt the Wounded Down) ············· 292
- 『상심한 자들의 강』(River of the Brokenhearted) ············· 292
- 『스테이션 스트리트 아래의 밤들』(Nights Below Station Street) ············· 292
- 『재산 없는 친구들』(The Friends of Meager Fortune) ············· 438

- 『저녁에 내리는 눈이 가져온 평화』(Evening Snow will Bring such Peace) ········· 292
데이비드 영(David Young) ················· 219
데이비드 오드히암보(David Odhiambo) ················· 388
- 『키프리가트의 기회』(Kipligat's Chance) ················· 388
데이비드 챠리안디(David Chariandy) ················· 389, 391
- 『소우코우얀트』(Soucouyant) ················· 389
데이비드 콜리어(David Collier) ················· 338
- 『사실만을』(Just the Facts) ················· 338
- 『생존하는 새크래툰』(Surviving Sackatoon) ················· 338
- 『인생의 초상』(Portraits from Life) ················· 338
데이비드 톰슨(David Thompson) ················· 85
- 『서부 북미 대륙 탐험기 1784-1812』(Narrative of His Explorations in Western North America, 1784-1812) ················· 86
데이비드 프리만(David Freeman) ················· 211
- 『공성퇴』(Battering Ram) ················· 211
- 『괜찮을거야, 제이미 소년』(You're gonna be alright, Jamie boy) ················· 211
- 『크립스』(Creeps) ················· 211
- 『파리채집기』(Flytrap) ················· 211
도로시 라이브세이(Dorothy Livesay) ················· 171, 182, 186, 274
- 『그린 피쳐』(Green Pitcher) ················· 186, 274
- 『낮과 밤』(Day and Night) ················· 186
- 『민중을 위한 시편들』(Poems for People) ················· 186
도미니크 파랑토 르뵈프(Dominick Parenteau Lebeuf) ················· 425
- 『공증인 앞에서의 폭로』(Dévoilement devant notaire) ················· 425
돈 도만스키(Don Domanski) ················· 435, 438
- 『우리의 모든 놀라움은 앙갚음받지 않아』(All Our Wonder Unavenged) ················· 438
- 『토치 리버』(Torch River) ················· 435
돈 맥케이(Don McKay) ················· 242, 435
듀크 레드버드(Duke Redbird) ················· 26, 35, 43, 283
- 「나는 캐나다인이다」("I am a Canadian") ················· 36
- 『러브샤인과 붉은 포도주』(Loveshine and Red Wine) ················· 35
- 『비버』("The Beaver") ················· 36
- 『에머랄드 산으로 말춤』(Horse Dance to Emerald Mountain) ················· 36

- 『우리는 메티스, 메티스 관점으로 바라본 캐나다 원주민의 발전』(We are Metis: A Metis View of the Development of a Native Canadian People) ········· 35
- 「인디언 파빌리온」("Indian Pavilion") ········· 283

드루 하이든 테일러(Drew Hayden Talyor) ········· 39, 51
- 『400 킬로』(400 Kilometers) ········· 52
- 『겁 없는 전사들』(Fearless Warriors) ········· 52
- 『꿈꾸는 자의 바위의 토론토』(Toronto at Dreamer's Rock) ········· 51
- 『부트레거 블루즈』(The Bootlegger Blues) ········· 52
- 『술 취한 신에 의해 창조된 세계에서』(In a World Created by a Drunken God) ········· 52
- 『신과 인디언』(God and the Indian) ········· 39
- 『야간 방랑자, 원주민 고딕 소설』(The Night Wanderer: a Native Gothic Novel) ········· 52
- 『언젠가』(Someday) ········· 52
- 『웃기네, 그렇게 보이지 않는데. 푸른 눈의 오집웨이의 관찰』(Funny, you don't look like one: observations from a blue-eye Ojibway) ········· 53
- 『취한 자와 아이들만이 진리를 말한다』(Only Drunks and Children Tell the Truth) ········· 52
- 『푸른 눈의 오집웨이의 계속되는 모험담』(Further Adventures of a blue-eye Ojibway) ········· 53
- 『푸른 눈의 오집웨이의 쓸모없는 관찰』(Futile observations of a blue-eye Ojibway) ········· 53

드루 하이엔 테일러(Drew Hayen Taylor) ········· 307

디 브란트(Di Brandt) ········· 189, 243, 271-272, 364, 435
- 『그녀 언어의 색채』(Color of her Speech) ········· 271
- 『다른 자가 아닌 엄마』(Mother, not other) ········· 272
- 『사랑의 예루살렘』(Jerusalem, beloved) ········· 272
- 『세상은 이러하고 나는 여기 있네』(So this is the world & here I am in it) ········· 272
- 『소피』(Sophie) ········· 271
- 『엄마에게 물어본 질문들』(Questions I asked my mother) ········· 272
- 『여성의 텍스트』(Gyno-text) ········· 271
- 『와일드 마더 댄싱, 캐나다 문학의 여성 내러티브』(Wild Mother Dancing: Maternal Narrative in Canadian Literature) ········· 272
- 『이제 당신이 관심을 갖고』(Now You Care) ········· 272, 435
- 『이중 기준』(Double Standards) ········· 271
- 『하늘의 아그네스』(Agnes in the sky) ········· 272

디아네트 시어즈(Djanet Sears) ········· 365

디온 브랜드(Dionne Brand) ········ 189, 244, 265, 268, 332, 356, 365, 374, 389, 391
- 『달이 꽉 차고 변할 때』(At the Full and Change of the Moon) ······· 265, 268, 333, 389
- 『돌아올 수 없는 문으로의 지도』(A Map to the Door of No Return) ············ 356
- 『사랑은 충분해』(Love Enough) ·· 268
- 『우리 모두가 갈망하는 것』(What We All Long For) ······················· 268, 389
- 『이곳이 아니라 다른 곳에서』(In Another Place, Not Here) ·········· 265, 268, 332

ㄹ

라리싸 라이(Larissa Lai) ··································· 332, 378-379
 - 『바다 물고기 소녀』(Salt Fish Girl) ··································· 379
 - 『여우가 천년이 될 때』(When Fox is a Thousand) ··················· 379
라리 트랑블레(Larry Tremblay) ······································· 431
라마바이 에스피네트(Ramabai Espinet) ····························· 365, 368
라빈드라나트 마하라이(Rabindranath Maharaj) ····························· 365
라울 뒤게(Raoul Duguay) ··· 404
라위 하즈(Rawi Hage) ··· 386-387, 391
라이오넬 컨즈(Lionel Kearns) ··· 228
라이첼 맨리(Rachel Manley) ··· 368
 - 『드럼블래어』(Drumblair) ··· 368
 - 『슬립스트림』(Slipstream) ··· 368
라파엘 바레토 리베라(Rafael Barreto-Rivera) ····························· 236
라훌 바르마(Rahul Varma) ··· 365
랄프 구스타프슨(Ralph Gustafson) ······································· 182
랄프 코너(Ralph Connor, 찰스 고돈(Rev. Charles Gordon)) ········ 112, 139, 146
 - 『군대의 목사』(The Sky Pilot) ··· 139
 - 『무인지대의 성직자』(The Sky Pilot in No Man's Land) ················· 147
 - 『북서부 기마경관대의 카메론 상등병』(Corporal Cameron of the North West Mounted Police) ··· 139
 - 『블랙 록』(Black Rock) ··· 139
레나 포인트 볼톤(Rena Point Bolton) ······································· 60
 - 『주엘리퀴야』(Xweliqwiya) ··· 60
레너드 코헨(Leonard Cohen) ················· 182, 283, 304, 310, 313, 323, 364, 371

- 『신화 비교해보기』(Let Us Compare Mythologies) ······ 310
- 『아름다운 패배자』(Beautiful Losers) ······ 304, 311-312
- 『좋아하는 게임』(The Favorite Game) ······ 311

레노어 키시그 토비아스(Lenore Keeshig-Tobias) ······ 42, 46
- 『버드 토크』(Bird Talk) ······ 47
- 『엠마와 나무』(Emma and the Tree) ······ 47

레베예(J.R. Léveillé) ······ 404

레아 챠니아크(Leah Cherniak) ······ 223
- 『다락방, 진주, 그리고 멋진 세 소녀들』(The Attic, the Pearls, & Three Fine Girls) ··· 223

레아 트레게보프(Rhea Tregebov) ······ 244

레오나르 두세트(Leonard E. Doucette) ······ 421

레온 아우레스(Leon Aureus) ······ 307, 380-381
- 『바나나 보이즈』(Banana Boys) ······ 381

레옹-팡필 르 메이(Léon-Pamphile Le May) ······ 407
- 『세인트 안느의 순례자』(Le pélerin de Sainte-Anne) ······ 407
- 『피쿠노, 저주받은 자』(Picounoc le maudit) ······ 407

레이먼드 사우스터(Raymond Souster) ······ 182, 185

레이몽 기 르블랑(Raymond Guy LeBlanc) ······ 403

레장 뒤샤르므(Réjean Ducharme) ······ 412
- 『세상이 삼킨 여인』(L'avalée des avalés) ······ 412

레진 로뱅(Régine Robin) ······ 371, 416, 419
- 『라 퀘베쿠아트』(La Québécoite) ······ 416, 419

렌디 룬디(Rendy Lundy) ······ 56
- 「곰」("Bear") ······ 56
- 「이주」("Migrations") ······ 56
- 「치유」("Heal") ······ 56

로날드 라발레(Ronald Lavallée) ······ 418
- 『치파육, 혹은 늑대의 길』(Tchipayuk ou le chemin du loup) ······ 418

로날드 햄블레튼(Ronald Hambleton) ······ 185

로라 굳맨 살버손(Laura Goodman Salverson) ······ 363
- 『바이킹 하트』(The Viking Heart) ······ 363

로라 레미어 토스테빈(Lola Lemire Tostevin) ······ 244

로렌스 힐(Lawrence Hill) ······ 354, 373, 388

- 『블랙 베리와 스윗 주스, 캐나다에서 백인과 흑인인 것은』(Black Berry, Sweet Juice: On Being Black and White in Canada) ················ 354
로버트 덩칸(Robert Duncan) ················ 228
로버트 마이클 밸란틴(Robert Michael Ballantyne) ················ 86
- 『허드슨 베이』(Hudson Bay) ················ 86
로버트 서비스(Robert W. Service) ················ 146
- 『적십자인의 운문』(Rhymes of a Red Cross Man) ················ 146
로버트 스테드(Robert Stead) ················ 154-156
- 『곡물』(Grain) ················ 156
로버트슨 데이비스(Robertson Davies) ················ 150, 166, 204, 284, 320
- 『경이의 세계』(World of Wonders) ················ 166, 205
- 『나의 적 재산』(Fortune, my Foe) ················ 204
- 『내 마음의 중심에서』(At My Heart's Core) ················ 204
- 『누룩』(Leaven of Malice) ················ 166, 205
- 『맨티코어』(The Manticore) ················ 166, 205
- 『아침 식사의 에로스와 다른 연극들』(Eros at Breakfast and Other Plays) ················ 204
- 『연기된 희망, 사람들의 음성』(Hope Deferred, The Voice the People) ················ 204
- 『오버레이드』(Overlaid) ················ 204
- 『정의로움의 문에서』(At the Gate of the Righteous) ················ 204
- 『제5의 사업』(Fifth Business) ················ 166, 205, 320
- 『질의의 시간』(Question Time) ················ 205
- 『집시를 위한 지그춤곡』(A Jig for the Gypsy) ················ 204
- 『총체적 고백』(General Confession) ················ 205
- 『템페스트 토스트』(Tempest-Tost) ················ 166
- 『허약함의 혼재』(A Mixture of Frailties) ················ 166
- 『헌팅 스튜어트』(Hunting Stuart) ················ 204
로버트 아서 알렉시(Robert Arthur Alexie) ················ 39-40, 70
- 『창백한 인디언』(Pale Indian) ················ 70
- 『호저와 차이나 인형들』(Porcupines and China Dolls) ················ 39-40, 70
로버트 크로엣쉬(Robert Kroetsch) ················ 285, 287
- 『까마귀가 말했던 것』(What Crow Said) ················ 288
- 『배드랜즈』(Badlands) ················ 288
- 『스터드호스 맨』(The Studhorse Man) ················ 288

로버트 핀치(Robert Finch) ·········· 178, 274
로베르 귀릭(Robert Gurik) ·········· 423
- 『햄릿, 퀘벡의 왕자』(Hamlet, prince du Québec) ·········· 423
로베르 르빠주(Robert Lepage) ·········· 429-430
- 『구조지질학 판』(Les Plaques tectoniques) ·········· 430
- 『빈치』(Vinci) ·········· 430
- 『앤더슨 프로젝트』(Le Projet Andersen) ·········· 430
- 『엘스너』(Elseneur) ·········· 430
- 『오타 강가의 일곱 개의 나뭇가지들』(Les sept branches de la rivière Ota) ·········· 429
로베르 멜랑쏭(Robert Melançon) ·········· 405
로산나 디어차일드(Rosanna Deerchild) ·········· 55
로산나 레프로혼(Rosanna Leprohon) ·········· 101
- 『아르멍 두랑드, 약속이 성취됨』(Armand Durand; or, A Promise Fulfilled) ·········· 101
- 『앙투아네트 드 미르쿠으, 비밀 결혼과 비밀의 애도』(Antoinette De Mirecourt; or, Secret Marrying and Secret Sorrowing) ·········· 101
로슈 카리에(Roch Carrier) ·········· 412
- 『전쟁, 예스 써!』(La guerre, yes sir!) ·········· 412
로스 콕스(Ross Cox) ·········· 86
- 『오레건, 컬럼비아 강 첫 정착민들의 모험기』(Adventures of the First Settlers on the Oregon or Columbia River) ·········· 86
로스(W.W.W. Ross) ·········· 146
로이 미키(Roy Miki) ·········· 244, 364, 380
- 『서렌더』(Surrender) ·········· 380
로이 키유카(Roy Kiyooka) ·········· 244, 364, 380
- 『다이아몬드 그릴』(Diamond Grill) ·········· 380
- 『마더톡』(Mothertalk) ·········· 380
로잔니아 레프로혼(Rosannia Leprohon) ·········· 108
로제 데 로슈(Roger Des Roches) ·········· 404
로제 르믈랭(Roger Lemelin) ·········· 409
- 『완만한 경사 아래』(Au pied de la pente douce) ·········· 409
- 『플루프 가족』(Les Plouffe) ·········· 409
로제 오제(Roger Auger) ·········· 428
- 『나는 레지나로 떠나간다』(Je m'en vais à Régina) ·········· 428

로힌턴 미스트리(Rohinton Mistry) ･･････････ 332, 365, 369, 371, 375, 381, 391
- 『적절한 균형』(A Fine Balance) ･･････････････････････････････ 381
롤라 레미어 토스테빈(Lola Lemire Tostevin) ･･････････････････ 189, 271
롤랑 기계르(Roland Giguère) ･･･････････････････････････････ 401
루디 위비(Rudy Wiebe) ･･････････････････ 57, 285-287, 357, 364, 436
- 『나의 사랑스런 적』(My Lovely Enemy) ･･････････････････････ 287
- 『도둑맞은 삶, 크리 여인의 여행』(Stolen Life: The Journey of a Cree Women) ･･･ 57, 286
- 『불에 탄 숲의 사람들』(The Scorched-Wood People) ･･････････････ 286
- 『빅 베어의 유혹』(The Temptations of Big Bear) ･･････････････････ 286
- 『이 대지에 관하여, 보리얼 숲에서의 메노파교도의 소년기』(Of This Earth: A Mennonite
    Boyhood in the Boreal Forest) ･･････････････････････････ 357
- 『이방인의 발견』(A Discovery of Strangers) ･･････････････････ 286
- 『중국의 블루 마운틴즈』(The Blue Mountains of China) ･･････････ 287
- 『최초의 핵심적인 촛불』(First and Vital Candle) ･･････････････ 286
- 『평화는 많은 것들을 파괴하니』(Peace shall Destroy Many) ･･････ 287
루비 파렐 슬리퍼잭(Ruby Farrell Slipperjack) ･･････････････････ 54
- 『위에스퀘챠크와 상실자』(Weesquachak and the Lost Ones) ･･････ 54
- 『태양 경배』(Honour the Sun) ･････････････････････････ 54
루시 모드 몽고메리(Lucy Maud Montgomery) ･･･ 8, 112, 136-137, 154, 156-157, 250,
    273
- 『레인보우 벨리』(Rainbow Valley) ･････････････････････ 157
- 『바람부는 포플라의 앤』(Anne of Windy Poplars) ･･･････････ 157
- 『빨강머리 앤』(Anne of the Green Gables) ･･･････ 136, 156, 250, 273
- 『새로운 달의 에밀리』(Emily of New Moon) ･･･････････････ 157
- 『섬의 앤』(Anne of the Island) ･･････････････････････ 157
- 『애본리의 앤』(Anne of Avonlea) ･･･････････････････ 157
- 『애본리의 연대기』(Chronicles of Avonlea) ･･････････････ 157
- 『앤이 꿈꾸는 집』(Anne's House of Dreams) ･････････････ 157
- 『에밀리의 퀘스트』(Emily's Quest) ･･････････････････ 157
- 『에밀리 클라임』(Emily Climb) ･･････････････････････ 157
- 『잉글사이드의 릴라』(Rilla of Ingleside) ･････････････････ 157
- 『잉글사이드의 앤』(Anne of Ingleside) ･････････････････ 157
루시앙 프랑쾨르(Lucien Francœur) ･･････････････････････ 404

- 루이스 데소토(Lewis DeSoto) ··· 369
  - 『풀잎의 날』(A Blade of Grass) ··· 369
- 루이스 두덱(Louis Dudek) ·································· 182, 184-185, 187
  - 『다섯 연대』(Unit of Five) ··· 187
  - 『도시의 동쪽』(East of the City) ·· 187
  - 『유럽』(Europe) ·· 187
  - 『이미지를 찾아』(The Searching Image) ································ 187
- 루이스 레이놀즈 카(Louis Reynolds Karr) ································· 201
  - 『넬리 맥납』(Nellie McNabb) ·· 202
  - 『참석한 자 중에서』(Among Those Present) ··························· 202
- 루이스 모리 바우만(Louise Morey Bowman) ························· 171-172
- 루이스 버드(Louis Bird) ·· 55
- 루이 에몽(Louis Hémon) ··· 408
  - 『마리아 샵들렌』(Maria Chapdelaine) ································· 408
- 루이-오노레 프레쉐트(Louis-Honoré Fréchette) ·························· 421
  - 『펠릭스 푸트레』(Félix Poutré) ·· 421
- 루이 우메자와(Rui Umezawa) ·· 364
- 루이제트 뒤소(Louisette Dussault) ··· 424
  - 『모낭』(Monan) ··· 424
- 루이 조제프 악뛰르 멜랑쏭(Louis Joseph Arthur Melanson) ············ 417
  - 『지구를 위해』(Pour la terre) ·· 417
- 루이 조프로아(Louis Geoffroy) ··· 404
- 루이즈 뒤프레(Louise Dupré) ··· 405
- 루이 카롱(Louis Caron) ·· 415
  - 『안개 경계 고동』(La Corne de brume) ································ 415
  - 『원목 오리』(Le Canard de bois) ·· 415
  - 『주먹질』(Le Coup de poing) ·· 415
- 루이 프레쉐트(Louis Fréchette) ·· 397-398
  - 『민족의 전설』(La Légende d'un peuple) ····························· 398
  - 『추방자의 음성』(La Voix de l'exilé) ·································· 398
- 루키 베르시아니크(Louky Bersianik) ································· 188, 414
  - 『르게리온느』(L'Euguélionne) ··· 414
  - 『아크로폴리스에의 피크닉』(Le pique-nique sur l'Acropole) ········ 414

르네-다니엘 뒤부아(René-Daniel Dubois) ·· 426, 431
리나 라니에(Rina Lasnier) ·· 401
  - 『부재의 현존』(Présence de l'absence) ·· 401
  - 『이미지와 산문』(Images st Proses) ·· 401
리디아 캄벨(Lydia Campbell) ·· 31, 67
  - 『라브라도르 삶의 스케치』(Sketches of Labrador Life) ······························ 31
리 마라클(Lee Maracle) ·································· 54, 61, 63, 70-71, 73
  - 『딸들은 영원하리』(Daughters are Forever) ·· 70
  - 『레이븐송』(Ravensong) ·· 61
  - 『오라토리, 이론화』(Oratory: Coming to Theory) ······································ 71
  - 『윌의 정원』(Will's Garden) ·· 70, 72-73
  - 『인디언 반항자 보비 리』(Bobbi Lee: Indian Rebel) ································ 72
  - 『접힌 박스』(Bent Box) ·· 71
  - 『첫 아내들의 클럽』(First Wives Club) ·· 72
  - 『체류자의 진실과 다른 이야기들』(Sojourner's Truth and Other Stories) ······ 54, 72
  - 『태양의 개들』(Sun Dogs) ·· 72
리사 로버트슨(Risa Robertson) ·· 237, 391
리사 아피그나네시(Lisa Appignanesi) ·· 346-347
  - 『사자를 잃고』(Losing the Dead) ·· 346-347
리엔지 크루즈(Rienzi Crusz) ·· 365, 381
리 이드랏 드아센코트(Leah Idlout d'Argencourt) ·· 66
리즈 세미고크(Liz Semigok) ·· 66
리차드 그린(Richard G. Green) ·· 54
  - 『마지막 까마귀와 다른 이야기들』(The Last Raven and other Stories) ············ 54
리차드 반 캠프(Richard Van Camp) ·· 56, 69-70
  - 『갈가마귀라고 불리는 사람』(The Man Called Raven) ································ 56
  - 『덜 축복받은 자』(The Lesser Blessed) ·· 56
  - 『말에 대해 알고 있는 것 중 가장 아름다운 것은?』(What's the Most Beautiful Thing You
    Know about Horses?) ·· 56
  - 『천사의 날개가 패턴을 철벅이며』(Angel Wing Splash Pattern) ······················ 70
리차드 와가메즈(Richard Wagamese) ·· 38-39, 70, 74, 438
  - 『나 안의 키퍼』(Keeper 'n Me) ·· 38
  - 『드림 휠즈』(Dream Wheels) ·· 70, 74

- 『빛의 속성』(A Quality of Light) ··· 70, 74
- 『인디언 호스』(Indian Horse) ·· 39, 438

리차드 펑(Richard Fung) ·· 377
리타 옹(Rita Wong) ·· 380
- 『포레이지』(Forage) ··· 380

리타 조(Rita Joe) ·· 26, 34, 216
- 『르누와 인디언이라 불리운 사람들』(Lnu and Indians we're called) ················ 35
- 『리타 조의 시편들』(The Poems of Rita Joe) ·· 35
- 『에스카소니의 노래』(Songs of Eskasoni) ·· 35
- 『우리는 꿈꾸는 사람들』(We are the Dreamer) ··· 35

릭 살루틴(Rick Salutin) ·· 218
- 『1837, 농부의 혁명』(1837: The Farmer's Revolt) ·············· 218
- 『1837, 윌리엄 라이넌 맥킨지와 캐나다 혁명, 역사/연극』(1837: William Lyon Mckenzie and the Canadian Revolution: A history/a Play) ················ 218
- 『가짜 메시아, 메시아적 익살극』(The False Messiah: a Messianic Farce) ············· 218
- 『캐나디안』(Les Canadiens) ·· 218

린다 그리피스(Linda Griffiths) ··· 44, 57, 210, 221
- 『각성의 시대』(The Age of Arousal) ·································· 210
- 『매기와 피에르』(Maggie and Pierre) ······························· 210, 221
- 『이국적인 창조물』(Alien Creature) ·································· 210
- 『제시카의 책』(The Book of Jessica) ································· 57, 222
- 『패러다이스에서의 O.D.』(O.D. on Paradise) ················ 222

린지 크루즈(Rienzi Crusz) ·· 366
릴리안 알렌(Lillian Allen) ·· 244, 365-366

ㅁ

마가렛 로렌스(Margaret Laurence) ·································· 251-253, 255-256, 285, 436
- 『가난의 나무』(The Tree of Poverty) ································· 252
- 『내일 조련사』(Tomorrow-Tamer) ······································· 253
- 『불 속의 거주자』(The Fire-Dweller) ·································· 252
- 『스톤 엔젤』(The Stone Angel) ··· 252
- 『신의 장난』(A Jest of God) ··· 252

- 『예언자들』(*The Diviners*) ·········· 251-252, 254, 285
- 『집 속의 새』(*Bird in the House*) ·········· 252

마가렛 로바크(**Margaret Lovach**) ·········· 60
- 『리서치는 의식이다』(*Research is Ceremony*) ·········· 60
- 『원주민의 방식들』(*Indigenous Methodologies*) ·········· 60

마가렛 미셸 쿡(**Margaret Michèle Cook**) ·········· 403

마가렛 아비슨(**Margaret Avison**) ·········· 182

마가렛 애트우드(**Margaret Atwood**) ··· 6, 9, 90, 96, 127, 180, 188, 196, 237, 241, 250-251, 257, 266, 284, 300, 303, 305, 309, 336, 435, 437
- 「개척자의 진보의 광기」("Progressive Insanities of a Pioneer") ·········· 258, 437
- 『그 나라의 동물들』(*The Animals in That Country*) ·········· 258
- 『눈먼 암살자』(*The Blind Assassin*) ·········· 261, 305
- 『더블 페르세포네』(*Double Persephone*) ·········· 257
- 『도덕적 혼돈』(*Moral Disorder*) ·········· 266
- 『도둑 신부』(*The Robber Bride*) ·········· 261
- 『두 머리의 시편들』(*Two-Headed Poems*) ·········· 260
- 『두 번째 말』(*Second Words*) ·········· 259
- 『떠오름』(*Surfacing*) ·········· 258-259, 309, 435
- 『마녀의 씨』(*Hag-Seed*) ·········· 266
- 『매드아담』(*MaddAddam*) ·········· 266
- 『먹을 수 있는 여자』(*The Edible Woman*) ·········· 251, 258, 309
- 『문』(*The Door*) ·········· 266
- 『사자와 협상하기』(*Negotiating with the Dead*) ·········· 262
- 『생존, 캐나다 문학의 주제 가이드』(*Survival: A Thematic Guide to Canadian Literature*) ·········· 257
- 『서클 게임』(*The Circle Game*) ·········· 257
- 『수잔나 무디의 저널』(*The Journals of Susanna Moodie*) ·········· 91
- 『스톤 매트리스』(*The Stone Mattress*) ·········· 266
- 『신탁 여인』(*Lady Oracle*) ·········· 251, 260
- 『심장은 마지막 순간에』(*The Heart Goes Last*) ·········· 266
- 『알리아스 그레이스』(*Alias Grace*) ·········· 261, 310
- 『앤젤 캣버드』(*Angel Catbird*) ·········· 267
- 『오릭스와 크레이크』(*Oryx and Crake*) ·········· 259, 266, 309, 436

- 『움직이는 타겟』(Moving Targets) ··············· 259
- 『육체적 해악』(Bodily Harm) ················· 260
- 『인간 이전의 삶』(Life before Man) ············· 260
- 『파워 폴리틱스』(Power Politics) ··············· 259
- 『페네로피아드』(The Penelopiad) ··············· 266
- 『하녀 이야기』(The Handmaid's Tale) ········ 259-260, 309
- 『홍수의 해』(The Year of the Flood) ··········· 266, 309

마가렛 홀링워스(Margaret Hollingsworth) ············· 219
마고 케인(Margo Kane) ······················· 307
마더리인 씬(Madeleine Thien) ··················· 379
- 『외주의 개들』(Dogs at the Perimeter) ············ 379
- 『확실성』(Certainty) ······················· 379

마들렌 가뇽(Madeleine Gagnon) ··················· 404
마르고 케인(Margo Kane) ······················ 51
- 『걷고, 기억하고』(I Walk, I Remember) ············ 51
- 『기억은 솟고 물은 노래하고』(Memories Springing/ Waters Singing) ··· 51
- 『메디신 휠에서의 회상』(Reflections in the Medicine Wheel) ···· 51
- 『문로지』(Moonlodge) ······················ 51
- 『오 엘리자, 우리는 항상 여기에』(O Elijah, We've Always been Here) ···· 51
- 『유아기를 묻고』(Childhood Burial) ·············· 51

마르셀 뒤베(Marcel Dubé) ··················· 422-423
- 『구역』(Zone) ·························· 422
- 『아름다운 일요일들』(Les Beaux Dimanches) ········· 423

마리-끌레르 블레(Marie-Claire Blais) ················ 411
- 『에마뉴엘 인생에서의 한 계절』(Une saison dans la vie d'Emmanuel) ··· 411

마리-쎄씰 악낭(Marie-Célie Agnant) ················ 365
마리아 캄벨(Maria Campbell) ·········· 26, 43-44, 57, 60, 69, 210, 222
- 『도로용지 인간들의 이야기』(The Stories of the Road-allowance People) ······ 44
- 『제시카의 책, 극적 변형』(The Book of Jessica: a Theatrical Transformation) ···· 44, 57, 210, 222
- 『혼혈인』(Halfbreed) ····················· 43, 57

마리안 엥젤(Marian Engel) ····················· 257
- 『곰』(Bear) ························· 257, 436

마리안 이글(Marian Engel) ·· 436
마리 우구에(Marie Uguay) ·· 405
마리우스 바르보(Marius Barbeau) ·· 418
  - 『카말무크 꿈』(Le Rêve Kamalmouk) ··· 418
마리즈 펠레티에(Maryse Pelletier) ··· 424
  - 『물의 단절』(La Rupture des eaux) ·· 424
  - 『완고한 목소리를 위한 듀엣』(Duo pour voix obstinées) ············· 424
마리코 타마키(Marico Tamaki) ·· 379
  - 『스킴』(Skim) ··· 379
마리 클레망(Marie Clements) ··· 62, 307
  - 『부자연스럽고 우발적인 여인들』(The Unnatural and Accidental Women) ········ 62
마린 노베스 필립(Marlene Nourbese Philip) ······································· 189
마비스 갈란트(Mavis Gallant) ···························· 168, 251, 299, 301
  - 『15번가 지역으로부터』(From the Fifteenth District) ····················· 300
  - 『그린 워터 그린 스카이』(Green Water, Green Sky) ······················ 301
  - 『내 마음이 무너져』(My Heart Is Broken) ····································· 300
  - 『다리를 가로질러』(Across the Bridge) ··· 300
  - 『또 다른 파리』(The Other Paris) ·· 300
  - 『세상의 종말과 다른 이야기들』(The End of the World and Other Stories) ········ 300
  - 『수송 중에』(In Transit) ··· 300
  - 『좋은 시간』(A Fairly Good Time) ·· 301
  - 『페그니츠 정션』(The Pegnitz Junction) ·· 300
  - 『풍선 안의 오버헤드, 파리 이야기』(Overhead in a Balloon: Stories of Paris) ········ 300
마사 로스(Martha Ross) ··· 223
  - 『다락방, 진주, 그리고 멋진 세 소녀들』(The Attic, the Pearls, & Three Fine Girls) ··· 223
마사 오스텐소(Martha Ostenso) ··· 154-155
  - 『기러기』(Wild Geese) ·· 155
마샬 맥루한(Marshall McLuhan) ···················· 193-195, 283, 303, 331
  - 『구텐베르크 은하계』(The Gutenberg Galaxy) ······················· 195, 283
  - 『기계의 신부, 산업인의 민간전승』(The Mechanical Bride: Folklore of Industrial Man)
    ·· 195
  - 『미디어 이해하기, 인간의 연장』(Understanding Media: The Extension of Man) ······ 195
마완 하싼(Marwan Hassan) ·· 385, 387

- 『돌들의 혼돈』(The Confusion of Stones) ········· 385
- 『지성』(Intelligence) ········· 385

마이크 마운틴 호스(Mike Mountain Horse) ········· 58
- 『나의 민족 블러즈』(My People the Bloods) ········· 58

마이클 데이비드 콴(Michael David Kwan) ········· 349
- 『잊혀져서는 안 되는 것들, 전시 중국에서의 어린 시절』(Things that must not be Forgotten: A Childhood in Wartime China) ········· 349

마이클 레드힐(Michael Redhill) ········· 304
- 『위안』(Consolation) ········· 304

마이클 아바아루크 쿠스각(Michael Arvaaluk Kusugak) ········· 67
- 『노던 라이츠와 소커 트레일즈』(Northern Lights and Soccer Trails) ········· 67
- 『숨어서 몰래』(Hide and Sneak) ········· 67
- 『주술자의 저주, 마블 아일랜드의 이야기』(The Curse of the Shaman: a Marble Island Story) ········· 68

마이클 온다체(Michael Ondaatje) ··· 289, 302, 304, 313, 325, 332, 351, 354, 365-367, 371, 375, 381-382
- 『길가메시의 서사시』(Epic of Gilgamesh) ········· 314
- 『사자의 피부에서』(In the Skin of a Lion) ········· 314, 367
- 『아닐의 유령』(Anil's Ghost) ········· 314
- 『잉글리시 페이션트』(The English Patient) ········· 289, 302, 304, 314, 382
- 『조망대』(Divisadero) ········· 314
- 『집안 내력』(Running in the Family) ········· 313, 354, 382

마이클 쿠스각(Michael Kusugak) ········· 55
마이클 쿡(Michael Cook) ········· 211-212
- 『머리, 배짱, 그리고 사운드본 댄스』(Head, Guts, and Soundbone Dance) ········· 212
- 『어부의 복수』(The Fisherman's Revenge) ········· 212
- 『커브의 주변』(On the Rim of the Curve) ········· 212
- 『흙색으로 육체를 채색하다』(Colour the Flesh the Colour of Dust) ········· 212

마이클 호링스워스(Michael Hollingsworth) ········· 210
- 『분수령』(The Watershed) ········· 210
- 『씨앗』(Seeds) ········· 210
- 『작은 오두막 마을의 역사』(The History of the Village of the Small Huts) ········· 210

마조 드 라 로쉬(Mazo de la Roche) ········· 154, 157

- 『변화를 알리며, 자서전』(Ringing the Changes: An Autobiography) ·············· 158
마조리 찬(Marjorie Chan) ··· 307, 380
마조리 픽톨(Marjorie Pickthall) ·· 145, 202
- 『목조가의 아내』(The Woodcarver's Wife) ······························· 202
마쿠시 파츠사크(Markoosie Patsauq) ·· 68
- 『사냥꾼의 작살』(Harpoon of the Hunter) ································ 68
- 『자비의 날개』(Wings of Mercy) ·· 68
마크 레스카르보(Marc Lescarbot) ·· 397, 420
- 『넵튠의 극장』(Le Théâtre de Neptune) ··································· 420
- 『누벨 프랑스의 뮤즈들』(Les Muses de la Nouvelle-France) ············· 397
- 『누벨 프랑스의 역사』(Histoire de la Nouvelle-France) ···················· 397
마크 카루아크(Mark Kalluak) ·· 66
마티 찬(Marty Chan) ·· 380
말콤 로스(Malcolm Ross) ·· 111
- 『영연방 시인들』(Poets of the Confederation) ···························· 111
말콤 로우리(Malcolm Lowry) ·· 164-165
- 『가브리올라로 가는 시월 페리』(October Ferry to Gabriola) ············ 165
- 『화산 밑에서』(Under the Volcano) ·· 165
매기 드 브리스(Maggie de Vries) ·· 355
- 『실종된 사라, 밴쿠버의 여인이 사라진 누이를 기억하며』(Missing Sarah: A Vancouver
  Women Remembers her Vanished Sister) ································· 355
매들린 티엔(Madeleine Thien) ··· 269
- 『가진 게 없다 말하지 마라』(Do not Say We have Nothing) ············· 269
- 『주변의 개』(Dogs at the Perimeter) ······································ 269
- 『확실함』(Certainty) ··· 269
매튜 헨더슨(Mathew Henderson) ··· 435
- 『임차권』(The Lease) ·· 435
매트 코헨(Matt Cohen) ·· 302, 364
- 『스페인 의사』(The Spanish Doctor) ······································· 302
메리 디 미셸(Mary di Michele) ·· 364, 367
메리 사이먼(Mary Simon) ··· 66
메리 오브라이언(Mary O'Brian) ··· 91
메리 컬리(Mary Curley) ·· 66

메릴 데니슨(Merrill Denison) · 201-203
- 『건초더미』(Marsh Hay) · 202
- 『그들의 장소로부터』(From their Own Place) · · · · · · · · · · · · · · · · · · 202
- 『영웅적이지 않은 북쪽』(The Unheroic North) · · · · · · · · · · · · · · · · · · 202
- 『전우』(Brothers in Arms) · 54, 201-202
- 『폭풍 전의 고요』(The Weather Breeder) · 202

메이 애그네스 플레밍(May Agnes Fleming) · 138
- 『시빌 캄벨, 섬의 여왕』(Sybil Campbell; or, The Queen of the Isle) · · · · · · · · · · · 138
- 『우랄리, 아내의 비극』(Eulalie; or, A Wife's Tragedy) · · · · · · · · · · · · · · · · 138
- 『준남작의 신부, 여성의 앙갚음』(The Baronet's Bride; or, A Woman's Vengeance) · · · · 139

모나 라티프 가타스(Mona Latif-Ghattas) · 366

모니크 모지카(Monique Mojica) · 51, 308
- 『초콜릿 여인이 은하수를 꿈꾸다』(Chocolate Women Dreams the Milky Way) · · · · · · · · 308
- 『포카혼타스 프린세스와 블루 스포츠』(Princess Pocahontas and the Blue Spots) · · · · 308

모니크 보스코 아쉐크나지 주(Monique Bosco Ashkenazi Jew) · · · · · · · · · · · · · · · · 371

모니크 제뉘스트(Monique Genuist) · 418
- 『누트카』(Nootka) · 418

모니크 프루(Monique Proulx) · 416
- 『몬트리올의 오로라』(Les Aurores montréales) · 416
- 『별들의 성』(Le Sexe des étoles) · 416

모데카이 리칠러(Mordecai Richler) · · · · · · · · · · · · · · · · · · 167, 290, 303, 364, 371
- 『곡예사들』(The Acrobats) · 303
- 『그 당시와 지금의 여호수아』(Joshua Then and Now) · · · · · · · · · · · · · · · · · · 303
- 『더디 크레이비츠의 견습기』(The Apprenticeship of Duddy Kravitz) · · · · · · · · 290, 303
- 『독단적인』(Cocksure) · 303
- 『바니의 버전』(Barney's Version) · 290, 303
- 『비길데 없는 할아버지』(The Incomparable Atuk) · 303
- 『여호수아 그때와 지금』(Joshua Then and Now) · 290
- 『오 캐나다! 오 퀘벡! 분열된 나라의 진혼곡』(Oh Canada! Oh Québec!: Requiem for a
    Divided Country) · 290
- 『적들의 선택』(A Choice of Enemies) · 303

모드리스 에크쉬타인즈(Modris Eksteins) · 344-345
- 『동튼 이후로 걷기, 동유럽 세계 2차대전, 그리고 우리 세기의 중심 이야기』(Walking since

Daybreak: A Story of Eastern Europe, World War II, and the Heart of our Century) ··· 344

모리스 컨스탄틴-웨어(**Maurice Constantin-Weyer**) ············ 418
- 『한 남자가 그의 과거에 관심을 가지다』(*Un homme se penche sur son passé*) ········ 418

모리스 판약(**Morris Panych**) ······································ 219

몰리 칼라한(**Morley Callaghan**) ····················· 150, 154, 159-160, 299
- 『결코 끝나지 않아』(*It's Never Over*) ································· 160
- 『공동묘지에 사는 남자』(*A Fine and Private Place*) ················· 160
- 『깨어진 여행』(*A Broken Journey*) ································· 160
- 『내 연인은 그래』(*Such is my Beloved*) ····························· 160
- 『노상의 격한 노인』(*A Wild Old Man on the Road*) ················ 299
- 『누구의 고기도 아닌』(*No Man's Meat*) ···························· 160
- 『다시 태양과 가깝게』(*Close to the Sun Again*) ···················· 160
- 『로마에서의 열정』(*A Passion in Rome*) ··························· 160
- 『사랑받은 자와 버려진 자』(*The Loved and the Lost*) ·············· 160
- 『수상한 탈주자』(*Strange Fugitive*) ································· 299
- 『유다의 시간』(*A Time for Judas*) ································· 299
- 『이제 여기 사월이 왔고, 다른 이야기들』(*Now that April's Here and Other Stories*) ·· 160
- 『천상에서 더한 즐거움』(*More Joy in Heaven*) ···················· 160
- 『파리에서의 그때 여름』(*That Summer in Paris*) ·············· 159, 299

미구엘 시유코(**Miguel Syjuco**) ······································ 379
- 『일루스트라도』(*Illustrado*) ······································ 379

미리암 웨딩턴(**Miriam Waddington**) ······························· 182

미리암 토우즈(**Miriam Toews**) ································ 304, 364
- 『복잡한 친절』(*A Complicated Kindness*) ························· 304

미셸 가르노(**Michel Garneau**) ······································ 405

미셸 달레르(**Michel Dallaire**) ······································ 403

미셸 마크 부샤르(**Michel Marc Bouchard**) ·························· 426

미셸 반 쉔델(**Michel van Schendel**) ································· 402

미셸 보리외(**Michel Beaulieu**) ······································ 405

미셸 우엘레트(**Michel Ouellette**) ··································· 428
- 『까마귀들의 추방』(*Corbeaux en exil*) ····························· 428
- 『프랑스 마을』(*French Town*) ····································· 428

미셸 트랑블레(Michel Tremblay) ·················· 43, 215, 217, 414, 423, 425-427, 431
- 『공작부인과 평민 남자』(La Duchesse et le routier) ···················· 414
- 『금속 날개와 뿔을 지닌 천사』(Un ange cornu avec des ailes de toiles) ········· 428
- 『기차』(Le train) ·· 426
- 『내일 아침, 몬트리올』(Demain matin Montréal) ························ 426
- 『누가 진짜야?』(Le vrai monde?) ······································· 427
- 『다섯 시기의 알베르틴』(Albertine, en cinq temps) ····················· 427
- 『랑제의 공작부인』(La duchesse de Langeai) ··························· 427
- 『메인가의 세인트-카르멘』(Sainte Carmen de la Main) ·················· 217
- 『살아있는 시선들』(Les vues animées) ·································· 427
- 『생 앙주 학교에의 테레즈와 피에레트』(Thérèse et Pierrette à l'école des saintes-anges)
  ·· 414
- 『아름다움의 대상』(Un objet de beauté) ································ 414
- 『안녕, 거기, 안녕』(Bonjour, là, bonjour) ······························· 218
- 『에두와르의 이야기들』(Des nouvelles d'Edouard) ······················· 414
- 『열두 번의 연극』(Douze coups de théâtre) ····························· 428
- 『영원히 너의 것, 너의 마리-루』(À toi, pour toujours, ta Marie-Lou) ····· 217, 426-427
- 『옆집 뚱뚱한 여자 임신하다』(La Grosse Femme d'à côté est enceinte) ····· 414
- 『우트르몽에서의 즉흥극』(L'impromptu d'Outremont) ···················· 427
- 『의자매』(Les Belles Sœurs) ······································ 215, 423
- 『저주받은 마농, 성녀 산드라』(Damnée Manon, sacrée Sandra) ············ 427
- 『최초의 달빛 구역』(Le premier quartier de la lune) ···················· 414
- 『플라토 몽-루아얄 연대기』(Chroniques du Plateau Mont-Royal) ·········· 414

미첼(W.O. Mitchell) ·· 150, 152-153
- 『나는 여름휴가를 어떻게 보내었는가』(How I Spent my Summer Holidays) ········ 153
- 『사라짐』(The Vanishing) ·· 153
- 『제이크와 아이』(Jake and the Kid) ···································· 153
- 『카이트』(The Kite) ··· 153

미티아주크 나파아루크(Mitiarjuk Napaaluk) ································· 68
- 『사나크』(Sanaaq) ·· 68

밀드레드 골드버그(Mildred Goldberg) ······································ 202

찾아보기 469

ㅂ

바라티 무커르지(Bharati Mukherjee) ·· 351, 353, 365-367
- 『슬픔과 공포, 에어 인디아 비극의 유산』(The Sorrow and the Terror: The haunting legacy of the Air India Tragedy) ··· 356
- 『캘큐타에서의 낮과 밤』(Days and Nights in Calcutta) ························ 353

바바라 가우디(Barbara Gowdy) ·· 295, 297, 436
- 『로만틱』(The Romantic) ··· 295
- 『미스터 샌드맨』(Mister Sandman) ·· 295
- 『속수무책』(Helpless) ··· 295
- 『우리는 사랑을 잘 바라보지 못해』(We So Seldom Look on Love) ······················· 295
- 『흰 뼈』(The White Bone) ·· 436

바바라 클라(Barbara Klar) ··· 438
- 『삼나무』(Cypress) ··· 438

바스코 바루정(Vasco Varoujean) ··· 383
- 『악마의 제분기』(Le Moulin du diable) ·· 383

바싼지(M.G. Vassanji) ·································· 351, 353, 365-369, 374, 375, 382, 388-389
- 『거니 색』(The Gunny Sack) ·· 388-389
- 『내부의 장소, 인도 재발견』(A Place Within: Rediscovering India) ···················· 353
- 『비밀의 책』(The Book of Secrets) ·· 369, 388
- 『비크람 랄의 중간 세계』(The In-Between World of Virkram Lall) ············ 369, 388
- 『새 땅이 아닌』(No New Land) ·· 369
- 『아싸신의 노래』(The Assassin's Song) ·· 375

배질 존스톤(Basil Johnston) ·· 37, 47
- 『대지 어머니에 대한 경배』(Honour Earth Mother) ··· 47
- 『마니토스, 위대한 호수의 영적 세계』(The Manitous: the Spiritual World of the Great Lakes) ··· 47
- 『미친 데이브』(Crazy Dave) ··· 47
- 『새들이 어떻게 색을 얻었나』(How the Birds got their Colours) ························· 47
- 『아니쉬나우베 시소러스』(Anishnaubae Thesaurus) ··· 48
- 『아니쉬나우벡의 이야기들』(Tales of the Anishinaubaek) ······································· 47
- 『오집웨이족의 유산』(Ojibway Heritage) ·· 47
- 『오집웨이족의 의식』(Ojibway Ceremonies) ··· 47

- 『원로들의 이야기, 오집웨이족의 전설』(Tales the Elders told: Ojibway Legends) ······ 47
- 『인디언 스쿨 데이즈』(Indian School Days) ························· 37, 47
- 『인어와 여자 주술사, 원주민들의 신화와 전설』(Mermaids and Medicine Women: Native Myths and Legend) ··· 47
- 『카누와 모카신 옆에서, 위대한 호수들의 원래 이름들』(By Canoe & Moccasin: Some Native Place Names of the Great Lakes) ··············· 47
- 『혼령, 오집웨이족의 영적 세계』(The Manitous: The Spiritual World of the Ojibway) ·· 47

뱅자망 슐트(Benjamin Sulte) ··· 399
버크 스프록스톤(Birk Sproxton) ··· 437
- 『유령의 호수, 북위 54』(Phantom Lake: North of 54) ···················· 437
버트란드 윌리엄 싱클레어(Bertland William Sinclair) ····················· 146
- 『뒤집어진 피라미드』(The Inverted Pyramid) ························· 146
- 『불탄 다리』(Burned Bridges) ·· 146
베라 리센코(Vera Lysenko) ·· 167, 364
- 『노란 부츠』(Yellow Boots) ·· 167
베라 마누엘(Vera Manuel) ·· 45
- 『인디언 여성의 힘』(Strength of Indian Women) ······················· 45
베스 브란트(Beth Brant) ·································· 26, 35-36, 54, 69
- 『모하크 트레일』(Mohawk Trail) ································· 36, 54
- 『음식과 영혼』(Food & Spirits) ······································· 36
- 『정령 모음집』(A Gathering of Spirit) ································ 36
베아티즈 피자노(Beatiz Pizano) ··· 307
베티 콴(Betty Quan) ··· 380
벤 베가무드레(Ven Begamudré) ··· 332
벤자민 바실 킹(Benjamin Basil King) ···································· 147
- 『동지의 도시』(The City of Comrades) ······························· 147
- 『숭고한 마음』(The High Heart) ···································· 147
벤 카디널(Ben Cardinal) ·· 307
벨마 데머손(Velma Demerson) ·· 354
- 『치유불가』(Incorrigible) ·· 354
벳시 워랜드(Betsy Warland) ································ 189, 244, 270
- 『이중 부정』(Double Negative) ······································ 270
브라운(E.K. Brown) ·· 183, 311

브라이든 맥도널드(Bryden MacDonald) ·· 278
브라이언 마라클(Brian Maracle) ··· 49, 55
- 『광란의 물, 중독과 회복에 관한 원주민들의 목소리』(Crazy Water: Native Voices on Addiction and Recovery) ·· 49
- 『레즈로 돌아가기, 집으로 돌아가는 길 찾기』(Back on the Rez: Finding the Way Home) ··· 49
브라이언 무어(Brian Moore) ··· 366
브라이언 바틀렛(Brian Bartlett) ··· 435
- 『바다』(Ocean) ··· 435
브래드 프레이저(Brad Fraser) ·· 278
- 『신원 미상의 유해와 사랑의 본질』(Unidentified Human Remains and the Nature of Love) ··· 278
- 『푸어 수퍼맨』(Poor Superman) ·· 278
브리지트 앵젠(Brigitte Haentjens) ··· 428
- 『니켈』(Nickel) ··· 428
브하라티 무커르지(Bharati Mukherjee) ·· 356
블랑쉬 라몽타뉴-보르가르(Blanche Lamontagne-Beauregard) ························· 400
블리스 카만(Bliss Carman) ······················· 32, 110, 113, 116, 145
- 『그랑프레의 간조, 시정시집』(Low Tide on Grand Pré: a Book of Lyrics) ············ 116
- 『바가본디아로부터의 반향』(Echoes from Vagabondia) ··························· 117
- 『사포, 백 편의 서정시』(Sappho: One Hundred Lyrics) ··························· 117
- 『상실된 안식처의 발라드, 바다의 책』(Ballads of Lost Haven: a Book of the Sea) ···· 116
- 『아라스 뒷편에서, 보이지 않는 것들의 책』(Behind the Arras: a Book of the Unseen) ··· 116
- 『팬의 파이프』(The Pipes of Pan) ··· 117
비피 니콜(bp Nichol, Barrie Philip Nichol) ··················· 233, 235, 270, 334
- 『선물, 순교자열전 제 7&』(Gifts: The Martyrology Book[s] 7&) ·················· 334
- 『순교자열전 제 6권』(The Martyrology Book 6) ································· 334
- 『순교학』(The Martyrology) ··· 235
- 『알레고리』(Allegory) ·· 334
- 『지갈』(Zygal) ··· 334
빅토르-레비 보리외(Victor-Lévy Beaulieu) ··· 412
- 『세상의 종』(La race du monde) ·· 412

ㅅ

사드 엘크하뎀(Saad Elkhadem) 332, 384, 387
- 『비행하는 이집트인의 불시착』(Crash Landing of the Flying Egyptian) 384
- 『비행하는 이집트인의 캐나다 모험』(Canadian Adventures of the Flying Egyptian) 384
- 『비행하는 이집트인의 캐나다 연대기』(Chronicle of the Flying Egyptian in Canada) 384
사드후 비닝(Sadhu Binning) 363
사라 앤 커즌(Sarah Anne Curzon) 200
- 『로라 세코드, 1812년의 영웅』(Laura Secord: the Heroine of 1812) 200
- 『스위트 걸 졸업하다』(The Sweet Girl Graduate) 200
사라 지네트 덩칸(Sara Jeannette Duncan) 132-133, 149, 250
- 『마님의 단순한 모험』(The Simple Adventures of a Memsahib) 132
- 『바지선에서의 두 소녀』(Two Girls in Barge) 132
- 『스타의 길』(The Path of a Star) 132
- 『신데렐라 사촌, 런던에서의 캐나다 소녀』(Cousin Cinderella; or, A Canadian Girl in London) 133
- 『신사와 숙녀』(His Honour and a Lady) 132
- 『오늘날의 딸』(A Daughter of Today) 132
- 『위로의 여행』(A Voyage of Consolation) 132
- 『이 멋진 미국인들』(Those Delightful Americans) 133
- 『제국주의자』(The Imperialist) 133, 149, 250
사뮈엘 드 샹플랭(Samuel de Champlain) 395-396
- 『야만인들, 브루아주에서의 사뮈엘 샹플랭의 여행』(Des sauvages, ou voyage de Samuel Champlain, de Brouage) 396
사뮤엘 헌(Samuel Hearne) 85
- 『허드슨 베이의 프린스 웨일즈 포트에서 북쪽 해안까지 여행』(A Journey from Prince of Wales's Fort in Hudson's Bay to the Northern Ocean) 85
샌드라 버드셀(Sandra Birdsell) 364
샐리 클락(Sally Clark) 306
- 『마녀 잔다르크』(Jehane of the Witches) 306
샘 매트카프(Sam Metcalfe) 66
생-드니 가르노(Saint-Denys Garneau) 400

- 『밤의 섬』(Les Iles de la nuit) ······ 401
- 『우주에서 보는 시각과 놀이』(Regards et jeux dans l'espace) ······ 401

샤나 싱 발드윈(Shauna Singh Baldwin) ······ 365
샤니 무투(Shani Mootoo) ······ 265, 269, 365-366, 374, 381
- 『게와 같이 옆으로 움직여 앞으로 나가기』(Moving Forward Sideways like a Crab) ·· 269
- 『선인장은 밤에 핀다』(Cereus Blooms at Night) ······ 265

샤론 버탈라(Sharon Butala) ······ 437
- 『아침을 완성하기, 자연의 도제』(The Perfection of the Morning: An Apprenticeship in Nature) ······ 437

샤론 테슨(Sharon Thesen) ······ 435
- 『임차권』(The Lease) ······ 435

샤론 폴록(Sharon Pollock) ······ 208
- 『똑바로 하기』(Getting it Straight) ······ 209
- 『월시』(Walsh) ······ 209
- 『위스키 식스 카덴자』(Whiskey Six Cadenza) ······ 209
- 『카마가타 마루 사건』(The Kamagata Maru Incident) ······ 208

샤를 로조(Charles Lozeau) ······ 399-400
- 『고독한 영혼』(L'Âme solitaire) ······ 400
- 『나날의 거울』(Le Miroir des jours) ······ 400

샤를 질(Charles Gill) ······ 399
샤우나 싱 볼드윈(Shauna Singh Baldwin) ······ 366-367
샬로트 길(Charlotte Gill) ······ 437
- 『흙 먹기, 깊은 숲, 큰 나무와 나무 심는 부족의 삶』(Eating Dirt: Deep Forests, Big Timber, and Life with the Tree-Planting Tribe) ······ 437

샴 셀바두라이(Shyam Selvadurai) ······ 277, 332, 365, 374, 381
- 『배고픈 유령들』(The Hungry Ghosts) ······ 277
- 『퍼니 보이』(Funny Boy) ······ 277, 374

서제트 칼세이(Surjeet Kalsey) ······ 381
세르지오 코키스(Sergio Kokis) ······ 371
세실 스미스(E. Cecil Smith) ······ 202
세실 포스터(Cecil Forster) ······ 365, 368
- 『아무도 없는 집』(No Man in the House) ······ 368

세팔딕 주(Sephardic Jew) ······ 366

셰리 체쿠(Shirley Cheechoo) ·· 307
셜리 스털링(Shirley Sterling) ·· 55
숀 윌슨(Shawn Wilson) ·· 60
  - 『리서치는 의식이다』(Research is Ceremony) ······························· 60
  - 『원주민의 방식들』(Indigenous Methodologies) ···························· 60
수 고예트(Sue Goyette) ·· 435
  - 『바다』(Ocean) ··· 435
수니티 남조쉬(Suniti Namjoshi) ··· 365, 381
수잔나 무디(Susanna Moodie) ··· 90-91, 93, 96-98, 108, 119, 237, 249-250, 257, 259, 261, 263, 310, 437
  - 『개간지에서의 삶 대 덤불』(Life in the Clearings versus the Bush) ·············· 97
  - 『개간지에서의 삶』(Life in the Clearings) ···································· 97
  - 『미개척지에서 버텨내기』(Roughing it in the Bush) ··············· 96, 257, 437
  - 『캐나다의 야생화』(Canadian Wildflowers) ··································· 98
  - 『플로라 리드세이, 궁극적인 삶의 경로』(Flora Lydsay; or, Passages in an Eventual Life) ·· 97
수잔 라미(Suzanne Lamy) ·· 188
수잔 스완(Susan Swan) ··· 315
  - 『마지막 골든 걸』(The Last of the Golden Girls) ··························· 315
  - 『바스의 아내들』(The Wives of Bath) ······································ 315
  - 『세상에서 가장 거대한 현대의 여성』(The Biggest Modern Woman of the World) ····· 315
쉐일라 왓슨(Sheila Watson) ·· 302
  - 『더블 후크』(The Double Hook) ·· 302
스마로 캄보우레리(Smaro Kamboureli) ·· 189
스미스(A.J.M. Smith) ··· 175-180, 183
스카이 길버트(Sky Gilbert) ··· 278, 305
  - 『더 신적인, 롤랑 바르뜨를 위한 공연』(More Divine: A Performance for Roland Barthes) ··· 305
  - 『살인 행각』(Play Murder) ··· 278
  - 『재판에 회부된 여장 남자』(Drag Queens on Trial) ························ 278
  - 『테네시와 밤을』(My Night with Tennessee) ······························· 305
  - 『파소리니, 페로시』(Pasolini/Pelosi) ·· 305
스카이 리(SKY Lee) ································· 264, 332, 364, 377, 389

찾아보기 475

- 『밸리 댄서』(Bellydancer) ········· 377
- 『사라지는 달 카페』(Disappearing Moon Cafe) ········· 264, 377, 389

스콧 시몽(Scott Symons) ········· 275
- 『아르메스 처소』(Place d'Armes) ········· 275

스탄 더글라스(Stan Douglas) ········· 329-330
- 『공포로의 여행』(Journey into Fear) ········· 329-330

스테판 스낙(Stefan Psenak) ········· 403

스테판 스테판손(Stephan Stephansson) ········· 363

스테펀 버틀러 리콕(Stephen Butler Leacock) ········· 112, 129, 133, 153, 166
- 『게으른 부자의 아카디안 모험』(Arcadian Adventures with the Idle Rich) ········· 129
- 『작은 마을의 선샤인 스케치』(Sunshine Sketches of a Little Town) ········· 129, 133

스티브 맥카퍼리(Steve McCaffery) ········· 236

시드 마티(Sid Marty) ········· 436
- 『위스키 개울의 검은 그리즐리 곰』(The Black Grizzly of Whiskey Creek) ········· 436

시릴 다비딘(Cyril Dabydeen) ········· 365, 381

시오미(R.A. Shiomi) ········· 380

싱클레어 로스(Sinclair Ross) ········· 152, 161, 275
- 『나와 나의 집에 대해』(As for Me and My House) ········· 152, 161, 275
- 『소우본즈 기념관』(Sawbones Memorial) ········· 152

ㅇ

아나벨 라이온(Annabel Lyon) ········· 269
- 『스윗 걸』(The Sweet Girl) ········· 269
- 『중용』(The Golden Mean) ········· 269

아나 포터(Anna Porter) ········· 344-345
- 『이야기꾼, 기억, 비밀, 마술, 그리고 거짓말』(The Storyteller: Memory, Secrets, Magic and Lies) ········· 344

아니타 라우 바다미(Anita Rau Badami) ········· 332, 365, 381

아델 바이즈만(Adele Wiseman) ········· 167, 364
- 『희생』(The Sacrifice) ········· 167

아록 월벤그레이(Arok Wolvengrey) ········· 60
- 『재미있는 단편 이야기들, 회상록 1』(Funny Little Stories: Memoir 1) ········· 60

아론 무커르지(Arun Mukherjee) ··· 353
- 『포스트콜로니얼리즘, 나의 삶』(Postcolonialism: My Living) ······· 353
아를레프 쿠스퓌르(Arlette Couture) ·· 415
- 『칼렙의 딸들』(Les Filles de Caleb) ···································· 415
아리스 프리조(Alice Prizeau) ·· 371
아리타 반 허크(Aritha van Herk) ································· 257, 297
- 『고정되지 않은 주소』(No Fixed Address) ··························· 298
- 『보이는 잉크 안에서』(In Visible Ink) ································· 298
- 『불안』(Restless) ··· 298
- 『얼어붙은 혀』(A Frozen Tongue) ·· 298
- 『엘레스미어로부터 떨어진 장소, 지오픽션에어』(Places far from Ellesmere: A Geofictionaire) ··· 298
- 『주디스』(Judith) ······································· 257, 297
- 『텐트 말뚝』(The Tent Peg) ··· 297
아만드 가넷 루포(Armand Garnet Ruffo) ··························· 26, 40
아베 카미유 루아(Abbé Camille Roy) ··································· 408
아블라 파루우(Abla Farhoud) ·· 385-387
- 『악어의 거리』(Les Rues de l'alligator) ································ 385
- 『오마르의 미치광이』(Le Fou d'Omar) ··························· 385-386
- 『유태인 소녀의 미소』(Le Sourire de la petite juive) ········ 385-386
- 『인내심 게임』(Jeux de patience) ······································· 385
- 『행복에는 미끄러운 꼬리가 있다』(Le Bonheur a la queue glissante) ············· 385
- 『화려한 고독』(Splendide solitude) ······························· 385-386
아서 스트링거(Arthur Stringer) ··· 139
- 『도청자』(The Wire Tappers) ·· 139
- 『삶의 포도주』(The Wine of Life) ······································· 139
아쥐토르 리바르(Adjutor Rivard) ··· 408
- 『우리 사람들의 집에서』(Chez nos gens) ······························ 408
- 『우리 집에서』(Chez nous) ··· 408
아치볼드 램프만(Archibald Lampman) ····················· 90, 110, 113-114
- 『대지의 서정시』(Lyrics of the Earth) ··································· 115
- 『방앗간 주인 사이에서』(Among the Miller) ··························· 115
- 「사월」("April") ·· 115

- 「시월에」("In October") ··· 115
- 『아치볼드 램프만의 시』(The Poems of Archibald Lampman) ··· 114
- 『알시온』(Alcyone) ··· 115
- 「열」("Heat") ··· 115

아크사아주크 에투안가트(Aksaajuuq Etuangat) ··· 66
아키 쉬마자키(Aki Shimazaki) ··· 371
아푸아 쿠퍼(Afua Cooper) ··· 365
안느 마리 알롱조(Anne-Marie Alonzo) ··· 366, 424
- 『빨간 오렌지 황토색의 편지』(Une lettre rouge orange et ocre) ··· 424

안느 마이클즈(Anne Michaels) ··· 301
- 『덧없는 시편들』(Fugitive Pieces) ··· 301, 323

안느 에베르(Anne Hébert) ··· 401, 415
- 『나무 방』(Les Chambers de bois) ··· 415
- 『왕의 무덤』(Le Tombeau des rois) ··· 401
- 『흰 가마우지』(Les Fous de Bassan) ··· 416

안젤라 롤링즈(Angela Rawlings) ··· 435
- 『리즈』(The Lease) ··· 435

알두스 진 맥레이스(E.P. Aldous Jean McIlwraith) ··· 199
- 『프타미간』(Ptarmigan) ··· 199

알랭 그랑부아(Alain Grandbois) ··· 400-402
알렉산더 맥라클란(Alexander McLachlan) ··· 107-108
- 『사랑의 정신과 다른 시편들』(The Spirit of Love and Other Poems) ··· 109
- 『서정시』(Lyrics) ··· 109
- 『이민자와 다른 시편들』(The Emigrant and other Poems) ··· 109
- 「이민자」("The Emigrant") ··· 109

알렉산더 헨리(Alexander Henry) ··· 86
알렉시 케프그랑시(Alexis Kefgrançis) ··· 405
알룩투크 이페리(Alootook Ipellie) ··· 36, 69
알리사 파머(Alisa Palmer) ··· 223
- 『다락방, 진주, 그리고 멋진 세 소녀들』(The Attic, the Pearls, & Three Fine Girls) ··· 223

알리스테어 맥레오드(Alistair MacLeod) ··· 293
- 『별 손실 없으니』(No Great Mischief) ··· 293

알리싸 요크(Alissa York) ··· 436

- 『동물상』(Fauna) ········· 436
알베르토 쿠라펠(Alberto Kurapel) ········· 307
알베르 페를랑(Albert Ferland) ········· 400
알 퍼디(Al Purdy) ········· 116, 179, 230
  - 「겨울 산보」("Winter in Walking") ········· 231
  - 「광야의 고딕」("Wilderness Gothic") ········· 231
  - 『노래로 터뜨리기, 알 퍼디 옴니버스』(Bursting into Song: An Al Purdy Omnibus) ··· 231
  - 『모든 아넷을 위한 시편들』(Poems for All the Annettes) ········· 230
  - 「북극권의 나무들」("Trees at the Arctic Circle") ········· 231
  - 『살아가기, 1958-1978 시편들』(Being Alive: Poems 1958-1978) ········· 231
  - 『스톤 버드』(The Stone Bird) ········· 231
  - 『칼리부의 말들』(The Cariboo Horses) ········· 230
  - 『황홀한 메아리』(The Enchanted Echo) ········· 231
앙드레 다앙(Andrée Dahan) ········· 383, 387
  - 『봄이 기다릴 수 있다』(Le Printemps peut attendre) ········· 383
앙드레 라셀(Andrée Lacelle) ········· 403
앙드레 루아(André Roy) ········· 404-405
  - 『강도 가속기』(L'Accélérateur d'intensité) ········· 405
앙드레 르뒥(André Leduc) ········· 403
앙드레 알렉시(André Alexis) ········· 389
  - 『어린 시절』(Childhood) ········· 389
  - 『절망 그리고 오타와의 다른 이야기들』(Despair, and Other Stories of Ottawa) ······ 389
앙드레 제르베(André Gervais) ········· 404
앙드레 페망(André Paiement) ········· 428
  - 『모에, 나는 북쪽에서 왔어』(Moé, j'viens du Nord, s'tie) ········· 428
앙리 페니에(Henry Pennier) ········· 59
  - 『말그대로 인디언』(Chiefly Indian) ········· 60
앙젤 바솔레-우에드라오고(Angèle Bassolé-Ouédraogo) ········· 403
앙투완 제랭-라주아(Antoine Gérin-Lajoie) ········· 407
애나 브라운엘 제임슨(Anna Brownell Jameson) ········· 93
  - 『캐나다에서 겨울에 연구하고 여름에 여행하기』(Winter Studies and Summer Rambles in Canada) ········· 93
애티앙 에밀 올리비에(Haitians Émile Ollivier) ········· 365

앤 다이어몬드(Ann Diamond) ·· 189
앤드루 니키포루크(Andrew Nikiforuk) ·· 438
- 『딱정벌레의 제국, 인간의 어리석음과 작은 벌레가 어떻게 북아메리카의 녹색 산림을 죽이는가』(Empire of the Beetle: How Human Folly and a Tiny Bug are Killing North America's Green Forests) ·· 438
앤드루 무디(Andrew Moodie) ··· 389
- 『반란』(Riot) ·· 389
앤드루 수크나스키(Andrew Suknaski) ·· 364
앤디 러셀(Andy Russell) ·· 435
앤 마리 맥도널드(Ann-Marie MacDonald) ····· 223, 276, 279, 294-295, 302, 305, 323
- 『굿나잇 데스데모나, 굿모닝 줄리엣』(Goodnight Desdemona, Good Morning Juliet) ·· 279, 305, 323
- 『다락방, 진주, 그리고 멋진 세 소녀들』(The Attic, the Pearls, & Three Fine Girls) ··· 223
- 『당신의 무릎에 쓰러져』(Fall on Your Knees) ·················· 276, 294, 302, 324
앤 마이클즈(Anne Michaels) ··· 323, 364, 367
앤 심프슨(Anne Simpson) ·· 435
- 『바다』(Ocean) ·· 435
앤 윌킨슨(Anne Cochran Wilkinson) ··· 182
앤 카슨(Anne Carson) ·· 322-323
- 『붉은 자서전, 운문으로 쓴 소설』(Autobiography of Red: A Novel in Verse) ········ 322
앤하트(Anneharte) ··· 41
- 『달 위에서』(Being on the Moon) ··· 42
- 『코요테 콜롬버스 카페』(Coyote Columbus Cafe) ··························· 42
앨리스 먼로(Alice Munro) ······················· 9, 251, 255, 266, 300, 304
- 『공공연한 비밀』(Open Secrets) ·· 256
- 『내 청춘의 친구』(Friend of my Youth) ······································ 256
- 『너무 많은 행복』(Too Much Happiness) ···································· 256
- 『목성의 위성들』(The Moons of Jupiter) ····································· 256
- 『사랑의 진행』(The Progress of Love) ·· 256
- 『소녀와 여인들의 삶』(Lives of Girls and Women) ················ 251, 255, 304
- 『착한 여성의 사랑』(The Love of a Good Woman) ·························· 256
- 『행복한 그림자의 춤』(Dance of the Happy Shades) ······················· 255
얀 웡(Jan Wong) ··· 351-352

- 『레드 차이나 블루즈, 모택동에서 지금까지의 나의 먼 여행』(Red China Blues: My Long March from Mao to Now) ·········· 351

양 즈위키(Jan Zwicky) ·········· 435
어니스트 벅클러(Ernest Buckler) ·········· 165, 303
- 『가장 잔인한 달』(The Cruelest Month) ·········· 303
- 『산과 계곡』(The Mountain and the Valley) ·········· 165, 303
- 『쇠 종과 반딧불이』(Ox Bells and Fireflies) ·········· 304

어니스트 톰슨 시튼(Ernest Thompson Seton) ·········· 122, 124, 435
- 『군주, 탈락의 큰 곰』(Monarch, the Big Bear of Tallac) ·········· 125
- 『그리즐리의 전기』(The Biography of a Grizzly) ·········· 125
- 『극지의 대초원』(The Artic Prairies) ·········· 126
- 『내가 아는 야생 동물들』(Wild Animals I have Known) ·········· 125
- 『동물 영웅들』(Animal Heroes) ·········· 125
- 『매니토바의 새들』(The Birds of Manitoba) ·········· 125
- 『사냥감의 삶』(Lives of the Hunted) ·········· 125
- 『샌드힐 수사슴의 산책로』(The Trail of the Sandhill Stag) ·········· 127
- 「솜꼬리 토끼 래기러그 이야기」(Raggylug, The Story of a Cottontail Rabbit) ·········· 125
- 「와스카와 용맹한 새끼 늑대」(Wosca and her Valiant Cub) ·········· 127
- 「커럼포의 왕 로보」(Lobo, the King of Currumpaw) ·········· 127

어빙 레이튼(Irving Peter Layton) ·········· 182-184, 310, 364, 371
- 『메시아를 기다리며』(Waiting for the Messiah) ·········· 184

얼 알프레드 버니(Earle Alfred Birney) ·········· 182-183, 232, 437
- 『긴 책상 아래에서』(Down the Long Table) ·········· 183
- 「덤불로 덮인」("Bushed") ·········· 437
- 『데이빗과 다른 시편들』(David and Other Poems) ·········· 183
- 『적절한 때』(Now is Time) ·········· 183
- 『터비』(Turvey) ·········· 183

에덴 로빈슨(Eden Robinson) ·········· 38, 54, 63
- 『원숭이 해변』(Monkey Beach) ·········· 38, 54, 63
- 『유혈 스포츠』(Blood Sports) ·········· 55

에드워드 레이시(Edward A. Lacey) ·········· 274
- 『상실의 형식』(The Forms of Loss) ·········· 275

에드워드 아헤나케우(Edward Ahenakew) ·········· 58, 59

- 「옛 케얌」("Old Keyam") · 59
- 『크리 평지의 음성들』(Voices of the Plans Cree) · 59

에드워드 하틀리 드워트(Edward Hartley Dewart) · 98, 102, 107
- 『캐나다 시인선』(Selections from Canadian Poets) · 98, 102, 107

에디 부라위(Hédi Bouraoui) · 384
- 『방콕 블루즈』(Bangkok Blues) · 384
- 『티나로 귀환』(Retour à Thyna) · 384
- 『파라오』(La Pharaone) · 384
- 『CN 타워는 이렇게 말합니다』(Ainsi parle la tour CN) · 384

에르메네질드 쉬아송(Herménégilde Chiasson) · 403, 429

에린 무레(Erin Mouré) · 189, 243

에밀 넬리강(Émile Nelligan) · 399

에밀리 카(Emily Carr) · 163
- 『크리 위크』(Klee Wyck) · 164

에밀리 폴라인 존슨(Emily Pauline Johnson) · 31-33, 58, 110, 111
- 「내 엄마」("My Mother") · 32
- 『밴쿠버의 전설』(Legends of Vancouver) · 32
- 『샤가나피』(Shagganappi) · 32
- 「이로쿼이족의 자장가」("Lullaby of the Iroquois") · 31
- 「인디언 아내의 외침」("Cry of an Indian Wife") · 32
- 『화이트 왐품』(The White Wampum) · 32

에블린 드 라 슈넬리에르(Evelyne de la Chenelière) · 425
- 『1월의 딸기』(Des fraises en janvier) · 425

에블린 라우(Evelyn Lau) · 332, 378
- 『탈주자, 길거리 아이의 일기』(Runaway: Diary of Street Kid) · 378

에시 에두갼(Esi Edugyan) · 389
- 『사무엘 타인의 두 번째 인생』(The Second Life of Samuel Tyne) · 389
- 『해프 블러드 블루즈』(Half-Blood Blues) · 373, 389

에텔 윌슨(Ethel Wilson) · 165
- 『늪의 천사』(Swamp Angel) · 165
- 『사랑과 소금물』(Love and Salt Water) · 165
- 『사랑의 방정식, 미시즈 고우라이틀리와 다른 이야기들』(The Equations of Love, Mrs Golightly and Other Stories) · 165

- 『순수한 여행자』(The Innocent Traveller) ·· 165
- 『해티 도발』(Hetty Dorval) ·· 165

엘렌 브로되르(Hélène Brodeur) ·· 417
- 『새로운 온타리오의 연대기』(Les Chroniques du Nouvel-Ontario) ········ 418

엘렌 페노(Hélène Pedneault) ··· 425
- 『증언』(La Déposition) ··· 425

엘리노 블라스(Elinor Brass) ··· 58
- 『나는 두 세계에서 걷는다』(I Walk in Two Worlds) ··························· 58

엘리자 레인즈포드 쿠싱(Eliza Lanesford Cushing) ····························· 200
- 『에스터』(Esther) ·· 200
- 『이른 귀가』(Return to Early Home) ··· 200

엘리자벳 부제르(Elizabeth Bougert) ·· 424
- 『전화해』(Appelle-moi) ·· 424

엘리자벳 브루스터(Elizabeth Brewster) ·· 116

엘리자벳 스마트(Elizabeth Smart) ······································ 154, 158, 250
- 『비밀의 필요성』(Necessary Secrets) ··· 158
- 『중앙역에 앉아 울며』(By Grand Central Station I Sat Down and Wept) ········ 158, 251
- 『천사의 곁』(Side of Angels) ·· 158

엘리자벳 필립스(Elizabeth Philips) ·· 435
- 『토치 리버』(Torch River) ·· 435

엘사 기드로(Elsa Gidlow) ·· 274
- 『회색 실 위에서』(On a Grey Thread) ·· 274

엠마 도나후(Emma Donaghue) ·· 276
- 『방』(Room) ·· 276

엠마 라로크(Emma LaRocque) ·· 55

예후다 엘버그(Yehuda Elberg) ·· 363

오드레이 토마스(Audrey Thomas) ··· 251
- 『라타키아』(Latakia) ·· 251

오스카 라이언(Oscar Ryan) ·· 202

오스키니코 레리 로이(Oskiniko Larry Loye) ······································· 45

오스틴 클라크(Austin Clarke) ······················· 365, 368, 370, 375, 388
- 『가시나무와 엉겅퀴 사이에서』(Amongst Thorns and Thistles) ············ 368
- 『광이 나는 괭이』(The Polished Hoe) ·· 370

- 『만남의 장소』(The Meeting Point) ········· 370, 388
- 『영국 국기 아래에서 바보로 자라기』(Growing Up Stupid Under the Union Jack) ···· 368
- 『횡단 생존자』(Survivors of the Crossing) ········· 370

옥타브 크레마지(Octave Crémazie) ········· 397-398
- 「세 죽은 자들의 산책」("Promenade de trois morts") ········· 398
- 「죽은 자」("Les Morts") ········· 398
- 「카리옹의 국기」("Le Drapeau de Carillon") ········· 398
- 「캐나다 노병」("Le Vieux Soldat canadien") ········· 398

올리브 세니어(Olive Senior) ········· 365, 435

와렌 카리우(Warren Cariou) ········· 437
- 『대평원의 호수』(Lake of the Prairies) ········· 437

와이디 무아와드(Wajdi Mouawad) ········· 366
- 『화재』(Incendies) ········· 385

와즈디 무아와드(Wajdi Mouawad) ········· 385, 387

왈리스 스테그너(Wallace Stegner) ········· 436
- 『늑대 버드나무, 마지막 대평원 프론티어의 역사, 이야기, 기억』(Wolf Willow: A History, a Story, and a Memory of the Last Prairie Frontier) ········· 436

웨이슨 초이(Wayson Choy) ········· 277, 332, 350, 364, 367, 377
- 『공자를 찾아』(Searching for Confucius) ········· 350
- 『옥빛 작약』(The Jade Peony) ········· 350, 367, 377
- 『웨이손 초이, 나비 펼치기』(Wayson Choy: Unfolding the Butterfly) ········· 350
- 『종이 음영, 차이나타운에서의 어린 시절』(Paper Shadows: A Chinatown Childhood) ········· 277, 350
- 『중요한 모든 것은』(All that Matters) ········· 350

웨인 존스톤(Wayne Johnston) ········· 293
- 『그들의 삶의 시간』(The Time of Their Lives) ········· 293
- 『디바인 라이런즈』(The Divine Ryans) ········· 293
- 『바비 오마레이의 이야기』(The Story of Bobby O'Malley) ········· 293
- 『혼자만의 꿈을 꾼 식민지』(The Colony of Unrequited Dreams) ········· 294
- 『휴먼 어뮤즈먼트』(Human Amusements) ········· 294

웨인 케온(Wayne Keon) ········· 49
- 「달을 보고 울부짖음」("howling at the moon") ········· 49
- 「유산의 나무 다시 심기」("replanting the heritage tree") ········· 49

- 「유산」("heritage") ··· 49
웬디 릴(Wendy Lill) ··· 212
위니프레드(Winnifred) ··· 376
- 『일본의 나이팅게일』(*Japanese Nightingale*) ··· 376
위베르 아캥(Hubert Aquin) ··· 284, 411
- 『다음 에피소드』(*Prochain épisode*) ··· 411
윈스턴 크리스토퍼 칸(Winston Christopher Kan) ··· 307
윌리엄 깁슨(William Gibson) ··· 327
- 「건스백 연속체」("The Gernsback Continuum") ··· 328
- 「겨울 시장」("The Winter Market") ··· 328
- 「내륙지역」("Hinterlands") ··· 328
- 『뉴로맨서』(*Neuromancer*) ··· 327, 329
- 『모나리사 오버드라이브』(*Mona Lisa Overdrive*) ··· 329
- 『유령의 나라』(*Spook Country*) ··· 329
- 『이도루』(*Idoru*) ··· 327, 329
- 「조니 연상 기호코드」("Johnny Mnemonic") ··· 328
- 『카운트 제로』(*Count Zero*) ··· 329
- 『타오르는 크롬』(*Burning Chrome*) ··· 328
- 『패턴 인식』(*Pattern Recognition*) ··· 329
- 「홀로그램 장미의 조각」("Fragments of Hologram Rose") ··· 328
윌리엄 알리스터(William Allister) ··· 148
- 『한 줌의 쌀』(*A Handful of Rice*) ··· 148
윌리엄 윌프레드 캄벨(William Wilfred Campbell) ··· 110, 118, 199
- 「겨울 호수들」("The Winter Lakes") ··· 118
- 『무시무시한 여정』(*The Dread Voyage*) ··· 118
- 『호수 서정시편』(*Lake Lyrics*) ··· 118
윌리엄 커비(William Kirby) ··· 102
- 『금빛 개』(*The Gold Dog*) ··· 102
- 『나이아가라의 기록』(*Annals of Niagara*) ··· 102
- 『U.E. 어퍼 캐나다의 이야기』(*The U.E.: a Tale of Upper Canada*) ··· 102
윌리 트레셔(Willie Thrasher) ··· 66
이레나 카라필리(Irena F. Karafilly) ··· 346
- 『깃털 있는 모자를 쓴 이방인, 회고록』(*The Stranger in the Plumed Hat: A Memoir*) ··· 346

이반 비앙브뉘(Yvan Bienvenue) ·· 431
이벳 노란(Yvette Nolan) ··· 306-307
  - 『요리사의 죽음』(Death of a Chef) ··· 306
이본느 존슨(Yvonne Johnson) ·· 57, 286
  - 『도둑맞은 삶, 크리 여인의 여행』(Stolen Life: The Journey of a Cree Women) ··· 57, 286
이브 보슈맹(Yves Beauchemin) ·· 415
이브 프레퐁텐(Yves Préfontaine) ·· 402
  - 『말 없는 나라』(Pays sans parole) ··· 402
이사벨라 발란시 크라우포드(Isabella Valancy Crawford) ········ 110, 119, 138, 201, 437
  - 『도깨비가 다니던 길, 말콤의 케이티, 사랑 이야기』(Old Spookses' Pass, Malcolm's Katie:
    A Love Story) ··· 119-120, 437
  - 『파멸, 로스크레라스의 안주인』(Wrecked! or, The Rosclerras of Mistress) ········ 138
  - 『휴와 아이온』(Hugh and Iron) ··· 120
이사벨 허간(Isabel Huggan) ··· 348
  - 『머무르는 곳, 집을 떠난 집』(Belonging: Home Away from Home) ············· 348
이선경(Yi Sun-Kyung) ·· 351-352
  - 『은둔자 왕국의 내부에서, 비망록』(Inside the Hermit Kingdom: A Memoir) ········ 352
이시도르 아셔(Isidore G. Ascher) ··· 108
잉첸(Ying Chen) ·· 420
  - 『물의 기억』(La mémoire de l'eau) ·· 420
  - 『배은망덕』(L'ingratitude) ·· 420
  - 『중국 서한』(Les lettres chinoises) ·· 420

ㅈ

자넷 시어즈(Djanet Sears) ··· 306-307
  - 『아프리카 솔로』(Afrika Solo) ··· 307
  - 『햄릿의 두엣』(Hamlet Duet) ·· 306
  - 『흑인 소녀가 신을 찾아가는 모험』(Adventures of a Black Girl in Search of God) ···· 307
자넷 터너 호스피틀(Janette Turner Hospital) ···································· 333
  - 『마지막 음악가』(The Last Musician) ·· 333
  - 『제스쳐 게임』(Charades) ·· 333
자니스 쿨리크 키퍼(Janice Kulyk Keefer) ························ 344-345, 364, 367, 371

- 『단맛과 쓴맛, 가족 이야기』(Honey and Ashes: A Story of a Family) ················ 344
자크 고부(Jacques Godbout) ················ 412-413
- 『안녕 갈라르노!』(Salut Galarneau!) ················ 412-413
자크 랑기랑(Jacques Languirand) ················ 422
- 『엉뚱한 것들』(Les insolites) ················ 422
자크 브로(Jacques Brault) ················ 402, 403, 405
- 『기억』(Mémoire) ················ 402, 403
자크 코트낭(Jacques Cotnam) ················ 421
자크 페롱(Jacques Ferron) ················ 411, 422
- 『왕의 머리』(La Tête du roi) ················ 422
- 『커다란 태양들』(Les grands soleils) ················ 422
자크 풀랭((Jacques Poulin) ················ 416
- 『폭스바겐 블루스』(Volkswagen Blues) ················ 416
자크 프와리에(Jacques Poirier) ················ 403
자크 플라망(Jacques Flamand) ················ 403
잔느 모스(Jane Moss) ················ 421
장-기 필롱(Jean-Guy Pilon) ················ 402
- 『국가 청원』(Recours au pays) ················ 402
장 막 델페(Jean Mac Delpé) ················ 428
- 『헉스베리 까마귀들의 추방』(Hawkesbury Corbeaux en exil) ················ 428
장 바르보(Jean Barbeau) ················ 423-424
- 『라크루아의 길』(Le Chemin de Lacroix) ················ 424
- 『마농 라스트콜』(Manon Lastcall) ················ 424
- 『사랑에 대해 말해줘』(Joualez-moi d'amour) ················ 424
장-피에르 롱파르(Jean-Pierre Ronfard) ················ 430
- 『1001일 밤』(Les Mille et une nuits) ················ 430
- 『돈키호테』(Don Quichotte) ················ 430
잭 쿠퍼(Jack Kuper) ················ 346-347
- 『대학살의 아이』(Child of the Holocaust) ················ 346
잭키 크로스랜드(Jackie Crossland) ················ 305
- 『표적 외 손상』(Collateral Damage) ················ 305
잭 호긴즈(Jack Hodgins) ················ 297, 315
- 『갈라진 땅』(Broken Ground) ················ 316

- 『명예 대사』(The Honorary Patron) ······················· 316
- 『세상의 발견』(The Invention of the World) ··············· 297, 316
- 『순수한 도시들』(Innocent Cities) ························ 316
- 『스핏 데라네이의 섬』(Spit Delaney's Island) ··············· 316
- 『조셉 본의 부활』(The Resurrection of Joseph Bourne) ······· 297, 316

쟝 오베르 로랑제(Jean Aubert Loranger) ····················· 400
정욱(Ook Chung) ······································· 420
- 『김치』(Kimchi) ······································ 420

제니퍼 브레윈(Jennifer Brewin) ····························· 223
- 『다락방, 진주, 그리고 멋진 세 소녀들』(The Attic, the Pearls, & Three Fine Girls) ··· 223

제니 하이트(Jennie E. Haight) ····························· 108
제라르 베세트(Gérard Bessette) ····························· 411
- 『서적상인』(Le libraire) ································ 411

제라르 에티엔(Gérard Étienne) ····························· 365
제랄드 르블랑(Gérald Leblanc) ·························· 403, 405
- 『존재의 어려움』(Difficultés d'existence) ··················· 405

제랄드 타이아이아크 알프레드(Gerald Taiaiake Alfred) ············ 55
- 『우리 선조들의 음성에 주의 기울이기』(Heeding the Voices of Our Ancestors) ··· 55
- 『평화, 힘, 정의』(Peace, Power, Rightousness) ················ 55

제르멘 구에브르몽(Germaine Guèvremont) ···················· 411
- 『뜻밖의 방문객』(Le survenant) ·························· 411
- 『마리 디다스』(Marie Didace) ·························· 411

제이 맥퍼슨(Jay Macpherson) ·························· 182, 187
- 『두 번 이야기한 시편들』(Poems Twice Told) ··············· 188
- 『뱃사공』(The Boatman) ····························· 188
- 『오 대지여 돌아오라』(O Earth Return) ··················· 187
- 『재난을 환영하며』(Welcoming Disaster) ··················· 188

제이슨 샤만(Jason Sherman) ···························· 212-213
- 『나탄의 동맹』(The League of Nathans) ··················· 213
- 『남은 자들』(The Remnants) ·························· 214
- 『모든 것이 진실』(It's All True) ························ 214
- 『변형하거나 사멸하거나』(Adapt or Die) ··················· 214
- 『없는 것은 너무 많은 것』(None is too Many) ··············· 214

- 『인내』(Patience) ·· 214
- 『헤브론 읽기』(Reading Hebron) ·· 214

제인 룰(Jane Rule) ·· 251, 275
- 『마음의 사막』(Desert of the Heart) ·· 251, 275
- 『서로의 품에 안긴 청춘』(The Young in One Another's Arms) ············· 251
- 『육체의 정치』(Body Politics) ·· 275

제인 어쿠하트(Jane Urquhart) ·· 223, 295, 297
- 『나는 그의 상상의 궁전 정원을 걷는다』(I'm Walking in the Garden of his Imaginary Palace) ·· 296
- 『소용돌이』(The Whirlpool) ·· 223, 295
- 『언더페인터』(The Underpainter) ·· 295
- 『유리 지도』(A Map of Glass) ··· 296

제인 윌리스(Jane Willis) ·· 60
- 『제니쉬, 인디언 소녀』(Geniesh: An Indian Girlhood) ···························· 60

제임스 드 밀레(James De Mille) ·· 134
- 『구리 실린더 안에서 발견된 이상한 문서』(A Strange Manuscript Found in a Copper Cylinder) ··· 135
- 『도지 클럽, 1859년의 이태리』(The Dodge Club: or, Italy in 1859) ········ 135
- 『미국인 남작』(The American Baron) ··· 135
- 『소년들을 위한 책』(A Book for Boys) ·· 135
- 『숲의 아이들, 1848년 이태리 혁명』(The Babes in the Wood: A Tale of the Italian Revolution of 1848) ·· 135
- 『얼음의 숙녀』(The Lady of the Ice) ··· 135
- 『카타콤의 순교자, 고대 로마의 이야기』(The Martyr of the Catacombs: A Tale of Ancient Rome) ·· 134

제임스 레이니(James Reaney) ·························· 182, 187-188, 207, 237, 239, 311
- 『가시덤불 옷』(A Suit of Nettles) ·· 188, 237
- 『도널리즈』(The Donnellys) ··· 188, 208
- 『레드 하트』(The Red Heart) ·· 237
- 『바람의 소리를 듣다』(Listen to the Wind) ··· 207
- 「박스 소셜」("The Box Social") ··· 237
- 『발쿤』(Balcoon) ··· 208
- 『밤에 꽃피는 선인장』(Night-blooming Cereus) ······························· 207

- 「벌리」("The Bully") ·· 207, 237
- 『붉은 마음』(The Red Heart) ·· 188
- 『어둠의 색들』(Colours in the Dark) ·· 207
- 『어린 시절의 마스크』(Masks of Childhood) ·· 207
- 『온타리오 런던에서의 죽음의 춤』(The Dance of Death at London, Ontario) ············· 238
- 『와코우스타!』(Wacousta!) ·· 188
- 『작은 마을로의 열두 편의 편지』(Twelve Letters to a Small Town) ············ 188, 237
- 『저주하기, 욕하는 기술』(Imprecations: The Art of Swearing) ·· 238
- 『캐나다의 형제들, 예언 성취되다』(Canadian Brothers; or, The Prophecy Fulfilled) ·· 208
- 『킬디어와 다른 연극들』(The Killdeer and Other Plays) ············ 188, 207
- 『태양과 달』(The Sun and the Moon) ·· 207

제임스 레이드(James Reid) ·· 228
제임스 레포드 왓슨(James Wreford Watson) ·· 185
제임스 바틀만(James Bartleman) ·· 357
- 『라이신 와인, 다른 무스코카에서의 소년기』(Raisin Wine: A Boyhood in a Different Muskoka) ·· 357

제프 데크센(Jeff Derksen) ·· 237
조단 스콧(Jordan Scott) ·· 237
조단 타나힐(Jordan Tannahill) ·· 215, 224
- 『늦게 온 동료』(Late Company) ·· 215
조단 휠러(Jordan Wheeler) ·· 54
- 『전우』(Brothers in Arms) ·· 54
조르주 부셰 드 부셰르빌(George Boucher de Boucherville) ·· 406
- 『옛 캐나다인들』(Les anciens Canadiens) ·· 407
- 『한 명의 실종자, 두 명의 생존자』(Une de perdue, deux de trouvées) ············ 406
조베트 마르쉐쏘(Jovette Marchessault) ·· 188
조셉 다이온(Joseph Dion) ·· 58
- 『나의 부족 크리』(My Tribe the Crees) ·· 58
조셉 덩두랑드(Joseph Dandurand) ·· 45
- 『인디언들을 건드리지 마세요』(O Please Do not Touch the Indians) ············ 45
조셉 두트르(Joseph Doutre) ·· 406
- 『약혼자들 1812』(Les fiancés 1812) ·· 406
조셉 보이든(Joseph Boyden) ·· 40, 438

- 『사흘간의 여정』(Three Day Road) ································· 438
- 『오렌다』(The Orenda) ·· 40
조셉 브란트(Joseph Brant) ·· 29
조셉 조모 피에르(Joseph Jomo Pierre) ······························ 306
- 『셰익스피어의 흑인』(Shakespeare's Nigga) ··················· 306
조셉 하우(Joseph Howe) ·· 83
조안 맥로드(Joan MacLeod) ··· 212
조안 아노트(Joanne Arnott) ·· 56
- 『가파른 산, 사랑의 시』(Steepy Mountain: love poetry) ······ 57
- 『내 초원의 요람』(My Grass Cradle) ······························ 56
- 『소녀시절의 계략』(Wiles of Girlhood) ··························· 56
- 『엄마의 시간』(Mother Time) ·· 57
- 『파도 양육하기, 글쓰기와 치유하기에 대해』(Breasting the Waves: On Writing and Healing) ··································· 57
조안 크래이트(Joan Crate) ··· 54
- 『더 적은 피를 호흡하기』(Breathing the Lesser Blood) ······ 54
조이 코가와(Joy Kogawa) ························ 319-320, 332, 364, 367, 377-378
- 『꿈의 선택』(A Choice of Dreams) ································· 320
- 『레인 어센즈』(The Rain Ascends) ································· 320
- 『오바산』(Obasan) ································· 319, 367, 377-378
- 「유클리드에게」("Dear Euclid") ···································· 320
- 『잇수카』(Itsuka) ·· 320
조제 이봉(Josée Yvon) ·· 404
조제프 마르메트(Joseph Marmette) ································· 407
- 『비고, 관리인』(L'intendant Bigot) ································ 407
조지 그랜트(George Grant) ······································ 194, 197
- 『국가를 위한 비가, 캐나다 국민주의의 패배』(Lament for a Nation: The Defeat of Canadian Nationalism) ················ 198
- 『기술과 제국, 북아메리카에 대한 관점』(Technology and Empire: Perspectives on North America) ························· 198
- 『대중 시대의 철학』(Philosophy in the Mass Age) ············ 198
조지나 비니클락(Georgina Binnie-Clark) ····················· 154, 156
- 『밀과 여인』(Wheat and Woman) ·································· 156

조지 루스콤(George Luscombe) ·················· 206, 209
- 『미스타 본즈』(Mr. Bones) ·················· 206
- 『시카고 '70』(Chicago '70) ·················· 206
- 『에인트 룩킹』(Ain't Lookin') ·················· 206
- 『잃어버린 10년』(Ten Lost Years) ·················· 206
- 『헤이 루브!』(Hey Rube!) ·················· 206

조지 리가(George Ryga) ·················· 215-216, 364
- 『내 아들에게 보내는 편지』(A Letter to My Son) ·················· 217
- 『래디 보이』(Raddie Boy) ·················· 217
- 『사라의 일출』(Sunrise on Sarah) ·················· 216
- 『안젤리카의 초상』(Portrait of Angelica) ·················· 217
- 『인디언』(Indian) ·················· 216
- 『풀과 야생딸기』(Grass and Wild Strawberries) ·················· 216

조지 바우어링(George Bowering) ·················· 228, 232-233, 317
- 『까치의 삶, 작가로 자라기』(The Magpie Life: Growing a Writer) ·················· 318
- 『로키 마운틴 등성이』(Rocky Mountain Foot) ·················· 232
- 『변덕스러움』(Caprice) ·················· 318
- 「사막 느릅나무」("Desert Elm") ·················· 232
- 『서쪽 창문』(West Window) ·················· 232
- 『슛!』(Shoot!) ·················· 318
- 『짧은 슬픈 책』(A Short Sad Book) ·················· 317
- 『캐치』(The Catch) ·················· 232
- 『코스모스의 갱들』(The Gangs of Kosmos) ·················· 232
- 『타오르는 바다』(Burning Water) ·················· 317

조지 블론딘(George Blondin) ·················· 55

조지 세렘바(George Seremba) ·················· 365

조지 스코필드(George Scofield) ·················· 60
- 『내 정맥을 통해 흐르는 천둥, 어린 시절 메티스의 기억』(Thunder through my Veins: Memories of a Métis Childhood) ·················· 60

조지 엘리엇 클락(George Elliott Clarke) ·················· 244, 324, 387
- 『비아트리스 챈시』(Beatrice Chancy) ·················· 325
- 『조지와 루』(George and Rue) ·················· 325
- 『화일라 폴즈』(Whylah Falls) ·················· 324

조지 우드콕(George Woodcock) ···················· 197
- 『까마귀들과 예언자들』(Ravens and Prophets) ········· 197
- 『잉카인들과 다른 사람들』(Incas and Other Men) ········ 197
- 『정치에 대한 거부』(The Rejection of Politics) ········· 197
- 『죽은 자의 도시로』(To the City of the Dead) ········· 197
- 『캐나다와 캐나디언즈』(Canada and the Canadians) ······ 197
- 『캐나디언즈』(The Canadians) ··················· 197
- 『혼돈』(Anarchy) ························ 197

조지 워커(George F. Walker) ·················· 219
- 『가십』(Gossip) ·························· 220
- 『과학과 광기』(Science and Madness) ············· 220
- 『나폴리의 군주』(Prince of Naples) ··············· 220
- 『라모나와 백인 노예들』(Ramona and the White Slaves) ··· 220
- 『막다른 골목의 매복』(Ambush at Tethers End) ······· 220
- 『모잠비크를 넘어』(Beyond Mozambique) ··········· 220
- 『바그다드 살롱』(Bagdad Saloon) ················ 220
- 『배터 리빙』(Better Living) ··················· 221
- 『사랑에 빠진 범인들』(Criminals in Love) ·········· 221
- 『신성한 것은 없어』(Nothing Sacred) ············· 221
- 『아름다운 도시』(Beautiful City) ················ 221
- 『전쟁의 기술』(The Art of War) ················ 220
- 『죽은 은유』(Dead Metaphor) ·················· 221
- 『추악한 부』(Filthy Rich) ····················· 220
- 『필름 느와르의 연극』(Theatre of the Film Noir) ······ 220

조지 케니(George Kenny) ······················ 43

조지 코킹(George Cocking) ···················· 199
- 『캐나다의 정복, 퀘벡 포위 작전』(The Conquest of Canada; or, the Siege of Quebec)
  ································ 199

조지 코프웨이(George Copway) ················ 30, 58
- 『오집와 국가의 전통 역사와 특징적 스케치』(The Traditional History and Characteristic Sketches of the Ojibwa Nation) ······················ 30
- 『잉글랜드, 프랑스, 독일, 벨기에, 스코틀랜드의 인물과 장소 스케치』(Running Sketches of Men and Places in England, France, Germany, Belgium, and Scotland) ······ 30

- 『카게가가보우의 삶, 역사, 그리고 여행』(The Life, History and Travels of Kah-ge-ga-gah-bowh) ·· 30, 58

존 글라스코(John Glassco) ····································· 154, 159, 274
- 『결손이 육체를 만든다』(The Deficit Made Flesh) ······················ 159
- 『몬트리올』(Montreal) ·· 159
- 『몽파르나스의 회고록』(Memoirs of Montparnasse) ······················ 159
- 『포인트 스카이』(A Point Sky) ··· 159

존 리차드슨(John Richardson) ···················· 100, 105, 208, 237, 273
- 『와코우스타 예언, 캐나다의 이야기』(Wacousta, or The Prophesy: A Tale of the Canadas) ·· 100, 273

존 마린(John Marlyn) ·· 167
- 『죽음의 늑골 아래』(Under the Ribs of Death) ··························· 167

존 마이튼(John Mighton) ··· 219
- 『가능한 세계』(Possible Worlds) ·· 219
- 『과학적인 미국인들』(Scientific Americans) ································· 219
- 『반쪽 삶』(Half Life) ··· 219
- 『밤의 짧은 역사』(A Short History of Night) ····························· 219

존 맥도넬(John F. McDonnell) ·· 108

존 맥라크란 그레이(John MacLachlan Gray) ························· 222
- 『18 휠즈』(18 Wheels) ··· 222
- 『돈 메싸의 주빌리』(Don Messer's Jubilee) ································· 222
- 『락앤롤』(Rock and Roll) ·· 222
- 『빌리 주교 전쟁에 나가다』(Billy Bishop Goes to War) ··············· 222
- 『촌놈이 성공하다, 존 그레이의 세 뮤지컬』(Local Boy Makes Good: Three Musicals by John Gray) ··· 222

존 맥로드(John MacLeod) ·· 336
- 『접시닦이』(Dishman) ·· 336

존 맥크래(John McCrae) ··· 145
- 『프랜더즈 벌판』(Flanders Fields) ·· 145

존 머레이 기본(John Murray Gibbon) ································· 147

존 모렐(John Murrell) ·· 212

존 바이란트(John Vaillant) ·· 437
- 『금빛 가문비나무, 신화, 광기, 탐욕의 실화』(The Golden Spruce: A True Story of Myth,

Madness and Greed) ··· 437
존스(D.G. Jones) ·· 116
존 아르(John Hare) ·· 421
존 아마고아리크(John Amagoalik) ·· 66
존 와니엔트 조크즈(John Waniente Jokes) ··· 110
존 크리정(John Krizanc) ··· 210
 - 『타마라』(Tamara) ··· 210
존 프랭클린(John Franklin) ··· 86
 - 『북극해 연안으로의 여행기』(Narrative of a Journey to the Shores of the Polar Seas) · 86
존 허버트(John Herbert) ·· 215, 277
 - 『옴팔과 영웅』(Omphale and the Hero) ·· 216
 - 『운과 인간의 눈』(Fortune and Men's Eyes) ································· 215, 277
존 화이트(Jon Whyte) ··· 435
 - 『토치 리버』(Torch River) ·· 435
주디스 톰슨(Judith Thompson) ·· 212-213
 - 『거리의 사자』(Lion in the Streets) ··· 213
 - 『글로리의 죽음을 바라보며』(Watching Glory Die) ······························ 213
 - 『나는 너의 것』(I am Yours) ··· 213
 - 『나의 피라미드』(My Pyramids) ·· 213
 - 『서식지』(Habitat) ··· 213
 - 『스릴』(The Thrill) ··· 213
 - 『썰매』(Sled) ·· 213
 - 『완벽한 파이』(Perfect Pie) ··· 213
 - 『종말의 궁전』(Palace of the End) ·· 213
 - 『크래이크 워커』(The Crackwalker) ·· 212
 - 『학습의 도구』(Instruments of Learning) ·· 213
 - 『해로우다운 힐즈』(Harrowdown Hills) ··· 213
 - 『희망의 피난처에서의 에노크 가든』(Enoch Garden in the Hope Shelter) ··· 213
주디 퐁 베이츠(Judy Fong Bates) ······································· 364, 367, 377
 - 『드래곤 까페에서의 한밤중』(Midnight at the Dragon Café) ········· 367, 378
 - 『차이나 독과 중국 세탁소에서의 다른 이야기들』(China Dog and Other Tales from a
    Chinese Laundry) ·· 377
줄리 도셋(Julie Doucet) ··· 337

찾아보기 495

줄리아 캐서린 벡위드 하트(Julia Catherine Beckwith Hart) ········· 130
- 『세인트 어슈라의 수녀원』(St. Ursula's Convent) ········· 130
쥘-폴 타르디벨(Jules-Paul Tardivel) ········· 407
- 『조국을 위하여』(Pour la patrie) ········· 408
쥬느비에브 비에트(Geneviève Billette) ········· 425
- 『무릎의 나라』(Le Pays des genoux) ········· 425
- 『인류에 대한 범죄』(Crime contre l'humanité) ········· 425
쥬느비에브 아미요(Geneviève Amyot) ········· 405
지네트 암스트롱(Jeannette C. Armstrong) ········· 48, 54, 63, 74
- 『메디신 리버』(Medicine River) ········· 50
- 『브레트 트랙스』(Breath Tracks) ········· 48
- 『슬래쉬』(Slash) ········· 48
- 『음영 속에서의 속삭임』(Whispering in Shadows) ········· 48-49, 54, 63
- 「인디언 여성」("Indian Women") ········· 48
- 「토니를 위하여」("For Tony") ········· 48
진 윤(Jean Yoon) ········· 307
질 라콤브(Gilles Lacombe) ········· 403
질리안 타마키(Jillian Tamaki) ········· 379
- 『스킴』(Skim) ········· 379
질 마으(Gilles Maheu) ········· 430
- 『레일』(Le Rail) ········· 430
- 『마라-사드』(Marat-Sade) ········· 430
- 『햄릿-머신』(Hamlet-Machine) ········· 430
질베르 랑주뱅(Gilbert Langevin) ········· 405
질 에노(Gilles Hénault) ········· 401-402
- 『기억의 나라로 여행』(Voyage au pays de mémoire) ········· 402
짐 옹추(Jim Wong-Chu) ········· 364

ㅊ

찰스 로버트(Charles G.D. Roberts) ···· 32, 90, 110, 113, 116, 122, 127-128, 230, 434-435
- 『대지의 신비, 동물과 자연의 삶에 관한 책』(Earth's Enigmas: a Book of Animal and

　　　　Nature Life) ·· 123
- 「동물 이야기」("The Animal Story") ··················· 122
- 「신으로부터 고기를 찾아라」("Do seek their meat from God") ··········· 123
- 『야생의 친족』(The Kindred of the Wild) ················· 122
- 『오리온과 다른 시들』(Orion, and Other Poems) ········· 113
찰스 마이어(Charles Mair) ······································· 200
- 『테컴세』(Tecumseh) ·· 200
찰스 생스터(Charles Sangster) ····················· 88-89, 107-108
- 「더돈 강」("The River Duddon") ······················· 108
- 『세인트 로렌스와 사구에나이 그리고 다른 시편들』(The St. Lawrence and the Saguenay
　　　and Other Poems) ································· 89, 108
- 『헤스페러스와 다른 시편들, 서정시들』(Hesperus, and Other Poems, and Lyrics) ···· 108
찰스 예일 해리슨(Charles Yale Harrison) ······················· 148
- 『장군 침대에서 죽다』(Generals Die in Bed) ················ 148
찰스 헤비세그(Charles Heavysege) ························ 108, 109
- 『사울과 시선집』(Saul and Selected Poems) ················· 109
- 『사울, 세 부분의 드라마』(Saul: a Drama in Three Parts) ··········· 109
- 『제프타의 딸』(Jephthah's Daughter) ······················· 109
- 『타타러스의 반역』(The Revolt of Tartarus) ················· 109
챠바 로센파브(Chava Rosenfarb) ································ 363
체스터 브라운(Chester Brown) ····················· 336-337, 338, 355
- 『너 좋아한 적 없어』(I never liked You) ····················· 338
- 『루이 리엘』(Louis Riel) ·· 355
- 『맛있는 털』(Yummy Fur) ································· 336, 338
- 『행복한 광대 에드』(Ed the Happy Clown) ··················· 338
최인수(Ins Choi) ··· 215
- 『김씨네 편의점』(Kim's Convenience) ······················· 215

ㅋ

카렌 힌즈(Karen Hines) ··· 223
- 『포크시의 입술』(Pochsy's Lips) ································ 223
카롤 프레쉐트(Carole Fréchette) ····································· 424

찾아보기　497

- 『마리의 네 번의 죽음』(Les Quatre Morts de Marie) ·············· 425
- 『베이비 블루스』(Baby blues) ·············· 424
- 『시몽 라브로쓰의 7일』(Les Sept Jours de Simon Labrosse) ·············· 425
- 『엘리자의 피부』(La Peau d'Elisa) ·············· 424
- 『장과 베아트리스』(Jean et Béatrice) ·············· 424

카멘 아구이레(Carmen Aguirre) ·············· 307
카밀라 기브(Camilla Gibb) ·············· 269
- 『스위트니스 인 더 밸리』(Sweetness in the Belly) ·············· 269
- 『인본주의 운동의 아름다움』(The Beauty of Humanity Movement) ·············· 269

카트린 마브리카키(Catherine Mavrikakis) ·············· 419
- 『가래침 꽃』(Fleurs de crachat) ·············· 419
- 『스모키 넬슨의 마지막 날들』(Les derniers jours de Smokey Nelson) ·············· 419
- 『프로펀디스의 오스카』(Oscar de Profundis) ·············· 420

캐롤 데이비드(Carole David) ·············· 188
캐롤 쉴즈(Carol Shields) ·············· 251, 257, 262-263, 304, 369
- 『다양한 기적들』(Various Miracles) ·············· 264
- 『래리의 파티』(Larry's Party) ·············· 262, 304
- 『박스 가든』(The Box Garden) ·············· 257
- 『사랑의 공화국』(The Republic of Love) ·············· 264
- 『스톤 다이어리』(The Stone Diaries) ·············· 262, 304
- 『오렌지 물고기』(The Orange Fish) ·············· 264
- 『인터섹트』(Intersect) ·············· 263
- 『작은 의식』(Small Ceremonies) ·············· 251, 257, 262
- 『카니발을 위해 차려입기』(Dressing up for the Carnival) ·············· 264

캐서린 부시(Catherine Bush) ·············· 326
- 『마이너스 타임즈』(Minus Times) ·············· 326

캐서린 스트레인지(Kathleen Strange) ·············· 156
- 『그녀의 눈으로 서부와 함께, 현대 개척민의 이야기』(With the West in her Eyes: The Story of a Modern Pioneer) ·············· 156

캐서린 파 트레일(Catherine Parr Traill) ·············· 90, 93-94, 119, 121, 249-250
- 『레이디 메리와 그녀의 보모, 캐나다의 숲 엿보기』(Lady Mary and her Nurse; or, A Peep into the Canadian Forest) ·············· 95
- 『진주와 조약돌』(Pearls and Pebbles) ·············· 96

- 『침상에서 들려주는 이야기』(Cot and Cradle Stories) ··········· 96
- 『캐나다에서 식물들의 삶 연구』(Studies of Plant Life in Canada) ··········· 95
- 『캐나다의 미개척지』(The Backwoods of Canada) ··········· 94
- 『캐나다의 야생화들』(Canadian Wild Flowers) ··········· 95
- 『캐나다의 크루소』(Canadian Crusoes) ··········· 94

캐서린 포레스트(Katherine Forrest) ··········· 276

캐서린 헤르난데즈(Catherine Hernandez) ··········· 381
- 『싱킬』(Singkil) ··········· 381

캐서린 헤일(Katherine Hale) ··········· 173
- 『그레이 니팅』(Gray Knitting) ··········· 173
- 『북쪽으로 가기』(Going North) ··········· 173

케리 사카모토(Kerri Sakamoto) ··········· 265, 332, 364, 367, 371, 377
- 『전기장』(The Electrical Field) ··········· 265, 377

케빈 로링(Kevin Loring) ··········· 38-39, 308
- 『피가 섞이는 곳에서』(Where the Blood Mixes) ··········· 38-39

켄 간험(Ken Garnhum) ··········· 223, 278
- 『물에 에워싸여』(Surrounded by Water) ··········· 223
- 『보이즈, 보이즈, 보이즈』(Beuys, Buoys, Boys) ··········· 223

코니 파이프(Connie Fife) ··········· 73
- 「꿈」("Dream") ··········· 74
- 『벌거벗은 태양 아래에서』(Beneath the Naked Sun) ··········· 73
- 『뾰족한 바위를 통해 말하기』(Speaking through Jagged Rock) ··········· 73
- 『새로운 세계를 위한 시편들』(Poems for a New World) ··········· 73
- 「유목여인」("Driftwoodwoman") ··········· 74

콜린 맥도걸(Colin McDougall) ··········· 148
- 『처형』(Execution) ··········· 149

콜린 브라운(Colin Browne) ··········· 237

콜린 업톤(Colin Upton) ··········· 336
- 『콜린 업톤의 검정 대물』(Colin Upton's Big Black Thing) ··········· 336
- 『콜린 업톤의 다른 대물』(Colin Upton's Other Big Thing) ··········· 336

큐리크 키퍼(Kulyk Keefer) ··········· 302
- 『초록 도서관』(The Green Library) ··········· 302

크리 로버트(Clea Roberts) ··········· 435

찾아보기 499

- 『여기가 우리가 짐을 풀 곳이다』(Here is Where We Disembark) ·················· 435
크리스토퍼 듀드니(Christopher Dewdney) ···························· 239
- 『경배, 시선집』(Adoration: Selected Poems) ··························· 240
- 『데몬 호수』(Demon Pond) ··· 239
- 『빛나는 목록』(The Radiant Inventory) ································· 239
- 『숭고함을 바꾸기』(Alter Sublime) ······································· 239
- 『시그널 파이어즈』(Signal Fires) ·· 240
- 『온타리오 런던의 지리학』(A Palaeozoic Geology of London, Ontario) ············ 239
- 『온타리오, 시와 콜라쥬』(Ontario: Poems and Collages) ········· 239
- 『자연의 역사』(The Natural History) ····································· 239
크리스티안 미스트랄(Christian Mistral) ······························· 416
- 『독수리』(Vautour) ··· 416
- 『발리움』(Valium) ··· 416
- 『탕녀』(Vamp) ·· 416
클라인(A.M. Klein) ·· 166-167, 176-178, 180-181, 301, 303, 310, 323, 364, 371, 431
- 『두 번째 스크롤』(The Second Scroll) ······················· 166, 303
- 『유대인 없음』(Hath Not a Jew) ··· 181
- 『흔들의자와 다른 시편들』(The Rocking Chair and Other Poems) ············· 181
클라크 블라이스(Clark Blaise) ·································· 351, 353, 356
- 『슬픔과 공포, 에어 인디아 비극의 유산』(The Sorrow and the Terror: The haunting legacy of the Air India Tragedy) ····································· 356
- 『캘큐타에서의 낮과 밤』(Days and Nights in Calcutta) ········· 353
클래어 아리스(Claire Harris) ·· 366
클레르 몽트뢰이(Claire Montreuil) ·· 411
- 『달콤쌉쌀함』(Doux-amer) ·· 411
클레어 아리스(Claire Harris) ··································· 189, 244, 365
클로드 고브로(Claude Gauvreau) ··································· 401, 422
- 『오렌지들은 초록색이다』(Les oranges sont vertes) ·············· 422
클로드 도르쥬(Claude Dorge) ·· 428
- 『기사 23』(L'Article 23) ··· 428
- 『소국의 왕』(Le Roitelet) ·· 428
클로드-앙리 그리뇽(Claude-Henri Grignon) ·························· 408
- 『남자와 그의 죄』(Un homme et son péché) ························· 409

클로드 펠로캉(Claude Péloquin) · 404
킴 더프(Kim Duff) · 237

ㅌ

타라 비간(Tara Beagan) · 308
테레 르노(Thérès Renaud) · 401
토마스 맥이뤼스(Thomas McIlwaith) · 122
 - 『온타리오의 새들』(Birds of Ontario) · 122
토마스 맥클로크(Thomas McCulloch) · 83-84
 - 『메피보쉐트 스텝수어 서간』(The Mephibosheth Stepsure Letters) · 84
토마스 와톤(Thomas Wharton) · 436
 - 『아이스필즈』(Icefields) · 436
토마스 챈들러 할리버턴(Thomas Chandler Haliburton) · 83-84, 97
 - 『시계제조공』(The Clockmaker) · 97
토마스 캐리(Thomas Cary) · 88
 - 『아브람의 평지, 시편』(Abram's Plains: A Poem) · 88
토마스 코스타인(Thomas B. Costain) · 162
 - 『검정 장미』(The Black Rose) · 162
 - 『나와 함께 타』(Ride with Me) · 162
 - 『백 명의 왕의 아들』(Son of a Hundred Kings) · 162
 - 『소금 아래에』(Below the Salt) · 162
 - 『은빛 성배』(The Silver Chalice) · 162
 - 『톤틴』(The Tontine) · 162
 - 『투자가』(The Moneyman) · 162
 - 『하이 타우어즈』(High Towers) · 162
 - 『흰색과 금색, 캐나다에서의 프랑스 정권』(The White and the Gold: The French regime in Canada) · 162
토마스 킹(Thomas King) · 27, 49, 50, 54, 69-70, 90, 256
 - 『좋은 이야기, 바로 그것』(One Good Story, That One) · 54
 - 『코요테 달에 노래하기』(Coyote Sings to the Moon) · 50
 - 『코요테의 새 옷』(Coyote's New Suit) · 50
 - 『코요테 지점 이야기』(A Coyote Solstice Tale) · 50

- 『코요테 콜럼버스 이야기』(A Coyote Columbus Story) ······················· 50
- 『트루스와 브라이트 워터』(Truth and Bright Water) ······················· 50
- 『푸른 초원과 흐르는 물』(Green Grass, Running Water) ············ 49, 70

토마스 힐(Thomas Hill) ·· 199
- 『지역 연합』(The Provincial Association) ································ 199

톰슨 하이웨이(Tomson Highway) ··············· 38, 42, 222, 277, 306
- 『드라이 립스는 카푸카싱으로 가야』(Dry Lips oughta move to Kapukasing) · 43, 222, 306
- 『레즈 자매들』(The Rez Sisters) ································ 43, 222, 306
- 『모피 여왕의 키스』(Kiss of the Fur Queen) ············· 38, 42, 277
- 『빙판 위의 여우』(Fox on Ice) ··· 43
- 『아리아』(Aria) ·· 306
- 『어니스틴 슈스왑이 송어를 잡다』(Ernestine Shuswap Gets Her Trout) ········ 43
- 『잠자리』(Dragonfly) ··· 43
- 『카리보우 노래, 아이트코 니카몬』(Caribou Song: Aithko Nikamon) ········ 43

톰 콘(Tom Cone) ··· 219

투마시 퀴싸(Tumasi Quissa) ·· 66

트레버 해리옷(Trevor Herriot) ··· 437
- 『건조한 땅의 강, 대평원의 통로』(River in a Dry Land: A Prairie Passage) ········ 437

트루지로 러스크(Trujillo Lusk) ··· 237

티나 샤를부아(Tina Charlebois) ·· 403

티모시 핀들리(Timothy Findley) ··············· 275, 278, 288, 321
- 『마지막 광인』(The Last of the Crazy People) ······················· 288
- 『버터플라이 플래그』(The Butterfly Plague) ··························· 321
- 『스패이드워크』(Spadework) ·· 321
- 『저명한 마지막 말』(Famous Last Words) ······························· 289
- 『전쟁들』(The Wars) ·· 275, 289
- 『항해에 불필요』(Not Wanted on the Voyage) ············· 276, 289, 321

팀 릴번(Tim Lilburn) ··· 242, 435

ㅍ

파리 모왓트(Farley Mowat) ·· 435
파멜라 사라 비닝(Pamelia Sarah Vining) ······························· 108

파트리스 라콩브(Patrice Lacombe) ·· 407
파트릭 드비앙(Patrick Debiens) ··· 403
팜필 르메이(Pamphile Lemay) ··· 400
패트릭 레인(Patrick Lane) ··· 234
- 「내가 배우지 않았기에」("Because I never Learned") ·················· 235
- 「보고츠의 아이들」("The Children of Bogotz") ·························· 235
- 『불의 달을 조심하라』(Beware the Months of Fire) ······················ 234
- 『알비노의 농부들』(Albino Peasants) ··· 234
- 「태어나지 않은 것들」("Unborn Things") ··································· 235
패트릭 앤더슨(Patrick Anderson) ···································· 180, 182, 184, 274
패트릭 프리센(Patrick Friesen) ·· 364
펄 룩(Pearl Luke) ··· 438
- 『타오르는 대지』(Burning Ground) ·· 438
페르낭 우엘레트(Fernand Ouellette) ··· 402
페이지(P.K. Page) ··· 171, 182, 184-185
- 『금속과 꽃』(The Metal and the Flower) ····································· 185
- 『크라이 아라라트, 새로 선별된 시들』(Cry Ararat: Poems New and Selected) ········· 185
- 『해와 달』(The Sun and the Moon) ·· 184-185
- 『회색 파리들의 저녁 춤』(Evening Dance of the Grey Flies) ············ 185
펠릭스-앙투완 사바르(Félix-Antoine Savard) ···································· 409
- 『30 에이커』(Trente arpents) ··· 409
- 『뗏목인부 지배인 므노』(Menaud, maître-draveur) ························ 409
폴 더튼(Paul Dutton) ··· 236
폴-마리 라푸엥트(Paul-Marie Lapointe) ··· 401
폴 샹베를랑(Paul Chamberland) ··· 403, 405
- 『퀘벡의 땅』(Terre Québec) ··· 403
폴 톰슨(Paul Thompson) ·· 210
- 『매기와 피에르』(Maggie and Pierre) ·· 210
폴 펠레티에(Pol Pelletier) ·· 424
- 『하얀 빛』(La Lumière blanche) ·· 424
프랫(E.J. Pratt) ······························· 145, 174-175, 178, 227
- 『뉴펀들랜드 시선』(Newfoundland Verse) ·································· 174
- 『덩케르크』(Dunkirk) ·· 175

찾아보기 503

- 『루즈벨트와 안티노』(The Roosevelt and the Antinoe) ·················· 174
- 『마지막 스파이크를 향해』(Towards the Last Spike) ·················· 175
- 『브레뵈프와 그의 동포들』(Brébeuf and his Brethren) ·················· 175
- 「상어」("The Shark") ·················· 175
- 『타이타닉』(The Titanic) ·················· 174

프랑스와-레알 앙줴(François-Réal Angers) ·················· 100, 406
- 『범죄의 폭로, 캉브레와 그의 공범자들』(Les Révélations du crime ou Combray et ses accomplices: Chroniques canadiennes de 1834) ·················· 100
- 『범죄의 폭로 혹은 캉브레와 그의 공범자들』(Les révélations du crime ou Cambray et ses complices) ·················· 406

프랑스와 샤롱(François Charron) ·················· 405

프랑스와-자비에 가르노(François-Xavier Garneau) ·················· 397, 406
- 「여행자」("Le Voyageur") ·················· 397
- 『캐나다의 발견부터 오늘날까지의 역사』(L'histoire du Canada depuis sa découverte jusqu'à nos jours) ·················· 398

프랑스와즈 로랑제(Françoise Loranger) ·················· 422-423
- 『5분 더』(Encore cinq minutes) ·················· 422
- 『미디엄 레어』(Médium saignant) ·················· 423
- 『왕의 길』(Le Chemin du roy) ·················· 423

프랑스 테오레(France Théoret) ·················· 188, 405, 414
- 『현기증』(Vertiges) ·················· 414

프랜시스 레지날드 스콧(Francis Reginald Scott) ·················· 175, 179
- 『춤은 하나』(The Dance is One) ·················· 180
- 『트루베이 산문시』(Trouvailles: Poems from Prose) ·················· 180

프랜시스 마리온 베이논(Francis Marion Beynon) ·················· 147
- 『알레타 데이』(Aleta Dey) ·················· 147

프랜시스 브룩(Frances Brooke) ·················· 81, 249-250
- 『에밀리 몬테규의 역사』(The History of Emily Montague) ·················· 81, 249

프랭크 데이비(Frank Davey) ·················· 228, 233
- 『갈매기와 바다의 도시』(City of the Gulls and Sea) ·················· 233
- 『그리폰』(Griffon) ·················· 233
- 『디데이와 그 다음』(D-Day and After) ·················· 233
- 『상처있는 외피』(The Scarred Hull) ·················· 233

- 『샘 패리를 위한 네 편의 신화』(Four Myths for Sam Perry) ········· 233
- 『아카나』(Arcana) ········· 233
- 『잡초』(Weeds) ········· 233
- 『칼의 제왕들』(Kings of Swords) ········· 233
- 『클라람』(The Clallam) ········· 233

프랭크 로브(Frank Love) ········· 202
프랭크 오벌(Frank Oberle) ········· 347
- 『집 찾기, 전시의 아이의 평화를 찾은 여행』(Finding Home: A War Child's Journey to Peace) ········· 347

프랭크 올리버 콜(Frank Oliver Call) ········· 172, 274
프랭크 파씨(Frank Paci) ········· 364
프랭크 프레윗(Frank Prewett) ········· 146
프레데릭 조지 스콧(Frederick George Scott) ········· 110, 119, 145
- 『내가 보았던 세계 대전』(The Great War as I saw it) ········· 119

프레데릭 필립 그로브(Frederick Philip Grove) ········· 151, 154, 255
- 『그녀의 방식에 대해』(Consider Her Ways) ········· 152
- 『나 자신을 찾아서』(In Search of Myself) ········· 151
- 『대지의 과일』(Fruits of the Earth) ········· 151
- 『두 세대』(Two Generations) ········· 152
- 『미국을 찾아서』(A Search for America) ········· 151, 155
- 『방앗간의 주인』(The Master of the Mill) ········· 152, 155
- 『습지의 정착민들』(Settlers of the Marsh) ········· 151, 155
- 『우리가 일용할 식량』(Our Daily Bread) ········· 151
- 『인생의 멍에』(The Yoke of Life) ········· 151
- 『해가 바뀔 때』(The Turn of the Year) ········· 155

프레드 보드워드(Fred Bodsworth) ········· 436
- 『마지막 마도요』(Last of the Curlews) ········· 436

프레드 와(Fred Wah) ········· 228, 244, 364, 380
플로이드 파벨(Floyd Favel) ········· 307
피에르 고베이(Pierre Gobeil) ········· 417
- 『마를롱 브랑도의 죽음』(La Mort de Marlon Brando) ········· 417

피에르 라파엘 펠레티에(Pierre Raphaël Pelletier) ········· 403
피에르 모랑시(Pierre Morency) ········· 405

피에르 알베르(Pierre Albert) · 403
피에르-조제프-올리비에 쇼보(Pierre-Joseph-Olivier Chauveau) · 407
피에르 조지오 디 시코(Pier Giorgio di Cicco) · 364
피에르 페로(Pierre Perrault) · 402
 - 『궁여지책으로』(En désespoir de cause) · 402
피터 스켄 오그덴(Peter Skene Ogden) · 86
피터 에어너크(Peter Ernerk) · 66
피터 올리바(Peter Oliva) · 333
 - 『예스의 도시』(The City of Yes) · 333
필리스 웹(Phyllis Webb) · 229
 - 「마블의 정원」("Marvell's Garden") · 230
 - 『바다는 정원이기도 하다』(The Sea is Also a Garden) · 229
 - 『발가벗은 시편들』(Naked Poems) · 229
 - 『심지어 너의 오른쪽 눈이』(Even Your Right Eye) · 229
 - 「유리성」("The Glass Castle") · 230
필립 오베르 드 가스페(Philippe-Aubert de Gaspé) · 131
 - 『옛 캐나다인』(Les Anciens Canadiens) · 131
 - 『책의 영향력』(The Influence of a Book) · 131
필립-이냐스-프랑스와 오베르 드 가스페 2세(Pilippe-Ignace-François Auber de Gaspé fils) · 406
 - 『보물 탐험대, 혹은, 저서의 영향』(Le chercheur de trésors, ou, l'influence d'un livre) · 406
필립 차일드(Philip Child) · 163
 - 『분노의 날』(The Day of Wrath) · 163
필립 케빈 폴(Philip Kevin Paul) · 435
 - 『토치 리버』(Torch River) · 435

ㅎ

하워드 아담스(Howard Adams) · 55, 60
 - 『풀의 감옥』(Prison of Grass) · 60
하워드 오하간(Howard O'Hagan) · 163-164
 - 『테이 존』(Tay John) · 163

한나 모스코비치(Hannah Moscovitch) ·· 214
- 『러시아 연극』(The Russian Play) ·· 214
- 『베를린의 동쪽』(East of Berlin) ·· 214
- 『이것이 전쟁이다』(This is War) ·· 215

한나 스펜서(Hanna Spencer) ·· 345, 347
- 『한나의 일기, 1938-1941, 체코에서 캐나다로』(Hanna's Diary, 1938-1941: Czchoslovakia to Canada) ·· 345

해럴드 인니스(Harold Innis) ·· 194
- 『대구 어장』(The Cod Fisheries) ·· 194
- 『시간 개념의 변천』(Changing Concepts of Time) ······················· 195
- 『제국과 커뮤니케이션』(Empire and Communications) ··············· 195
- 『캐나다의 모피 교역』(The Fur Trade in Canada) ························ 194
- 『캐나다 태평양 철로의 역사』(A History of the Canadian Pacific Railway) ············ 194
- 『커뮤니케이션의 편견』(The Bias of Communication) ················· 195

해롤드 카디널(Harold Cardinal) ·· 35
- 『정의롭지 않은 사회』(Unjust Society) ·· 35
- 『캐나다 인디언들의 재탄생』(The Rebirth of Canada's Indians) ······· 35

해리 로빈슨(Harry Robinson) ·· 437
- 「너는 그루터기라 생각하지만 그건 내 할아버지야」("You Think it's a Stump, But That's My Grandfather") ······························· 437

허만 보아든(Herman Voaden) ·· 202-203
- 『대지의 노래』(Earth Song) ·· 203
- 『살인의 패턴』(Murder Pattern) ·· 203
- 『힐랜드』(Hill-land) ·· 203

허버트 아퀸(Hubert Aquin) ·· 284

헨리 크레이셀(Henry Kreisel) ··· 163
- 『부자』(The Rich Man) ··· 163

헨리 풀러(Henry Fuller) ·· 199
- 『H.M.S. 의회』(H.M.S Parliament) ··· 199

헬렌 바인즈베이그(Helen Weinzweig) ·· 304
- 『진주가 있는 베이직 블랙』(Basic Black with Peals) ···················· 304
- 『통과 의식』(Passing Ceremony) ··· 304

헬렌 존슨(Helen M. Johnson) ·· 108

휴 가너(Hugh Garner) ······ 148
휴 맥레넌(Hugh MacLennan) ······ 150, 324
- 『각각의 아들』(Each Man's Son) ······ 150
- 『기압계 상승』(Barometer Rising) ······ 150
- 『두 고독』(Two Solitudes) ······ 150, 324
- 『벼랑』(The Precipice) ······ 150
- 『스피닉스의 귀환』(The Return of the Sphinx) ······ 151
- 『야간 파수꾼』(The Watch that Ends the Night) ······ 150
흐란트 아리아낙(Hrant Alianak) ······ 219
히로미 고토(Hiromi Goto) ······ 264, 332, 364, 367, 378
- 『버섯의 합창』(Chorus of Mushrooms) ······ 265, 367, 378
히마니 바너지(Himani Bannerjee) ······ 381

한국캐나다학회 캐나다학 총서 3

캐나다 문학사
덤불 정원의 앞과 뒤에서

1판 1쇄 발행 2020년 2월 28일

지 은 이 | 강석진 · 노희진
감　　수 | 이승열 · 서덕렬
펴 낸 이 | 김진수
펴 낸 곳 | 한국문화사
등　　록 | 제1994-9호
주　　소 | 서울특별시 성동구 광나루로 130 서울숲 IT캐슬 1310호
전　　화 | 02-464-7708
팩　　스 | 02-499-0846
이 메 일 | hkm7708@hanmail.net
홈페이지 | hph.co.kr

ISBN　　978-89-6817-864-1　93890

· 잘못된 책은 구매처에서 바꾸어 드립니다.
· 이 책의 내용은 저작권법에 따라 보호받고 있습니다.
· 책값은 뒤표지에 있습니다.